Exilforschung · Ein internationales Jahrbuch · Band 26

Exilforschung
Ein internationales Jahrbuch

26/2008

Kulturelle Räume und ästhetische Universalität. Musik und Musiker im Exil

Herausgegeben im Auftrag der
Gesellschaft für Exilforschung/Society for Exile Studies
von Claus-Dieter Krohn, Erwin Rotermund,
Lutz Winckler und Wulf Koepke in Verbindung mit
Dörte Schmidt

Redaktion der Beiträge:

Prof. Dr. Dörte Schmidt
Universität der Künste
Postfach 12 05 44
10595 Berlin

Prof. Dr. Claus-Dieter Krohn
Scheideweg 28
20253 Hamburg

Bibliografische Information Der Deutschen Bibliothek

Die Deutsche Bibliothek verzeichnet diese Publikation in der Deutschen Nationalbibliografie; detaillierte bibliografische Daten sind im Internet über **http://dnb.ddb.de** abrufbar.

1. Auflage, 2008
ISBN 978-3-88377-955-3

© edition text + kritik in Richard Boorberg Verlag GmbH & Co KG
Levelingstraße 6 a
81673 München

Das Werk einschließlich aller seiner Teile ist urheberrechtlich geschützt. Jede Verwertung, die nicht ausdrücklich vom Urheberrechtsgesetz zugelassen ist, bedarf der vorherigen Zustimmung des Verlages. Dies gilt insbesondere für Vervielfältigungen, Bearbeitungen, Übersetzungen, Mikroverfilmungen und die Einspeicherung und Verarbeitung in elektronischen Systemen.

Satz: Fotosatz Schwarzenböck, Hohenlinden
Druck/Verarbeitung: Laupp & Göbel GmbH, Talstraße 14, 72147 Nehren
Umschlag-Entwurf: Thomas Scheer

Ausführliche Informationen über alle Bücher des Verlags im Internet unter:
www.etk-muenchen.de

Inhalt

Vorwort		IX
Dörte Schmidt	Kulturelle Räume und ästhetische Universalität oder: Warum die Musik für die aktuelle Debatte über das Exil wichtig ist	1
Horst Weber	»Werk« und »Zeugnis«. Von Quellen zur Geschichte emigrierter Musiker	8
Dietmar Schenk	Von Berlin nach … Die Emigration von Musikern in der NS-Zeit	27
Therese Muxeneder	Ethik des Bewahrens. Exil und Rückkehr des Schönberg-Nachlasses	44
Werner Grünzweig	Das Beispiel Artur Schnabel. Zum Exilschwerpunkt im Musikarchiv der Akademie der Künste	67
Anna Langenbruch	»Wenn wir, blätternd in seinen Strassen, Geschichte lesen«. Die Exilzeitschrift *Die Zukunft* als Beispiel einer Historiografie der Orte des Pariser Musikerexils zwischen 1933 und 1940	78
Sophie Fetthauer	»Die Lage der immigrierten Tonkünstler in U.S.A.«. Betrachtungen und Analysen des Musikkritikers Artur Holde im *Aufbau*	102
Nils Grosch	Hans Helfritz in Chile. Skizze einer südamerikanischen Exilbiografie	126

Helmut G. Asper	Wenn die Musik der Filme Nahrung ist. Klassische Musik im Exilfilm	149
Christa Brüstle	Musikwissenschaft im Exil. Effekte von »brain drain«/»brain gain« vor und nach 1933	167
Matthias Pasdzierny	»Der Ozean, der mich seit jener Zeit von dem Geburtslande trennte, hat wieder zwei Ufer ...«. Der Künstlerfonds des Süddeutschen Rundfunk und das deutsch-jüdische Musikerexil	195

Rezensionen	233
Kurzbiografien der Autorinnen und Autoren	251

John Spalek
dem Spurensucher und Anreger

und

Wulf Koepke
dem Mitbegründer dieses Jahrbuchs

zum 80. Geburtstag

VORWORT

Seit seinem Erscheinen hat es im Jahrbuch noch keinen Themenschwerpunkt Musik gegeben. Gleichwohl sind immer wieder Beiträge zur Musik erschienen, allerdings geschah das nur beiläufig, eher als Ausnahme. Die Gründe dafür sind vielfältig. Einige werden in diesem Band angesprochen, der die entstandene Lücke zwar nicht ausfüllen kann, aber zu ihrer allmählichen Überwindung beitragen und vor allem die Musik als Thema aus den Spezialistendiskursen in die allgemeine Debatte einbringen will.

Wohl gibt es seit Langem eine Forschung zum Exil der Musik in all ihren Facetten, sie begann jedoch im Vergleich zu anderen Künsten und Professionen vergleichsweise spät. Der dem Medium Musik von verschiedenen Seiten zugewiesene Anspruch auf universale Verständigung steht seltsam quer zu seiner in vielen Debatten beobachtbaren Aussparung. Ein Grund dafür mag darin liegen, dass Musik im Vergleich zu den anderen Künsten und Professionen amorpher und disparater zu sein scheint, mit entsprechenden Schwierigkeiten trennscharfer Abgrenzung. Unter gesellschaftspolitischen und sozialen und damit auch unter exilspezifischen Aspekten ist zu fragen, was unter »Musik« zu verstehen ist: der schöpferische Akt des Komponisten, die Darbietung des Künstlers, die Interpretation durch die Kunstkritik, Musikwissenschaft u. a., von den institutionellen Rahmenbedingungen des Musikbetriebs ganz zu schweigen?

Die Breite des Gebiets und die Vielfalt der Interessen, die sich hinter möglichen Eingrenzungen verbergen, haben augenscheinlich ebenso dazu beigetragen, dass die Erforschung des Musikexils trotz aller dazu vorgelegten Ergebnisse hier und da noch mit Zugriffen operiert, die man der Grundforschung zuordnen kann, wie etwa bei der Frage nach der Bedeutung von Musik im Prozess kultureller Identitätsfindung in der Nachkriegszeit. Das zeigen auch einige der hier vorgestellten Beiträge, die Bewahrungsreflexionen über Nachlässe und Archive mögen dafür als Hinweise stehen. Insgesamt verstehen sich die Texte als Beitrag zur weiteren kulturellen Kommunikation über Musik. Das heißt, sie fragen nach den Entstehungsbedingungen individueller Botschaften mit ihren politischen, sozialen und kulturellen Kontexten sowie ihrer Vermittelbarkeit unter den Bedingungen des Exils. Dabei wird der Anspruch der Musik auf ihre universale Sprache in den tatsächlichen Interaktionsräumen des Exils überprüft.

Ein großer Teil der Texte – das erleichtert ihre Vergleichbarkeit mit anderen Gegenstandsbereichen sowie ihre Verstehbarkeit für ein musikalisch nicht geschultes Publikum – begreift sich nicht als spezielle musikologische

Analyse, sondern akzentuiert gerade jene Vermittlung musikalischer Sujets. Wenn auch nicht explizit diskutiert, gerät hierbei der Hybriditätsaspekt in den Blick, der nicht nur das »Übersetzungs«-Thema des letzten Jahrbuchs bestimmt hat, sondern generell, jenseits der kommunikativen Ebene dem analytischen Instrumentarium des Exil- und Migrationsforschers, allerdings in vielfach unterschiedlichen Begriffsformen, unterlegt ist.

Dörte Schmidt

Kulturelle Räume und ästhetische Universalität
oder: Warum Musik für die aktuelle Debatte über das Exil wichtig ist

Orientiert sich eine zunehmend kulturwissenschaftlich ausgerichtete Exilforschung heute an den spezifischen Mechanismen der individuellen wie kollektiven Identitätsstiftung und den Bedingungen kultureller Kommunikation, so tritt die Musik in Zukunft wohl stärker als bisher ins Zentrum eines weiter gespannten Interesses. Dass sich jetzt ein Band des Jahrbuchs für Exilforschung eigens der Musik widmet und diese damit aus der musikwissenschaftlichen Fachdiskussion in eine allgemeinere Debatte rückt, mag man ebenso als Folge eines solchen »cultural turn« wie eines durch die Umbrüche von 1989 beförderten politischen Paradigmenwechsels in der Exilforschung sehen, im Zuge dessen sich die Auseinandersetzung mit der nationalsozialistischen Verfolgung in eine neue, die Gleichzeitigkeit einer Vielfalt von Vergangenheiten einschließende historische Perspektive gestellt sieht.[1] Musik kann dabei ebenso Teil einer Mediengeschichte des Exils werden[2] wie einer Zusammenschau von intellektueller Avantgarde und Alltagsgeschichte[3] oder im Zuge einer kritischen Reflexion nationalgeschichtlicher Orientierungen kultureller Identität[4] in die Debatte geraten etc. Vor diesem Hintergrund erweisen sich auch zunehmend jene ästhetischen Aspekte als diskussionswürdig, die die Musik als Kunst bisher eher in die Zuständigkeit der Spezialisten schoben und aus den allgemeinen Kulturdebatten heraushielten.[5] Gerade die Bedeutung des Kunstcharakters der Musik aber spielt für die Produktion kultureller Repräsentations-, Deutungs- und Wahrnehmungsmuster nicht nur im Exil, sondern auch in der Kommunikation mit den Dagebliebenen eine so zentrale Rolle, dass dies eine grundlegende und auch im eigentlichen Sinne interdisziplinäre Erforschung fordert.

Wie kaum eine andere Kunst wurde und wird die Musik verbunden mit der Hoffnung auf eine ästhetische Allgemeingültigkeit, die viel mehr umfasst als nur die Unabhängigkeit von Sprache und damit, wenn auch nur vermeintlich, von ihrem kulturellen »Ursprungs«-Ort – der vorliegende Jahrbuch-Band über Musik wird aus dieser Perspektive fast zu einer Art komplementärem Projekt zu dem vorausgehenden, der sich der Übersetzung widmete.[6] Die Hoffnung auf Universalität allerdings sieht sich nicht selten verknüpft mit der so wirkungsmächtigen wie problematischen Vorstellung einer »deutsch-jüdischen Symbiose«, aber auch mit der nicht minder diskussionsbedürftigen Konstruktion der »Kulturnation«, um deren Überleben das sogenannte »Andere Deutschland« kämpfen sollte. Unversehens neigen solche ästhetischen Haltungen dazu, sich weiterhin mit Kulturvorstellungen zu verbinden, die am Ende ihre Verkettung mit Identitätsmodellen wie Nation oder Volk, die letztlich auf essenzielle Bestimmungen zielen, nicht aufgeben wollten – mit allen Problemen, die das mit sich bringt. Zwar versprechen zahlreiche kulturwissenschaftliche Ansätze, Kultur und Kunst jenseits solcher Essenzialismen zu denken, den Blick ebenso für die mit dem Exil einhergehenden kulturellen Transfervorgänge zu schärfen, wie für deren alltagshistorische Kontexte, ihre medienhistorischen Voraussetzungen etc. Ein grundsätzliches Misstrauen (nicht nur) der kulturwissenschaftlich ausgerichteten Forschung gegenüber (vermeintlich unvermeidbar essenzialistischen) universellen Ansätzen aber birgt auch – offensichtlich gerade im Zusammenhang mit der jüdischen Geschichte und Identität – Gefahren, wie man an der Engagiertheit der Auseinandersetzungen ablesen kann. Slavoj Žižek hat unlängst in der Debatte um die politischen Schriften des Philosophen Alain Badiou als Bedingung des Universellen dezidiert das Exterritoriale herausgestellt und eindringlich darauf hingewiesen, dass ein Streit um Universalismus und Partikularismus, wie er sich an Badiou entzündet hat, am Ende immer einer ist um die Frage der Grenzen emanzipatorischen Denkens und »des Schicksals der Aufklärung«.[7] Wie aber kann eine universelle historische (und ästhetische) Perspektive nach jener »Zerstörung von als anthropologisch erachteten gesellschaftlichen Grundannahmen«[8], die der Zivilisationsbruch des Holocaust unumkehrbar ins Werk gesetzt hat, gedacht werden? Wenn etwa Dan Diner programmatisch kulturwissenschaftliche Zugänge ins Spiel bringt, weil sie die Möglichkeit zur Integration vielfältiger historischer (und damit auch kultureller) Räume bieten, und hier der »Geschichte der Juden für die ›allgemeine‹ Historie geradezu die Bedeutung einer erkenntnisleitenden Warte« zuspricht[9], so überspitzt er eben diese Problemlage. Angesichts der immer wieder aufflammenden Debatten um die Probleme und Chancen solcher Ansätze wird es (vielleicht mehr denn je) aufschlussreich sein, die Bedeutung der Musik im Exil neu in den Blick zu rücken und ihre Besonderheit zu nutzen: Es darf gerade nicht darum gehen, dem Problem ihres Anspruches auf Gültigkeit jenseits ihrer Entstehungsbedingungen methodisch auszuweichen (beispielsweise indem man das Gebiet der Kunstmusik meidet oder vollständig auf seine sozialhistorischen, psychologischen Bedingungen etc. herunterbricht und es damit im Grunde ausblendet); vielmehr muss man diesen Anspruch zum Gegenstand der Beobachtung machen, um die Funktion der vielfältigen und durchaus nicht immer innerästhetischen Mechanismen, in denen in solcher Weise emphatische Kunstideale wirksam wurden und werden, im Kontext des Exil-Diskurses verstehen zu können und die daraus sich ergebenden kulturellen Folgen zu ermessen.

Lange Zeit lag die Musik, anders als die Literatur, im toten Winkel einer vor allem an der politischen Dimension des Exils interessierten Forschung. So setzte die musikwissenschaftliche Auseinandersetzung mit dem Exil, jedenfalls in Westdeutschland, nicht nur insgesamt spät ein, sie war, auch wenn sie gleichfalls zunächst vorwiegend biografisch vorging, in gewisser Weise auch methodisch nur begrenzt anschlussfähig: Nicht nur unterscheiden sich die Bedingungen einer Künstlerbiografie durch ihre Verbindung zu ästhetischen Wertkategorien und ihrer Fokussierung auf die künstlerisch kreative Einzelfigur schon in den Bezugssystemen grundsätzlich von historischer und politischer Biografik, eine Besonderheit, die sich im Falle einer nicht an das Medium der Sprache gebundenen (bzw. wie Horst Weber formuliert: nicht denotierenden) Kunst verstärkt. Auch durch die Tatsache, dass das Exil der Musiker weitgehend ein jüdisches Exil war (und hier auch der Schwerpunkt seiner Erforschung lag), das in der subjektiven Wahrnehmung der Verfolgten und – nicht zu unterschätzen – vor allem auch in der Außenwahrnehmung nur in den wenigsten Fällen politische Implikationen einschloss, war die Aufarbeitung des Musikexils in ganz anderer Weise an die Problematik der Wiedergutmachungsdiskurse gebunden als eine am politischen Exil interessierte Forschung. So traten im Kontext der musikwissenschaftlichen Exil-Forschung nichtjüdische Exilanten ebenso in den Hintergrund wie in der historischen nichtpolitische. Musik, die von keinem der beiden Ausgangspunkte explizit oder implizit als »Exil-Musik« verstanden werden konnte oder wollte, konnte unter diesen Voraussetzungen im Grunde nicht diskutiert werden. Neueste Arbeiten zu Wiedergutmachungsverfahren von Musikern deuten schließlich das Ausmaß an, in dem das Missverhältnis zwischen den (juristischen) Kriterien staatlicher »Reparation« und der Würdigung individueller Lebenswege gerade bei »klassischen« Musikern aufbrechen konnte. Ihnen eine solche individuelle Anerkennung zu ermöglichen, gehörte zu den zentralen Anliegen der frühen Projekte, hier lag gleichsam ihr politischer Antrieb, in der Biografie ihr Ansatzpunkt. Nicht wenige erfolgreiche Musiker hielten ihren biografischen Hintergrund allerdings selbst zurück und vermieden es eher, in solchen Zusammenhängen diskutiert zu werden, sei es, um ihre Kunst nicht den Entstehungsbedingungen »unterzuordnen«, sei es, aus Furcht vor Ressentiments oder gar, um nicht ins Visier des vor allem in der westdeutschen Nachkriegsgesellschaft sich verbreitenden Philosemitismus zu geraten – weshalb man bis heute wenig über das Ausmaß des kulturellen Beitrags zurückgekehrter Exilanten in der Musikkultur der Bundesrepublik weiß. Eine nicht zu unterschätzende Spannung musste sich fast zwangsläufig auftun zwischen dem Anliegen der Würdigung einer Lebensleistung, dem des Verstehens der Spezifik künstlerischer Arbeit unter den Bedingungen von Verfolgung und Migration und dem der Suche nach einer ästhetischen Wertung, die der Sehnsucht nach einem über die eigene Begrenzung hinausreichenden Kunstanspruch Rechnung trug. Überdies spielte gerade solche emphatische Kunst-Musik, als die mit nationalsozialistischer Verfolgung ebenso wie mit Vereinnahmung so eng verbundene Kunst, für die kulturelle Identitätsstiftung beider Deutschland in der Nachkriegszeit und für deren kulturelle Beziehungen zum Ausland eine besondere Rolle. Dies führte auch dazu, dass die Musik weitgehend aus den allgemeinen Kulturdebatten verschwand und man ihr auch auf dieser Ebene eine spezifische Sonderstellung zumaß; sie einerseits zur Expertensache erklärte, andererseits in ihrer allgemeinen Rezeption aber geradezu als das »Andere der Vernunft« ansah, als etwas jedenfalls der allgemeinen Diskussion der Zeit nicht Zugängliche. Die Voraussetzungen einer solchen Sonderstellung wie die dahinterstehenden Interessenlagen sind selbst im Kontext einer kritischen Reflexion der vielbeschworenen exilierten »Kulturnation« bisher bemerkenswert wenig hinterfragt worden. Die späte Erforschung der Folgen des Exils in der Musikwissenschaft, mit der sich Christa Brüstle befasst, kann als Folge dieser Situation verstanden werden.

In gewisser Weise steht die Musik bis heute für das »Beschwiegene« auch in der Exilforschung: Spricht man in diesem Zusammenhang im Ernst über die Musik, so stellt sich unabweisbar die Frage, wie es mit den kulturellen Konsequenzen des Zivilisationsbruchs steht. Das Exil von Musik und Musikern rückt die bis heute nachwirkenden Folgen der nationalsozialistischen Verfolgung für die komplexen Gefüge der deutschen, europäischen und der Weltkultur auf besondere Weise in den Blick. Begreift man Musik als kulturelles Medium nicht nur der Vertriebenen, sondern ebenso der Vergangenheitspolitik der Dagebliebenen, und versteht man bei der Erforschung exilierter Musiker, Komponisten wie Musikschriftsteller, -journalisten oder -wissenschaftler etc. diese als Akteure in dem skizzierten kulturellen wie politischen Spannungsfeld, so hat dies Auswirkungen sowohl auf die allgemein historische als auch auf die musikwissenschaftliche Exilforschung: Sie wird untrennbar verbunden mit der Erforschung der Nachkriegszeit und der Frage nach der Rückkehr der Menschen und der Ideen, und sie wird auf diese Weise – unabhängig vom expliziten politischen Engagement der Exilanten selbst – wieder zu einer eminent politischen Angelegenheit.

Der Rekurs auf eine wie immer verstandene Universalität der Musik als Kunst spielt für ihre identitätsstiftende Funktion offenbar gerade im Exil eine nicht zu unterschätzende Rolle, ja konnte – auch bei Nichtmusikern – unter den Bedingungen der Vertreibung eine existenzielle Dimension erlangen; davon kann man sich in zahlreichen Erinnerungen überzeugen. Ihn in jedem Fall als Schritt auf ein Feld »jenseits« der Politik zu verstehen, ist allerdings heikel. »Es gibt Werte, die wir nie aufgegeben haben. Die *Meistersinger*. Den *Rosenkavalier*«, zitiert Wolfgang Büscher in der *Zeit* vom 27. Dezember 2007 den Journalisten Robert Goldmann in einem großangelegten Dossier mit dem Titel *Die Stimmen von New York*.[10] Fast als Provokation könnte man es auffassen, wenn Goldmann mit diesen Werken von Wagner und Strauss gerade die von den Nationalsozialisten vereinnahmte, die verstrickte Kultur für sich reklamiert – und zwar ausdrücklich im Namen universeller kultureller Werte. Die äußerliche Nähe solcher vermeintlich apolitischer Haltungen, etwa zu der eines Wilhelm Furtwängler oder jenes Richard Strauss, den Goldmann selbst anführt – man könnte zahllose andere Beispiele hinzufügen –, zeigt die Notwendigkeit, endlich ein differenziertes Bild von den vielfältigen, sicher oft und aus verschiedenen Gründen problematischen Haltungen zu gewinnen, die sich hinter jenem Credo von der Universalität der Musik verbergen, das von außen gesehen so einig erscheinen mag. Dass die Musik im Exildiskurs wie kaum eine andere Kunst für den übergreifenden Geltungsanspruch von Kultur stehen kann, ist bisher in seinen konkreten Voraussetzungen und Wirkungszusammenhängen ebenso wenig erforscht wie in seinen Konsequenzen. In allen Beiträgen des vorliegenden Bandes lässt sich allerdings sehen, welche grundlegende Bedeutung dieser Frage zukommt, wenn man nach der Funktion der Musik in den kulturellen wie sozialen Handlungsräumen des Exils fragt. Anna Langenbruch und Sophie Fetthauer können aufgrund ihrer Diskussion über die Musik-Artikel zweier zentraler Exilzeitungen in Paris und New York auf sehr verschiedene Weise zeigen, wie diese kulturellen Handlungsräume vermessen und ausgeschritten wurden und welchen Stellenwert gerade die Kunstmusik im Zusammenhang der Exil-Debatten insgesamt hatte. Selbst im Exil-Film wurde die sogenannte »Klassische Musik« zu einem wichtigen Medium kultureller Selbstvergewisserung, wie Helmut Asper herausarbeitet. Matthias Pasdziernys Blick auf die – substanziell von Remigranten geprägten – Förderkriterien des Kulturfonds des Süddeutschen Rundfunks, der nach dem Krieg exilierte Künstler unterstützte, zeigt für die Musik in bestürzender Deutlichkeit, wie die ästhetische Bewertung einer künstlerischen Tätigkeit, die diese zu einem solchen universellen Kunstbegriff ins Verhältnis setzte, über die Förderungswürdigkeit exilierter Künstler in der Nachkriegszeit entschied: Mit den Menschen unterstütze man gleichzeitig ein Kunstideal. Die Beiträge von Dietmar Schenk und Therese Muxeneder zeigen, dass und wie sogar auf der Ebene des Archivierens ästhetische Kriterien und die damit zusammenhängenden Künstlerbilder eine Rolle spielen – dies erweist sich als Spezifikum von Künstlernachlässen gegenüber etwa historischen bzw. institutionellen Archiven; diese Besonderheit gilt es auch zu bedenken, wenn es um die Frage geht, unter welchen Bedingungen Quellen zum Exil von Musikern jenseits von institutionellen Anbindungen überhaupt überliefert werden.

Die Produktivität des Mediums Musik scheint gerade im Wechselspiel zwischen den kulturellen Orten und der Konstitution eines eigenständigen, aber eben mit diesen Orten interagierenden ästhetischen Raumes zu liegen. Hier setzt der vorliegende Band an: Mit seiner an Walter Benjamin anknüpfenden doppelten Perspektive auf »Werk« und »Zeugnis« macht Horst Weber einen Vorschlag, wie man dieses Wechselspiel methodisch fassen könnte. Die in der Musikwissenschaft wie in der Geschichtswissenschaft durchaus traditionsreiche Alternative, Kompositionen entweder als Kunstwerke ästhetisch von ihren Entstehungsbedingungen abzutrennen oder aber sie – sei es psychologisch, sei es sozialhistorisch etc. – als Dokumente des Lebens ihrer Autoren, eben »als Zeugnis« anzusehen, danach die Zuständigkeiten zu beurteilen, und sie, wenn das nicht so einfach geht, jeweils mit unterschiedlichen Gründen auszugrenzen, weicht dann der Frage nach dem Verhältnis der beiden Pole zueinander: Interessant wird die Interaktion von ästhetischem und dokumentarischem Sinn in einem weiteren Kontext von Quellen. Sie öffnet nicht nur (wie man an Nils Groschs Beitrag sehen kann) den Blick auf die künstlerische Arbeit der exilierten Komponisten und auch auf die der nachschaffenden Musiker, sondern wirft auch eine neue Perspektive auf die Zeugnishaftigkeit der Quellen selbst. Das Verhältnis von Archiv und historischer Forschung gilt es unter diesen Bedingungen eigens zu diskutieren. Die Motivationen, aus denen Exilierte persönliche Archive anlegen, mit sich führen, ihnen zuweilen bewusst eine auch für Dritte zugängliche Ordnung geben, schließlich auch selbst (oder in ihrem Namen später die Angehörigen) in Verhandlungen über den richtigen Ort für die Zeugnisse ihres Lebens treten, sind vielfältig. Seit einigen Jahren lässt sich – jedenfalls für die Musik – fast eine Tendenz zur Rückkehr der Archive Exilierter beobachten. Dietmar Schenk, Therese Muxeneder und Werner Grünzweig machen aus den sehr verschiedenen Erfahrungen mit den von ihnen betreuten Archiven heraus auf diese Tendenz aufmerksam.

Auf welch grundlegender Ebene sich eine solche Debatte über die Orte der Archive derzeit bewegt, mag man auch daran ablesen, dass es offenbar derzeit durchaus kontrovers diskutierte Überlegungen gibt, die für die Exilforschung so wichtigen Materialien des New Yorker Leo Baeck Institute ganz nach Deutschland zu verlagern, Kopien zahlreicher Nachlässe dieser Sammlung sind bereits jetzt im Berliner Jüdischen Museum einsehbar. Wolfgang Büscher, der dies berichtet, zitiert in dem bereits erwähnten *Zeit*-Dossier am Ende Carol Strauss-Kahn, die Direktorin des Leo Baeck Institute: »Die Emigranten, die uns fünfzig Jahre lang unterstützt haben, auch finanziell, sterben aus. Wir denken, dass es sich bei dem, was wir hier sammeln und dokumentieren, großenteils in deutscher Sprache, um einen Teil deutscher Geschichte handelt, es sollte also in Deutschland sein.« Dagegen gebe es Widerstand in den Gremien des Instituts, so Büscher, »aber er lässt, wenn man Kennern glauben darf, nach.«[11] Ganz offenbar geht es hier um die Frage, wie man die Aussagekraft der Zeugnisse aus ehemals »belebten« Archiven in veritable »Nachlässe« überführt – und dabei spielen wieder die Orte eine nicht unwesentliche Rolle. Welche kulturellen Folgen solche Rückkehr der Archive haben wird, ist noch kaum abzusehen.

1 Siehe hierzu auch die Diskussionen im Rahmen des Jahrbuchs, etwa bei: Ernst Loewy, »Zum Paradigmenwechsel der Exilliteraturforschung«, in: *Exilforschung. Ein internationales Jahrbuch* 9 (1991), S. 208–217; Lutz Winckler: »Mythen der Exilforschung?«. In: ebd. 13 (1995), S. 68–81. — **2** Vgl. z. B. Nils Grosch, Joachim Lucchesi, Jürgen Schebera (Hg.): *Emigrierte Komponisten in der Medienlandschaft des Exils 1933–1945*, Stuttgart 1998 (= *Veröffentlichungen der Kurt-Weill-Gesellschaft Dessau* 2). — **3** Beispielsweise in der Ausstellung des Wiener Jüdischen Museums: *Wien, Stadt der Juden. Die Welt der Tante Jolesch* (Katalog unter dem gleichen Titel. Hg. von Joachim Riedl. Wien 2004). — **4** Z. B. bei Rudolf Vaget: *Seelenzauber. Thomas Mann und die Musik.* Frankfurt/M. 2006 und Wolf Lepenies: *Kultur und Politik. Deutsche Geschichten.* München – Wien 2006. — **5** Siehe hierzu auch Dörte Schmidt: »›Das wache Bewußtsein aller Beheimateten‹. Exil und die Musik in der Kultur der Nachkriegszeit«, in: Irmela von der Lühe, Axel Schildt, Stefanie Schüler-Springorum (Hg.): *»Auch in Deutschland waren wir nicht mehr wirklich zu Hause.« Die Remigration vertriebener Juden nach Deutschland.* Göttingen 2008, S. 356–385. — **6** Vgl. hierzu das Vorwort von Michaela Enderle-Ristori in: *Übersetzung als transkultureller Prozess. Exilforschung. Ein internationales Jahrbuch* 25 (2007), S. IX–XII. — **7** Slavoj Žižek: »Hat die Freiheit eine Grenze? Der Philosoph Alain Badiou erregt in Frankreich wütenden Protest. Seine Gegner werfen ihm Antisemitismus vor. Eine Verteidigung«, in: *Die Zeit* (9.8.2007), S. 38. — **8** Dan Diner: »Statt eines Vorworts: Von ›Gesellschaft‹ zu ›Gedächtnis‹ – Über historische Paradigmenwechsel«. In: ders.: *Gedächtniszeiten. Über jüdische und andere Geschichten.* München 2003, S. 7–15, hier S. 12. — **9** Ebd., S. 14. — **10** Wolfgang Büscher: »Die Stimmen von New York«, in: *Die Zeit* (27.12.2007), S. 17–21, hier S. 19. — **11** Ebd. S. 20 f.

Horst Weber

»Werk« und »Zeugnis«
Von Quellen zur Geschichte emigrierter Musiker

Christian Martin Schmidt zum 65. Geburtstag

Am 9. April 1940 schrieb Arnold Schönberg an den Freund seiner Jugend, Moriz [sic] Violin[1], einen Brief in jenem warmherzigen Ton, den er immer traf, wenn er seinen Briefpartner innerlich aufrichten wollte – Violin, ein hervorragender Pianist, war nach dem »Anschluss« Österreichs in die USA geflohen, wo er in San Francisco lebte, und hatte sich auf Schönbergs Empfehlung[2] an das St. Louis Institute of Music beworben, von dort jedoch eine Absage erhalten, über deren Ton er sich bei Schönberg beklagt hatte.[3] Schönberg antwortete:

»Lieber Freund, [/] aufrichtig gestanden: ich bin sehr froh, dass Sie nicht den Fehler gemacht haben, den ich in den ersten drei, vier Jahren gemacht habe. Goethes Götz konnte mich leider nicht davon abhalten, mir Feinde zu machen, Hauptleute noch dazu, die mir größere Freundlichkeiten hätten erweisen können, als die, die auch Götz nicht erreicht hat. Und wer weiss ob sie ihm wohl bekommen hätte[n]. [/] aufrichtig gestanden: dieser Brief ist in keiner Weise unverschämt g e m e i n t. In einigen Jahren werden Sie mir recht geben: Amerikaner tun das nicht. [/] Er meint bloss, dass er von einem Menschen, den er engagieren sol[l], einen persönlichen Eindruck haben muss, den kein Brief, keine Empfehlung, keine Fotografie vermitteln kann, sondern nur persönlicher Kontakt. Und er meint, dass er, ohne Ihnen Garantie zu geben, nicht verlangen kann, dass Sie auf Ihre Kosten diese Reise machen. Das hätte auch ich vielleicht bedenken können, aber auch ich bin, nach sieben Jahren noch immer kein Native und weiss solche Sachen auch besser im Nachhinein. [/] Auch, ich bin fest überzeugt, dieses ›average‹ ist ein Missverständnis von Ihnen. Er meint selbstverständlich nicht, dass Sie ein Durchschnittsmusiker sind. Amerikaner praktizieren noch immer dieselbe Höflichkeit, die sie als Pioniere anwenden mussten, wo hinter einer Unhöflichkeit die Notwendigkeit zu schiessen stand. Ausserdem sind ja alle Völker höflicher als Deutsche, als wir ›boches‹. Er meint, jeder Europäer (im Durchschnitt jeder) insbesondere jeder Deutsche, braucht Jahre, um Amerika zu verstehen, und das kann ich bestätigen, der ich heuer gesagt habe: ›Nach sieben Jahren habe ich nun beiläufig einen Begriff, wie ich amerikanische Schüler zu behandeln habe, was sie lernen können und wollen und wie man sie dafür interessieren kann.[‹] Sie sehen übrigens, dass er ausdrücklich hinzufügt, dass wenn seine Studenten älter wären, sie viel durch Sie lernen würden: aber und das werden Sie sicher eines Tages einsehen: in unserem Sinn sind sie sicher um 5–8 Jahre jünger; unsere können oft mehr als ihre 22-jährigen: in gewisser Hinsicht, aber durchaus nicht jeder. Vor allem, z. B. drückt sich jeder amerikanische Student schriftlich und mündlich viel klarer aus, als selbst gute Deutsche. Das ist auch eine Geistesschulung. [/] Es tut mir so leid, dass ich Ihnen durch diese Empfehlung eigentlich nur Aufregung verursacht habe. Ich habe die Entschuldigung, dass man so leicht vergisst, was man selbst nicht gewusst und erst mühsam gelernt hat. Sie wissen dass ich nicht konventionell und feige bin. Aber in der Tat ich habe hier etwas gelernt, was mir fremd war: die Sitten der Amerikaner sind von den Unsrigen so verschieden, dass alle unsere Massstäbe unanwendbar sind. Hinter all dem, was uns süsslich, oder hypokritisch, oder oberflächlich, oder sogar banal erscheint, verbergen sich Tugenden und Vorzüge, die denen gleichkommen, die sich hinter deutscher Rauheit, Unfreundlichkeit und – wenn man so sagen darf: Treue verbergen. Sie verbergen sich besser und sind umso sicherer vorhanden. [/] Ich weiss, Sie werden mir so wenig recht geben, als ich Freunden recht gab, die 25 Jahre länger hier waren, als ich. Das ist vielleicht etwas, was man selbst, widerstrebend, herausfinden muss. [/] Hoffentlich höre ich bald wieder von Ihnen. Ich bin sehr froh zu hören, dass ihre Tochter schon hier ist. Und dass sie so bald Beschäftigung gefunden hat ist ein erfreuliches Zeichen ihrer Tüchtigkeit. [/] Mit vielen herzlichsten Grüssen, Ihr [/] Arnold Schoenberg.«[4]

Schönberg, der schon länger im Lande lebt, erläutert dem Neuankömmling das Verhalten »der Amerikaner« und wie man es zu verstehen habe. Für Violins Verstimmung macht er einen Mentalitätsunterschied zwischen »Deutschen« und »Amerikanern« verantwortlich. Drei Erfahrungsbereiche der Emigration werden in dem Brief angesprochen: die Einsicht in den Mentalitätsunterschied zwischen Emigranten und Amerikanern, die Berufsausübung und die Integration des Emigranten in die amerikanische Gesellschaft, die beides voraussetzt (»Nach sieben Jahren habe ich nun beiläufig einen Begriff, wie ich amerikanische Schüler zu behandeln habe«). In den Bewährungsfeldern Mentalitätsdifferenz, Berufsausübung und Integration sind Reflexion, Aktion und Kommunikation stets miteinander verbunden, doch jeweils anders akzentuiert. Sie formieren die historische Situation, in der Emigranten handeln. Die Emigration von Musikern – und gegebenenfalls deren Rückkehr in die alte Heimat – ist sowohl Teil der politischen Geschichte und der Sozialgeschichte als auch Teil der Musikgeschichte. Politische Umbrüche, soziale Veränderungen und künstlerische Neuorientierungen setzten gemeinsam einen kulturellen Prozess in Gang, der die musikalische

Landschaft in den USA und in Europa dramatisch verändert hat. Emigration ist als kultureller Prozess zu beschreiben.

»Situation« wurde von Soziologen als ein Begriff entwickelt, der die Wahl zwischen realen oder auch nur denkbaren Handlungsoptionen definiert: »Die Situation ist ein Möglichkeitsbereich. Das Erleben ist darauf angewiesen, Ereignisse als Eintreffen von Möglichem behandeln zu können.«[5] Jede Situation eröffnet eine ihr je eigene Konstellation von Optionen: »Der Horizont einer Situation ist die variable Grenze zwischen aktueller und virtueller Selektivität. Er wird konstruiert durch den Bezugspunkt der Selektivität, das Thema, sowie durch das Hier und Jetzt des personalen Systems.«[6] Hans Joas hat den Begriff der Situation ins Zentrum seines Unternehmens gestellt, die Intentionalität des Handelns nicht-teleologisch zu begründen: »(...) was bei einem Bruch mit der teleologischen Denkweise sofort deutlich wird, ist der *konstitutive* und nicht nur *kontingente* Situationsbezug des menschlichen Handelns. (...) So verstanden ist der Begriff der Situation geeignet, an die Stelle des Zweck/Mittel-Schemas [Max Weber, H.W.] als erster Grundkategorie einer Handlungstheorie zu treten.«[7] Die Konsequenzen dieses Situationsbegriffs für eine nicht-teleologische Geschichtsschreibung sind evident. Emigranten hatten, unter welch schwierigen Umständen auch immer, die Möglichkeit zu handeln, das unterscheidet sie von den anderen Opfern des Nazi-Regimes, die als Gefangene in den Kellern der Gestapo oder in den Konzentrationslagern saßen. Jedoch fügt sich die Folge von Handlungssituationen, in die Emigranten gestellt waren, nicht zu einer planvoll gelebten Biografie, im Gegenteil, entscheidend wurden die Bruchstellen. Zwischen den Handlungssituationen und dem historischen Prozess, der aus ihnen resultiert, gibt es keinen Kausalkonnex, der den Handelnden einsichtig gewesen wäre; und für den Historiker kommen die Flussbette, die er in der Kraterlandschaft des 20. Jahrhunderts auszumachen vermeint, in keinem mare nostrum ans Ziel, die Geschichte des Saeculums scheint »wie vom Mars aus geschrieben«.[8] Deswegen bleibt es wichtig, zwischen Exil als Teil der Lebenswelt in der Fremde und Emigration als historischem Prozess zu unterscheiden. Wenn in der Geschichtsschreibung aller Teleologie abgeschworen wird, dann auch aller negativen. Über der Emigration schwebt so wenig das Telos des Unheils, wie sie als kultureller Prozess den verhängnisvollen politischen Ereignissen Sinn zu geben vermag. Denn dieser Prozess ist selbst eine »Verwerfung«, die sich aus den Bruchstellen unzähliger Biografien konstituiert. Und wie der Kontingenz der Geschichte nicht durch die Summierung von Biografien beizukommen ist, so geht keine Biografie, kein gelebtes Leben, in den geschichtlichen Prozessen auf, deren Teil es ist.

II

Walter Benjamin hat in einem Brief an Ernst Schoen vom 19. September 1919 die Unterscheidung zwischen Werk und Zeugnis getroffen.[9] Das Werk überdauert dank seiner ästhetischen Aktualität, die sich immer wieder erneuert, das Zeugnis bewahrt Zeitgebundenheit. Beide Textsorten unterscheiden sich durch den unterschiedlichen Grad ästhetischer Geltung. Das Werk versammelt in sich Bezüge auf diachroner Ebene zu anderen Werken, deren historische Kette letztlich unabschließbar ist, das Zeugnis stiftet auf synchroner Ebene Bezüge zur Lebenswelt, die umso plausibler scheinen, je spezifischer sie die historische Situation explizieren. Dass ein Werk primär intertextuelle Bezüge, ein Zeugnis meist kontextuelle Bezüge herstelle, hat die Präsentationsform beider Textsorten beeinflusst. Ein Werk wird als ästhetischer Gegenstand dem Horizont des Rezipienten angepasst – der Lautbestand und die Interpunktion eines Romans werden aktualisiert, die Instrumentenanordnung und Schlüsselung einer Partitur modernisiert; ein Zeugnis aber wird dem Rezipienten als historisches Dokument in seiner zeitbedingten Erscheinung präsentiert.[10]

Benjamins Unterscheidung zwischen Werk und Zeugnis wäre hinzuzufügen, dass die Textsorte Werk der Kanonbildung unterliegt, was für die Textsorte Zeugnis nur in Ausnahmefällen zutrifft – das *Heiligenstädter Testament* beispielsweise hat die Interpretation der Werke des »mittleren Beethoven« über Dezennien hinweg bestimmt: Wenn Zeugnisse kanonisch geworden sind, haben sie großen Einfluss auf die Interpretation der Werke, deren Kontext sie (angeblich) explizieren; es ist allerdings keineswegs ausgemacht, ob sie ihre kanonische Geltung aus sich selbst schöpfen oder aus den kanonischen Werken, für die sie ein Interpretationsangebot bereitstellen. Die Zeugnisse, die das Einmalige, Unwiederholbare des historischen Kontextes bewahren, versehen die Werke, zu deren Kontext sie gehören, mit der Aura des Hier und Jetzt in der Geschichte.

Den Aura-Begriff hat Walter Benjamin während seines Pariser Exils in der Auseinandersetzung mit dem neuen Medium Film entwickelt.[11] Inbegriff der unauratischen Kunst ist ihm der Film, da hier nicht mehr zwischen Original und Kopie unterschieden werden kann, die mechanische Projektion des Films reproduziert, anders als eine »Aufführung«, das Immergleiche; die ästhetische Botschaft und der Zeichenträger sind zu einer Einheit verschmolzen. Die Aura haftet allerdings nicht als materiale Eigenschaft an dem Zeichenträger selbst, sondern wird ihm vom Rezipienten zugewiesen, der dem Zeichenträger, sofern es ein Original ist, Einmaligkeit als ästhetischen Wert zuerkennt. So kommt einem Autograf Aura zu, weil es das Hier und Jetzt des geschichtlichen Augenblicks, in dem das Werk entstand, in die Gegenwart tradiert. Das Autograf ist in diesem Sinne ebenso Zeugnis des

Werkes, das als Klang imaginiert wurde und wieder zum Erklingen zu bringen ist, wie die Zeugnisse, die aus dem Kontext des Werkes und seiner Entstehung stammen. Nicht umsonst spricht man in der Literaturwissenschaft inzwischen – anders als zumeist noch in der Musikwissenschaft – von Textzeugen und nicht mehr von Quellen, aus denen vermeintlich der Sinn des Werkes oder die Intention des Autors hervorsprudelt. Die Aura eines Werkes haftet an den Zeugnissen, die das Hier und Jetzt der Geschichte in die Gegenwart transportieren. Daher erschließt sich der kulturelle Prozess der Emigration nicht hinreichend über den Höhenkamm der herausragenden Werke, die im Exil entstanden und heute wieder in den Konzertsälen zu hören sind. Ihn angemessen zu rekonstruieren ist erst möglich, wenn die Zeugnisse, die den Kontext der Werke überliefern, hinzugezogen werden. Vor dem Hintergrund des kulturellen Prozesses »Emigration« ist das Verhältnis von Werk und Zeugnis zu überdenken.

III

Die Erfahrung von Mentalitätsdifferenz haben nicht nur Musiker, sondern Emigranten jedweder Profession in der neuen, fremden Welt gemacht, und nicht nur Emigranten, sondern auch Auswanderer, die nicht durch Zwang, sondern aus freien Stücken ihr Land verlassen haben. Eben dies aber ist die spezifische Erfahrung von Emigranten, dass sie aus ihrer Heimat verstoßen wurden: Verfolgung und Vertreibung erlitten haben und durch dieses traumatische Erlebnis sich als Subjekt fremd geworden sind (»Das ist vielleicht etwas, was man selbst, *widerstrebend*, herausfinden muss.« [Hervorhebung H.W.]) Es gehört zur psychischen Konstitution des Traumatisierten, dass es ihm widerstrebt, die Vergangenheit aufzudecken; aber eben dieser Erinnerungssprung macht ihn seiner eigenen Geschichte fremd. Von Emigranten wird daher Fremdheit sowohl an dem Gegenüber der Fremden erfahren als auch an dem Gegenüber des eigenen, fremd gewordenen Ichs (»Ausserdem sind ja alle Völker höflicher als Deutsche, als wir ›boches‹«). Der Gültigkeitsverlust der alten und der Geltungsanspruch der neuen Verhaltensweisen sind eine Erfahrung von Zeitdifferenz (»Ich habe die Entschuldigung, dass man so leicht vergisst, was man selbst nicht gewusst und erst mühsam gelernt hat«). Die alten Verhaltensmuster, mögen sie nun deutsch, österreichisch, französisch, polnisch oder russisch sein, werden zum Teil bewahrt, zum Teil verdrängt. Die neuen Verhaltensmuster müssen akzeptiert oder abgelehnt werden (»die Sitten der Amerikaner sind von den Unsrigen so verschieden, dass alle unsere Massstäbe unanwendbar sind«).

Der Geltungsbereich der alten Verhaltensweisen ist meist auf die Privatsphäre beschränkt, die neuen Verhaltensweisen gelten in der Öffentlichkeit.

Aber auch die »Öffentlichkeit« ist für den Emigranten kein homogener Raum. So schreibt zum Beispiel der Musikhistoriker Joachim Schumacher, der bei Heinrich Besseler studiert hat, an seinen Freund Hanns Eisler nach Los Angeles: »Es ist ganz falsch in diesem Land zu Amerikanisch sein zu wollen. Man muss sich in den taeglichen Kontakten mit Leuten ›amerikanisieren‹, aber nicht im Denken und im Produzieren.«[12] Die Bühne der Öffentlichkeit ist demnach in drei Spielorte aufgeteilt, in den institutionellen – im Umgang mit Behörden muss man sich »amerikanisieren« –, in den Spielort der informellen Kontakte mit Amerikanern – hier ist Amerikanisierung förderlich –, und in den Spielort der Berufsausübung, auf dem der emigrierte Künstler durch Amerikanisierung leicht den Status des »Experten« aufs Spiel setzt. Jeder Emigrant bildet für die verschiedenen Geltungsbereiche von Verhaltensmustern in seiner jeweiligen historischen Situation unterschiedliche Integrationsniveaus heraus.

Die historische Situation des Emigranten ist vor allem geprägt durch den Zeitpunkt und durch das Lebensalter, in dem er seine Heimat verlassen musste. Der Zeitpunkt der Emigration ist häufig ein Indiz, in welchem Maße Emigranten nazistischer Gewalt ausgesetzt waren; je später sie Deutschland verließen, umso wahrscheinlicher, dass sie Gewaltakten ausgesetzt waren (für Österreich wäre die Situation wahrscheinlich zu differenzieren: War dort die »Inkubationszeit« nazistischer Gewalt geringer als in Deutschland, wo das Regime bereits seit fünf Jahren herrschte? Wie änderte sich die Situation durch den »Anschluss«, der die Juden von einem Tag auf den anderen nicht mehr nur privatem oder halböffentlichem Terror, sondern staatlich organisierter Verfolgung aussetzte?). Das Lebensalter entschied häufig darüber, wie die umwälzenden Veränderungen erlebt und verarbeitet wurden: Während dem jungen Hugo Strelitzer, der später in Los Angeles maßgeblich für den Aufbau einer Opernkultur wirken sollte, die Emigration fast wie ein »Abenteuer« vorkam[13], beschrieb die 50-jährige Cembalistin Alice Ehlers ihrem Freund Albert Schweitzer New York als ein »Sodom und Gomorra«.[14] Emigranten bilden keine homogene Gruppe – die einen verstanden ihren erzwungenen Aufenthalt in der Fremde als Exil, die anderen nahmen ihn an, die einen wollten zurückkehren, die anderen blieben, die einen akzeptierten die kapitalistische Verfasstheit der USA, die anderen fühlten sich dort im Land des »Klassenfeindes«. Die je unterschiedliche Gewichtung von Exil als geistigem Ort der Fremdheitserfahrung und Emigration als gesellschaftlichem Ort der Integration begründet, weshalb Emigranten eine vergleichsweise geringe Gruppensolidarität ausgebildet haben.

Aus dieser Diversität entstehen unterschiedliche Grade der Integration oder Isolation. Jeder Emigrant trägt in sich seine eigene Mentalitätsgeschichte (»Ich weiss, Sie werden mir so wenig recht geben, als ich Freunden recht gab, die 25 Jahre länger hier waren, als ich«). Und da sich um 1940 wohl nur wenige Amerikaner und wohl auch wenige der frühzeitig Emigrierten eine angemessene Vorstellung von der Brutalität der Verfolgung und Vertreibung machen konnten, steht nicht nur die fremde Neue Welt, sondern auch das Trauma aus der Alten Welt zwischen Emigranten und Amerikanern. Zwei Zeiten stehen nebeneinander, die neue des Exils und die alte der »Heimat«, und beide sind häufig getrennt durch die Verdrängung der traumatischen Erlebnisse, die den Emigranten von dem einen Zustand in den anderen überführt haben. Zurück bleibt die Erfahrung der Fremde, die sich durch Erinnerung konstituiert. Die Erinnerungsarbeit, die auch Trauerarbeit ist, bildet im Bewusstsein eine Zeitkluft, in der unterschiedliche kulturelle Verhaltensmuster – vom Essen bis zum Musizieren – einander gegenüberstehen.

Diese Fremdheitserfahrungen sind in Zeugnissen – z. B. in Erinnerungen oder in Briefen wie dem zitierten Schönbergs – dokumentiert, sie betreffen nicht nur das Alltagsleben, sie tangieren auch die Berufsausübung – und dies in unterschiedlichem Maße, je nachdem welchen Beruf man ausübte. Manche Musiker, vor allem Komponisten, waren für die Verarbeitung von Fremdheitserfahrungen besser gerüstet als andere Emigranten, war ihnen doch die Erfahrung von Fremdheit als Künstler in der bürgerlichen Welt nicht unbekannt, insbesondere wenn sie sich mit Strömungen der Moderne identifiziert hatten; sie konnten sich eher mit ihrem Schicksal kreativ auseinandersetzen. Gleichwohl ist zu differenzieren zwischen Werken, die sich mit dem schreienden Unrecht auseinandersetzen, indem sie die brutale Diktatur des nationalsozialistischen Regimes anklagten – Schönberg etwa in *Ode to Napoleon* oder *A Survivor from Warsaw* – und solchen Werken, in dem die Komponisten ihre neue Identität (z. B. als Juden) bestimmen – Schönberg vielleicht schon in *Kol Nidre*, aber vor allem in den *Modernen Psalmen*. Oft aber wird die eigentliche Exilsituation – die Fremdheitserfahrung – im Werk nicht oder nur verschlüsselt angesprochen, dann sprechen bisweilen die Zeugnisse aus, wovon die Werke schweigen. Und für Musiker sind auch Schriften Zeugnisse. Die rhetorische Figur, in der jene Zeitkluft artikuliert wird, ist das Paradox: Schönberg bezeichnet seine Situation als »ins Paradies vertrieben«[15], der Stückeschreiber Brecht, der seinem Zufluchtort Kalifornien weniger freundlich gesonnen war, kommt sich in Los Angeles vor »wie aus dem zeitalter herausgenommen, das ist ein Tahiti in großstadtform.«[16] Brecht thematisiert das Verhältnis zu seinem Exilort auch in seinem Werk, so etwa in den *Hollywood-Elegien*, Schönbergs Œuvre schweigt sich darüber aus.

IV

Wenn ein Emigrant von Beruf Ingenieur ist, wird ihn die Zeitkluft, die er in sich trägt, bei seiner Berufsausübung weniger tangieren als einen Musiker. Im Zentrum musikwissenschaftlicher Exilforschung standen bisher Komponisten, und das aus plausiblem Grund: Sie haben Werke hinterlassen. Die meisten Musiker, die aus Deutschland vertrieben wurden, übten ihren Beruf aber nicht durch Schreiben aus, sie schrieben weder Musik wie Komponisten, noch schrieben sie über Musik wie Musikschriftsteller und -wissenschaftler, sie spielten Musik, und sie spielten sie in der neuen Welt mit der je eigenen kulturellen Mentalität, die sie mitbrachten: So ist etwa das Vibrato der russischen Seele vom Wiener Espressivo wesentlich verschieden, und doch ist es das eine oder das andere, das aus dem geschriebenen Notentext erst Musik macht. Darauf hat Rudolf Kolisch eben im Exil aufmerksam gemacht[17], und das Exil in den USA, mit ihrem Nebeneinander unterschiedlicher Mentalitäten, hat Kolischs Blick dafür geschärft, dass Tempo, Rubato, Vibrato – all das, was »nicht in den Noten steht« – ein ebenso elementarer wie durch Traditionsbrüche gefährdeter Teil der musikalischen »Darstellung« sind.[18] Jede Interpretation ist in ihrer subjektiven Ausformung von einer bestimmten musikalischen Mentalität getragen, und zwar auf einer Stufe, die zunächst vorrational ist und es auch bleibt, wenn sie nicht, wie durch Kolisch, reflektiert wird.

Diese spezifische musikalische Mentalität ist etwas, das man schwer erlernen kann, weil man in sie hineingeboren wird, und entsprechend schwer kann man sie verlernen bzw. ablegen. Was man Interpretationsstil nennt, wird zu einem Teil von ihr geprägt, noch ehe der Interpret sich Gedanken über die bewusste Gestaltung des Werks gemacht hat. Solche Mentalitätsdifferenzen sind mit Händen zu greifen, wenn man die Schallaufzeichnungen von Emigranten aus verschiedenen Herkunftsländern vergleicht. Zugleich aber entsteht in den USA unter den Bedingungen des »melting pot«[19] von Mentalitäten etwas Neues. Toscaninis Einspielungen mit dem NBC-Orchester, das für ihn aus europäischen und amerikanischen Musikern zusammengestellt wurde, jedoch keinerlei Tradition besaß, sind von einer objektivierenden Interpretation der klassischen Orchesterwerke geprägt; sie lässt sich »lesen« als der Versuch, den Mentalitätsdifferenzen zu entgehen. Und auch ein Pianist wie Rudolf Serkin entfernte sich in seinem Klavierspiel zunehmend von der musikalischen Mentalität seiner Wiener Heimat. Die Einspielungen beider Künstler sind Zeugnisse einer wachsenden Distanz zu jener Emotionalität, von der einst die europäische Interpretationskultur getragen war und die nun durch die traumatisierenden Ereignisse auf dem europäischen Kontinent fragwürdig geworden schien.

Inwiefern die Distanz zu einem emotionalisierten Vortragsstil – zumindestens im Falle Serkins – eine Reaktion auf das Trauma des Exils ist, harrt ebenso der Untersuchung wie die Frage, ob Interpretationsansätze aus der Zeit der Weimarer Republik fortgeführt oder reaktiviert wurden.[20] Jedenfalls setzten beide Musiker in ihrem je eigenen Feld Maßstäbe der Interpretation für die Nachkriegszeit, die sowohl durch das Medium der Schallplatte als auch durch remigrierte Musiker auf Europa zurückwirkten.[21] Was sind nun – im »Zeitalter der technischen Reproduzierbarkeit« – Schallaufzeichnungen: Werk oder Zeugnis? Den Auraverlust des Kunstwerks hatte Benjamin am Film festgemacht. Der Film konserviert als Speichermedium das Werk, die Schallplatte aber eine Aufführung des Werks, denn viele der relevanten Aufnahmen entstanden vor Einführung der Studiotechnik als Konzertmitschnitte.[22] Einerseits raubt die Schallplatte dem musikalischen Werk seine Aura als das einmalig hier und jetzt Erklingende, andererseits bezeugt sie, wenn ein Werk in mehreren Aufnahmen vorliegt, die Aura der einen Aufführung eines Werks, die sich von der anderer Aufführungen unterscheidet; und inzwischen kommt der Schallplatte selbst als Medium eine Aura zu, ist ihr Klang doch von einer eigentümlichen Weichheit geprägt, die von keiner CD erreicht wird. In einer Geschichte der Interpretationskultur, die den Einfluss von Emigranten auf das Land ihrer Zuflucht und auf ihre Heimat thematisiert, sind Schallplatten Werk und Zeugnis zugleich.

V

Durch ihre Emigration wurden Musiker nicht nur in eine andere kulturelle »Zeit« versetzt, sondern auch in einen anderen kulturellen Raum verrückt. Der französische Literaturwissenschaftler Pierre Bayard hat mit gallischem Humor unter dem Titel *Wie man über Bücher spricht, die man nicht gelesen hat* nichts weniger als eine Theorie der kulturellen Orientierung geliefert.[23] Bayard stellt ein handliches Instrumentarium an Begriffen bereit, das sich für die Beschreibung der komplexen Situation von Emigranten insofern eignet, als es kulturelle Integrationsprozesse systematisiert. »Kollektive Bibliothek« nennt er »die Gesamtheit aller wichtigen Bücher, auf der eine bestimmte Kultur zu einem bestimmten Zeitpunkt beruht«[24] und die doch niemand zur Gänze kennen kann, obwohl sie alle prägt (»Goethes Götz konnte mich leider nicht davon abhalten, mir Feinde zu machen«). Eine kollektive Musikbibliothek unterscheidet sich von einer kollektiven Literaturbibliothek dadurch, dass in ihr keine Werke in unterschiedlichen Sprachen vorkommen. Der Zuschnitt der kollektiven Musikbibliothek war zwar in Berlin, Wien, Paris, London oder Moskau unterschiedlich, aber die Schnittmenge an »Klassikern« war verhältnismäßig groß, Nationen unterschiedlicher Sprachen teilten weitgehend den Werkkanon der klassischen Musik; erst mit dem Repertoire des späteren 19. Jahrhunderts setzt eine deutliche Ausdifferenzierung ein. Auch in den USA gab es um 1940 bedeutend weniger Werke als heute, die nach dem Verständnis der Amerikaner ihrer kollektiven Musikbibliothek angehörten, nicht aber der europäischen, denn die historische »E-Musik« stammte in den USA damals weitgehend aus Europa. Gerade dies wurde von amerikanischen Komponisten wie Roy Harris beklagt[25], und mit der Immigration europäischer Musiker nahm die Präsenz europäischer Musikkultur in den USA noch einmal zu. Entsprechend gab es für emigrierte Musiker zwischen der kollektiven Musikbibliothek der USA und dem, was Bayard die »innere Bibliothek« nennt[26], – »der Gesamtheit von Büchern, auf der sich eine Persönlichkeit erst bildet und die dann die Beziehung zu den Texten und zu anderen organisiert« – weit weniger Differenzen als zum Beispiel für emigrierte Schriftsteller.

Musiker, die zur Emigration gezwungen wurden, hatten in der Ausübung ihres Berufs weniger mit Sprachbarrieren zu kämpfen als Schriftsteller in vergleichbarer Situation. Neben der italienischen Oper war die deutsche Musik von Bach bis Richard Strauss in allen kulturellen Zentren der Welt verbreitet und wurde überall gepflegt. Musiker aus dem deutschsprachigen Raum waren von der Sache her als Spezialisten geschätzt und gesucht. Im Prinzip waren sie auf der Ebene der Berufsausübung privilegiert, gerade dies aber führte auf der Ebene ihrer Integration auch zu Behinderungen. So wurde in Großbritannien geflüchteten Musikern die Ausübung ihres Berufs verboten, damit sie den einheimischen keine Konkurrenz machten.[27] Ähnliche Bestrebungen gab es auch in den USA, sie wurden aber nicht umgesetzt, weil die Nachfrage nach qualifizierten Musikern größer war als die Furcht vor unliebsamer Konkurrenz.[28] Gleichzeitig waren die USA im Unterschied zu Großbritannien bereits damals ein Einwanderungsland, die Integration von »immigrants« war in der amerikanischen Gesellschaft traditionsgemäß akzeptiert, weil der Zustrom von Flüchtlingen durch eine restriktive Einwanderungspolitik so quotiert war, dass »immigrants« aus europäischen Ländern bevorzugt wurden.

Während sich die Situation für diejenigen, die über Musik schrieben – Musikschriftsteller und Musikwissenschaftler – fast so schwierig gestaltete wie für Schriftsteller, fanden sich diejenigen, die Musik schrieben – also die Komponisten – in einer besonderen Lage. Der Komponist produziert zwar einen »Notentext«, der aber keine Sprache wiedergibt. Zwar hat die Rede von Musik als »Tonsprache« eine lange Tradition[29], aber die Unterschiede zwischen Musik und Sprache als Kommunikationssystem sind für die Situation emigrierter Komponisten im Land ihrer Zuflucht in einer Weise konstitutiv, dass es wichtig scheint, die Bedeutung dieser Unterschiede für die Berufsausübung eingehender zu beleuchten.

Seit geraumer Zeit wird versucht, jenseits des hermeneutischen Verständnisses von Musik als »Tonsprache« auf der Grundlage semiotischer Ansätze Musik als Zeichensystem zu fassen. Die Diskussion ist hier insofern relevant, als sie ein Problem berührt, das die Musikgeschichtsschreibung – wie in vielen anderen Fällen auch – vor spezielle methodische Probleme stellt und die Übernahme von Deutungsansätzen aus anderen Disziplinen erschwert. Dass Musik nicht denotiert, darüber herrscht Einigkeit; wie aber Konnotation in der Musik zustande komme, dazu gibt es verschiedene Erklärungsansätze.[30] Von ihnen ist auch die Beantwortung der Frage abhängig, was »Exilmusik« als Pendant zu »Exilliteratur« ist beziehungsweise sein könnte.[31] Jedenfalls resultiert aus dem Unterschied, dass Sprache denotiert, Musik aber nicht, ein unterschiedlicher Geltungsanspruch beider Kommunikationssysteme: Sprache verändert sich wegen ihrer denotativen Funktion langsamer als Musik, ihre syntaktischen Regeln und die Bedeutung ihrer Zeichen haben eine längere Geltungsdauer als das »musikalische Material«. Umgekehrt kommt der Musik, weil sie nicht denotiert, eine größere Reichweite ihrer Geltung zu, sie wird – trotz unterschiedlicher Nationalstile – über die Geltungsräume von Sprachen hinaus verstanden. Die unterschiedliche Geltungsweise von Sprache und Musik hat für die Emigration und für die Remigration von Musikern im Vergleich zu anderen Künstlern gravierende Konsequenzen. Sie definiert die historische Situation, in der Künstler verschiedener Sparten ästhetisch handeln, unterschiedlich.

VI

Mentalitätsdifferenz als Zeiterfahrung und die veränderte »kollektive Bibliothek« als neuer kultureller Raum formieren die historische Situation, in der emigrierte Musiker handeln. In ihr muss Integration immer wieder neu, auf je individuelle Weise gelingen. Entscheidend ist die Überwindung der Mentalitätsdifferenz (»Hinter all dem, was uns süsslich, oder hypokritisch, oder oberflächlich, oder sogar banal erscheint, verbergen sich Tugenden und Vorzüge, die denen gleichkommen, die sich hinter deutscher Rauheit, Unfreundlichkeit und – wenn man so sagen darf: Treue verbergen. Sie verbergen sich besser und sind umso sicherer vorhanden«). Solidarität mit dem Land der Zuflucht ist Voraussetzung für Integration. Und wenn Schönberg einen Nachruf auf George Gershwin schreibt, dann nicht allein, weil dieser den Druck seines Vierten Streichquartetts bezahlt hat – was nicht nur eine Gefälligkeit zwischen zwei Tennispartnern, sondern auch Ausdruck der Solidarität eines Amerikaners mit einem Emigranten war –, sondern weil Schönberg etwas von dem, was er als Solidarität erfahren hatte, zurückerstatten wollte.[32] Schönberg trägt damit – wie viele andere Emigranten auf je eigene

Weise – zu dem bei, was Bayard die »virtuelle Bibliothek« nennt, einen »Kommunikationsraum über Bücher – und über Kultur im weitesten Sinn« und zwar virtuell, »zum einen, weil er ein von Bildern, auch von Selbstbildern dominierter Ort ist, zum anderen, weil er nicht real ist.«[33]

Der Raum der »virtuellen Bibliothek« entsteht durch Kommunikation und verfällt, wenn man seine »stillschweigenden Regeln« nicht respektiert, zum Beispiel »dass man nicht herauszufinden versucht, inwieweit jemand, der behauptet, ein Buch gelesen zu haben, dies auch tatsächlich getan hat«[34] – eine Überprüfung, was Schönberg von Gershwins Musik gekannt hat, würde wahrscheinlich diesen Baustein der »virtuellen Bibliothek« zwischen Amerikanern und Emigranten empfindlich lockern. Auch das Selbstbild des Emigranten, der sich den Amerikanern in kulturellen Dingen meist überlegen fühlte, wird im »mündlichen oder schriftlichen Diskussionsraum« der »virtuellen Bibliothek« revidiert, etwa in Schönbergs Auslassung über »die« amerikanischen Studenten (»in unserem Sinn sind sie sicher um 5–8 Jahre jünger; unsere siebzehnjährigen können oft mehr als ihre 22-jährigen: in gewisser Hinsicht, aber durchaus nicht jeder. Vor allem, z. B. drückt sich jeder amerikanische Student schriftlich und mündlich viel klarer aus, als selbst gute Deutsche. Das ist auch eine Geistesschulung«). Schönbergs schriftliche Äußerungen über das Musikleben der USA lassen sich als Beiträge zur »virtuellen Bibliothek« zwischen Amerikanern und europäischen Emigranten lesen. Paradigmatisch erscheint an ihnen, dass solche Beiträge für Emigranten umso wichtiger waren, je mehr sich die eigentliche künstlerische Produktion dem Einbezug in die kollektive Bibliothek entzog. Die Kommunikation, die in Zeugnissen dokumentiert ist, soll die »Amerikanisierung« leisten, die der Komponist mit seinem Werk nicht leisten will. Die »virtuelle Bibliothek« – »am Kreuzungspunkt der inneren Bibliotheken der jeweiligen Gesprächsteilnehmer«[35] – lässt sich anhand der Zeugnisse, nicht anhand der Werke rekonstruieren.

VII

Kam der große Geltungsraum der »deutschen« Musik den meisten Musikern, die emigrierten, im Land ihrer Zuflucht zu Hilfe, so erwies sich die geringe Geltungsdauer des syntaktischen Systems Musik insbesondere für viele Komponisten, die nach dem Ende des Zweiten Weltkriegs nach Deutschland oder Österreich zurückkehren wollten, als hinderlich. Die musikalische Landschaft der Nachkriegszeit war – wie das Land selbst – zerrissen. Einer konservativen Mehrheit, der noch der »Kulturbolschewismus« der Weimarer Republik in den Knochen steckte, stand eine Avantgarde gegenüber, die möglichst viele Brücken zur belastenden Vergangenheit abbrechen wollte.

An dieser historischen Situation scheiterte das »come back« vieler Emigranten in Europa. Ernst Toch, einer der gefeiertsten Komponisten der Weimarer Republik, fand mit seinen Symphonien wenig Resonanz[36], Ernst Krenek konnte sich nicht im Kreis der neuen Komponistengeneration etablieren, obwohl er – wie andere Emigranten auch – nach Darmstadt eingeladen wurde.[37] Rudolf Kolisch, für den die Musik, und auch die der Wiener Schule, immer noch eine »Tonsprache« war, richtete nicht viel aus in Darmstadt, wo anstelle der Sprache die Struktur als neues Paradigma inauguriert wurde; Versuche, für ihn eine Professorenstelle in der Bundesrepublik zu finden – unter anderem von Adorno –, scheiterten.[38] In der DDR beugten sich Remigranten wie Hanns Eisler und Paul Dessau der Doktrin des sozialistischen Realismus, die sie zur Verleugnung eines Teils ihres Exil-Werkes – insbesondere ihrer dodekaphonen Kompositionen – zwang.

Die Erklärung liegt nahe, dass die Emigranten in der Bundesrepublik zwischen den Stühlen von postnazistischer Gesinnung und Avantgarde saßen, aber vielleicht ist diese Erklärung zu einfach und bedarf der Konkretisierung der Situation durch eine Reihe von Fallstudien, um ausdifferenziert zu werden. Auf dem neuen Bewährungsfeld der Integration in der alten Heimat gab es in der Bundesrepublik den kleinsten gemeinsamen Nenner des schlechten Gewissens, der den Emigranten, bisweilen widerwillig, Gelegenheit bot, sich und ihre Werke zu präsentieren. In der DDR wurden die Remigranten als Exponenten des antifaschistischen Kampfes vereinnahmt, jedoch weitgehend zu ästhetischer Wirkungslosigkeit verdammt; seit der Debatte um Eislers Libretto zu *Johann Faustus* waren die Emigranten »aus dem Westen« kaltgestellt[39] und konnten nur noch in Nischen operieren. Auch über diese Prozesse geben weniger die Werke selbst Auskunft als die Zeugnisse, die sie umgeben.

Die Rezeption von Werken emigrierter Musiker wurde in der alten Heimat nicht nur dadurch erschwert, dass sich die stilistische Bandbreite der Musik um die Jahrhundertmitte weiter ausdifferenziert hatte, als man es sich in der Weimarer Republik je hätte träumen lassen, sie war auch dadurch behindert, dass die Werke »unbehütet« waren. Die Komponisten lebten nicht im Lande; und die im Lande lebten, wie in der DDR, durften kaum etwas Relevantes über die Musik aus ihrer Exilzeit sagen, weil diese Musik angesichts der Doktrin vom sozialistischen Realismus unerwünscht war; inwieweit Komponisten wie Dessau und Eisler diese Doktrin verinnerlichten oder tolerierten, um dem Sozialismus zu »nützen«, was nur durch Schulterschluss mit dem SED-Regime möglich schien, ist noch wenig untersucht.[40] Zu Werken des Exils fehlte es der Öffentlichkeit in beiden deutschen Staaten an Informationen über die Entstehung, über die Intentionen des Autors, es fehlte häufig auch an Betreuung durch einen Verlag. Die Kompositionen kamen zwar nach und nach zurück, aber mit ihnen nicht die ihnen zugehörigen

Zeugnisse. Dies ist ein Defizit, das in der Musik als nichtsprachlicher Kunst vielleicht noch schwerer wiegt als in anderen Künsten. Die Diskussion der letzten Jahrzehnte um die Autorenintention[41] hat deutlich gemacht, wie sehr die Konstruktion der Autorenintention nicht nur aus den Werken selbst, sondern aus den zugehörigen Zeugnissen abgeleitet ist. Denn die »Aura« des Werkes kommt nicht allein aus ihm selbst, sondern zu einem erheblichen Teil aus den Zeugnissen, die ihm zugehören. Die aber fehlten.

VIII

Zeugnisse gehen jedoch nicht auf in ihrer Funktion als Steigbügel für die Interpretation. Sie bilden zwar den Humus, auf dem eine Interpretationskultur wächst, aber sie verschließen nicht die Möglichkeit, dass Interpreten ein Werk besser zu verstehen suchen – und es vielleicht auch können! – als der Autor selbst (allerdings setzt auch dieses neue Verstehen meist das traditionelle Verstehen voraus, das von Zeugnissen gestützt wird). Obendrein gibt es Zeugnisse, die quasi von sich aus »kanonische« Gültigkeit beanspruchen: Das sind unter anderem die Texte, in denen Emigranten bewusst Zeugnis ablegen. Nicht dass diese Zeugnisse unfehlbar wären – Irrtümer und Retuschen sind keineswegs ausgeschlossen, sogar wahrscheinlich –, aber in ihnen kommt – über die historiografische »Verwertbarkeit« hinaus – die Biografie des Einzelnen zu ihrem Recht, die Erinnerung an das gelebte, an das erlittene Leben. Lou Eisler-Fischer, Hanns Eislers zweite Frau und Gefährtin seines Exils, hat neben einigen Typoskripten mehrere Notizbücher zu ihrer geplanten Autobiografie hinterlassen, die sie letztlich nie vollendet hat. Eines dieser Notizbücher von 1974 endet, nach einem resignierenden Blick auf die Konfrontation der beiden Supermächte, mit dem Satz: »Da sich so vieles verändert hat, wird auch all dies sich ändern, ich fürchte nur nicht zu meinen Lebzeiten und da ich eine der wenigen Überlebenden aus dieser Zeit bin, fühle ich es als Pflicht, Zeugnis abzulegen. [E]in Relikt aus der Vergangenheit[,] stirbt mit mir ein Zeuge dieser Zeit ab, deshalb fühle ich mich verpflichtet, Zeugnis abzulegen.«[42] In Erwartung des Todes will die Remigrantin der Nachwelt überliefern, wie sie im Dunstkreis »großer Männer« zwischen Thomas Mann und Bertolt Brecht das Ringen um die deutsche Demokratie erlebt hat. »Zeugnis ablegen« ist eine Haltung, die Distanz zu dem Geschehenen voraussetzt und häufig erst eingenommen wird, wenn man der Überzeugung ist, das eigene Leben neige sich dem Ende zu – Lou Eisler-Fischer allerdings starb erst 1998.

Auch an der Zeugenschaft erweist sich die unterschiedliche historische Situation von Emigranten und KZ-Häftlingen. Giorgio Agamben hat der Qualität der Zeugnisse über Auschwitz eine luzide Untersuchung gewidmet.⁴³ Im Anschluss an Primo Levi konstatiert er eine Lücke in jedem Zeugnis über Auschwitz: »Doch hier beruht die Gültigkeit des Zeugnisses wesentlich auf dem, was ihm fehlt; in seinem Zentrum enthält es etwas, von dem nicht Zeugnis abgelegt werden kann, ein Unbezeugbares, das die Überlebenden ihrer Autorität beraubt. Die ›wirklichen Zeugen‹, die ›vollständigen Zeugen‹ [Primo Levi] sind diejenigen, die kein Zeugnis abgelegt haben und kein Zeugnis hätten ablegen können. Es sind die, die ›den tiefsten Punkt des Abgrunds berührt haben‹ [P. L.], die Muselmänner, die Untergegangenen. Die Überlebenden – Pseudo-Zeugen – sprechen an ihrer Stelle, als Bevollmächtigte: sie bezeugen ein Zeugnis, das fehlt.«⁴⁴ Die Emigranten hingegen sind ihrer Autorität nicht beraubt, sie bezeugen das Überleben, ihr eigenes Überleben, so schwierig es auch gewesen sein mag.

Ein solches Zeugnis ist der Lebenslauf Adolph Ballers. Der Pianist (Jahrgang 1909), der bereits in jungen Jahren bei den Salzburger Festspielen unter der Leitung von Hans Knappertsbusch aufgetreten war, verließ Wien im selben Jahr wie Moriz Violin, aber unter wesentlich dramatischeren Umständen. Er hat zwar nicht »den tiefsten Punkt des Abgrunds berührt«, aber doch über den Rand in den Abgrund geblickt: »Leider kann ich mich nicht an alle Details dieser doch sehr schweren Zeit erinnern. (…) [/] Nach dem Anschluss Österreich's an Deutschland im Jahre 1938, bin ich auf dem Weg nachhause (…) von einigen S.S. Männern (schwarze Uniform) aufgehalten worden und in ein Auto gesteckt worden. Im Auto bin ich blutig geschlagen worden, hauptsächlich in die Augen. Ich bin in ein Haus gebracht worden, wo der Boden mit Blut bedeckt war, von den Leuten[,] die vor mir gefoltert worden sind. Wenn ich mich recht erinnere[,] waren in dem Zimmer mindestens 15 S.S. Männer. Ich musste mich nackt ausziehen und auf den Boden legen. Dann sind sie mit ihren genagelten Stiefeln auf mich getreten; sowohl auf meine Hände als auch auf meinen Rücken. Sie haben mich mit dem Revolver auf den Kopf gehaut; ihre brennenden Zigaretten haben sie auf meinem Körper ausgedrückt. (…) Der Direktor des Sanatorium Löw hat mich nur unter der Bedingung angenommen, wenn ich sagte[,] dass ich über die Stiegen hinuntergefallen wäre. Ich bin eingeliefert worden mit: – einigen Löchern im Kopf, einer Nierenquetschung, der verbrannten Haut (durch die Zigaretten), einem verrenkten Bein, einem gebrochenen Finger (rechter Zeigefinger) und mit beiden Händen schwer verletzt, mit unzähligen schweren Wunden von den Nägeln der Stiefel[,] mit denen mir die S.S. Leute auf die Hände getreten sind. Der diensthabende Arzt mit einem Hakenkreuzabzeichen hat mich wortlos übernommen, und ich habe nur von einer der Nonnen (das waren die Krankenschwestern im Sanatorium) erfahren, dass dieser Doktor – nachdem er aus meinem Zimmer hinausging [–] sich vor Entsetzen nicht halten konnte und seine Selbstkontrolle verloren hat. Ich blieb lange im Sanatorium Loew. (…) Ich konnte 5 Wochen nachdem ich aus dem Spital draussen war Klavier üben, aber nur leise. (...) Eine Radiostation in New York City ›W Q X R‹ hat mich engagiert[,] einige Klavierkonzerte mit dem dortigen Orchester zu spielen. Ich musste sie aus Noten spielen, da ich in dem Moment draufgekommen bin, dass mein Gedächtnis durch diese entsetzlichen Erfahrungen gelitten hat, und dass ich dadurch gezwungen war, eine andere Laufbahn in der Musik einzuschlagen. (...) Dadurch musste ich mein Solotum aufgeben und bin Kammermusiker und Begleiter geworden. Das hat mir einen großen Schock gegeben, obwohl ich es doch zustande gebracht habe[,] mich darüber hinwegzusetzen, da das Alma Trio eine höchsterfolgreiche Kammermusikgruppe geworden ist, die mir viel Freude bereitet.«[45]

Jede Folter erniedrigt ihr Opfer. Aber die Folter, die Adolf Baller erlitt, hat ihre eigene »Symbolik«: Stiefel treten auf Stein, und auf Stein werden auch Zigaretten ausgedrückt. Dem Misshandelten wird »symbolisch« die Eigenschaft, ein Lebewesen zu sein, genommen und er wird eben dadurch gequält, dass er gleichwohl eines ist. Der malträtierte Körper genas trotz allem, aber die Seele nicht. Etwas vom Mensch-Sein wurde auf Dauer beschädigt: das Erinnerungsvermögen. Der Sprung über die Zeitkluft fällt schwer (»Leider kann ich mich nicht an alle Details dieser doch sehr schweren Zeit erinnern«), obwohl der heimatliche Klang des Wienerischen ungebrochen durchscheint (»gehaut«; »draufgekommen bin«). Baller ist von dieser Erfahrung traumatisiert. »Trauma ist der Gegenbegriff zu Identität; traumatische Erfahrungen von Leid und Scham finden nur schwer Einlass ins Gedächtnis, weil diese nicht in ein positives individuelles oder kollektives Selbstbild integriert werden können.«[46] Aber nicht nur die Erinnerung an die Ereignisse ist in Mitleidenschaft gezogen, sondern auch die Erinnerung an die Musik ist gestört. Was vor der Misshandlung gelernt wurde und einen besonderen, persönlichen Schatz der Erinnerung bildete, ging verloren. Baller schrieb diesen Text nicht aus freien Stücken, um »Zeugnis abzulegen«, der Lebenslauf entstand im Rahmen eines Wiedergutmachungs-Verfahrens 30 Jahre nach den Ereignissen, 1968. Der schmerzlichen Erinnerung ist nicht nur das »Leid« eingeschrieben, das Baller erfahren hat, sondern auch die »Scham«, die er fühlte, sowohl über die Misshandlung als auch über die wenngleich nicht körperliche, so doch künstlerische Behinderung, die von ihr zurück blieb.[47] Zeitkluft (»Das hat mir einen großen Schock gegeben«), Berufsausübung (»eine andere Laufbahn in der Musik«) und Integration (»eine höchsterfolgreiche Kammermusikgruppe, die mir viel Freude bereitet«) sind in dieser Biografie unauflöslich ineinander verwoben.

Gerade für die Musikwissenschaft, die mit einem nicht denotierenden Kommunikationssystem zu tun hat, sind sprachliche Zeugnisse Quellen eigenen Rechts. Sie bewahren die Biografien der Emigranten, die »Aura« der verschollenen Werke und die »virtuelle Bibliothek« als »Kreuzungspunkt der inneren Bibliotheken der jeweiligen Gesprächsteilnehmer.«[48] Daher kommt einer anderen Institution des kollektiven Gedächtnisses, dem Archiv[49], eine bedeutsame Rolle zu. Idealtypisch bewahrt die Bibliothek die Werke, das Archiv die Zeugnisse, auch wenn in der Realität Bibliotheken Funktionen der Archive und Archive Funktionen der Bibliothek wahrnehmen. Die Bibliothek präsentiert die Werke des Diskurses, das Archiv bewahrt dessen Zeugnisse. Michel Foucault hat in seiner *Archäologie des Wissens* dargelegt, dass das Archiv keineswegs ein neutraler Sammelplatz des Wissens ist, dass vielmehr die Entscheidungen darüber, was in den realen Archiven aufbewahrt wird, von den Diskursen bestimmt wird, die das virtuelle Archiv einer Gesellschaft überhaupt bereit hält.[50] Damit ist das Dilemma beschrieben, vor das sich die Exilforschung seit ihren Anfängen gestellt sah: Für die Lücken in den realen Archiven waren nicht nur die konkreten historischen Situationen – Verlust von Quellen durch Krieg und Massenflucht – verantwortlich, sondern auch die Lücken im virtuellen Archiv der Gesellschaft, die der radikale »Diskurswechsel« von 1945 verursacht hatte.[51] Was vorher Geltung usurpiert hatte, galt künftig nicht mehr, und was verfemt war, beanspruchte nun Geltung. Den Wechsel zu vollziehen – damit hat sich unter den vielen geisteswissenschaftlichen Disziplinen die Musikwissenschaft, die sich der »deutschesten der Künste«[52] widmet, besonders schwer getan. Diese Lücken im virtuellen Archiv der Gesellschaft und in den realen Archiven zu schließen, ist daher nach wie vor eine dringende und unausweichliche Aufgabe der Musikwissenschaft.

1 Mit Violin hatte Schönberg 1901–02 in Berlin an Wolzogens Buntem Theater zusammengearbeitet. Vgl. Horst Weber (Hg.): *Zemlinskys Briefwechsel mit Schönberg, Webern, Berg und Schreker*. Darmstadt 1995 (= *Briefwechsel der Wiener Schule*, Bd. 1), S. 14 und 384 f. — **2** Schönbergs Empfehlungsschreiben an Robert Emmett Stuart datiert vom 27.1.1940. Arnold Schoenberg Center, Briefdatei: http://www.schoenberg.at/lettersneu/search_show_letter. php?ID_Number=3391, 11.01.2008. — **3** Brief vom 08.04.1940. Arnold Schoenberg Center, Briefdatei: http://www.schoenberg.at/lettersneu/search_show_letter.php?ID_Number= 18007, 12.01.2008. — **4** Typoskipt mit eigenhändiger Unterschrift (TLS), unpubliziert: California State University of Riverside, Rivera Library, Special Collections Department, Oswald Jonas Memorial Collection. Vgl. Horst Weber, Manuela Schwartz (Hg.): *Quellen zur Geschichte emigrierter Musiker 1933–1950*. Bd. I: Kalifornien. München 2003 (im folgenden *QuECA*), Nr. 2498. — **5** Jürgen Markowitz: *Die soziale Situation. Entwurf eines Modells zur Analyse des Verhältnisses zwischen personalen Systemen und ihrer Umwelt*. Frankfurt/M. 1979, S. 109. — **6** Ebd., S. 109. — **7** Hans Joas: *Die Kreativität des Handelns*. Frankfurt/M. (1992) 1996, S. 218–244, hier S. 23, Hervorhebung im Original. Vgl. Horst Weber: »Exilforschung und Musikgeschichtsschreibung«. In: Hartmut Krones (Hg.): *Geächtet, verboten, vertrieben. Österreichische Musiker 1938–1945*. Wien 2008 (im Druck). — **8** Hans Winge über Brechts *Hollywood-Elegien*. Vgl. Bertolt Brecht: *Arbeitsjournal*. Hg. von Werner Hecht. Bd. 2. Frankfurt/M. 1973, S. 523 (Eintrag vom 20.9.1942). — **9** Walter Benjamin, *Briefe*.

Hg. von Gershom Scholem, Theodor W. Adorno. Frankfurt/M. 1966, S. 220. — **10** So verweist in Schönbergs Brief das Fehlen des *ß* auf die Exilsituation ebenso wie manche Tipp- bzw. Schreibfehler, etwa wenn »amerikanisch« zunächst groß geschrieben ist, als solle es »American« heißen, dann aber ein kleines *a* über das große getippt wurde (im Abdruck nicht wiedergegeben). — **11** Walter Benjamin: »Das Kunstwerk im Zeitalter seiner technischen Reproduzierbarkeit« (Erstpublikation gekürzt und in französischer Sprache Paris 1936). In: Walter Benjamin: *Gesammelte Schriften* I, 2. Hg. von Rolf Tiedemann, Hermann Schweppenhäuser. Frankfurt/M. 1980 (= *Werkausgabe*. Bd. 2), S. 430–469 bzw. 471–508. — **12** Brief vom 12. April 1943, University of Southern California, Feuchtwanger Memorial Library, Hanns Eisler Papers. — **13** Vgl. *QuECA* (s. Anm. 4) Nr. 587. Abdruck seines Berichts S. 231–253. — **14** Vgl. *QuECA* (s. Anm. 4) Nr. 2263. Brief an Albert Schweitzer vom 1.1.1936. — **15** »Driven into Paradise« (1934), dt. »Ins Paradies vertrieben«. In: Arnold Schönberg: *Stil und Gedanke. Aufsätze zur Musik*. Hg. von Ivan Vojtěch. Frankfurt/M. 1974, S. 326. — **16** Brecht: *Arbeitsjournal*. Bd. 1 (s. Anm. 8), S. 293 (Eintrag vom 9.8.1941). — **17** Reinhard Kapp: »Rudolf Kolisch – Die Konstruktion des Wiener Espressivo«. In: *Beiträge '90. Österreichische Musiker im Exil*. Kassel 1991 (= *Beiträge der Österreichischen Gesellschaft für Musik*. Bd. 8), S. 103–110. — **18** Rudolf Kolisch: »Tempo and Character in Beethoven's Music«. In: *Musical Quarterly* Jg. 29 (1943), S. 169–312; erweiterte Fassung aus dem Nachlass siehe Regina Busch (Hg.): *Tempo und Charakter in Beethovens Musik*. München 1999 (= *Musik-Konzepte* 76/77). — **19** Der Konsens der amerikanischen Gesellschaft über die Integration aller »immigrants«, der sich in dieser Metapher ausdrückt, hatte nur so lange Bestand, wie die restriktive Einwanderungspolitik eine Dominanz europäischer Einwanderer garantierte. Unter den veränderten Bedingungen der zweiten Hälfte des 20. Jahrhunderts wurde die Metapher vom »melting pot« durch die der »salad bowl« ersetzt: Verschiedene Mentalitäten werden nicht mehr »eingeschmolzen«, sondern »eingeölt«. — **20** Toscanini hat seit dem späten 19. Jahrhundert, ähnlich wie der sieben Jahre ältere Gustav Mahler, mit vielen Aufführungskonventionen der Oper aufgeräumt und anscheinend diese »Objektivität« in den Konzertsaal übernommen (zu Toscaninis Konzert-Einspielungen wird zurzeit an der Folkwang Hochschule Essen eine Dissertation von Benjamin Desalm vorbereitet). Rudolf Serkin hat als junger Pianist in Schönbergs Verein für musikalische Privataufführungen mitgewirkt, allerdings dann die Musik der Wiener Schule gemieden. Inwieweit dennoch sein Vortrag klassischer Werke durch Erfahrungen im Schönberg-Verein gefärbt wurde, wäre zu untersuchen (eine Dissertation von Mario Vogt über Serkin als Pianist ist an der Folkwang Hochschule in Arbeit). — **21** Auch die Anfänge der historischen Aufführungspraxis, die aus der Tradition regionaler Mentalitäten ausbrechen und zu einer historisch korrekten Interpretation – gleichsam einer historisch rekonstruierten Mentalität – aufbrechen wollte, sind von jener Distanz zum emotionalisierten Vortragsstil gezeichnet. Inwieweit sich hier das Klangideal der Neuen Sachlichkeit – nach dem Krieg seines Repertoires beraubt – derjenigen Musik bemächtigt hat, die vor dem Krieg von den Collegia musica der Universitäten gepflegt wurde, bleibt zu untersuchen. — **22** Das ändert sich erst mit der Einführung der Studiotechnik. Vgl. Herfrid Kier: *Der fixierte Klang. Zum Dokumentarcharakter von Musikaufnahmen mit Interpreten klassischer Musik*. Köln 2006, S. 6–30. — **23** *Comment parler des livres qu'on n'a pas lu?*. Paris 2007. Dt.: *Wie man über Bücher spricht, die man nicht gelesen hat*, München 2007. Der Argumentationsstruktur des Autors merkt man an, dass er seinen de Saussure und Foucault gelesen hat; sie stellen die »verschwiegenen Bücher« dar – eine Kategorie, die neben der des »ungelesenen«, »quergelesenen« und »vergessenen« Buchs nicht fehlen sollte. — **24** Bayard: *Wie man über Bücher spricht, die man nicht gelesen hat* (s. Anm. 23), S. 31. — **25** Roy Harris: »Does Music have to be European?«. In: *Musical Digest* Jg. 17 (1932) H. 5, S. 14 f. — **26** Bayard: *Wie man über Bücher spricht, die man nicht gelesen hat* (s. Anm. 23), S. 97. — **27** Jutte Raab Hansen: *NS-verfolgte Musiker in England. Spuren deutscher und österreichischer Flüchtlinge in der britischen Musikkultur*. Hamburg 1996 (= *Musik im »Dritten Reich« und im Exil*. Bd. 1), S. 117–135. — **28** Zur zwiespältigen Diskussion über die »Musikerschwemme« in den Zeitschriften *Musical Courier* und *Musical Digest* siehe Regina Thumser: *Vertriebene Musiker: Schicksale und Netzwerke im Exil 1933–1945*. Diss., Universität Salzburg 1998, S. 38–58. —

29 Vgl. Fritz Reckow: »Tonsprache«. In: Hans Heinrich Eggebrecht (Hg.), fortgeführt von Albrecht Riethmüller: *Handwörterbuch der musikalischen Terminologie.* Wiesbaden 1979. — **30** Christian Thorau: »Symphony in White – Musik als Modus der Referenz«. In: Michael Beiche, Albrecht Riethmüller (Hg.): *Musik – Zu Begriff und Konzepten: Berliner Symposion zum Andenken an Hans Heinrich Eggebrecht.* Stuttgart 2006, S. 135–149; der Rückblick auf die Forschung S. 136–141. — **31** Vgl. Weber: »Exilforschung und Musikgeschichtsschreibung« (s. Anm. 7). — **32** Arnold Schoenberg: »George Gershwin«. In: Merle Armitage (Hg.): *George Gershwin.* Longmans 1938. Nachdruck in: Leonard Stein (Hg.): *Style and Idea, Selected Writings of Arnold Schoenberg.* London 1975, S. 476 f. — **33** Bayard: *Wie man über Bücher spricht, die man nicht gelesen hat* (s. Anm. 23), S. 156. —**34** Ebd., S. 157. — **35** Ebd., S. 156. — **36** Eine Dissertation über Ernst Toch in der Emigration wird von Constanze Stratz, Freiburg, vorbereitet. — **37** Vgl. Claudia Maurer Zenck: *Ernst Krenek – ein Komponist im Exil.* Wien 1980, insbesondere S. 276–288. — **38** Claudia Maurer-Zenck: »Buridans Esel oder: Exil ohne Ende«. In: Maren Köster, Dörte Schmidt unter Mitarbeit von Matthias Pasdzierny (Hg.): »*Man kehrt nie zurück, man geht immer nur fort«. Remigration und Musikkultur.* München 2005, S. 135–154, zu Kolisch vor allem S. 142–148; ergänzend dazu Andreas Jacob (Hg.): Theodor W. Adorno – Erich Doflein: *Briefwechsel.* Hildesheim 2006 (= *FolkwangStudien.* Bd. 2), S. 178–184. — **39** Peter Schweinhardt (Hg.): *Hanns Eislers »Johann Faustus«. 50 Jahre nach Erscheinen des Operntexts 1952.* Wiesbaden 2005 (= *Eisler-Studien.* Bd. 1). — **40** Vgl. Matthias Tischer: *Komponieren für und wider den Staat. Paul Dessaus Orchesterwerke in der DDR.* Habilitationsschrift Hochschule für Musik »Franz Liszt«. Weimar 2008 (Druck in Vorbereitung). — **41** Vgl. Lutz Danneberg, Hans-Harald Müller: »Der ›intentionale Fehlschluß‹ – ein Dogma? Systematischer Forschungsbericht zur Kontroverse um eine intentionalistische Konzeption in den Textwissenschaften«. In: *Zeitschrift für allgemeine Wissenschaftstheorie* Jg. 14 (1983), S. 103–137 und 376–411. — **42** Akademie der Künste Berlin, Sammlung Eisler-Fischer, Nr. 184, [S. 69]. Die am weitesten gediehene Version von Eisler-Fischers Autobiografie ist publiziert in: Lou Eisler-Fischer: *Es war nicht immer Liebe. Texte und Briefe.* Hg. von Maren Köster, Jürgen Schebera, Friederike Wissmann. Wien 2006, S. 30–87. — **43** Giorgio Agamben: *Was von Auschwitz bleibt. Das Archiv und der Zeuge (Homo sacer III).* (Turin 1998) Frankfurt/M. 2003, dort insbesondere das I. Kapitel »Der Zeuge«, S. 13–35. — **44** Ebd., S. 30. — **45** Adolph Baller: »Lebenslauf«, 4. Januar 1968; QuECA Nr. 2313 (s. Anm. 4), Abdruck des gesamten Textes S. 325–328. — **46** Aleida Assmann: »Nation, Gedächtnis, Identität – Europa als Erinnerungsgemeinschaft?« In: Simon Donig, Tobias Meyer, Christiane Winkler (Hg.): *Europäische Identitäten – Eine europäische Identität?* Baden-Baden 2005, S. 28. — **47** Dies macht Wiedergutmachungs-Akten zu einer besonders wertvollen Quellenart, weil sie in gewisser Weise Erinnerung »erzwingen«. — **48** Bayard: *Wie man über Bücher spricht, die man nicht gelesen hat* (s. Anm. 23), S. 156. — **49** Jan Assmann: *Das kulturelle Gedächtnis. Schrift, Erinnerung und politische Identität in frühen Hochkulturen,* München (1997) 2000, S. 92. — **50** Michel Foucault: *Archäologie des Wissens.* (Paris 1969) Frankfurt/M. 1981, S. 183–190. — **51** Daran rührt Aleida Assmanns Rede von der »Scham«, die der Ausbildung eines »kollektiven Selbstbildes« entgegensteht; die Scham hat Auswirkungen auf das »virtuelle Archiv«, das von dem gebildet wird, was zu einer bestimmten Zeit gesagt werden kann. Assmann: »Nation, Gedächtnis, Identität – Europa als Erinnerungsgemeinschaft?« (s. Anm. 46), S. 29. — **52** Die Verstrickung der Musikwissenschaft in die nationalsozialistische Politik ist dargestellt in: Pamela Potter: *Die deutscheste der Künste. Musikwissenschaft und Gesellschaft von der Weimarer Republik bis zum Ende des Dritten Reichs.* (New Haven 1998) Stuttgart 2000 und Thomas Schipperges: *Die Akte Heinrich Besseler. Musikwissenschaft und Wissenschaftspolitik in Deutschland 1924 bis 1949.* München 2005 (= *Quellen und Studien zur Musik in Baden-Württemberg.* Bd. 7).

Dietmar Schenk

Von Berlin nach ...
Die Emigration von Musikern in der NS-Zeit

I

Seit Längerem fallen mir Überschriften besonders ins Auge, in denen die Phrase »Von Berlin nach ...« enthalten ist. Es sind Signale einer »Ortsbeziehungskunde«, an der sich manches ablesen lässt. Als Residenz- wie später als Großstadt, seit der Kaiserzeit als selbst ernannte »Weltstadt« war Berlin ein Mittelpunkt – politisch, wirtschaftlich und kulturell.[1] Das brachte es mit sich, dass die Menschen, die in Berlin lebten, vielfältige Beziehungen besaßen, die über die Stadtgrenze hinausreichten und sich in zunehmend weitere Räume erstreckten. Solche persönlichen, ortsübergreifenden Netzwerke lassen sich ebenso wie Itinerare in Landkarten eintragen. Die Geschichte des durch die Nationalsozialisten bedingten Exils von Musikerinnen und Musikern ist in diese Geschichte eingefügt. Mit der Geschichte der Personen verknüpft ist die Geschichte des Transfers und des Austauschs kultureller Güter, von Fertigkeiten und Kenntnissen, Dispositionen und Vorlieben, Sichtweisen und Auffassungen.

Unter dem Titel »Von Berlin nach ...« kann sich die schlichte Wegangabe eines Reiseberichts verbergen, so bei Daniel Nikolaus Chodowieckis berühmter »Künstlerfahrt« von Berlin nach Danzig (1773) oder Otto Julius Bierbaums »empfindsamer Reise im Automobil« von Berlin nach Sorrent (1903).[2] Wenn man die Literatur durchstöbert, stößt man aber ebenso schnell auf autobiografische Dokumente, die mit dem Nationalsozialismus und, wenn nicht mit diesem unmittelbar, so doch mit dem Scheitern der deutsch-jüdischen Symbiose zu tun haben. In ihnen geht es um existenziell erheblichere, meist wenig beschauliche Ortsveränderungen und um andere Ziele und Zwänge als bloß touristische. Vor allem zwei Buchtitel stechen hervor, die nicht nur unterschiedliche Himmelsrichtungen angeben, sondern auch inhaltlich Gegenpole festlegen: Gershom Sholems *Von Berlin nach Jerusalem* und Reinhard Bendix' *Von Berlin nach Berkeley*.[3]

Die Jugenderinnerungen des Religionswissenschaftlers Sholem schildern, wie sich der Autor als Jugendlicher entschließt, dem Milieu der deutsch-jüdischen Akkulturation den Rücken zu kehren. Den Prozess der Ablösung betreibt er mit atemberaubender Konsequenz und aus einer eigenen, ganz individuellen Intuition heraus. Die Brüchigkeit der Assimilation erspürte der junge Sholem und begann als 14-Jähriger, in der Bibliothek der Jüdischen Gemeinde alte Schriften seiner Religion einzusehen und sich anzueignen. Offenkundig deutlicher als mancher durch Pflichten und Gewohnheiten in einer bestehenden Bahn gehaltene Erwachsene empfand er, dass Juden, wie angepasst auch immer, nicht Gleiche unter Gleichen waren. Sholem verließ Deutschland aus freien Stücken, aber natürlich aufgrund gegebener Bedingungen jüdischen Lebens. Er wandte sich dem Zionismus zu, bereits 1923 emigrierte er, wenig später lehrte er Jüdische Mystik an der Hebräischen Universität in Jerusalem.

Anders der Soziologe Bendix, der als einer der amerikanischen Interpreten Max Webers bekannt ist. Bei seinem Weg ins Exil infolge des Nationalsozialismus entschied er sich für die Vereinigten Staaten, studierte in Chicago und avancierte schließlich zum Professor in Berkeley. Gleichgewichtig zur eigenen erzählt er die Lebensgeschichte seines Vaters, ja ihm geht es in erster Linie um das Generationenverhältnis, das sich durch das Exil verkomplizierte. Der Vater war Rechtsanwalt in Berlin und übrigens ein Kritiker des deutschen Rechtssystems, der aber aus Überzeugung beinahe um jeden Preis am Lebensentwurf der deutsch-jüdischen Symbiose festhalten wollte. Er kam 1938 aus dem Konzentrationslager Dachau mit der Auflage frei, Europa binnen zwei Wochen zu verlassen. So war er, kommentiert der Sohn, »ein Verbannter, kein Auswanderer«.[4] Auf der einen Seite steht also der junge Mensch, der von sich aus *geht*, auf der anderen der ältere, der die Vertreibung aus dem Kulturraum, der durch die deutsche Nation definiert ist, als persönliches Scheitern erfahren muss.

Die Idee, Zeugnisse des Typs »Von Berlin nach ...« zu sammeln, hat natürlich etwas Spielerisches an sich. Es gibt manche Assoziationen, die diese Formulierung erweckt. Man ist versucht, sie innerhalb des »imaginären Berlin« mit den farbigen, oft schillernden Vorstellungen von der Großstadt der Moderne in Verbindung zu bringen, auch wenn einige der Texte viel älter sind. Prononciert treten sie aber im Zusammenhang der 1920er Jahre auf. Hier lässt sich diese Formulierung dem »Transit«-Motiv zuordnen: Berlin mit seinen Bahnhöfen und Hotels, seinen Stadtquartieren für Minderheiten und Zuwanderer – »Charlottengrad« für Russen, darunter viele, die vor dem Bolschewismus geflohen waren, oder das jüdisch geprägte »Scheunenviertel« mit seinen ostjüdischen Einwanderern – ist ein Ort der Ankunft und der Abreise zugleich, eine Durchgangsstation und auch ein Wartesaal. Viele Beschreibungen des Berlins der »Twenties« greifen diesen Motivkomplex auf.[5] Die von der Wahrnehmung des realen Stadtbildes angefüllten Metaphern machen anschaulich, was – in der abstrakteren Sprache der Sozialwissenschaft – unter dem Stichwort Mobilität abgehandelt wird.

Buchtitel des fraglichen Typs sind aber älter. Darunter befinden sich auch solche, welche die Rückkehr nach Berlin einbauen. »Von Berlin nach Berlin« heißt es dann. Diese Formel taucht schon bei Karl Friedrich Kloeden und Heinrich Seidel sowie neuerdings bei dem türkischen Schriftsteller Aras Ören auf.[6] Berlin war seit Jahrhunderten eine Stadt des Menschenaustauschs und nahm früh Migranten, darunter zahlreiche Exilanten, auf. Glaubensflüchtlinge aus Frankreich und Böhmen waren darunter.[7] Hunderttausende von Zuwanderern in die wachsende Industrie-Metropole des 19. Jahrhunderts kamen zum Beispiel aus Schlesien oder West- und Ostpreußen; während Berlin um die Mitte des 19. Jahrhunderts eine halbe Million Einwohner hatte, waren es 1920 in der zur Einheitsgemeinde »Groß-Berlin« zusammengeschlossenen Agglomeration ungefähr vier Millionen.[8] Die brandenburgisch-preußische und dann deutsche Hauptstadt war stets auch ein Ziel von »Künstlerwanderungen«, wie Helmut Börsch-Supan für bildende Künstler und Architekten aufgezeigt hat.[9] Gerade Künstler sind aufgrund der Sachzwänge ihres Metiers viel unterwegs und Berlin war wie jede Hauptstadt, vielleicht verstärkt durch den Mangel autochthoner Strukturen, aufnahmebereit.

Im Folgenden geht es um das Verlassen Berlins, um den von Berlin wegführenden Richtungssinn. Die Überschrift »Von Berlin nach …« ist ein Ausdruck der Zerstreuung von Menschen und mit ihnen von intellektuellen, künstlerischen, wissenschaftlichen Potenzialen in alle Welt, von Moskau bis Shanghai und von Zürich bis Buenos Aires. Die drei Punkte im Titel dieses Beitrags markieren eine Leerstelle, in die Destinationen einzutragen wären, zu denen – das ist uns nur allzu gegenwärtig – auch Auschwitz gehört.[10]

II

Bislang war von Musik erst wenig die Rede, und von Exil auch nur partiell. Was als Abschweifung erscheinen mag, ist als Hinweis auf die besonderen Bedingungen der Stadtgeschichte Berlins aber grundlegend. Im Rahmen der Stadtgeschichte werden Zusammenhänge sichtbar, in denen die Emigration als besondere Form der Migration Konturen annimmt und Musik sich als ein besonderes kulturelles Medium zeigt. Die »Musikstadt« Berlin ist Teil der Stadt Berlin.

Sucht man unter den emigrierten Musikern als Autoren nach Buchtiteln des fraglichen Typs, so wird man ebenfalls rasch fündig, wenn auch nur im Untertitel. Der israelische Komponist Josef Tal bezeichnet sich mit Blick auf seine Berliner Kindheit und Jugend im Titel der ersten Ausgabe seiner Autobiografie als »Sohn des Rabbiners«. Auch bei ihm steht – wie bei Bendix – eine Vater-Sohn-Konstellation im Vordergrund. Laut Untertitel geht es – wie bei Sholem – um einen Weg »von Berlin nach Jerusalem«.[11] Ist es für einen Musiker zufällig, dass die persönliche Entwicklung, die beschrieben wird, *zwischen* den beiden durch die Fälle Sholem und Bendix bezeichneten radikalen Eckpunkten liegt? Tals Weg nimmt weder bei der kompromisslosen Aufkündigung der Integration seinen Ausgang, noch stellt er eine ganz und gar erzwungene Flucht aus einer über alles geliebten Heimat dar; die Aspekte des Zwangs und der Wahl durchdringen einander. Doch um die Eigenart des Musik-Exils zu fassen, ohne ein Konzept von Musik einfach vorauszusetzen, müsste man subtile Vergleiche, etwa von Biografien, auf breiter Grundlage anstellen. Eine derartige Komparatistik wäre schwierig, denn es wirken zahllose unterschiedliche Faktoren und Parameter als Nebenbedingungen mit.

Für die Musikgeschichte Berlins gilt wie für die Geschichte Berlins insgesamt, dass die Stadt kulturell und künstlerisch stark von Zu- und Abwanderung wie überhaupt von Zu- und Abgängen beeinflusst war. »Bodenständig« ist besonders für die Epoche der industriellen Metropole meist keine geeignete Kategorie, um das Musikleben Berlins und seine Protagonisten zu bezeichnen.[12] Einige Musiker-Viten mögen dies illustrieren.

Mit Blick auf die musikalische Ausbildung nenne ich nur die Gründerpersönlichkeiten des Stern'schen Konservatoriums der Musik, Julius Stern und Gustav Hollaender, die beide mit ihren Eltern eben aus Schlesien – jener aus Breslau, dieser aus Leobschütz, Oberschlesien – nach Berlin kamen. Über das Schicksal der Nachkommen Sterns in der Zeit des Nationalsozialismus ist mir nichts bekannt; zwei Kinder Gustav Hollaenders wurden in Lòdz und Auschwitz ermordet.[13] Joseph Joachim, der 1869 beauftragt wurde, in Berlin ein staatliches Konservatorium zu gründen und die unter seiner Ägide entstandene Hochschule für Musik bis zu seinem Tod 1907 prägte, wurde in Ungarn geboren: in Kittsee, einem heute österreichischen Ort im Burgenland; er sprach deutsch und war der Religion nach jüdisch, ehe er sich protestantisch taufen ließ. Es ist erstaunlich, dass eine Persönlichkeit, die aufgrund ihrer Herkunft national nicht eindeutig zuzuordnen ist und mit ihrer Biografie jenen Trennungen und Grenzziehungen, die das Prinzip des Nationalen durchsetzt, zu widersprechen scheint, als Gründer der Hochschule für Musik – zweifellos einem nationalpolitischen Projekt – fungierte.[14] Da Joachim 1907 starb, war nicht mehr er selbst, sondern sein Andenken von der Vernichtung durch die Nationalsozialisten bedroht; sein Denkmal wurde 1938 aus dem Foyer des Konzertsaals der Hochschule entfernt.

Zeitlich fortschreitend sei ferner ein Beispiel für einen berühmt gewordenen Schüler genannt. Kurt Weill, Sohn eines jüdischen Kantors, kam – wie einst Moses Mendelssohn, der Großvater von Felix Mendelssohn Bartholdy – aus Dessau nach Berlin, um bei Engelbert Humperdinck an der Berliner Hochschule zu studieren (1918). Weill emigrierte bekanntlich in die Vereinigten Staaten, nachdem er Berlin um das sehr »berlinische« Genre seiner Songs, etwa der *Dreigroschenoper*, bereichert hatte. Und schließlich sei der

Fall einer abgelehnten Bewerberin ergänzt. Dora Diamant, in Pabianice bei Lòdz, Polen, gebürtig, Kafkas Freundin und Lebensgefährtin der letzten Berliner Zeit, Schauspielerin und später KPD-Mitglied, bewarb sich vergeblich um Aufnahme an der Staatlichen Schauspielschule der Hochschule für Musik; »spricht nicht deutsch«, heißt es im Protokoll der Aufnahmeprüfung kurz und bündig.[15] Sie emigrierte über die Sowjetunion nach London.

In dieser – beinahe zufälligen – Aufzählung von Musikern, die in Berlin ankamen, stoßen wir bereits auf Effekte der Abstoßung, deren Ursache der Nationalsozialismus ist. Um noch einen nichtjüdischen Studierenden anzuführen, der aus politischen Gründen Nazi-Deutschland verließ, sei Hans-Joachim Koellreutter genannt. Er ging nach Brasilien, wirkte aber auch, stets als Botschafter der Neuen Musik, in Japan und Indien.[16] Gibt es nach 1933 ähnlich zahlreiche Wege, die nach Berlin hinführten, wie in den Zeiten davor? Auch wenn zum Beispiel ein Rumäne wie Sergiu Celibidache noch in nationalsozialistischer Zeit aus Rumänien nach Berlin kommt (1936), um an der Hochschule für Musik zu studieren, wird man doch feststellen müssen, dass Berlin nach 1933 erheblich an Attraktivität einbüßte und nach 1945 nicht wieder in früher gekanntem Maße das werden konnte, was es in der Epoche zuvor darstellte: ein internationales Zentrum der Musik, einschließlich seiner Geschäftszweige.[17]

Dass die Wege in den 1930er und frühen 1940er Jahren überwiegend von Berlin wegführten, dass die Stadt ein Ausgangspunkt des Exils war, ist ein Aspekt der Katastrophe des Nationalsozialismus. Die konkrete Bilanz gleichsam rechnerisch aufzustellen, fällt auch Jahrzehnte später schwer, und doch liegt der Befund auf der Hand und ist heute noch sichtbar – beinahe täglich, wenn man als Historiker in Berlin lebt und sich einem die Vergleiche zwischen dem Heute und Gestern immer wieder aufdrängen.

Doch kommen wir noch einmal auf Josef Tal zurück – auch er ist ein Zu- und Abwanderer zugleich. 1910 in Pinne (Posen) geboren, verbringt er seine Jugend- und Studienzeit im Berlin der 1920er und frühen 1930er Jahre. Zu Beginn seiner Schilderung des Weges von Berlin nach Jerusalem erzählt er die Geschichte eines werdenden Künstlers aus einem strengen jüdisch-orthodoxen Elternhaus. Tal ringt seinem Vater die Erlaubnis zum Studium an der Berliner Hochschule für Musik, von der Mutter vorsichtig unterstützt, förmlich ab. Nach dem Abschluss gelingt ihm der berufliche Einstieg ins Musikleben. Er findet einen Broterwerb als Lehrer am Dreiermannschen Konservatorium nahe dem Schlesischen Bahnhof in Berlin-Kreuzberg (dem heutigen Görlitzer Park bei der U-Bahnstation Görlitzer Bahnhof). Mit dieser Berufstätigkeit bleibt er im Umfeld der Musikhochschule. Tals Schüler kamen, wie er angibt, zu einem großen Teil aus Kreisen derer, die in die Arbeit des Seminars für Musikerziehung, wohl überwiegend als »Übungsschüler«, einbezogen waren.[18] Zahlreiche Kinder wirkten zum Beispiel an der Uraufführung von Hindemiths Kinderspiel *Wir bauen eine Stadt* während der Tagung *Neue Musik Berlin 1930* mit. Von der Rundfunkversuchsstelle bei der Hochschule für Musik ausgerichtet, setzte diese die für die musikalische Avantgarde der 1920er Jahre bekanntlich so wichtigen Donaueschinger und Baden-Badener Kammermusikfeste in Berlin fort.

Als die Nationalsozialisten nach ihrem Machtantritt 1933 die musikalische Unterrichtung »arischer« Schüler durch einen jüdischen Lehrer nicht mehr duldeten, verlor Tal seine Existenzgrundlage. Er betrieb die Auswanderung nach Palästina nun notgedrungen. Der Vater, der »Rabbiner« des Buchtitels, wurde in Auschwitz ermordet. Als Komponist erfolgreich, richtete Tal in Jerusalem ein elektronisches Studio ein; in Berlin hatte er die erwähnte Rundfunkversuchsstelle auf dem Dachboden der Hochschule für Musik in der Charlottenburger Fasanenstraße kennengelernt.[19]

III

Im Anschluss an diese Episoden zur Fluktuation in der Berliner Musikerschaft soll es darum gehen, die Eigenart der Musiker-Emigration in der Zeit des Nationalsozialismus näher ins Auge zu fassen. Methodische Fragen, gerade im Hinblick auf die Quellenlage, ihre Grenzen und Chancen, sollen angesprochen werden. Den weiten thematischen Rahmen eingrenzend, wird der Gedanke ein Stück weit verfolgt, dass Emigration als ein Vorgang zu betrachten ist, der nicht nur einzelne, sondern Gruppen von Menschen betrifft – eigentlich eine Trivialität, aus der aber Schlussfolgerungen gezogen werden können, die nicht als trivial erscheinen. Der Begriff »sozial« wird in seiner elementaren Bedeutung, verstanden als Inbegriff aller Phänomene, die sich nicht auf menschliche Individuen, sondern auf Gruppen beziehen, zugrunde gelegt.

Die Personengruppe, aus der die bisherigen und die noch folgenden Beispiele ausgewählt wurden, sind die Angehörigen der Berliner Ausbildungsstätten: vor allem die Studierenden und Lehrer der Hochschule für Musik und des Stern'schen Konservatoriums der Musik.[20] Diese Einrichtungen stehen in besonderer Weise für den »Menschenfluss« im großstädtischen Berlin; viele kamen von auswärts, oft blieben sie nur wenige Jahre. Ihre Zahl ist erstaunlich groß: In den letzten Jahren vor dem Ersten Weltkrieg gab es einen Ratgeber in Buchform »Was muss der Musikstudierende von Berlin wissen?«, eine Handreichung speziell für Auswärtige. Es lohnte sich offenbar, ein solches Buch aufzulegen.[21]

Wollte man die Musiker-Emigration aus Berlin umfassend in den Blick nehmen, so wäre es notwendig, ihren zahlenmäßigen Umfang, absolut und relativ, zu benennen. Eine der Zahlen, die erhoben werden müssten, wäre der Prozentsatz der Auswanderer unter den Hochschülern. Die Hochschule für Musik war in der Stadt, wie bereits am Beispiel Tals gezeigt, in ein bestimmtes gesellschaftliches Umfeld eingebunden, das näher ausgeleuchtet werden könnte. Doch entzieht sie sich andererseits der lokalen Einhegung: Sie trägt zur Entstehung einer (Funktions-)Elite der Musiker bei, deren Berufswelt weit über die Dimension einer Stadt hinausreicht. Der Besuch der Hochschule führte eher noch ästhetisch als sozial zur Integration in ein Milieu.

Wenn man diese Verhältnisse historisch, also anhand von Quellen, untersuchen will, kommt es auf die »großen Namen« nicht an. Die Berühmtheiten sind nur, hier ist die Metapher einmal angebracht, die Spitze eines Eisbergs. Das heißt, der größere Teil bleibt verborgen, wenn man nur auf die Oberfläche sieht. Eine grundsätzliche Bemerkung zum Verhältnis von Kunst und Geschichte drängt sich an dieser Stelle auf: In allen künstlerischen Sparten sind Fragen des ästhetischen Werts fundamental. Sie kanalisieren den Umgang mit der Vergangenheit und ihrem »Personal«. Als Historiker, der an allem Menschlichen interessiert ist und für den sich das soziale Feld derer, die von Beruf Musiker sind, ganz anders als nach der Bedeutung »für die Musik« gruppieren kann, beobachtet man das gigantische, manchmal reichlich übertrieben erscheinende Gefälle des Interesses, das zwischen den »Großen« und den anderen besteht, die man – je nach Blickwinkel – als die überwiegende Mehrzahl oder den bloßen Rest betrachten mag.

Das wirkt sich auf Fragen des Archivwerts aus: Es ist nicht frei von einer gewissen Absurdität, dass bei den VIPs der Musikgeschichte jeder dokumentierte Schriftzug zählt. Autografe sind in der traditionsreichen Praxis des antiquarischen Sammelns und des Handels mit Antiquitäten so etwas wie Reliquien des Geisteslebens. Der Notizzettel kann noch so inhaltsleer und völlig uninformativ sein, Hauptsache, er ist »von eigener Hand«. Der Historiker, der sich fürs Durchschnittliche und Allgemeine interessiert, verhält sich diesen Wertgesichtspunkten gegenüber skeptisch; er kennt die Kriterien des ästhetischen Urteils zu wenig, um in ihrer Anwendung sicher zu sein, und nimmt die ihm vorgelegten Taxierungen, die von einer ihm eher fremden Urteilsfreude herrühren, lediglich zur Kenntnis. Den »Kunstkämpfen« (»Pleasure Wars«) steht er – der Tendenz nach – eher leidenschaftslos gegenüber.[22] Wie aber lässt sich das Gesamtphänomen des Exils, jenseits der Fokussierungen durch den ästhetischen Kanon, wahrnehmen? Davon soll im Folgenden gesprochen werden.

Die »großen« Berliner Musiker, die emigrierten, sind bekannt: die Komponisten Arnold Schönberg und Paul Hindemith, die Dirigenten Otto Klemperer, Bruno Walter und Erich Kleiber. Leo Kestenberg, der Musikreferent im preußischen Kultusministerium, ist zu nennen, und unter den Lehrern der Hochschule für Musik neben Hindemith Carl Flesch und Artur Schnabel, Curt Sachs und Erich Moritz von Hornbostel. Beginnen wir mit dem Beispiel eines recht prominenten Musikers, der aber jünger ist als die genannten und, dadurch bedingt, zum Zeitpunkt seiner Auswanderung erst am Beginn seiner Karriere stand. Er gehörte deshalb nicht zu den wenigen, denen die Emigration durch ihr internationales Renommee erleichtert wurde. Insofern eignet er sich als Fallbeispiel, bei dem es nicht um das Individuelle, sondern das relativ Allgemeine geht. Eine Annäherung an die soziale Tiefendimension des Phänomens Musik-Exil wird so möglich.

IV

Von den vielen Menschen, darunter auch Musiker, die nach 1933 Berlin verließen, kehrten die meisten nicht zurück; gelegentlich taten dies – posthum – aber die Archive. Dass Archive »wandern«, ist für den Archivar, dessen Ausbildung und Berufstätigkeit vom behördlichen Archivwesen, von Geschäftspapieren der Verwaltungen ausgehen, eine eher unkonventionelle Vorstellung. Archive sind in der Regel sogar in besonderem Maße an ein Land, ein Territorium oder an eine Stadt mit ihren Grenzen »gekoppelt«; »Land« und »Herrschaft« hängen historisch eng zusammen.[23] Das Verhältnis der Archive zum Thema »Fremde und Heimat«[24] ist ebenfalls von diesen Voraussetzungen bestimmt. Wer den Boden seiner Herkunft nicht verlässt, dessen administrative Verbuchung findet überwiegend in einem engen, überschaubaren Radius statt; wer oft umzieht, hinterlässt verstreute Spuren. Die Suche ist deshalb oft schwierig. Bei Archiven privater Herkunft kann alles dies anders sein; im günstigen Fall passiert es, dass es um- und mitzieht.

Ein »Personen-Archiv«, das mit der Lebensreise dessen, der es anlegte, beständig wuchs und in allen Lebensstationen mitgenommen werden konnte, ist das Archiv Max Rostals. Ungefähr 60 Jahre, nachdem sein Schöpfer aus Berlin emigriert war, gelangte der Nachlass nach Berlin – soll man sagen: nach Berlin zurück? Der Geiger und Violinpädagoge Max Rostal (1905–1991), sein Schicksal und die über ihn vorhandenen Quellen mögen uns in einer beispielhaften Betrachtung ein Stück weiter führen. Mit ihm kommt auch sein Bruder Leo (1901–1983), ein Cellist, in den Blick.

Was Max Rostal angeht, so treffen wir also auf eine günstige Quellenlage. Angesichts eines Exil-Schicksals, das 1934 von Berlin nach London führte, ist es ein günstiger Umstand, dass der private Nachlass alle Lebensphasen von der Kindheit an belegt. In Teschen (poln. Cieszyn, tschech. Český Těšín), damals Österreichisch-Schlesien, heute ein polnisch-tschechischer Grenzort, geboren, wurde Rostal als »Wunderkind« entdeckt und aufgebaut. Er trat bereits in den Jahren vor dem Ersten Weltkrieg im habsburgischen Wien in öffentlichen Konzerten auf und bereiste die Donaumonarchie. In Alben eingeklebte Programme und Zeitungsausschnitte mit Besprechungen der lokalen Presse haben sich selbst aus dieser frühen Zeit erhalten.

Im Jahr 1920 kam Rostal, zusammen mit Mutter und Bruder, nach Berlin. Familiäre Gründe – die Trennung der Eltern – lagen diesem Ortswechsel zugrunde, doch handelt es sich, kulturgeschichtlich betrachtet, um einen denkwürdigen Zeitpunkt, als ob die Rostals geahnt hätten, dass in der nördlichen deutschen Metropole nun Chancen zu finden waren. Inwieweit von Anfang an ein Karrierekalkül mit dieser Übersiedlung verbunden war, bleibt offen. Rostal wurde von den ersten Ratgebern, die er in Berlin fand, zumindest indirekt auf die Hochschule für Musik verwiesen, deren Streichertradition eine große Ausstrahlung besaß. Aufgrund einer Empfehlung wandte er sich an Adolf Busch, den erst unlängst berufenen Joachim-Nachfolger, der die Hochschule jedoch gerade schon wieder verließ, während Carl Flesch, der Rostal als Schüler annahm, sich mit »Sonderkursen« dort zu etablieren begann. Als idealer Joachim-Nachfolger verstand sich Flesch seit langem. Er unterwies Rostal privatim sogar kostenlos, weil dieser zu arm war, die hohen Stundensätze seines Lehrers zu bezahlen.

Aber Rostal blieb nach seinem Debüt in der Berliner Sing-Akademie (1923), mit dem die eigentliche Studienzeit endete, nicht durchgehend in Berlin. Weitere Stationen sollten Wien und Oslo sein. 1926/27 wollte er in Wien Fuß fassen, was nicht gut glückte; in der folgenden Saison nahm er die Stelle eines Konzertmeisters beim Philharmonischen Orchester in Oslo wahr. Danach wurde er Assistent Carl Fleschs an der Berliner Hochschule für Musik, sodass er an den Ort seiner Ausbildung zurückkehrte. 1931, schon mitten im Aufstieg des Nationalsozialismus, erhielt er, obwohl Jude, die Stelle eines »ordentlichen« Lehrers im Rang des Professors. Aber nur anderthalb Jahre später, im April 1933 musste er die Hochschule verlassen. Zusammen mit Leonid Kreutzer – der ihm 1934 aus Japan auf einer Postkarte seine Schwierigkeiten eingestehen sollte, »es geht langsam, aber unsicher«[25] – und Emanuel Feuermann, bei dem sein Bruder später in den Vereinigten Staaten Cello-Stunden nehmen wird, gehörte er zu den ersten Opfern der nationalsozialistischen Gleichschaltung.

Der einzige Punkt in seinem Lebensbericht, an dem er eine vorsichtige Kritik an seinem verehrten Lehrer Flesch äußert, hängt mit der Beendigung der Lehrtätigkeit an der Berliner Hochschule zusammen. »Er glaubte«, schreibt Rostal, »ähnlich wie Furtwängler, das Naziregime sei sowieso nur ein kurzlebiger Spuk, und einige sollten wenigstens dableiben, um die alten Rechte zu wahren, und in ihrer etwas besseren Lage denjenigen zu helfen, die es am nötigsten hatten. Aus dieser Sicht riet mir Flesch, den ich in Baden-Baden aufsuchte, um Rat zu holen, mich nicht einschüchtern zu lassen und getrost das Ende der Schreckensherrschaft in Deutschland abzuwarten.«[26] Die rückblickende, autobiografische Aussage wird übrigens durch einen Brief Fleschs an Rostal, der sich im Nachlass erhalten hat, bestätigt.[27] Doch Rostal entschloss sich zur Emigration. Trotz der – für einen Musiker nicht untypischen – vielfältigen Stationen, die sein Curriculum Vitae aufweist, bildete Berlin zwischen 1920 und 1933 einen gewissen Fixpunkt. Die Stadt wurde nicht eigentlich zur Heimat, wäre aber wohl das Drehkreuz seiner Laufbahn geblieben, wenn nicht die nationalsozialistische »Machtergreifung« dazwischengekommen wäre.

Max Rostal führte im Frühjahr 1934, als er nach London emigrierte, wie in vielen anderen Jahren einen Taschenkalender, in dem er Termine, besonders die erteilten Unterrichtsstunden, sorgfältig notierte. In ihm findet sich an den beiden Tagen vor der Reise, mit der er das Deutsche Reich verließ, am 21. März, 9 Uhr, die Notiz »Dev[isen]bew[irtschaftungs]stelle«. Als letzter »deutscher« Eintrag findet sich für den Nachmittag des 22. März der Abschiedsbesuch bei seiner Mutter: »Mama« steht dort, über dem Strich, der die 7. und 8. Stunde der zweiten Tageshälfte in dem Kalendarium trennt.[28] Ist der Ausgangspunkt des Exils, der Ort der Emigration, überhaupt ein Thema der Exilforschung? Fängt nicht das Exil erst an, wenn jemand die Grenze des Landes, das er verlassen will, überschreitet? Dieser Taschenkalender jedenfalls, der die letzten vorbereitenden Schritte und den letzten Besuch der Mutter notiert, ist ein Dokument der Emigration. Die Welten des Vorher und des Danach lassen sich nicht absolut und schematisch trennen, auch wenn der Bruch, den die Emigration bewirkt, groß ist.

Worauf hingewiesen werden sollte, ist das persönliche, von Berlin aus gewachsene Netzwerk, das Rostal den Weg nach England ebnete und den äußerst schwierigen Neuanfang unterstützte. Die Einreiseerlaubnis besorgte zwar eine englische jüdische Organisation, und familiäre Kontakte waren, anders als in Deutschland oder den Niederlanden, wo sich der Bruder zeitweilig aufhielt, nicht verfügbar. Doch half ihm eine schottische Schülerin, Nannie Jamieson, indem sie ihm die Einladung zu einer Reise verschaffte, um die Möglichkeiten des Exils zu sondieren. Bemerkenswerterweise folgten ihm mehrere seiner Berliner Schüler ins Exil. Mit Franz Osborn, einem Kommilitonen an der Hochschule für Musik, der bei Franz Schreker Komposition und bei Artur Schnabel Klavier studiert hatte, wechselte er Briefe, um sich über potenzielle Exil-Orte, Paris oder Oslo, zu orientieren.[29] Interessanterweise fand er sich mit ihm erst in London zu einem festen, viele Jahre lang erfolgreichen Duo zusammen, während beide in Berlin, soweit zu erkennen ist, nicht gemeinsam öffentlich musizierten. Dieses Londoner Duo stellt übrigens eine Reprise des Duos Schnabel – Flesch durch zwei ihrer begabtesten Schüler dar. Dagegen gelang es Rostal nicht, seine Berliner Quartettgenossen nach England nachzuziehen; sie mussten das Land wieder verlassen, als das Home Office erfuhr, dass es bei ihrer Einreise letztlich um Auftritte und eine dauerhafte Ansiedlung in England ging.

Selbst aus Berlin kam übrigens noch eine gewisse Unterstützung für den Neubeginn in England, zumindest eine freundliche Anteilnahme; es gab Kontakte zu Edward Dent über die Internationale Gesellschaft für Neue Musik. Manche Berliner Partner schrieben betont freundlich nach London, so der langjährige stellvertretende Direktor der Hochschule für Musik, Georg Schünemann, der Musikalienhändler Hans Riedel und Robert Ries, Inhaber des Verlags Ries & Erler.[30]

Der Nachlass ist recht gleichmäßig, was die zeitliche Schichtung der Dokumente und ihren Umfang angeht. Von den persönlichen Briefen hat Rostal bis zur Londoner Zeit eine Auswahl aufgehoben; mancher Brief in dem erhaltenen Konvolut trägt ein rotes Kreuz, das wohl innerhalb eines größeren Zusammenhangs von Briefen, aus dem ausgewählt wurde und der nicht mehr besteht, als Markierung angebracht worden ist. Wie oft in Archiven, ist die frühe Zeit in Form einer »Auslese« dokumentiert. Durch die Gattungsvielfalt entsteht trotz der Ausdünnungen ein abgerundetes Bild. Neben den Quellen, die man als Überreste bezeichnen kann – Briefe, Terminkalender, geschäftliche Unterlagen –, sind auch Sammlungen enthalten – Programme, Zeitungsausschnitte –, aber auch Zeugnisse, deren Entstehung auf eine Tradierungsabsicht zurückzuführen ist: autobiografische Aufzeichnungen, andere schriftstellerische Arbeiten. Die Sammlung der Konzertprogramme reicht, wie erwähnt, bis zu den ersten Auftritten in den Tagen der Donau-Monarchie zurück. Und nicht nur Max Rostal, sondern auch sein älterer Bruder Leo hat autobiografische Manuskripte hinterlassen, die im Zuge von Max' Arbeit an seiner Lebensgeschichte ihm übergeben wurden[31]; letztere gehören als Anreicherung zum Max-Rostal-Archiv.[32]

Dieses Archiv gibt einiges her, über die Persönlichkeit seines Bildners hinaus. Die Kommentare, die in die Edition der Autobiografie aufgenommen wurden, sind deswegen so ausführlich geraten. Nur durch die Wahl einer kleinen Schrifttype konnte der Eindruck vermieden werden, dass die Anmerkungen den Text überwuchern, und doch war es nicht sinnvoll zu kürzen, weil die Erläuterungen in hohem Maße Kontexte aufscheinen lassen, die ansonsten gar nicht sichtbar wären. Insbesondere wird das Geflecht an Personen greifbar, in dem sich Max und Leo Rostal bewegten und in dem ihre Laufbahnen gleichsam verankert sind. So wird in der Kommentierung in gewisser Weise ein erster Schritt von der Biografieforschung zur Blickrichtung der Prosopografie getan: zur der Erforschung von Personen*gruppen*.[33] Die dichtesten Stellen des Netzwerks fallen mit bestimmten sozialen Räumen zusammen: dem biografischen Umkreis im engeren Sinne, belegt durch den Nachlass; der Hochschule für Musik in Berlin; der Städte und Regionen in denen beide lebten: Teschen, Wien, Berlin, Oslo, die Niederlande, London, New York.

Mit Leo Rostal, dem Bruder, kommt überdies ein unbekannter, jenseits der Sphäre des Ruhms stehender Musiker zu Wort. Es ist interessant, dass er eigentlich erst durch den Jüdischen Kulturbund in der klassischen Musik Fuß fasste. In der Zeit der Weimarer Republik war er in der Unterhaltungsbranche tätig, unter anderem im Hotel Adlon; darüber berichtet er in unterhaltsamer Weise. Eine so gediegene Ausbildung, wie sie sein Bruder bekam, blieb ihm vorenthalten.[34] Leo Rostal ergriff erst nach der Reichspogromnacht die Flucht aus Deutschland und fand eine Möglichkeit, über Amsterdam, wohin er ein wenig Geld auf die dortige Mendelssohn-Bank schicken konnte, in die Vereinigten Staaten zu emigrieren. Die Grenze überschritt er mit der Bahn bei Bad Bentheim.

Am Fall von Max und Leo Rostal zeigt sich, wie eine gut dokumentierte Lebensgeschichte auch als Knotenpunkt eines Beziehungsgefüges von Personen ausgeleuchtet werden kann, durch das, von einem Einzelschicksal ausgehend, eine Vielzahl von Individuen in den Blick rückt. Ja, die Verschränkung der Lebenswege der beiden Brüder eröffnet als »Doppelbiografie« einen Gesichtskreis, der schon im Kern eine Gruppe, wenn auch die kleinstmögliche von zwei Personen umfasst.

V

Das skizzierte Beispiel stellt insofern eher die Ausnahme dar, als eine insgesamt günstige Quellenlage gegeben ist, welche die Forschung sehr erleichtert. Ein persönliches Archiv, wie es Max Rostal hinterließ, ist das Ergebnis wenn nicht einer sammelnden, so doch auswählenden und »zusammenhaltenden« Tätigkeit, die nicht jedem Musiker liegt und die nicht jedem aufgrund der Lebensumstände gelingt. Die häufigere Situation allerdings dürfte die spärliche Verfügbarkeit historischer Zeugnisse sein. Das gilt etwa für Charlotte Schlesinger, eine in Berlin geborene Jüdin aus liberalem Elternhaus, die zu den wenigen Frauen zählt, die an der Berliner Hochschule für Musik in den 1920er Jahren das Fach Komposition studierte. Von wenigen elementaren Daten abgesehen, etwa einer Interview-Äußerung von Berthold Goldschmidt über seine frühere Kommilitonin[35], war vor ungefähr 15 Jahren über sie so gut wie nichts bekannt. Eine äußerst komplizierte, aufwendige, mit weltweiten Reisen verbundene Forschungstätigkeit erwies sich als unerlässlich, um ihrer Lebensgeschichte habhaft zu werden. Christine Rhode-Jüchtern hat sich dieser Aufgabe mit bewundernswerter Unermüdlichkeit unterzogen. Es gelang ihr, das Rätsel zu lösen, sodass Charlotte Schlesingers Biografie erzählbar wurde, sogar in der anspruchsvollen und umfangreichen Form eines Buches.[36] In ihm geht es um ein vom Exil besonders betroffenes Schicksal, denn es ist erkennbar, dass Charlotte Schlesinger in den schwierigen Lebensumständen, mit denen sie konfrontiert war, ihr kreatives Potenzial wohl nicht ausschöpfen konnte: Mit dem Komponieren hörte sie nach dem Weggang aus Berlin auf. Eine bekannte Fotografie, auf der Paul Hindemith im Kreis von Studierenden am Klavier zu sehen ist, zeigt auch Charlotte Schlesinger, wie sich erst jüngst identifizieren ließ.[37]

Solche Einzelfälle sind von exemplarischem Interesse und sagen mehr über das Exil aus als die Schilderung mancher besser abgefederter Lebenswege. Doch reichen Ansätze der Biografieforschung nicht aus, um das Musik-Exil einigermaßen flächendeckend in den Blick zu bekommen. Im Rahmen der Geschichte eines Konservatoriums und seiner Wirkungen – eines noch gänzlich unbearbeiteten, schwierigen Forschungsthemas – stellt die Untersuchung einer ganzen Ausbildungsklasse, etwa einer Meisterklasse, eine andere Möglichkeit dar. So wird eine Personengruppe thematisiert, die nicht primär sozial, sondern vor allem musikalisch, durch die Gemeinsamkeit pädagogischer Beeinflussung und beruflicher Sozialisation, zusammengehört. Für die Berliner Kompositionsklasse Franz Schrekers an der Hochschule für Musik (1920–1932) und der Akademie der Künste (1932/33) wurde eine solche Rekonstruktion versucht.[38]

Komplizierte Quellenprobleme waren auch hier zu überwinden. Da Klassenlisten nicht vorliegen, sondern nur Zuordnungen zu Lehrern in den lückenhaften Protokollen der Aufnahmeprüfung, bei denen man nicht weiß, ob sie im Laufe des Studiums Bestand hatten, ist die Ermittlung der bloßen Namen der Klassenangehörigen schwierig. Es war unerlässlich, neben den Hochschulquellen die Nachlässe und andere private Dokumente heranzuziehen, doch diese kann man nur finden, wenn man den Schüler als solchen bereits kennt. Die schließlich ermittelten 54 Schülerinnen und Schüler – 50 männlich und vier weiblich – wurden von 22 Autoren bearbeitet, sodass immerhin 36 biografische Essays zusammenkamen; die übrigen 18 Personen handelt ein Sammelbeitrag ab. Ein anderer Weg als ein solches globales Teamwork mit Musikwissenschaftlern von Südafrika bis Polen wäre zur Bewältigung dieser Aufgabe nicht gangbar gewesen.

Das Unternehmen einer derartigen Rekonstruktion verdiente eine Fortführung. Anhand der Akten der Hochschule für Musik könnten weitere Klassenverbände untersucht, aber auch ganze Studienjahrgänge thematisiert werden. Um den Anteil jüdischer Studierender festzustellen, böte es sich an, die Schülerlisten mit anderen Verzeichnissen, etwa der Mitglieder der Jüdischen Gemeinde in Berlin abzugleichen. Auch könnte die inhaltsreiche Aktenserie »Persönliche Angelegenheiten der Elevinnen und Eleven«, die Korrespondenzen mit Schülern in alphabetisch-chronologischer Ordnung enthält, quantitativ wie qualitativ und jedenfalls systematisch ausgewertet werden.

Versucht man, Perspektiven der Forschung einzuschätzen, so fällt der Umstand ins Auge, dass die Chancen der Auswertung des Archivs der Berliner Hochschule für Musik enorm erhöht werden durch die Zusammenführung von Informationen, die im Archiv im Zusammenhang mit Benutzungen gleichsam nebenbei anfallen. Das heißt: Das Archiv ist nicht nur ein Speicher historischen Materials, sondern ein kommunikativer Knotenpunkt gegenwärtiger Forschung.[39] Das Interesse der Nutzer richtet sich überwiegend auf einzelne Personen, zu denen, verglichen mit dem Aktenbefund im Universitätsarchiv, oft ein großes, spezielles Wissen vorhanden ist, das seitens des Archivs weder geteilt wird noch gar erworben werden könnte. An der »Schnittstelle Archiv« werden verschiedene, auf einzelne Musiker bezogene Kenntnisse zusammengeführt; in der Bündelung erwächst aus ihnen ein Informationsreservoir neuer Qualität. So lässt sich an der in Benutzungsvorgängen zum Ausdruck kommenden historischen Würdigung, welche die Hochschule für Musik heute erfährt, ihre frühere, sich unüberschaubar zerstreuende, »vor Ort« nicht aktenkundige Wirkung stückweise ans Licht bringen.

Aus einer Studentenakte lässt sich nicht erkennen, was aus der jeweiligen Person nach dem Studium geworden ist, und oft sind es erst Anfragen an das Archiv, die vorhandene Daten signifikant werden lassen. Hierzu ein Beispiel: Vom *Lexikon NS-verfolgter Musikerinnen und Musiker* der Universität Hamburg (*LexM*) kam vor Kurzem die Anfrage, einen früheren Studierenden namens Heinz Alisch betreffend. Alisch, ein in Spandau geborener Unterhaltungsmusiker, war – nach den Kategorien der Nationalsozialisten – Halbjude. Zwischen 1934 bis 1937 studierte er an der Berliner Hochschule für Musik Klarinette. Nach Jahren im Arbeitsdienst und in der Wehrmacht wurde er entlassen und schrieb sich noch einmal im Wintersemester 1940/41 mit dem Hauptfach Saxophon ein. Diese Vita resultiert bereits aus einer Kombination des Aktenbefunds mit der Vorinformation, die die Fragestellerin mitbrachte. Nach dem Zweiten Weltkrieg in der Unterhaltungsbranche tätig, komponierte Alisch Filmmusiken und Schlager, unter anderem für Melitta Berg, Grit van Hoog, Nana Mouskouri und Peter Alexander. Es ist für Außenstehende kaum zu glauben, aber für den Archivar nicht ungewöhnlich, dass bereits das Todesjahr einer doch nicht profillosen Person aus der jüngsten Vergangenheit schwer zu ermitteln ist; zum Zeitpunkt der Anfrage war es noch ungesichert. Während in der »ernsten« Musik nichts über den Komponisten als die eigentlich »schöpferische« Instanz geht, werden in der unterhaltenden Branche die Komponisten vergessen, weil sie gegenüber den Interpreten, den »Stars«, zurücktreten.

Ein zweites Beispiel: Wer weiß, dass der renommierte Literaturwissenschaftler Theodore Ziolkowski aus Princeton, der das Berlin der Zeit um 1810 beschrieb und überhaupt als Kulturhistoriker der Romantik hervorgetreten ist[40], einen Vater mit Vornamen Mieczyslaw hat, einen polnischen Musiker, der am Stern'schen Konservatorium Musik studierte und über Polen, seine Heimat, in die Vereinigten Staaten ging? Dessen Enkel ist wiederum Musiker; ein rein familiäres Nutzungsinteresse, wenn man so will.

Eine nicht einmal durch den Anspruch der Theorie sanktionierte Neugierde führte dazu, dass mir als Archivar diese Zusammenhänge bekannt wurden. Es handelt sich um einen kleinen Stein im noch zusammenzufügenden Mosaik studentischer Lebensläufe, einem Mosaik, in dem noch viele Steine fehlen und das – wenn überhaupt – nur allmählich soweit zusammengesetzt werden kann, dass ein Bild zu erkennen ist.

VI

An wenigen Beispielen kamen Aspekte und Probleme der Ab- und Zuwanderung aus Berlin und speziell der Emigration von Musikern in der Zeit des Nationalsozialismus in den Blick. In jeweils unterschiedlicher Weise bezeichneten die herangezogen »Fälle« die Schwelle zwischen Biografieforschung und einer auf Personengruppen orientierten Betrachtungsweise. In methodischer Hinsicht kam es darauf an, die exemplarisch dargestellten Sachverhalte immer zugleich in Verbindung mit der archivischen Quellenlage zu reflektieren. Was dargelegt wurde, ist als eine erste Annäherung zu verstehen. Zu einem nicht geringen Teil habe ich einen Arbeitsbericht aus einem »work in progress« gegeben, der an der Grenze zwischen Archiv und historischer Forschung liegt. Die Ergebnisse, die durch die systematische Untersuchung von Personengruppen gewonnen werden könnten, würden – so mein Plädoyer – die Standfestigkeit des Gebäudes der Exilforschung erhöhen. Das Pathos, sich den einzelnen Opfern des Exils und ihrer Subjektivität, ihrem Leiden und gelegentlich auch ihren Freuden, nähern zu wollen, muss nicht verleugnet werden, wenn man – ergänzend – von den »vielen« lediglich dürre Lebensdaten oder biografische Fragmente sammelt, weil Besseres nicht zu haben ist. Zahllose Angaben zu Lebensverläufen verraten zunächst einmal noch nicht oder nur unvollständig, was die Betroffenen dachten, fühlten und wollten. Das ist für den verwöhnten Betrachter undankbar. Trotzdem sind auch die geringfügigen Spuren lebensgeschichtliche Zeugnisse. Zu einem Bild des Exils gehören sie dazu – schon deshalb, weil man immer nur von wenigen mehr weiß.

1 Der Zentralitätsgrad einer Stadt lässt sich anhand von Indikatoren bemessen und historisch-vergleichend untersuchen. Vgl. Jürgen Reulecke (Hg.): *Metropolis Berlin. Berlin als deutsche Hauptstadt im Vergleich europäischer Hauptstädte, 1870–1939*. Bonn 1992. — **2** Die jüngsten Ausgaben sind: *Daniel Chodowieckis Reise von Berlin nach Danzig im Jahre 1773*. Berlin 2001. – Otto Julius Bierbaum: *Eine empfindsame Reise im Automobil von Berlin nach Sorrent und zurück an den Rhein*. Berlin 2002. — **3** Gershom Sholem: *Von Berlin nach Jeru-*

salem. Jugenderinnerungen. Erw. Ausgabe. Frankfurt/M. 1994 (zuerst 1977). – Reinhard Bendix: *Von Berlin nach Berkeley. Deutsch-jüdische Identitäten.* Frankfurt/M. 1985. — **4** Bendix: *Von Berlin nach Berkeley* (s. Anm. 3), S. 269. — **5** Eher feuilletonistisch abgehandelt bei Gert und Gundel Mattenklott: *Berlin Transit. Eine Stadt als Station.* Reinbek bei Hamburg 1987. – Die Metapher des Bahnhofs nutzt Karl Schlögel in seinem Buch *Das russische Berlin. Ostbahnhof Europas.* München 2007 (zuerst Berlin 1998). — **6** Karl Friedrich Kloeden: *Erinnerungen 1786–1824.* Berlin 1976. – Heinrich Seidel: *Von Berlin nach Berlin und anderes. Aus meinem Leben.* Stuttgart 1925. – Aras Ören: *Gefühllosigkeiten. Reisen von Berlin nach Berlin. Gedichte.* Frankfurt/M. 1986. — **7** Vgl. nicht zuletzt Stefi Jersch-Wenzel (Hg.): *Von Zuwanderern zu Einheimischen. Hugenotten, Juden, Böhmen und Polen in Berlin.* Berlin 1990. — **8** Näheres siehe Wolfgang Ribbe (Hg.): *Geschichte Berlins,* Bd. 2: *Von der Märzrevolution bis zur Gegenwart,* München ²1988. — **9** Helmut Börsch-Supan: *Künstlerwanderungen nach Berlin. Vor Schinkel und danach.* München – Berlin 2001. — **10** Vgl. *Von Berlin nach Lodz und Auschwitz. Materialien zum nationalsozialistischen Massenmord,* zusammengestellt und kommentiert von Sabine Hillebrecht. Berlin 1993. — **11** Josef Tal: *Der Sohn des Rabbiners. Ein Weg von Berlin nach Jerusalem.* Berlin 1985. Ich ziehe diese Ausgabe der überarbeiteten neueren, auch des Titels wegen vor: Ders.: *Tonspur. Auf der Suche nach dem Klang des Lebens.* Berlin 2005. Vgl. meine Rezension in: Forum Musikbibliothek 27. Jg. (2006) Nr. 1, S. 88 f. — **12** Vgl. Jochen Boberg, Tilman Fichter, Eckhart Gillen (Hg.): *Die Metropole. Industriekultur in Berlin im 19. Jahrhundert* und *Industriekultur in Berlin im 20. Jahrhundert.* 2 Bde. Berlin 1984 und 1986. Auch in diesen Bänden werden Fragen der Musikkultur in keiner Weise berührt. — **13** Vgl. Christine Fischer-Defoy: »›Wir waren schließlich durch das Schicksal verbunden‹. Die Jüdische Private Musikschule Hollaender«, erscheint demnächst in: musica reanimata. Förderverein zur Wiederentdeckung NS-verfolgter Komponisten und ihrer Werke e.V. (Hg.): *mr-Mitteilungen.* – Ruth Schonthal schrieb kurz vor ihrem Tode »Erinnerungen an die dreißiger Jahre« auf. In: *Das Julius-Stern-Institut. Gegenwart und Geschichte.* Berlin 2005 (= *Schriften aus dem Archiv der Universität der Künste,* Bd. 10), S. 57–60. Sie besuchte als Kind das Stern'sche Konservatorium, musste als Jüdin Deutschland verlassen und emigrierte über Mexiko in die Vereinigten Staaten, wo sie eine Schülerin Hindemiths wurde. — **14** Vgl. Dietmar Schenk: »Aus einer Gründerzeit. Joseph Joachim, die Berliner Hochschule für Musik und der Deutsch-französische Krieg«. In: *Die Tonkunst* Jg. 1 (2007) Nr. 3, S. 232–246. — **15** UdK-Archiv, Bestand 1 (Akademische Hochschule für Musik), 2974 (Protokoll der Aufnahmeprüfung an der Staatl. Schauspielschule, WS 1925/26), Eintrag Nr. 20 und 133. — **16** Am 30. November 2000 wurde er im Konzerthaus Berlin in einer Veranstaltung von musica reanimata gewürdigt: »Musica viva in Brasilien. Komponist, Lehrer und Anreger: Hans-Joachim Koellreutter. Der Komponist im Gespräch mit Albrecht Dümling und Dietrich Erdmann«. — **17** Vgl. hierzu schon Adolf Weissmann: *Berlin als Musikstadt.* Leipzig – Berlin 1911. – **18** Zum Seminar für Musikerziehung vgl. demnächst die Beiträge von Ulrich Mahlert und Christine Rhode-Jüchtern, in: Susanne Fontaine, Ulrich Mahlert, Dietmar Schenk, Theda Weber-Lucks (Hg.): *Leo Kestenberg. Musikpädagoge und Musikpolitiker in Berlin, Prag und Tel Aviv.* Freiburg 2008 (im Druck). — **19** Noch ein zweites Buch ist zu nennen: Hellmut Sterns Erinnerungen *Saitensprünge.* Berlin 1990. Im Untertitel versprechen sie »ungewöhnliche Erinnerungen eines Musikers, der 1938 von Berlin nach China fliehen mußte […]«. Bei diesem langen, beinahe barocken Untertitel geht es auch um eine Rückkehr nach Berlin. Stern wurde 1961 Erster Geiger der Berliner Philharmoniker unter Herbert von Karajan. — **20** Zur Institutionsgeschichte vgl. Dietmar Schenk: *Die Hochschule für Musik zu Berlin. Preußens Konservatorium zwischen romantischem Klassizismus und Neuer Musik.* Stuttgart 2004. – Dietmar Schenk: »Das Stern'sche Konservatorium der Musik«. In: Michael Fend, Michel Noiray (Hg.): *Musical Education in Europe (1770–1914). Compositional, Institutional, and Political Challenges.* Bd. 1. Berlin 2005, S. 275–297. – Dietmar Schenk: »Das Stern'sche Konservatorium der Musik. Ein deutsch-jüdisches Privatkonservatorium der Bürgerkultur Berlins, 1850–1936«. In: Jürgen Wentzel (Hg.): *Berlin in Geschichte und Gegenwart. Jahrbuch des Landesarchivs Berlin 2000,* S. 57–79. Cordula Heymann-Wentzel arbeitet in Berlin (UdK) an einer Dissertation über das Konservatorium. — **21** Zuerst 1909 in Berlin erschienen (zusammengestellt von Richard Stern). 1914 kam bereits die 4. Ausgabe heraus. — **22** So Peter Gay: *Bürger und Bohème. Kunstkriege des 19. Jahrhunderts.* München 1999. Im Englischsprachigen Original findet sich der Ausdruck »Pleasure Wars«. — **23** Vgl. die berühmte Studie von Otto Brunner: *Land und Herrschaft. Grundfragen der territorialen Verfassungsgeschichte Österreichs im Mittelalter.* Darmstadt 1973. — **24** So lautet das Thema des »Tags der Archive« am 1./2. März 2008. — **25** UdK-Archiv, Bestand 108 (Nachlass Max Rostal), Korr. I 102. — **26** Vgl. Max Rostal: *Violin-Schlüssel-Erlebnisse. Mit einem autobiografischen Text von Leo Rostal.* Hg. von Dietmar Schenk, Antje Kalcher. Berlin 2007, S. 61. — **27** Der Brief Fleschs an Max Rostal vom 26. Juni 1933 ist abgedruckt in: *Carl Flesch und Max Rostal. Aspekte der Berliner Streichertradition.* Berlin 2002 (= *Schriften aus dem Archiv der Universität der Künste,* Bd. 4), S. 63. — **28** Abgebildet in: Rostal: *Violin-Schlüssel-Erlebnisse* (s. Anm. 26), S. 63. — **29** UdK-Archiv, Bestand 108 (Nachlass Max Rostal), Korr. I 60 und 61. — **30** UdK-Archiv, Bestand 108 (Nachlass Max Rostal), Korr. I 72, 74 und 85. — **31** Vgl. das Nachwort von Dietmar Schenk in: Rostal: *Violin-Schlüssel-Erlebnisse* (s. Anm. 26), S. 177–188, hier: S. 185–187. — **32** Dieser Bestand ist im Rahmen eines von der DFG unterstützten Projekts mit einer großen Erschließungstiefe verzeichnet worden. Vgl. *Nachlass Max Rostal. Inventar,* bearbeitet von Antje Kalcher. 2 Bde. Berlin ²2008. — **33** Zu diesen Termini vgl. Eckart Henning: »Sozialgenealogie und Historische Demographie, Prosopographie und Biographieforschung. Zur Diskussion der Begriffe«. In: *Genealogie* Jg. 45 (1996) H. 7–8, S. 193–202. Der Verfasser lernte prosopografische Forschungen bei dem Mediävisten Joachim Wollasch an der Universität Münster kennen – in jenem Umkreis, den Henning als Schule von Gert Tellenbach und Karl Schmid namhaft macht. — **34** Am Rande sei erwähnt, dass Leo Rostal im Jüdischen Kulturbund mit dem Meyer-Mahr-Trio zusammenarbeitete. Der Pianist, Pädagoge und Wissenschaftler Moritz Mayer-Mahr gehörte einer älteren Generation an und sei als solcher beispielhaft erwähnt. Er musste fast 65-jährig emigrieren. 1869 geboren, absolvierte er die Berliner Hochschule und lehrte seit 1892 am Konservatorium Klindworth-Scharwenka. Er starb 1947 in Göteborg. Vgl. Wolfgang Rathert, Dietmar Schenk (Hg.): *Pianisten in Berlin. Klavierspiel und Klavierausbildung seit dem 19. Jahrhundert.* Berlin 1999, S. 85. – Zum Jüdischen Kulturbund vgl. die inhaltsreiche Dokumentation d. Akademie der Künste (Hg.): *Geschlossene Vorstellung. Der Jüdische Kulturbund in Deutschland, 1933–1941.* Berlin 1992. — **35** Vgl. Karoly Csipák: »Berthold Goldschmidt im Exil. Der Komponist im Gespräch über Musiker-Exil und Musikleben«. In: Habakuk Traber (Hg.): *Verdrängte Musik. Berliner Komponisten im Exil.* Berlin 1987, S. 43–77, hier: S. 46 f. — **36** Christine Rhode-Jüchtern: *Schrekers ungleiche Töchter. Charlotte Schlesinger und Grete von Zieritz.* Sinzig 2008 (im Druck). — **37** Ähnliches gilt auch für Frieda Loebenstein, die nach ihrer Emigration als Benediktinerin in einem Kloster in São Paulo lebte. Vgl. Walter Heise: »Frieda Loebenstein. Eine Spurensuche«. In: Hartmuth Kinzler: *Musik und Leben. Freundesgabe für Sabine Giesbrecht.* Osnabrück 2003, S. 121–154. — **38** Vgl. Dietmar Schenk, Markus Böggemann, Rainer Cadenbach (Hg.): *Franz Schrekers Schüler in Berlin. Biographische Beiträge und Dokumente.* Berlin 2005. Kolja Lessing spielt in der *Edition Abseits* eine ganze CD-Reihe *Franz Schreker's Masterclasses in Vienna and Berlin* ein. — **39** Vgl. Dietmar Schenk: »Ein Knotenpunkt der Berliner Musikgeschichte. Das Archiv der Universität der Künste als Musikarchiv«. In: *Forum Musikbibliothek* 26. Jg. (2005) H. 4, S. 396–404. – Als Hintergrund dieses Gedankens vgl. auch die soeben erschienenen, allgemeiner gehaltenen Reflexionen dess.: *Kleine Theorie des Archivs.* Stuttgart 2008. — **40** Theodore Ziolkowski: *Berlin. Aufstieg einer Kulturmetropole um 1810.* Stuttgart 2002. – Theodore Ziolkowski: *Vorboten der Moderne. Eine Kulturgeschichte der Frühromantik.* Stuttgart 2006.

Therese Muxeneder

Ethik des Bewahrens
Exil und Rückkehr des Schönberg-Nachlasses

»Großes Unrecht eines Künstlers (aber in
edelster Absicht) Nachlass zu verbrennen.
Denn:
Ungeheuer wichtig für Erkenntnis fast
wichtiger als Werke fast eher Werke verbrennen,
als Skizzen, oder Misslungenes.«[1]

»Für einen, der öfters seine Heimat wechselt,
ist das vielleicht seine Heimat.
Er hat das alles mitgebracht.«[2]

Mit der materiell greifbarsten Vision – einen »Nachlass zu Lebzeiten« (nach einem literarischen Begriff Robert Musils) zu formen – legte der Komponist Arnold Schönberg den systematisch fundierten Grundstein für eine Schau der Nachwelt auf sein künstlerisches Erbe und intellektuelles Handeln. Die von ihm durch Jahrzehnte dokumentarisch belegten Antizipationen späteren Forschungsinteresses am Multiplex Schönberg offenbaren sich als vorausblickende Steuerungselemente eigener Wirkungsgeschichte. Zu den Schemata dieser Vorlasspflege zählen Katalogisierung und Auflistung, Kategorisierung, Authentifizierung, akribische Datierung, Kommentierung, generell: die Anwendung nachvollziehbarer Ordnungssysteme auf einen historiografisch vieldeutig schillernden Kosmos von Wort, Note und Bild gewordenen Mitteilungen an künftige Generationen. Das Prinzip des Selbstporträts, das Schönberg in seinem reichen bildnerischen Werk verfolgte, sollte sich wie ein roter Faden auch durch weitere Schauplätze seiner Lebensgeschichte ziehen. Der Künstler griff hierbei stets dramaturgisch zu und ein, stattete seine Augen- und Ohrenzeugen aktiv mit Erinnerungmaterial aus, und maß solcher Erinnerung eine ethische Qualität bei, prägte somit die Monumentalisierung seines Selbst in einem späteren kollektiven Kulturgedächtnis wesentlich vor.

Um die Beweggründe Schönbergs in Eigenerkundung und -kartografie angemessen bewerten zu können, um an ihnen weniger einen Spleen als notwendige Überlebensstrategien in einem langjährigen Exil der Gedanken, generell: Durchsetzungsversuche des Schaffens, fest zu machen, ist es nötig, die außerordentliche Situation des Vaters der musikalischen Moderne in den

Blick zu nehmen. Der musikalische Bürgerschreck durchlief sämtliche Spielarten künstlerischen und menschlichen Kämpfens, kompromisslos gegenüber zeitgeistigen Postulaten. Arnold Schönbergs für die Musikgeschichte des 20. Jahrhunderts bis heute folgenreichster Gedanke brach sich mit der Entwicklung einer neuen Kompositionsmethode etwa zwischen 1917 und 1921 Bahn. Die »Methode der Komposition mit zwölf nur aufeinander bezogenen Tönen« wurde denn auch von Schönberg selbst bewusst mit einem hegemonialen Anspruch verbunden. Der praktischen Ausarbeitung der Methode vorausgegangen waren nicht nur die Suche nach Festigung der in freitonalen Kompositionen grundgelegten Prinzipien, sondern auch eine Phase spiritueller Suche nach Antworten auf weltanschauliche Fragen. Diese Zeit brachte zudem auf dem »Nebenschauplatz« der Identitätsformung Ordnungsprinzipien für das eigene Schaffen hervor, welche einem weit in der Zukunft liegendem Andenken rechtzeitig als Markpunkte gesetzte Wegweiser beigestellt wurden. Schönberg konnte und wollte nichts dem Zufall überlassen.

I Der erste Archivar

Die zeitlebens gepflegte memoriale Imprägnierung eigener Dokumente weist Schönberg als seinen ersten Archivar aus, der jegliche Produkte seiner »Werkstatt« zu Erinnerungsmedien erhob und der Nachwelt zum redlich bewahrenden Gedenken übergab. Dieses gleichermaßen idealistische wie selbstbewusste Vorgehen eines Modellfalls an Künstlerpersönlichkeit und Denkfigur sollte sich posthum konzeptionell verwirklichen, in seiner jüngsten und gegenwärtigen Erscheinungsform als Arnold Schönberg Center in Wien, gegründet im Jahr 1997.

In die Zeiten inneren und äußeren Aufbruchs in den Zwischenkriegsjahren fallen Schönbergs erste systematische Versuche, seine Schaffenszeugen zu ordnen und deren Authentizität durch unverwechselbare Signaturen zu markieren. Mit dem »Abdruck meines rechten Daumens«[3] wurde 1923 in einer Reihe von Manuskripten ihre Verfasserschaft gleichsam als unhinterfragbar besiegelt: »Flaschenpost« an die Nachwelt. Schriftproben mit verschiedenem Schreibgerät sollten weitere grafologisch eindeutige Hinweise geben, wie zukünftige Archivare und Nachlasshüter sich einen echten Schönberg vorzustellen haben. Nachträglich hinzugefügte Anmerkungen in diversen Textquellen wurden zudem bisweilen per Unterschrift authentifiziert. Das in diesem Zusammenhang interessanteste Dokument ist Schönbergs eigenhändiges Verzeichnis seiner Schriften, das er im Zuge einer systematischen Ordnung seiner Textmanuskripte mit letztem Eintrag von 1938 geführt hat.[4] Datierungen, inhaltliche Kategorien und Titel der Werke sind heute eine unschätzbare Hilfe bei der Kommentierung seiner Schriften und stellen ein vorbildlich geführtes erstes Findbuch dieser Quellen dar. Eine historische Ordnung der Medien spiegelt hierin gleichsam eine strukturelle Ordnung des Gesamtwerkes wider, wobei Schönberg stets die heterogene Vielfalt seines Denkens inhaltlich in den Blick zu nehmen trachtete. – Denn: »Das Ich ist ja die eigentliche [Sammel]stätte.«[5]

Der Anspruch, den Schönberg an sein Werk und dessen Nachleben erhob, ist an seinen seit 1911 und über spätere Jahrzehnte verstreut hinterlassenen Testamenten ablesbar, in welchen zum einen die Grundsatzfrage der Vollendung von Fragmenten (Kompositionen und Schriften) formuliert ist, aber auch deutlich wird, welche Redlichkeit des Umgangs (durch eingeweihte Schüler und ihm nahe Stehende) mit dieser Hinterlassenschaft gewünscht wurde. So trug er in einem Testament vom 30. Januar 1911 seinen Freunden für die Pflege des Nachlasses bestimme Aufgaben auf und nannte sogar konkrete Namen: »Sollten die Gurre Lieder oder die Harmonielehre unvollendet bleiben, so bitte ich meine Freunde im Interesse meiner Kinder, das wenige, das hieran zu tun ist, zu ergänzen. Und zwar möge Alex[ander] v. Zemlinszky (eventuell Dr. Anton von Webern) die Gurre Lieder fertigstellen; [Alban] Berg im Verein mit Webern oder [Karl] Linke und [Heinrich] Jalowetz die Harmonielehre.«[6]

Ein aufschlussreiches Dokument stellt in diesem Zusammenhang auch das (von seinem Schüler Erwin Stein beglaubigte) Testament vom 21. November 1915 dar, in dem ebenfalls detailliert Fragen späterer Herausgeberschaft von Unvollendetem und Vorbehalte gegenüber dem unbedachten posthumen Zugriff, einer unbotmäßigen Bemächtigung durch kenntnislose Unberufene (Historiker, Musikwissenschaftler, Philologen) des gedanklichen Erbes erörtert werden. Hier setzt er seine Frau Mathilde als Erbverwalterin ein: »Sie soll auch die alleinige Entscheidung haben über alle meine Werke betreffenden Fragen, gleichgültig ob es veröffentlichte oder unveröffentlichte sind, zur Veröffentlichung bestimmte, oder solche, an deren Veröffentlichung bei meinen Lebzeiten ich nicht gedacht habe; ebenso über meinen Briefwechsel, Fotografien und alles dergleichen, worüber man nach einem jetzigen oder künftigen Urheberrecht verfügt. (...) Da es sich jedoch in meinem Nachlass vermutlich auch um unvollendete oder wenigstens nicht druckfertig redigierte Werke handeln wird, übrigens aber auch veröffentlichte, wie ja aus meinen Handexemplaren hervorgeht, noch Zusätze, Anbringungen, Streichungen und Irrtümerverbesserungen erfahren sollen, bitte ich meine Freunde: 1) Alexander von Zemlinszky, 2) Dr. Anton von Webern 3) Dr. Heinrich Jalowetz, 4) Erwin Stein, 5) Alban Berg, 6) Eduard Steuermann, 7) Dr. Marie Pappenheim meiner Frau nach ihrem Wunsch mit Rat an die Hand zu gehen. (...) Es ist wohl wahr, dass man sich der Taktlosigkeit der Historiker und anderer müßiger Schnüf[f]ler aussetzt. Trotzdem aber würde ich nicht wie Brahms die Spuren der Wege und Irrwege, die zu meinen Werken führen, verwischen wollen. (...) Was meine Briefe anbelangt, so ist es mein Wunsch, dass meine Frau die Veröffentlichung anderer, als künstlerische Materien betreffende Stellen soweit es möglich ist, unterdrückt. Dazu veranlasst mich die takt- und talentlose Methode der meisten unserer heutigen Briefwechselherausgeber.«[7]

Wechselvolle Jahre über die Stationen Wien, Mödling und Berlin als Lebens- und Wirkungsstätten bis zur Emigration stellten Schönberg zeitlebens vor die nie als ausweglos empfundene, sondern stets Auswege suchende Situation, sich in einem aufgezwungenen »Exil« des Schaffensweges zu wissen, einer stets für das Werk synergetisch rückwirkenden Schicksalsüberwindung. Dass indes Schaffenskrisen nie bedrohlich an Raum gewinnen konnten, ist Indiz für eine Prinzipien- und Linientreue, welche die »Grundlage« seiner künstlerischen und »moralischen Existenz«[8] Form und Rückhalt gebend begleiteten. Das an Konzepten für die Realisierung pädagogischer und kulturpolitischer Visionen in Musikschulen und -bibliotheken (etwa in Russland, Israel und den USA) reiche theoretische Werk Schönbergs wirft ein Streiflicht auf die Ansprüche, welche er auch auf seinen Nachlass applizierte: jene der Freiheiten von Ideen und ethisch motivierter Durchdringung des Bewahrens von Kulturgut. Der durch die Jahre befestigte Anspruch des Künstlers auf Unabhängigkeit steht auch noch für seine Hinterlassenschaft über allen ästhetisch, politisch und gesellschaftlich erzwungenen Zugeständnissen.

Nach dem Machtantritt der Nationalsozialisten und seinem Ausschluss aus der Preußischen Akademie der Künste in Berlin, an der Schönberg (nach dem Tod seiner Frau Mathilde 1924 mit der Schwester seines Schülers Rudolf Kolisch verheiratet) in Nachfolge Ferruccio Busonis seit 1925 einer Meisterklasse für Komposition vorstand, verließ er im Mai 1933 Deutschland und sollte nach einem mehrmonatigen Aufenthalt in Arcachon und Paris, wo er am 24. Juli 1933 zum Judentum rekonvertierte, Europa für immer den Rücken kehren. Ende Oktober 1933 emigrierte er mit seiner Frau Gertrud und der einjährigen Tochter Nuria nach New York. Lehrtätigkeiten am Malkin Conservatory in Boston und New York sowie Vorträgen an der University of Chicago folgte 1934 die Übersiedlung an die amerikanische Westküste nach Los Angeles, wo Schönberg zunächst an der University of Southern California Vorlesungen hielt und von 1936 bis 1944 eine Professur an der University of California, Los Angeles (UCLA) inne hatte.

Kurz vor seinem Tod verfügte Arnold Schönberg, seine gesamte Korrespondenz (die an ihn gerichteten Briefe im Original sowie jene von ihm verfassten Briefe in Form von Entwürfen beziehungsweise Durchschlägen) nach seinem Ableben in der Library of Congress in Washington, D.C., aufzubewahren. Es ist dies seine einzige konkrete Absichtserklärung zu einem Standort für eine nachgelassene (Teil-)Sammlung. Das etwa 21.000 Korrespondenzstücke und 35.000 beschriebene Seiten umfassende Konvolut gibt nicht nur über seinen künstlerischen und biografischen Werdegang Auskunft, sondern legt auch beredtes Zeugnis von einem halben Jahrhundert Kultur- und Geistesgeschichte ab, in dem Albert Einstein, Wassily Kandinsky, Oskar Kokoschka, Thomas Mann, Karl Kraus, Gustav Mahler und Richard Strauss gleichermaßen federführend waren und mit Schönberg substanziellen Gedankenaustausch pflegten. Verlagskorrespondenz, Werkanalysen, Postkarten aus familiärem Umfeld, Weihnachts- und Geburtstagsgratulationen, Kostenvoranschläge für Mobiliar, Patentschriften, Geburtsanzeigen, Kondolenzschreiben, Leserbriefe und Urlaubsberichte finden sich neben Tantiemenabrechnungen, Probenplänen, Gerichtsunterlagen und Aufzeichnungen über geführte Telefonate.

Die Library of Congress hatte überdies bereits im Juli 1950 mit Mitteln aus dem Fonds der Gertrude Clarke Whittall Foundation für 11.000 US $ bedeutende Manuskripte aus dem Vorlass Schönbergs erworben (*Verklärte Nacht* op. 4, *Pierrot lunaire* op. 21, II. Streichquartett op. 10)[9], welche den eigenen, durch Schenkungen und Dauerleihgaben[10] gelegten Grundstein an Schönbergiana im Sammlungsbestand erweitern und bereichern sollten. Frühere Versuche des zwischen 1907 und 1911 sich berufen fühlenden und in diesem Zeitraum intensiv tätigen Malers Schönberg, eine für sein bildnerisches Werk repräsentative Anzahl an Gemälden zu veräußern, deren ideellen Wert er stets über den künstlerischen stellte, konnten indes nicht realisiert werden.[11] Der 1944 von der UCLA emeritierte Professor war aufgrund nur geringer Pensionszahlungen dazu gezwungen, neben Privatunterricht und Auftragskompositionen auch mittels Verkauf einträglicher Manuskripte den Lebensunterhalt seiner Familie mit Ehefrau und drei unmündigen Kindern (geboren 1932, 1937 und 1941) zu sichern. Der Anstoß zur Übernahme der Korrespondenz zur Ergänzung der sammlungseigenen »collections of letters of the great composers«[12] durch die Library of Congress erfolgte im September 1950 durch den Leiter der Music Division, worauf Arnold Schönberg mit Enthusiasmus unmittelbar reagierte: »Mr. Schoenberg is highly flattered that you undertake already so early the preservation of this material. This is why he is proud to let the Library of Congress have these letters.«[13] Die endgültige Vereinbarung über die Schenkung der umfangreichen Korrespondenz wurde nur wenige Wochen vor Schönbergs Tod im Juni 1951 abgeschlossen.

II Das Erbe

Der Nachlass Arnold Schönbergs ging nach seinem Ableben am 13. Juli 1951 in den Besitz seiner Witwe Gertrud über. Diese trat die Verwaltung des umfangreichen Materials eingedenk der Wünsche ihres Mannes zum einen mit dem Vorsatz an, die Sammlung möglichst komplett für die Nachwelt zu sichern[14], legte zum anderen einen hohen Anspruch an künstlerische Realisierung der Werke, vor allem hinterlassener Fragmente. Auch ihr hinterließ Schönberg testamentarisch detaillierte Hinweise: »Liebste Trude. Solltest du über musikalische oder theoretische Probleme, oder über Herausgabe unveröffentlichter oder unbeendigter Manuskripte nicht alleine entscheiden wollen, so empfehle ich folgende meiner Freunde als Berater: Dr. Joseph Polnauer, Josef Rufer, Erwin Stein (wenn er nicht mein Gegner wird), Erwin Ratz, vor allem: deinen Bruder Rudolf Kolisch; Roberto Gerhard, Karl Rankl. Auch Görgi [Georg, Schönbergs Sohn aus erster Ehe] kann in manchem wertvoll sein; ebenso vielleicht Khuner oder Lehner, diese letzten wohl eher in instrumentalen Problemen. Rudi [Schönbergs Schwager Rudolf Kolisch] versteht meine Musik wohl am besten. Polnauer und Rufer kommen ebenso in Betracht wie auch Rankl. Rudi hat auch Verständnis für Theoretisches. Ich habe manche hier nicht genannt, deren Fähigkeiten in Betracht kämen, die aber vielleicht nicht so ausgesprochen meine Freunde bleiben werden. So wie leider Erwin Stein. [Theodor] Wiesengrund [Adorno] sollte gänzlich ausgeschlossen bleiben.«[15]

Gertrud Schönberg beauftragte zunächst Winfried Zillig, einen ehemaligen Schüler Schönbergs an der Akademie der Künste in Berlin, mit der Herstellung einer aufführbaren Partitur des Particells zum unvollendeten Oratorium *Die Jakobsleiter*, sorgte für die szenische Realisierung der ersten beiden Akte des Opernfragments *Moses und Aron*, regte Aufführungen von für die Musikwelt noch unbekannten Kompositionen aus dem reichen Manuskriptenbestand an und gründete schließlich einen eigenen Verlag, welcher der Sicherung und internationalen Verbreitung des Erbes verpflichtet sein sollte.

Auf den Vorarbeiten von Josef Rufer für das erste (und bislang einzige) umfangreiche Schönberg-Werkverzeichnis aufbauend, wurde in den späten 1950er Jahren im Schönberg-Haus in der Rockingham Avenue in Brentwood Park/Los Angeles eine der ersten und bis heute nachwirkenden Initiativen der Nachlassverwaltung gelegt. In Kooperation mit den vormaligen Schönberg-Assistenten Leonard Stein und Richard Hoffmann unternahm Gertrud Schönberg Sichtung und Inventarisierung der ca. 8.000 Seiten umfassenden Sammlung von Musikmanuskripten. Ihr Mann hatte zwar zu Lebzeiten mit berufen ordnender Hand seine losen Skizzen, Entwürfe sowie Zwölftonreihen einzelnen Kompositionskonvoluten zugeordnet, die Rekonstruktion von Werkkomplexen auf der Basis von schaffenschronologisch nachvollziehbaren Abschnitten in Skizzenbüchern geriet jedoch zur Pioniertat, welche die Grundlage für eine erstmals auch philologisch ausgerichtete Schönberg-Forschung bildete. In Nachfolge dieser umfangreichen und akribischen Materialsichtung führte eine der wichtigsten Initiativen Gertrud

Schönbergs für das Werk ihres Mannes (in Zusammenarbeit mit dessen Schüler Josef Rufer und dem Verlag Schott in Mainz) zur Kritischen Gesamtausgabe der musikalischen Werke mit Sitz in Berlin. In der Ausgabe sollte dessen (werk- und quelleneditorisch präsentiertes) kompositorisches Schaffen in ganzer Breite der Öffentlichkeit zugänglich gemacht werden, mittels sowohl wissenschaftlich wie praktisch nutzbarer »Fassungen letzter Hand«, Frühfassungen, Bearbeitungen des Komponisten; in vollendeten Kompositionen, Fragmenten. Nicht nur den endgültigen Text eines Werkes, sondern auch sämtliche Skizzen oder Kompositionsentwürfe sollten dabei Berücksichtigung finden. Musikalische Praxis im Dienste intendierter Aufführbarkeit stand ebenso wie die lückenlose Vermittlung des Quellenmaterials im Vordergrund des Projektes, welches von Beginn an durch den Zugang zum Nachlass (zunächst auf privater Ebene) realisiert werden konnte.

Gertrud Schönberg hatte ab Mitte der 1950er Jahre das Ziel verfolgt, die Sammlung ihres Mannes zunächst für die Wissenschaft zugänglich zu machen und in einem weiteren Schritt institutionell zu sichern. In Frage konnte nur eine spezifisch auf die Person ihres Mannes zugeschnittene Individuallösung kommen, wohingegen die Einbindung in eine Universitäts- oder Nationalbibliothek programmatisch und organisatorisch von Beginn an nicht probat erschien. Die Library of Congress in Washington stand zwar als Depositorium für den Briefwechsel fest, eine Übernahme des gesamten Materials stand aufgrund der Unvereinbarkeit klar definierter Partikularinteressen (Fokussierung auf einen einzelnen Komponisten) und des öffentlichen Auftrags der Bibliothek nicht zur Diskussion.

III Darmstadt – Berlin

Eine erste Initiative zur offiziellen Errichtung eines Schönberg-Archivs kam 1956 indes aus Deutschland. Zehn Jahre zuvor hatte der Darmstädter Kulturreferent und ehemalige Korrespondent der *Deutschen Allgemeinen Zeitung* in Berlin, Wolfgang Steinecke, die Internationalen Ferienkurse für Neue Musik, die erstmals im Sommer 1946 im Schloss Kranichstein bei Darmstadt stattfanden, gegründet. Bald darauf nahm Steinecke Kontakt zu Arnold Schönberg auf, um mit ihm über eine mögliche Teilnahme als Vortragender und Leiter eines Kompositionsseminars in Kranichstein zu verhandeln. Eine strapaziöse Reise nach Europa kam für den gesundheitlich angeschlagenen Komponisten, der bis zu seinem Tod positiven Anteil an den Berichten über das Musikinstitut nahm, trotz wohlwollender Absichtserklärungen auf wiederholt ausgesprochene Einladungen nicht mehr in Frage.[16]

Darmstadt spielte vor allem aufgrund des persönlichen Einsatzes von Wolfgang Steinecke eine bedeutende Rolle für das »Weiterleben«[17] Schönbergs in

Deutschland, realisiert durch Zwölftonkongresse, die Kursleitung durch dem Schönberg-Kreis nahestehende Interpreten und die deutschen Erstaufführungen etwa des *Piano Concerto* op. 42 (1948), *A Survivor from Warsaw* op. 46 (1950) und des *Tanzes um das goldene Kalb* aus *Moses und Aron* (1951).[18] 1952 folgte die Konstituierung eines Arnold-Schönberg-Kuratoriums, dessen Hauptaufgabe in der Verleihung der Arnold-Schönberg-Medaille »für besondere Verdienste um die Förderung und Verbreitung der neuen Musik« lag.[19] In dem 1954 kompositionsästhetisch formulierten Arbeitsprogramm des Kuratoriums wurde die »Anerkennung der Emanzipation des Materials von den heute nicht mehr substantiellen tonalen Bindungen« ebenso festgelegt, wie auf »das von Schönberg verwirklichte Ideal eines sinnvollen, aufs höchste verantwortlichen, von allen Klischees und bequemen Lösungen freien Verfahrens«[20] hingewiesen wurde.

Mit der Einbindung lokal- und landespolitischer Vertreter in die Agenden des Kuratoriums legte Steinecke den organisatorisch zunächst ideal erscheinenden Grundstein zu einem weit ambitionierteren Projekt: der Errichtung eines Schönberg-Archivs in Darmstadt. Mit Rudolf Kolisch, der mit dem Nachlass als Interpret und nahes Familienmitglied sowohl in der Kenntnis des Gesamtwerkes als auch der Inhalte und Schwerpunkte der Sammlung bestens vertraut schien, konnte er einen idealen Partner mit Zukunftsaussichten auf eine Leitung des Archivs gewinnen. Positive Zeichen kamen von Gertrud Schönberg und dem Darmstädter Bürgermeister, der jedoch auf die Notwendigkeit hinwies, auch andere verantwortliche Politiker von der Bedeutung einer derartigen Unternehmung überzeugen zu müssen. Erste Schwierigkeiten in der Realisierung ergaben sich durch die vorsichtig abwartende Absicht der Witwe, die nach Darmstadt nur Kopien der Manuskripte übergeben wollte, während die Autografen in ihrem Besitz verbleiben sollten. Damit würde das Archiv zunächst weniger wissenschaftlich nutzbar sein als vielmehr Gedenkstättencharakter haben. Erst in einem weiteren Schritt könnte die Überlassung von originalen Objekten aus dem familiären Besitz, darunter auch Instrumente und bildnerische Werke, sukzessive erfolgen.[21]

Die 1956 noch nicht abgeschlossene Inventarisierung des Nachlasses erschwerte zudem eine Evaluierung der finanziellen Bedingungen, welche den Verhandlungen zwischen der Erbin und dem Darmstädter Kulturdezernat zugrunde gelegt werden mussten. Der schließlich festgelegte Rahmenwert, basierend auf geltenden amerikanischen Marktpreisen von historisch vergleichbaren Manuskripten, sowie prognostizierte Aufbau- und Errichtungskosten zwangen die Stadtverwaltung schließlich zu budgetären Verhandlungen auf Landesebene. Theodor W. Adorno wurde in diesem Stadium als Projektsprecher mit dem Land Hessen gewonnen, dessen Vertreter zwar die generelle Bedeutung eines Schönberg-Archivs in Darmstadt anerkannten, aber letztlich darauf rekurrierten, dass der Komponist »durch und durch Wiener gewesen«[22] sei, zudem weder Max Regers noch Richard Strauss' Nachlässe vergleichbare institutionelle Absicherung erfahren hätten, somit die Finanzierung kulturpolitisch für einen Standort in Deutschland nicht stringent erklärt werden könne. Als Lösung wurde in einem »Übersiedlungsplan des Schoenberg-Archivs aus den USA nach Darmstadt«[23] vom 19. Juni 1956 die Einbeziehung mehrerer Bundesländer und schließlich des Bundes selbst vorgeschlagen. Als Standorte des Archivs standen das Kranichsteiner Institut, ein Schloss im Prinz-Emil-Garten und ein das Rilke-Archiv beherbergendes Gebäude am Friedensplatz zur Diskussion. Als Vorteil bei der Ansiedlung des Archivs in Darmstadt versprach man sich eine Erweiterung des »musikgeschichtlichen Fundaments des Kranichsteiner Instituts«.[24]

Das Archiv sollte, so Gertrud Schönberg, nicht nur Dokumente und Manuskripte unterbringen, sondern auch Schönbergs originales Arbeitszimmer aus der Rockingham Avenue in Los Angeles, darin enthaltend (teils selbst entworfenes) Mobiliar, Instrumente, Schreib- und Handwerksutensilien sowie Memorabilia: »(…) auch möchte ich, um die Sache möglichst vollkommen zu gestalten, auch seine Musikinstrumente, seine Basteleien, seine Erfindungen etc. vereinen. Auch sollten alle Platten, darunter viele private und seine auf Draht noch vorhandenen Vorträge und Reden (…) dazu genommen werden. Auch der Film, der von seinem Begräbnis gemacht wurde, seine Totenmaske, seine Büsten, Photographien und vieles mehr, (…) eventuell käme auch seine Bibliothek in Betracht, sicher die Bücher mit Aufzeichnungen von seiner Hand. Alle Noten, die er verlegt hat. Taktstöcke, event. sein Frack.«[25]

Schönbergs Witwe reiste anlässlich der szenischen Erstaufführung der Oper *Moses und Aron* (Zürich, 6. Juni 1957) nach Europa und traf sich während der Kranichsteiner Ferienkurse im Juli 1957 mit dem Darmstädter Oberbürgermeister Ludwig Engel, um über eine Übernahme des Schönberg-Archivs zu verhandeln. Ein weiterer Besuch folgte Anfang 1958. Bei dieser Gelegenheit wurde der nominelle Wert des Nachlasses mit 500.000 US $ beziffert und der Witwe eine jährliche Abschlagszahlung von 5% angeboten, somit Darmstadt den gesamten Nachlass innerhalb der folgenden 20 bis 25 Jahre erworben hätte.

Unterdessen hatte Schönbergs Schüler Josef Rufer im Auftrag der Akademie der Künste Berlin (Nachfolgerin der Preußischen Akademie der Künste, an der sein Lehrer einer Meisterklasse für Komposition vorstand) in Los Angeles die Sichtung des Nachlasses unternommen. Auf Initiative des Akademiemitglieds Boris Blacher erstellte Rufer ein umfassendes Werkverzeichnis[26], welches Kompositionen, Schriften und Gemälde beinhaltete. Die enge Zusammenarbeit mit Gertrud Schönberg und die Sachkenntnis der Sammlung prädestinierte Rufer als Mittler zwischen der Erbin und der nunmehr auch Interesse am Nachlass bekundenden Akademie der Künste. Die Witwe des Komponisten stand nun zwischen den Stühlen Darmstadt (vertreten durch ihren Bruder Rudolf Kolisch) und Berlin (vertreten durch den verdienten Schüler Rufer). Sie hegte allerdings keinerlei Sympathien, in der Frage der Rückführung des Nachlasses nach Europa etwa noch das fernere Wien einzubeziehen; explizit erklärte sie »mit Wien nichts mehr zu tun haben«[27] zu wollen. Mit der Hilfe Boris Blachers unternahm Josef Rufer große Anstrengungen, das Projekt in Berlin zu realisieren: »Bedenke dabei auch, dass Kranichstein (ich meine Steineckes Institution) von heute auf morgen aufhören kann und dann das Archiv dort völlig isoliert wäre, wogegen die Akademie der Künste bestehen wird, solange Deutschland besteht.«[28]

Die Beziehung Gertrud Schönbergs zur Akademie war jedoch in dieser Phase durch den Streit um Entschädigungszahlungen aus dem Pensionsfonds aufgrund der Entlassung Schönbergs im Jahr 1933 empfindlich gestört. Wolfgang Steinecke sah sich seinerseits nicht in der Rolle »eines die Berliner Pläne anstachelnden Konkurrenten«[29] und stellte die Verhandlungen um den Nachlass ein.

IV Paris – New York

Im Jahr 1962 schien das Projekt Schönberg-Archiv abermals greifbar. Der amerikanische Finanzmagnat und spät berufene Kompositionsstudent Robert Owen Lehman, Besitzer der in dieser Zeit weltweit umfangreichsten Privatsammlung von Musikautografen, erwarb in diesem Jahr aus dem Schönberg-Nachlass die originalen Handschriften von Alban Bergs *Drei Orchesterstücken* op. 6 (Widmungsexemplar anlässlich Schönbergs 40. Geburtstag am 13. September 1914), *Streichquartett* op. 3 (Geburtstagsgeschenk 1918) und *Wozzeck*, II. Akt, 3. Szene (Geburtstagsgeschenk 1922) sowie Anton Weberns *Konzert* op. 24 (seinem Lehrer anlässlich dessen 60. Geburtstags im Jahr 1934 nach Los Angeles übersandt).[30] Lehman, assistiert von Anton Swarowsky (dem Sohn des Dirigenten Hans Swarowsky) als prospektivem Archivleiter, plante nunmehr die Errichtung eines Schönberg-Museums in Paris: »Die Robert Owen Lehman Foundation ist gerade dabei das ganze Programm vorzubereiten und jetzt ist der richtige Moment das Archiv zu organisieren. Dass wir das Archiv unter unsere Obhut nehmen wollen ist ein Pluspunkt für die moderne Musik. (…) Was Paris vielleicht jetzt als moderne Musikkulturstadt nicht ist, wird es durch den Wohnsitz des Archivs werden. (…) Robin hat vor, für die Foundation ein Gebäude zu kaufen. (…) [W]enn er sicher weiß, dass es uns obliegen wird, das Schönberg Archiv mit Manuskripten, Bildern, Schönberg-Zimmer und Bibliothek zu betreu[e]n, dann ändern sich die gesamten Pläne.«[31]

Nachdem das Museum mit Standort in Paris jedoch nicht zustande kam, offerierte Lehman der Erbin 1964 das Angebot, das Archiv in New York einzurichten. Die Music Division der New York Public Library sollte ein eigenes Gebäude im Lincoln Center erhalten, wohin der passionierte Sammler seine gesamten Autografe in Obhut zu geben plante. Das Schönberg-Archiv könnte in Verbindung mit der Lehman Collection und Studienbibliothek, aber als separate Einrichtung, ebenfalls im Lincoln Center untergebracht werden. Strukturelle Änderungen des Gebäudes würden ein Schönberg-Museum ermöglichen, das »kontrollierbarer als Paris«[32] wäre. Gertrud Schönberg konnte sich mit der institutionellen Abhängigkeit des Nachlasses in dieser Konstellation jedoch nicht anfreunden.

V Zukunftsperspektiven

Mitte der 1960er Jahre erarbeitete Schönbergs Sohn Lawrence[33] mit seiner Mutter die Struktur eines künftigen Schönberg Study Center, dessen Konzept[34] die Ausrichtung des später verwirklichten Arnold Schoenberg Institute in Los Angeles sowie des Arnold Schönberg Center in Wien detailreich vorwegnahm. Ein für (Musik-)Forscher und Interpreten zugängliches Studienzentrum sollte zum einen die wissenschaftliche Literatur über Arnold Schönberg und eine zunehmende Zahl von Aufnahmen der Musik in Katalogform zentral verwalten, historische und aktuelle Notenausgaben bereitstellen, Räume für Aufführungen und Ausstellungen bieten sowie den Nachlass nebst einer Rekonstruktion des letzten Arbeitszimmers des Komponisten öffentlich zugänglich machen. Als Option für internationale Kooperationen mit Museen war zudem die Leihe von Originalquellen, darunter auch das bildnerische Werk Arnold Schönbergs, vorgesehen. Ein jährlich erscheinendes wissenschaftliches Periodikum sollte über neueste Forschungsergebnisse informieren. In der Realisierung des Study Center wurde auf Unabhängigkeit in personeller wie örtlicher Verwaltung und in Bezug auf den Standort abgezielt, der Nachlass selbst würde entweder als Leihgabe oder Schenkung eingebracht werden, wobei der Familie Kontrolle über den Aufsichtsrat eingeräumt werden müsse. Neben der allein auf Leben und Schaffen Arnold Schönbergs ausgerichteten Konzeption würde die Realisierung auf dem Stand modernster Technik erfolgen. Für die professionelle Katalogisierung der vielfältigen Medien im Nachlass und der Sekundärliteratur müssten professionelle Musikbibliothekare bzw. -archivare gefun-den werden, deren wissenschaftliche Neigungen zudem zentral auf Schönberg zugeschnitten seien. Eine Aufarbeitung der umfangreichen Sammlung könne zudem auf Basis der Vergabe von Forschungsstipendien erfolgen.

Mit der Gründung von Belmont Music Publishers 1964 setzte die Familie einen Markstein für die Schönberg-Pflege in den Vereinigten Staaten. Das bis heute im Dienste des Namensgebers (Belmont = Schönberg) in Pacific Palisades/Los Angeles tätige Unternehmen setzte und setzt sich zum Ziel, Wieder- und Neuauflagen anzuregen beziehungsweise eigenständig umzusetzen sowie weltweit (in Zusammenarbeit mit anderen Verlagen) für die Verfügbarkeit von Aufführungsmaterialien zu sorgen. Neben der Übernahme von Lizenzen andernorts nicht mehr verlegter musikalischer und schriftstellerischer Werke sowie Nachdrucken kritisch edierter Kompositionen aus der in Berlin ansässigen Gesamtausgabe wurden von Belmont eine Reihe von unbekannten Manuskripten aus dem Nachlass veröffentlicht und für Aufführungen bereit gestellt.

Nach dem Tod Gertrud Schönbergs am 14. Februar 1967 lag die Verantwortung für den Nachlass in den Händen ihrer Kinder Nuria (Venedig, seit 1955 mit dem italienischen Komponisten Luigi Nono verheiratet), Ronald und Lawrence (Los Angeles). Die Sammlung verblieb zunächst in Schönbergs Wohnhaus in Brentwood Park. Die von Schönberg der Library of Congress ohne spezifische Angaben zu Umfang und Inhalt pauschal vermachte Korrespondenz war seit 1952 in jährlichen Tranchen nach Washington geschickt worden, ein nicht unwesentlicher Teil des Briefwechsels blieb jedoch noch immer in Los Angeles verwahrt. Obwohl der Zugang zu den Materialien offiziell nicht möglich war, erlaubten die Erben in Einzelfällen (wie etwa für die Editoren der Gesamtausgabe) die Sichtung des Nachlasses. So konnte etwa auch der dänische Musikforscher Jan Maegaard sämtliche handschriftliche Quellen zu den Kompositionen, darunter auch Skizzenbücher, Einzelskizzen und eine Reihe von Entwürfen und Fragmenten, für seine umfangreiche Studie zur Schaffenschronologie und Entwicklung der Zwölftonmethode[35] einsehen. Der deutsche Kunsthistoriker Eberhard Freitag katalogisierte für seine Dissertation über den Maler Schönberg sämtliche Gemälde und Zeichnungen[36], welche im Schönberg-Haus verwahrt waren.

VI University of Michigan – University of Southern California: Das Arnold Schoenberg Institute in Los Angeles

Ansteigende Nachfragen nach Forschungsmöglichkeiten an der Sammlung und philologisches Interesse an den Quellen machte die Notwendigkeit eines öffentlichen Archivs Anfang der 1970er Jahre unabdingbar. Durch Initiative einer Gruppe von engagierten Musikwissenschaftlern an der Music Division der University of Michigan in Ann Arbor schien das einstige Fernziel erstmals zum Greifen nahe. Mit Glenn Watkins hatten die Erben einen Gesprächspartner, der zum einen mit der Musik Schönbergs in Forschung und Lehre vertraut war, zum anderen über den notwendigen administrativen Rückhalt verfügte, um ein geeignetes Archiv zu organisieren. Gespräche mit den Erben sahen die Schenkung des Nachlasses vor, erste Architekturentwürfe für den Bau eines eigenen Gebäudes auf dem Universitätscampus lagen 1971 ebenso vor wie detailreiche Übersiedlungspläne. Als erste Tranche erhielt die Music Division von der Familie ein Konvolut von 200 an Schönberg adressierten Briefen von Wilhelm Furtwängler, Heinrich Jalowetz, René Leibowitz, Klaus und Monika Mann, Artur Schnabel sowie Alfred Wallenstein. Der physische Transfer der ganzen Sammlung sollte erst nach Fertigstellung des neuen Gebäudes erfolgen. Für die Errichtungskosten wurde in Ann Arbor intensives Fundraising betrieben, bereits nach wenigen Monaten hatte man einen sechsstelligen Dollarbetrag gesammelt. Die gesamte Realisierungsphase zwischen Vertragsunterzeichnung und Einrichtung des Archivs wurde mit fünf Jahren bemessen.

Die Nachricht, der Schönberg-Nachlass würde künftig an der University of Michigan installiert werden, rief im Jahr 1971 eine Gruppe von Musikschaffenden und -forschern in Los Angeles auf den Plan, welche den Verbleib der Sammlung in Kalifornien propagierten. Unter der Ägide von Grant Beglarian, Dean der School of Music an der University of Southern California (USC), bildete sich ein Unterstützungskomitee, um den Nachlass für eine Institution in Los Angeles zu sichern; dem Komitee traten weiterhin bei: Leonard Stein, ehemaliger Schüler und Assistent Arnold Schönbergs; Ellis Kohs, Professor für Musiktheorie und Komposition an der USC; Pia Gilbert, Professor für Tanz an der UCLA; Ellen King Kravitz, Associate Professor of Music an der California State University in Los Angeles. Leonard Stein trat für ein Institut ein, das nicht nur als Gefäß für die Sammlung zu gestalten sei, sondern in dem auch Aufführungen zu einer aktiven und lebendigen Auseinandersetzung mit dem musikalischen Œuvre Raum gegeben werden sollte.

Grant Beglarian, an dessen Universität Schönberg 1935 unterrichtet hatte, führte die Verhandlungen mit den Erben, die – angesichts der bereits weit gediehenen Pläne in Michigan – der USC ein Ultimatum stellen mussten, schließlich zu einem aussichtsreichen Ende. Im Oktober 1972 bestätigte der Präsident der USC gegenüber der Familie, die Schenkung der Sammlung annehmen zu wollen: »I wish to accept your generous gift of the Arnold Schoenberg library and archives. In return, we will establish the Arnold Schoenberg Institute on our campus in cooperation with several local educational institutions. We will assume the responsibility for constructing a free-standing structure adequate for the purpose, and provide funds for the director, librarian and such staff that might be required for the Institute.«[37]

Beglarian sah in der Einrichtung des Schoenberg Institute einen großen Prestigegewinn für die Universität und setzte große Anstrengungen in ein architektonisch und infrastrukturell intelligentes Konzept, um das Angebot der University of Michigan überbieten zu können. Am 11. Dezember 1973 fand schließlich die Unterzeichnung des »Agreement to Establish the Arnold Schoenberg Institute« statt. In dem 722 Seiten starken Appendix zum Schenkungsvertrag waren tausende Titel verzeichnet, die Schönberg-Erben gaben außer dem bildnerischen Werk, das weiterhin in Familienbesitz verblieb, sowie der Korrespondenz, welche nunmehr endgültig an die Library of Congress gehen sollte, alle substanziellen Materialien ihres Vaters nebst dessen Arbeitszimmer an die USC. Das Copyright, sämtliche Verwertungsrechte der Werke Arnold Schönbergs, behielt die Familie. Die Universität war zur Errichtung eines freistehenden Institutsgebäudes auf dem Campus bis zum 1. Juni 1975 verpflichtet.[38] Der Vertrag formulierte die Auflage, dass das Gebäude mit Konzertsaal, Archiv, Bibliothek und Replik des Arbeitszimmers ausschließlich für Aktivitäten des Arnold Schoenberg Institutes vorgesehen war. Ferner wurde die personelle und administrative Struktur des Institutes geregelt.[39] In der Errichtungsphase wurde im Dezember 1974 die UCLA als Kooperationspartner gewonnen, wo der Nachlass bis zum Abschluss der Bauphase eingelagert und musikbibliothekarisch betreut wurde. Wiederholte Verzögerungen des Baubeginns bedingten einen Aufschub des Fertigstellungsdatums. Zweifel an der finanziellen Machbarkeit des Großprojektes führten zu ersten (und für die weitere Geschichte des Institutes symptomatischen) Verstimmungen zwischen Universität und Erbengemeinschaft.

1975 wurde das Personal für das künftige Institute gefunden: Clara Steuermann, Schönbergs Schülerin an der UCLA und Ehefrau des Wiener-Schule-Interpreten Eduard Steuermann, war als Musikbibliothekarin der Cleveland School of Music und Kennerin des Werkes für die Aufgabe der Archivleitung prädestiniert. Der Pianist Leonard Stein, Schönberg-Schüler und -Assistent sowie Herausgeber nachgelassener Schriften, wurde zum Direktor ernannt. Steuermann begann an der UCLA mit der Katalogisierung der Manuskripte und erarbeitete zudem eine bis heute für die Wissenschaft wertvolle Metastruktur der sogenannten Satellite Collections, welche an einem zentralen Ort international verstreute Materialien bündelten (sei es in Form von Kopien oder im Original). Als das Arnold Schoenberg Institute (ASI) am 20. Februar 1977 eröffnet wurde, konnte man unmittelbar auf diese Vorarbeiten aufbauen. Ausstellungen mit Archivalien aus dem Nachlass und die von Leonard Stein kuratierten Konzertserien machten das Institute neben seinem wissenschaftlichen Auftrag (realisiert mit dem Periodikum *Journal of the Arnold Schoenberg Institute*) und den heute unschätzbaren (von Beginn an computerisierten) Katalogisierungsarbeiten zu einem einzigartigen Ort in der Hauptstadt der Filmindustrie.

Bereits 1983 mischten sich wiederholt Misstöne in die Beziehung zwischen der Universität und den Erben. Diese forderten eine Einhaltung der vertraglich verbindlichen Punkte hinsichtlich der Nutzung des ASI-Gebäudes, ansonsten man für den Nachlass eine andere Heimstätte suchen würde.[40] Mit der Eingliederung des Institutes in das Music Department war die Flächenwidmung verallgemeinert und nicht mehr auf Veranstaltungen mit Schönberg-Bezug oder E-Musik im Allgemeinen fokussiert. Nach einem weiteren Jahrzehnt kontinuierlicher Diskrepanzen zwischen Widmung und Nutzung evaluierte die Universität schließlich die Notwendigkeit eines Fortbestandes des Arnold Schoenberg Institutes unter den vertraglichen Bedingungen. Der auszuarbeitende Fragenkatalog zielte sowohl auf die lokale wie auch internationale Bedeutung der Einrichtung ab.[41] Als Status quo präsentierte die Universitätsleitung den positiven Bescheid, »to meet the terms of the Schoenberg contract in a spirit of enthusiastic cooperation and to see the ASI as an integral party of this University.«[42]

1992 wurde nach Leonard Steins Pensionierung der amerikanische Geiger Paul Zukofsky, ehemaliges Fakultätsmitglied der Juilliard School of Music, als Direktor berufen, in dessen Amtszeit nicht nur ein verdienstvolles Forschungsprojekt unter der Archivleitung von Wayne Shoaf auf den Weg gebracht werden konnte (das Gesamtverzeichnis der Schönberg-Korrespondenz)[43], sondern die auch das endgültige Aus des Schoenberg Institutes in Los Angeles bedeutete. Den Anstoß zu diesen Entwicklungen gab der Direktor selbst, der es von Beginn seiner Amtszeit an strikt ablehnte, die Familie Schoenberg in die Agenden des Institutes mit einzubeziehen und der die Zukunft der Institution gegenüber der Universitätsleitung in Frage stellte.[44] Der Versuch, die Erben aus dem Beirat zu drängen und ihnen die Urheberrechte abzuerkennen, führte schließlich zu einem international viel beachteten Eklat, der zunächst medial ausgetragen und später vor Gericht geschlichtet wurde.

VII Die Suche eines neuen Standortes

Im Februar 1995 sandte die USC-Leitung ein Schreiben mit Vorschlägen zur Revision des Vertrages, vor allem die Macht und Funktion des Beirats, die Widmung des Institutsgebäudes und das Eigentum der Urheberrechte betreffend (vor allem bei den Tantiemen), an Ronald Schoenberg. Im April 1995 veröffentlichte die Erbengemeinschaft ihre Entscheidung, einen neuen Standort für das Arnold Schoenberg Institute suchen zu wollen: »The University of Southern California has informed the heirs of Arnold Schoenberg that it is no longer willing to house the Institute at the University under the terms of their contract. Therefore, pursuant to their agreement, and with the University's consent, the Schoenbergs are exercising their right to transfer the Institute and are seeking a new location.«[45]

Die USC machte ihrerseits in einer Pressemitteilung den Entschluss publik, das Institute aufgeben zu wollen.[46] Nach Bekanntgabe dieser Entscheidung in einer Titelstory der *Los Angeles Times*[47] und einem großen Nachfolgebericht im *Guardian*[48] bekundete eine Reihe von amerikanischen und europäischen Institutionen erstes Interesse an der Übernahme der Sammlung, darunter das Getty Center for the History of Art and the Humanities in Los Angeles, das Peter Treistman Fine Arts Center for New Media at the University of Arizona, die Library of Congress (Music Division) in Washington, D.C., die Stanford University Libraries, Harvard University, die Paul Sacher Stiftung in Basel, die Pepperdine University in Malibu sowie die University of Rochester/Eastman School of Music.

Am Modellfall Schönberg, dessen Schicksal nach Bekanntmachung des Nachlass-Transfers in den Medien kommentiert, reklamiert und mit unterschiedlichen Partikularinteressen propagiert wurde, entspann sich bald ein – retrospektiv betrachtet weniger inhaltlich als soziologisch interessanter – Schlagabtausch zwischen Musikwissenschaftlern in Europa und den USA. Die Polemik wurde durch Lager sämtlicher Couleurs geführt. Claudio Spies, Professor an der renommierten Princeton University, wurde in der amerikanischen Presse mit den Worten zitiert, die Nachkommen des Komponisten verstünden »nothing about music (...) they should be prepared to listen to others who do.«[49] Zu den positiven Beispielen erster Reaktionen aus dem Inland zählen aber auch unemotionell und konstruktiv formulierte Vorschläge zur Aufarbeitung eines Nachlasses mit zukunftsweisenden technologischen Mitteln.[50] Wenngleich die Reputation Deutschlands und Österreichs hinsichtlich Kulturförderungen außer Frage stand, wurde von Einzelstimmen vor dem Bürokratismus (vor allem in Österreich) gewarnt; es wäre eine Ironie des Schicksals, wenn das Schoenberg Institute ausgerechnet wieder in Europa (Berlin, Mödling oder Wien) etabliert würde.[51] Man wies darüber hinaus darauf hin, dass in Europa andere Maßstäbe an die Zugänglichkeit einer Sammlung gelegt würden als in den USA (d.h. geringere).[52] Unter Berücksichtigung des für Schönberg relevanten enormen Sammlungsbestandes an der Library of Congress in Washington und der dort für die Musik des 20. Jahrhunderts unternommenen Anstrengungen (auch auf dem Veranstaltungssektor), bot sich dieser Standort in den USA langfristig als logische Alternative zur USC an.[53] Neben Hinweisen auf den Antisemitismus in Deutschland und Österreich wurden später auch Stimmen laut, welche vor dem zu erwartenden Ausschluss der amerikanischen Musikwissenschaft von der Schönberg-Forschung warnten.[54]

Im Mai 1995 sandten die Erben ein Grundsatzpapier zur Nennung eines neuen Standortes für das Arnold Schoenberg Institute aus. Neben der Flexibilität hinsichtlich institutioneller Einbindung des Nachlasses[55] wurde hervorgehoben, dass Optionen räumlicher, administrativer, programmatischer und finanzieller Unabhängigkeit eines neuen Instituts der Vorzug gegeben würde.[56] Der New Yorker Pianist Michael Boriskin legte ein spartenübergreifendes Konzept für »USC/Schoenberg Academies« vor, darin der Komponist, ebenso wie der Schriftsteller und Maler Arnold Schönberg sowohl in akademischen wie auch praktischen Vermittlungsprogrammen thematisiert werden solle.[57] Ebenso wie das österreichische Generalkonsulat in Los Angeles[58] interessierte sich nunmehr auch die Stadt Berlin wieder für die Übernahme des Nachlasses. Der international renommierte Schriftsteller und Literaturhistoriker Walter Jens formulierte als amtierender Präsident der Akademie der Künste den Wunsch, das ehemalige Mitglied der Akademie Arnold Schönberg möge in Berlin »eine würdige Heimstätte« finden. Für die Akademie ginge damit »ein kaum erhoffter Traum in Erfüllung.«[59] Erste Gespräche zwischen der Akademie der Künste sowie dem Kultursenator des Landes Berlin über eine Situierung des Schönberg-Nachlasses in Berlin fanden im Frühsommer 1995 statt. Zudem wurden juristische Verhandlungen über eine in allen Belangen autonome Stellung des künftigen Instituts geführt.[60]

Die Schönberg-Erben waren nunmehr vor die Aufgabe gestellt, aus der Vielzahl an eingehenden Angeboten[61] die bestmögliche Lösung für eine neue Heimstätte der Sammlung zu finden. Im August 1995 wurde ein Grundsatzpapier für ein Schönberg-Institut an der Akademie der Künste in Berlin vorgelegt (Übersiedlung des Nachlasses, Aufsichtsrat, Personal, Haushalt, Räume, Programm).[62] Im September 1995 bekundete die Stadt Wien durch Kulturstadträtin Ursula Pasterk erstmals offiziell das Interesse Österreichs an der Übernahme des Schönberg-Nachlasses. In einem mehrseitigen Offert wurde formuliert, wie ein »Archiv für die Zukunft« in Wien als Stiftung zu organisieren sei, darin enthalten auch die Kooperationsmöglichkeit mit dem Jüdischen Museum Wien.[63] Im Oktober 1995 wurde eine Vereinbarung zwischen dem amtierenden Präsidenten der Akademie der Künste, Walter Jens, und dem Regierenden Bürgermeister von Berlin, Eberhard Diepgen, unterzeichnet, worin die Übernahme des ehemaligen Institutes aus Los Angeles durch die Akademie der Künste festgelegt wurde.[64] Etwa zeitgleich trat auf Vermittlung von Henk Guittart (Schönberg Quartett) das Gemeentemuseum von Den Haag mit dem Plan, das Schoenberg Institute in einem separaten Gebäude des städtischen Museums zu installieren, an die Erben heran.[65] Im Dezember 1995 wurde von Berlin der Entwurf eines »Term Sheet für einen Erwerb des Arnold Schönberg Nachlasses durch die Akademie der Künste Berlin-Brandenburg« vorgelegt.[66] Es folgten Verhandlungen über Übergangslösungen zur Verfügbarkeit der Sammlung bis zur Fertigstellung des neuen Gebäudes der Akademie am Pariser Platz.[67] In der österreichischen Presse wurden zudem die guten Chancen besprochen, den Nachlass nach Wien zu holen, eine Stiftung einzurichten und ein neues Institut aus Mitteln des Bundes und der Stadt zu finanzieren.[68]

In den Folgemonaten wurde seitens der Familie Schoenberg zunächst Berlin favorisiert, dennoch maß man den Angeboten von Den Haag[69] und Wien nach wie vor große Bedeutung bei. Bei der Entscheidungsfindung pro oder contra Berlin, Den Haag oder Wien war ausschlaggebend »where we feel the materials will best be used, where scholars will have the opportunity to have access to the archives, where programs will result that will encourage others to study his [Schönberg's] works and writings, to perform his music (...).«[70] Im Juli 1996 wurde ein »Settlement Agreement« zwischen den Erben und der University of Southern California über den Transfer des Archives an eine andere Institution »without a return of ownership to the Schoenberg Family« verhandelt. Alle im Archiv beinhalteten Dokumente (neben dem Schönberg-Nachlass sämtliche Ankäufe seit Gründung des ASI, Schenkungen, die seit 1975 aufgebaute Bibliothek sowie infrastrukturelle Einrichtungen des Institutes) finden in dem Protokoll Berücksichtigung. Die Materialien sollten bis Ende 1997 im Gebäude des Institutes am Campus der USC verbleiben und der Forschung zugänglich bleiben.[71]

VIII Das Arnold Schönberg Center in Wien

Nach einem positiven Verhandlungsfortschritt mit der Akademie der Künste wurden im September 1996 zahlreiche Pressenachrichten über die Zukunft des Schönberg-Archivs in Berlin veröffentlicht.[72] Anfang Dezember 1996 bekundeten die Erben aber ihren Entschluss, den Nachlass nach Wien zu transferieren. Am 19. Dezember wurde die Entscheidung auf einer Pressekonferenz mit Nuria Schoenberg Nono und Kulturstadtrat Peter Marboe publik gemacht, tags darauf beschloss der Wiener Gemeinderat einstimmig die Finanzierung einer Arnold Schönberg Stiftung.

Welche politischen Implikationen Schönbergs visionäre Schau seines kulturellen Hegemonieanspruchs im Heute hat, sollte sich in dem Kniefall der österreichischen Bundeshauptstadt Wien gegenüber dem verlorenen, einst ungeliebten, ungewünschten und 1933 aus Nazi-Deutschland vertriebenen Sohn Jahrzehnte nach seinem Tod herausstellen. Das Bekenntnis zur Etablierung des Schönberg-Nachlasses in Wien spielt in der noch kurzen geschichtlichen Auseinandersetzung Österreichs mit der NS-Zeit eine bedeutende Rolle, indem einem jahrzehntelangen Beschweigen seines jüdischen Kunstkapitals ein später Bewahrungsethos als punktuelle Initiative, aber umso international beachtungsvollere Signatur, nach- und beigestellt wurde. Die medial verkündeten Heimkehrergesänge der zwölf Töne[73] (teils sentimentaler Versöhnungskitsch) sollten über die Jahre der Realität einer modern zu führenden Institution weichen, welche sich in der reichen Kulturlandschaft Wiens stets neu zu positionieren hat.

Bis zur Eröffnung des Center im März 1998 wurde die Bel Etàge eines Gründerzeitpalais am Wiener Schwarzenbergplatz für den Transfer des Nachlasses adaptiert. Das Center verfügt auf einer Fläche von 1.300 m² über ein Archiv mit modernen Sicherheitsräumen, eine Bibliothek mit Mediathek, einen Ausstellungsbereich mit Nachbau von Schönbergs Arbeitszimmer, ein Auditorium sowie Seminarräume für die Musikuniversität Wien. Der Stiftungszweck der Arnold Schönberg Center Privatstiftung[74] umfasst die Etablierung des Arnold-Schönberg-Nachlasses in Wien, seine Erhaltung und Pflege, die Ausbildung der Allgemeinheit im Hinblick auf Schönbergs interdisziplinären künstlerischen Einfluss sowie Lehre und Verbreitung von Schönbergs Beiträgen zur Musik und seines sonstigen Lebenswerkes.

Expositur des Arnold Schönberg Center ist das Schönberg-Haus in Mödling, das 1974 von der Internationalen Schönberg Gesellschaft angekauft und 1997 als Schenkung in die Stiftung eingebracht wurde. Das Center führt mit dem *Journal of the Arnold Schönberg Center* die Tradition wissenschaftlicher Veröffentlichungen des ASI auf neuer Basis fort und hat vor einiger Zeit zum bildnerischen Œuvre Schönbergs einen Catalogue raisonné publiziert.

Das Archiv ist für wissenschaftliche Studien und Forschungen durch Wissenschaftler, Komponisten, Musiker und die Öffentlichkeit ganzjährig geöffnet. Angeschlossen ist eine Präsenzbibliothek zu Themen der Wiener Schule. Schwerpunkte der wissenschaftlichen Arbeit sind die digitale Erschließung des umfangreichen Schönberg-Nachlasses und die Erstellung eines Werkkatalogs. Indes die Schönberg-Forschung zunächst internationalen Wissenschaftspartnern vorbehalten blieb, widmete sich das Center in den letzten Jahren (zusammen mit dem Arnold Schönberg Institut an der Universität für Musik und darstellende Kunst) als Mitherausgeber der Kritischen Gesamtausgabe der Schönberg-Schriften auch eigenen wissenschaftlichen Projekten. Hinzu kam im Archiv einerseits die Konservierung und Restaurierung der Manuskripte, andererseits die Katalogisierung und digitalisierte Bereitstellung des reichen Quellenbestandes auf der website (www.schoenberg.at). Nach zehn Jahren sind sämtliche Musikmanuskripte aus dem Nachlass online einsehbar, dazu mehr als 32.000 Seiten Briefe von und an Schönberg, große Teile der Schönberg-Schriften, alle Bilder und Zeichnungen Schönbergs sowie eine Vielzahl biografischer Dokumente. Diese umfassende Web-Präsenz mit zusätzlichen 16.000 Textseiten umfasst insgesamt 80.000 frei zugängliche Digitalisate. Mehr als 100 Neuerwerbungen von autografen Manuskripten, Dokumenten und bildnerischen Werken zeichnen die Sammlung als stets vitales Zentrum der Schönberg-Pflege aus.

Die Quantität aller aus dem Nachlass des Künstlers katalogisierten Dokumente und deren lückenlose Veröffentlichung über neue Medien reflektiert eine distanz- und gleichermaßen kritiklose Lesung der Absichten Schönbergs. Sein an der Akribie der Eigensachverwaltung ablesbarer Idealismus fordert diesen Anspruch auch für die Nachwelt ein. Das Motto eines von ihm komponierten Kanons lautet: »Man mag über Schönberg denken wie man will.«[75]

1 Arnold Schönberg: Notiz im Konvolut zu: Zusammenhang, Kontrapunkt, Instrumentation, Formenlehre (Teil 1): Die Lehre vom Zusammenhang, 1917. Arnold Schönberg Center, Wien (T 37.03). Zitate von Arnold und Gertrud Schönberg sowie der Erbengemeinschaft (Los Angeles, Venedig) mit freundlicher Genehmigung von Belmont Music Publishers, Pacific Palisades. — 2 Nuria Schoenberg Nono im Dokumentarfilm »Arnold Schönberg – Ein Wiener kehrt heim«. ORF/Arnold Schönberg Center, Wien 1998. — 3 Arnold Schönberg Center, Wien (T 04.01). — 4 Arnold Schönberg Center, Wien (T 59.06). — 5 Nach Sigmund Freuds berühmtem Satz »Das Ich ist ja die eigentliche Angststätte«. Aus: *Das Ich und das Es* (1923). In: *Gesammelte Werke XIII*. Frankfurt/M. 1993, S. 287. — 6 Arnold Schönberg Center, Wien, Documents. — 7 Ebd. — 8 Arnold Schönberg: »(...) dass ich nichts geschrieben habe, dessen ich mich schämen müsste, bildet die Grundlage meiner moralischen Existenz.«, zitiert nach: »Diskussion mit Eberhard Preussner und Heinrich Strobel im Berliner Rundfunk, 30. März 1931«. In: Arnold Schönberg: *Stil und Gedanke. Aufsätze zur Musik*. Hg. von Ivan Vojtěch. Frankfurt/M. 1976 (= *Gesammelte Schriften* Bd. 1), S. 272. — 9 Arnold Schönberg an William H. Kurth, Library of Congress, 1. August 1950. The Library of Congress, Washington, D.C., Music Division, Arnold Schoenberg Collection. — 10 Elizabeth Sprague Coolidge (III. Streichquartett op. 30, IV. Streichquartett op. 37); Koussevitzy Music Foundation (*A Survivor from Warsaw* op. 46). — 11 Vgl. hierzu die Korrespondenz mit Otto Kallir, veröffentlicht in: Christian Meyer und Therese Muxeneder (Hg.): *Arnold Schönberg. Catalogue raisonné*. Wien 2005, S. 79 f. — 12 Harold Spivacke an Arnold Schönberg, 18. September 1950. The Library of Congress (s. Anm. 9). — 13 Richard Hoffmann (Sekretär Schönbergs) an Harold Spivacke, 27. September 1950. Ebd.; vgl. zudem den Antwortbrief der Library of Congress vom 4. Oktober 1950. — 14 Zu den Zugeständnissen an die Vollständigkeit der Sammlung zählen die Veräußerung der Manuskripte zum Ersten Streichquartett op. 7 und des »Nullten« Streichquartetts D-Dur an die Library of Congress; Skizzen und Reinschrift zur *Suite for String Orchestra*, Erstniederschriften zur *Glücklichen Hand* op. 18 und zu den *Fünf Orchesterstücken* op. 16 an Erwin Rosenthal (von diesem an private und öffentliche Sammlungen weiterverkauft). Rosenthal erwarb von Gertrud Schönberg zudem Alban Bergs Manuskript des *Lulu*-Prologs (Arnold Schönberg 1934 zu dessen 60. Geburtstag geschenkt), Orchesterstücke Anton Weberns sowie Gustav Mahlers Reinschrift des Orchesterliedes *Der Tambourgesell*. — 15 Arnold Schönbergs Testament vom 1. Oktober 1950. Arnold Schönberg Center, Wien (Documents). — 16 1950 unterbreitete Steinecke dem Darmstädter Bürgermeister gar den Plan einer Wohnsitzverlegung Schönbergs von Los Angeles nach Darmstadt (vgl. Wolfgang Steinecke an Arnold Schönberg, 4. Februar 1950; The Library of Congress, s. Anm. 9). Die zu Schönbergs Lebzeiten unternommenen Anstrengungen zu dessen Rückkehr nach Europa werden besprochen bei: Dörte Schmidt: »Das ›verlockende Angebot‹ wird mir und Ihren Freunden inzwischen mit allen uns zur Verfügung stehenden Mitteln verbreitet. Zu den Einladungen an Arnold Schönberg zur Rückkehr aus dem Exil«. In: *Zwischenwelt* Jg. 21 (2005) Nr. 3/4, S. 77–86. Zu den gut dokumentierten Beziehungen Schönbergs zu den Ferienkursen, Aufführungen seiner Werke sowie der Rezeption seiner Kompositionsmethode und Lehre vgl. unter anderem: Friedrich Hommel: »Die Sache interessiert mich sehr ... – Arnold Schönbergs Briefwechsel mit Wolfgang Steinecke«. In: *Österreichische Musikzeitschrift* Jg. 39 (1984) H. 6, S. 314–322; Achim Heidenreich: »Arnold Schönberg und das Kranichsteiner Musikinstitut«. In: *Musik & Ästhetik* Jg. 3 (1999) H. 11, S. 81–88; Rudolf Stephan u. a. (Hg.): *1946–1996. Von Kranichstein zur Gegenwart: 50 Jahre Darmstädter Ferienkurse*. Darmstadt 1996; Gianmario Borio, Hermann Danuser (Hg.): *Im*

Zenit der Moderne. Die Internationalen Ferienkurse für Neue Musik Darmstadt 1946–1966. Freiburg im Breisgau 1997 (= *Rombach Wissenschaften. Reihe Musicae* Bd. 2). — **17** »(...) es wurde mir im letzten Jahr von aller Welt versichert, dass Arnold Schönberg, obwohl gestorben, weiterleben wird. Ich habe daran nie gezweifelt. Aber lassen Sie mich Ihnen danken, dass ›die Ideen, die gesagt werden müssen‹, durch Ihre Tatkraft in die Welt getragen werden.« Gertrud Schönberg an Wolfgang Steinecke, 1952 (Archiv des Internationalen Musikinstituts Darmstadt; zitiert nach Heidenreich: »Arnold Schönberg und das Kranichsteiner Musikinstitut« [s. Anm. 16], S. 80). — **18** Eine Chronik der Internationalen Ferienkurse für Neue Musik ist veröffentlicht in: Markus Grassl, Reinhard Kapp (Hg.): *Darmstadt-Gespräche. Die Internationalen Ferienkurse für Neue Musik in Wien.* Wien – Köln – Weimar 1996 (= *Wiener Veröffentlichungen zur Musikgeschichte*), S. 271–339. — **19** Mit der Arnold-Schönberg-Medaille geehrt wurden unter anderen der Geiger Rudolf Kolisch, die Pianisten Peter Stadlen und Eduard Steuermann, Schönbergs Biograf Hans Heinz Stuckenschmidt sowie der Komponist und Dirigent René Leibowitz. — **20** Archiv des Internationalen Musikinstituts Darmstadt. — **21** Rudolf Kolisch an Wolfgang Steinecke, 7. März 1956. Ebd. — **22** Sekretariat des Ministerialrats an den amtierenden Darmstädter Bürgermeister Ludwig Schroeder, 9. April 1957. Ebd.; zitiert nach Heidenreich: »Arnold Schönberg und das Kranichsteiner Musikinstitut« (s. Anm. 16), S. 87. — **23** »(...) a) Das Schoenberg-Archiv könnte unter der Bedingung, dass es von Herrn Prof. Kolisch, dem Bruder von Frau Schoenberg, verwaltet wird, nach Darmstadt übersiedeln. b) Es könnte ins Auge gefasst werden, dass die Materialien des Archivs gegen eine persönliche Rente an Frau Schoenberg und eine Sicherstellung für die Lebenszeit von Prof. Kolisch mit Ableben von Frau Schoenberg in staatlichen oder städtischen Besitz übergehen. c) Eine andere Möglichkeit wäre, eine auf bestimmte Zeit festgelegte Stationierung des Archivs in Darmstadt mit einer Sicherung gegen Verkäufe von Archivalien durch die Eigentümerin, Frau Schoenberg, und Anmeldung eines staatlichen oder städtischen Vorkaufsrechts auf Handschriften, deren Wert ermittelt und festgestellt wird (bei Übernahme). Auch in diesem Falle soll Prof. Kolisch die Verwaltung des Archivs führen.« Arnold Schönberg Center, Wien (Gertrud Schoenberg Collection). — **24** Der Darmstädter Kultur- und Pressereferent H.W. Sabais legte dar: »Da Schoenberg der große Bahnbrecher der neuen Musik ist, werden die Bestrebungen neuer Musik in aller Welt durch Ansiedlung des Schoenberg-Archivs in Darmstadt mit ihren Traditionsbeziehungen enger an das Kranichsteiner Institut gebunden werden.« Ebd. — **25** Gertrud Schönberg an den Oberbürgermeister von Darmstadt, 29. November 1956. Ebd. — **26** Josef Rufer: *Das Werk Arnold Schönbergs.* Kassel 1959. — **27** Gesprächsvermerk vom Darmstädter Bürgermeister Ludwig Schroeder vom 7. August 1957. Archiv des Internationalen Musikinstituts Darmstadt; zitiert nach Heidenreich: »Arnold Schönberg und das Kranichsteiner Musikinstitut« (s. Anm. 16), S. 88. — **28** Josef Rufer an Gertrud Schönberg, 24. August 1957. Arnold Schönberg Center, Wien (s. Anm. 23). — **29** Wolfgang Steinecke an Rudolf Kolisch, 22. Dezember 1957. Archiv des Internationalen Musikinstituts Darmstadt; zitiert nach Heidenreich: »Arnold Schönberg und das Kranichsteiner Musikinstitut« (s. Anm. 16), S. 88. — **30** Lehman hatte zudem im April 1962 Manuskripte von Schönbergs frühen Liedern ohne Opuszahl aus dem Besitz der Erben von dessen Schüler Heinrich Jalowetz angekauft; vgl. Lehman an Gertrud Schönberg, 13. April 1962. Arnold Schönberg Center, Wien (s. Anm. 23). Zudem erwarb er von der Wiener Universal Edition das autografe Manuskript zur Kammersymphonie op. 9 und die Stichvorlage (Sammelautograf) zu *Pierrot lunaire* op. 21. Eine Skizze aus Schönbergs Fünfzehn Gesängen aus dem *Buch der hängenden Gärten* op. 15 erhielt der Sammler von Gertrud Schönberg als Geschenk. 1972 übergab Lehman seine Sammlung der Pierpont Morgan Library in New York als Dauerleihgabe, Teile davon als Schenkung. Die Robert Owen Lehman Foundation finanzierte eine Reihe von Faksimiledrucken bedeutender Musikautografe, die Musikbibliotheken weltweit zu Studienzwecken geschenkt wurden; vgl. Claude Abravanel: »A Checklist of Music Manuscripts in Facsimile Edition«. In: *Notes* Jg. 34 (1978) H. 3, S. 557–570. Die Lehman Foundation war an der Faksimilierung der Manuskripte von *Pierrot lunaire* op. 21 und *Verklärte Nacht* op. 4 interessiert; Anton Swarowsky an Gertrud Schönberg, 26. Oktober 1962. Arnold Schönberg Center, Wien (s. Anm. 23). — **31** Anton Swarowsky an Gertrud Schönberg, 3. April 1963. Ebd. — **32** Anton Swarowsky an Gertrud Schönberg, 7. Januar 1964. Ebd. — **33** Heute Vorstandsmitglied der Arnold Schönberg Center Privatstiftung. — **34** Arnold Schönberg Center, Wien (s. Anm. 23). — **35** Jan Maegaard: *Studien zur Entwicklung des dodekaphonen Satzes bei Schönberg.* Kopenhagen 1972. — **36** Eberhard Freitag: *Schönberg als Maler.* Phil. Diss., Westfälische Wilhelms Universität zu Münster 1973. — **37** John R. Hubbard an Ronald Schoenberg, 1972. University of Southern California, University Libraries. (Arnold Schoenberg Institute file). — **38** Vgl. Marcy Drexler: *A Musical Legacy with Strings Attached: The Schoenberg Archives at the University of Southern California.* Typoskript (University of Southern California). Los Angeles 2000, S. 5. — **39** Direktor, Archivar und Sekretariat; im Advisory Board waren sieben Personen vorgesehen, darunter drei aus der Familie Schoenberg sowie vier von der USC ernannte Beiräte. — **40** Mark Lowe: »Schoenberg heirs push for institute's closure«. In: *daily trojan* (University of Southern California) Jg. 94 (1983) H. 7, 14.9.1983. — **41** Die Zusammenfassung der Ereignisse an der USC vor Frühjahr 1995 basiert auf einem ausführlichen Bericht von Lawrence Schoenberg an Mark DeVoto vom Mai 1995. Kopie im Arnold Schönberg Center, Wien (Belmont Music Publishers Collection). — **42** Sylvia Manning an Paul Zukofsky, Direktor des Arnold Schoenberg Institute, 28. Oktober 1993. Ebd. — **43** »A Preliminary Inventory of Correspondence To and From Arnold Schoenberg«. In: *Journal of the Arnold Schoenberg Institute* 18–19 (1995–1996), S. 24–752. — **44** Paul Zukofsky an William Spitzer, Sylvia Manning und Peter Lyman, 3. Juni 1993. University of Southern California (s. Anm. 37). — **45** Pressemitteilung. Arnold Schönberg Center, Wien (s. Anm. 41). — **46** Christine E. Shade: »Schoenberg Institute to leave USC«. In: *University of Southern California Chronicle* (24.4.1995). — **47** Larry Gordon: »Schoenberg Heirs Plan to Take Collection From USC«. In: *Los Angeles Times* (2.5.1995). — **48** Christopher Reed: »The Trouble with a Family Affair«. In: *The Guardian* (19.5.1995). — **49** Ebd. — **50** J. Timothy Kolosick, Direktor des Peter Treistman Fine Arts Center for New Media an der University of Arizona, thematisierte die Notwendigkeit eines umfassenden Digitalisierungsprojektes des Nachlasses sowie der Veröffentlichung der Quellen über Internet als »Archive of the Future«. Eine geografisch übergreifende virtuelle Sammlung böte weit größere Vorteile für die Forschung als ein nur stationär zugängliches Archiv. Brief an Lawrence Schoenberg vom 25. April 1995. Arnold Schönberg Center, Wien (s. Anm. 41); sofern nicht anders angegeben gilt für die nachfolgenden Dokumente dieser Standort. — **51** Mark DeVoto an Lawrence Schoenberg, 1. Juli 1995. — **52** Jürgen Thym, University of Rochester, Eastman School of Music, an die Erben, 15. Juni 1995. — **53** Walter Frisch, Columbia University in the City of New York, an Lawrence und Nuria Schoenberg, 3. Juni 1995. — **54** Jean Christensen: Rundmail (jmchri01@ulkyvm.louisville.edu) an Onlineforenmitglieder der American Musicological Society vom 7. August 1996. — **55** Als rechtliche Voraussetzung wird festgelegt, dass diese Institution dem Absatz 170 (b)(1)(A) des International Revenue Code von 1954 zu entsprechen habe. — **56** Nuria Schoenberg Nono, Ronald und Lawrence Schoenberg: *The Arnold Schoenberg Institute. We are seeking a new site for the Arnold Schoenberg Institute.* Los Angeles, Mai 1995. — **57** Michael Boriskin an Lawrence Schoenberg, 22. April 1995. — **58** Lawrence Schoenberg an Christian Prosl, Generalkonsul der Republik Österreich in Los Angeles, 11. Mai 1995. — **59** Walter Jens an Lawrence Schoenberg, 1. Juni 1995; Lawrence Schoenberg an Walter Jens, 1. Juni 1995. — **60** Walter Jens an Lawrence Schoenberg, 4. Juli 1995. — **61** Darunter das Peter Treistman Fine Arts Center for New Media an der University of Arizona und die New York Public Library for the Performing Arts in Verbindung mit dem Lincoln Center und der Juilliard School, sowie das Rotterdams Conservatorium in den Niederlanden; später das Mannes College of Music in New York, Rutgers University in New Brunswick/New Jersey, das Bard College in New York und die Jerusalem Rubin Academy of Music and Dance. — **62** Wolfgang Trautwein, Stiftung Archiv der Akademie der Künste, an die Erben, 31. August 1995. — **63** Arnold Schönberg Institut Wien – Archive for the Future, 26. September 1995. — **64** Walter Jens, Akademie der Künste, an Lawrence Schoenberg, 24. November 1995. — **65** Hans Locher, Direktor des Haags Gemeentemuseums, an Lawrence Schoenberg, 31. Oktober 1995. Mit 19. Dezember 1995 datiert die Absichtserklärung des

Bürgermeisters von Den Haag, den Nachlass in das Gemeentemuseum zu integrieren, vgl. J. E. Havermans an Lawrence Schoenberg. — **66** Sozietät Oppenhoff & Rädler an die Erben, 12. Dezember 1995. — **67** Walter Jens, Akademie der Künste, an Lawrence Schoenberg, 21. Dezember 1995. Vorgeschlagen wurde die Übernahme von 700 m² in einem Neubau der Akademie der Künste am Pariser Platz, die administrative sowie personelle Struktur eines neuen Schönberg-Instituts. Benötigt wurden zur Unterbringung des gesamten Transfervolumens unter Berücksichtigung von Reservekapazitäten ca. 1.400 m²; vgl. Stefan Lütje (Sozietät Oppenhoff & Rädler) an Ronald Schoenberg, 19. Juni 1996. — **68** Ljubiša Tošić: »Die Heimkehr der zwölf Töne«. In: *Der Standard* (3.1.1996). — **69** Erste Entwürfe zur Adaptierung des zweistöckigen, ca. 1.600 m² großen Museumsanbaues wurden im Oktober vorgelegt. J. Roos, Braaksma en Roos, an die Erben, 31. Oktober 1996. — **70** Lawrence Schoenberg an die Dramaturgie der Staatsoper Unter den Linden, 4. Juni 1996. — **71** Lawrence Schoenberg an Wolfgang Trautwein, Stiftung Archiv der Akademie der Künste, 19. Juli 1996. — **72** »Schönberg-Institut mit komplettem Nachlaß nach Berlin«. In: *Deutsche Presse Agentur* (10.9.1996); »Nach Berlin: Kompletter Schönberg-Nachlaß«. In: *Frankfurter Allgemeine Zeitung* (11.9.1996); Claus Spahn: »Das Schönberg-Institut wird Berlin als Musikstadt aufwerten«. In: *Süddeutsche Zeitung* (18.9.1996). — **73** Beispielhaft: Reinhard Kager: »Toter Künstler, guter Künstler. Späte Heimkehr«. In: *Frankfurter Allgemeine Zeitung* (20.3.1998); Sigfrid Schibli: »Die Schule kehrt heim«. In: *Stuttgarter Zeitung* (24.4.1998); Reinhard Beuth: »Denker und Künstler im Strom der Zeit. Heimkehr eines vertriebenen Sohnes«. In: *Die Welt* (17.3.1998). — **74** Das Center unter der Direktion von Christian Meyer wird von der Stadt Wien und der Republik Österreich finanziert. Zu den Vorstandsmitgliedern der Stiftung unter der Präsidentschaft Nuria Schoenberg Nonos zählen Ronald und Lawrence Schoenberg, Vertreter der Stadt Wien und der Republik Österreich, der Internationalen-Schönberg-Gesellschaft und der Universität für Musik und darstellende Kunst Wien. — **75** Spiegelkanon für Charlotte Dieterle vom 15. November 1935. Veröffentlicht in: Arnold Schönberg: *Sämtliche Werke*. Reihe A, Band 18. Chorwerke I. Hg. von Tadeusz Okuljar. Mainz – Wien 1980, S. 185.

Werner Grünzweig

Das Beispiel Artur Schnabel
Zum Exilschwerpunkt im Musikarchiv der Akademie der Künste

I Kein Rückzug in den Elfenbeinturm

Bei der Betrachtung der Lebensumstände Artur Schnabels fällt auf, dass der Künstler, der seit 1898, also seinem 16. Lebensjahr, in Berlin gelebt hatte, Deutschland im Frühjahr 1933 so rasch wie möglich den Rücken kehrte – anscheinend ohne jemals darüber in den geringsten Zweifel geraten zu sein und auch ohne später eine Rückkehr ernsthaft in Erwägung gezogen zu haben. Anstatt sich in die scheinbar apolitische Sphäre der Musik zurückzuziehen, handelte er konsequent und demonstrativ politisch. Woher kam diese Haltung, dieser rasche, unbeirrte, nicht mehr revidierte Entschluss? Die Energie, zu einem Zeitpunkt das Land zu verlassen, als viele politisch sehr bewusste Intellektuelle und Künstler noch hofften, dass der Spuk bald vorbei sein werde, weil einfach nicht sein konnte, was nicht sein durfte? Schnabel war nicht der einzige Musiker, der mit solcher Konsequenz reagierte. Der überwiegende Teil der emigrierten Komponisten und Interpreten, deren Nachlässe heute im Musikarchiv der Akademie der Künste betreut werden, verließ das Land, kurz nachdem die Nazis zur Macht gekommen waren, also lange vor den »Nürnberger Rassegesetzen«, die im »Reichsbürgergesetz« und im »Gesetz zum Schutze des deutschen Blutes und der deutschen Ehre« dem »Pöbelsport« Antisemitismus eine juristische Legitimation verschafften.

Bei Schnabel war die Erschütterung darüber, dass ein Industriestaat in vormoderne Zeiten zurückfiel, so stark, dass er buchstäblich von einem Tag auf den anderen die Stadt verließ, mit der er in 35 Jahren verwachsen gewesen zu sein schien. Er war nicht nur das, was man einen »assimilierten Juden« nannte, für ihn hatten Herkunft und Religion niemals eine Rolle gespielt. Er war ein selfmademan des 20. Jahrhunderts, der sich allein durch sein Können national und international durchgesetzt hatte und für den es unvorstellbar war, sich plötzlich sagen lassen zu müssen, dass er am falschen Ort lebe. Mit einem Mal als »Jude« klassifiziert zu werden und damit aus der Majoritätsgesellschaft ausgeschlossen zu sein, muss für Schnabel ein unendlicher Affront gewesen sein. Auf viele Emigranten wirkte dieses Erlebnis nicht weniger schockierend als die spätere Entdeckung der schlimmsten Verbrechen der Nazis.

In der Autobiografie *Aus dir wird nie ein Pianist* wird das Thema von Schnabels Herkunft kurz aber klar erwähnt. Seine Eltern seien Österreicher jüdischer Religion. In der Ausübung dieser Religion seien sie wenig engagiert gewesen, während viele seiner Verwandten, darunter seine Großeltern, noch strenggläubig gewesen seien.[1] Man kann davon ausgehen, dass Artur durch seine Eltern kaum zur Beschäftigung mit religiösen Themen angehalten worden ist. Dass er für kurze Zeit Hebräischunterricht erhalten habe, dass er sich aber kaum an ein hebräisches Wort erinnern könne, sind Schnabels einzige Bemerkungen in diesem Zusammenhang. Jedenfalls hatten die religiöse Sphäre und die Frage der Abstammung keinerlei konkrete Bedeutung, sondern werden von ihm nur als familiäre Vorgeschichte erwähnt. Lediglich der Geburtsschein Schnabels macht zunächst stutzig: Sein Name wurde 1882 in Lipnik bei Bielitz als »Ahron Schnabel« angegeben. Ein Zusatz vom 6. September 1901, verfasst vom Rabbiner der israelitischen Gemeinde Lemberg, lautet: »Es wird hierdurch bescheinigt, daß obengenannter Ahron Schnabel stets Arthur sich genannt hat und auch sowohl die Namen Ahron und Arthur als auch die Person Ahron und Arthur Schnabel völlig identisch sind.«[2] Es ging hier also weder um Ablehnung des »jüdischen« Vornamens noch um die Verschleierung seiner Herkunft, denn es ist tatsächlich so, wie es der Rabbiner beschrieben hat: Bereits als Siebenjähriger unterschrieb Schnabel Postkarten an seine Eltern mit »Arthur«. Allerdings sucht der Nachtrag wohl festzuhalten, dass der vom Geburtsschein abweichende Name nicht als taktischer Austritt aus der Gemeinde anzusehen ist: Dieser erfolgte erst im Jahr 1913, als er durch eine Erklärung vor dem Königlichen Amtsgericht Charlottenburg nicht nur seinen eigenen »Austritt aus dem Judentum«, sondern auch den seiner Söhne erklärte.[3] Woher der Name kommt, ob bereits die Eltern oder seine Geschwister ihn gebraucht haben, wissen wir nicht, weil sich Schnabel nie zu seinem Namen geäußert hat, abgesehen davon, dass er im Erwachsenenalter auf der Schreibweise ohne »h« bestand, die er als Kind noch verwendet hatte, weil der unermüdlich nach Wortspielen fahndende Musiker nicht mehr übersehen konnte, dass sich darin eine »Art-Hur« verbarg.

Was er nach eigenen Aussagen mit seiner Herkunft aus einer jüdischen Familie in Zusammenhang brachte, waren nicht das religiöse Moment, sondern die großen Ambitionen, die jüdische Eltern für ihre Kinder entwickelten. Und als er mit seiner ehrgeizigen Mutter und seinen beiden Schwestern nach Wien zog, um dort Musikunterricht zu bekommen, eröffnete sich ihm mit der Musik ohnehin eine neue Welt, in der er voll und ganz aufgehen sollte und die ihm jede Religion ersetzte. Jahrzehnte später sollte er in einem Vortrag davon sprechen, dass die Musik als unbestechliches Phänomen die Religion, die sich in materielle Interessen verstrickt habe, als Quelle reiner spiritueller Kraft ersetzt habe.[4] Die Fokussierung auf die Musik ließ ihn auch ungewöhnlich früh selbstständig werden. Das ging so weit, dass er bereits als Zehnjähriger – er war immerhin schon in der Meisterklasse eines der berühmtesten Klavierpädagogen seiner Zeit, Theodor Leschetizky – von seinen Eltern getrennt blieb, als seine Mutter nach Bielitz zurück zog. 1898, nach Abschluss seines Studiums, verlegte Schnabel mit Unterstützung durch die Familien Bondy und Cassirer seinen Wohnsitz nach Berlin. Die nicht nur größere, sondern auch wesentlich jüngere, ökonomisch, kulturell und wissenschaftlich dynamischere Stadt zog ihn durch ihre Modernität ungemein an. In ihrer pulsierenden Dynamik war sie natürlich auch insgesamt religionsferner, und ihre Hauptreligion, der Protestantismus (über 80% waren Protestanten), wirkte im Leben der Stadt wesentlich unauffälliger als der in fast alle Lebensbereiche eindringende Katholizismus, der die Mehrheitsreligion in Wien darstellte.

Soweit man sehen kann, hatte Schnabel von Anfang an keine besonderen Schwierigkeiten, sich in Berlin einzuleben. Die dort herrschenden distinkteren Klassenunterschiede fielen ihm zwar spontan negativ auf, aber das kulturelle Überlegenheitsgefühl, das in Wien so gerne gepflegt wurde, um die schwindende ökonomische Macht der Stadt zu kompensieren, machte er sich niemals persönlich zu eigen. Dennoch behielt er seine österreichische Staatsbürgerschaft während der ganzen dreieinhalb Jahrzehnte, in denen er in Berlin lebte, wo ihm 1919 der Ehrentitel eines preußischen Professors verliehen wurde und er 1925 Hochschullehrer wurde. Wahrscheinlich blieb er eher aus Bequemlichkeit denn aus Überzeugung Österreicher; jedenfalls gibt es im Archiv Schnabels keine Hinweise darauf, dass die Frage der Nationalität in Berlin jemals eine Rolle gespielt hätte, was einen durchaus erstaunen mag, hätte man doch vielleicht erwarten können, dass bürokratische Schikanen auf diesem Gebiete erst im Zeitalter der Europäischen Union zurückgedrängt geworden wären.

Schnabels Status als Ausländer war ein einziges Mal, nämlich im Ersten Weltkrieg, relevant und nützlich, weil er ihn vor der Einberufung bewahrte. 1933, nachdem die Nazis zur Macht gekommen waren, berief er sich nicht mehr darauf und wähnte sich als Ausländer in Deutschland auch nicht in falscher Sicherheit, obwohl dies bis 1938 noch möglich gewesen wäre. Schnabels Skepsis über die zukünftige politische Entwicklung in Deutschland fiel allerdings nicht vom Himmel. So hatte er beispielsweise viel früher als andere und aus eigenem Wunsch seine Professur an der Hochschule beendet: Sein Vertrag als Hochschullehrer bestand aus einer Folge von Einzelverträgen, deren letzter über zwei akademische Jahre – vom 1. Oktober 1929 bis zum 20. September 1931 – geschlossen wurde. Nach eigener Darstellung erneuerte er den Vertrag nicht mehr, »weil sich unter den Lehrern ein nationalistischer Geist breitmachte, der mir schließlich die ganze Institution zuwider werden ließ.«[5]

Schnabels Hochschulprofessur hatte ihm – wie das bei Künstlern von seinem Rang üblich war – viele Freiräume geschaffen, so dass man davon ausgehen darf, dass weder sein freiwilliges Ausscheiden aus der Hochschule finanzielle Gründe hatte (als konzertierender Künstler verdiente er natürlich ungleich mehr denn als Professor, zumal die Professorengehälter in der Zeit der Wirtschaftskrise gekürzt worden waren), noch Schnabel generell des Unterrichtens überdrüssig geworden war – er war bereits vor seiner Berufung ein engagierter Lehrer gewesen, der zahlreiche Schüler, viele davon aus dem Ausland, angezogen hatte, und er unterrichtete auch nach seinem Rückzug aus der Hochschule.

Es war also ein Rückzug auf Raten, bei dem die konkrete politische Entwicklung und Schnabel direkt betreffende Entscheidungen nur noch letzte Anstöße gaben. Zu solchen Begebenheiten zählte sicherlich die Ausladung vom Berliner Brahms-Festival 1933 zusammen mit zahlreichen weiteren prominenten Instrumentalisten, was ihm nicht nur die Entschlossenheit der Nazis bewiesen haben muss, sich über Verträge und Rechtsverhältnisse bedenkenlos hinwegzusetzen, sondern ihn auch persönlich getroffen zu haben schien: Als Kind hatte er in Wien Brahms noch persönlich kennengelernt und hatte wenige Jahre später mit dessen Klavierkonzerten (mit den Berliner Philharmonikern unter Arthur Nikisch) in Deutschland seinen Durchbruch als Pianist geschafft. Eine andere Zumutung war die Einstellung der Rundfunkübertragung des kompletten Zyklus der Klaviersonaten Beethovens aus der Berliner Philharmonie, die sich über ein halbes Jahr – vom November 1932 bis zum April 1933 – erstreckte. Das letzte dieser Konzerte, das künstlerisch vielleicht den Höhepunkt von Schnabels Tätigkeit in Berlin markierte, war auch überhaupt das letzte Konzert, das Schnabel in Deutschland gab.

Ebenso wenig, wie Schnabel sich darauf verließ, dass ihn seine ausländische Staatsbürgerschaft für deutsche Stellen unangreifbar gemacht hätte, kam eine Rückkehr nach Österreich für ihn in Frage, obwohl dort noch viele seiner Verwandten lebten. Weder der Weg Österreichs in den Klerikalfaschismus noch der dort ohnehin latente bis offen zur Schau getragene Antisemitismus dürften ihm das Land zur erstrebenswerten Alternative zu Deutschland gemacht haben. Gleichzeitig war er als Pianist wirtschaftlich von seinem Wohnort weitgehend unabhängig, sodass der Entschluss zur Emigration an einen ihm genehmen Ort wohl recht schnell gefasst war.

Eigentlich hatte Schnabel vorgehabt, sich in London niederzulassen und nur die Sommer im Süden zu verbringen, was von den Lebensumständen und Möglichkeiten her, die ihm jener Standort geboten hätte, wohl am plausibelsten gewesen wäre. Nicht nur stand 1933 in London schon eine Wohnung für ihn und seine Familie bereit, er hatte dort auch zahlreiche Freunde, und in London befanden sich überdies die Studios, in denen er bis zu seinem Lebensende den größten Teil seiner Schallplatteneinspielungen machen sollte. Dass es schließlich doch nicht dazu kam, hatte wohl mehr mit seiner Liebe zur Natur, den Bergen und dem Süden zu tun als mit politischer Voraussicht, und so ließ er sich statt im klimatisch zweifelhaften London im politisch noch viel zweifelhafteren Italien nieder, genauer im oberitalienischen Tremezzo am Lago di Como. Jedenfalls scheint der Entschluss, sich in Mussolinis Italien anzusiedeln, Schnabels eindeutiger politischer Weitsicht und Entscheidung gegen Deutschland zu widersprechen. Zwar spielte in Italien der Antisemitismus zunächst keine besondere Rolle, doch musste Schnabel – nach dem Anschluss Österreichs staatenlos geworden – gegen Ende 1938 Italien verlassen und schiffte sich mit seiner Familie in die USA ein, die ihm seit diesem Zeitpunkt Heimat wurde. Dass er, vor die Wahl gestellt, wiederum nicht nach England, sondern in die Vereinigten Staaten ging, scheint die Jahrzehnte zuvor getroffene Wahl zwischen Österreich und Deutschland widerzuspiegeln: Wiederum entschied sich Schnabel für das größere, modernere, weniger traditionslastige Land. Als er an Europa schier verzweifelte, erschienen ihm die Vereinigten Staaten attraktiver. 1944 nahm er die amerikanische Staatsbürgerschaft an.

In einem Punkt unterschied sich Schnabel von manchen anderen Musikern: Er zog eine Remigration nach Deutschland niemals ernsthaft in Erwägung – so weit wir sehen können, gab es auch keine Pläne, wieder nach Tremezzo zu ziehen (erst nach seinem Tod ist seine Witwe an den Comer See zurückgekehrt). Die Erschütterung darüber, dass er nach dem Krieg vom Tod seiner Mutter in Theresienstadt erfahren musste[6], bedeutete einen endgültigen Bruch mit Deutschland und Österreich. Während Hanns Eisler aufgrund seiner Ausweisung keine andere Wahl blieb, als nach Europa zurückzukehren, und er sich über die Zwischenstation Wien dann in der DDR niederließ, blieb Schnabel eine Vorladung vor das House Committee on Un-American Activities erspart, obwohl seine Söhne, insbesondere der Schauspieler Stefan Schnabel (1912–1999), mit dem HUAC in Konflikt geraten waren.[7] Über das Prinzip der Sippenhaftung seit der politisch noch paranoideren McCarthy-Zeit während des Kalten Krieges geriet dann auch Schnabels älterer Sohn, der Pianist Karl Ulrich Schnabel (1909–2001) in Schwierigkeiten, worauf ihm sein amerikanischer Pass abgenommen wurde. Er stellte in der Folge einen Antrag auf Wiedererlangung der österreichischen Staatsbürgerschaft, die ihm auch verliehen wurde und die er bis zu seinem Lebensende behielt – natürlich ohne deswegen nach Österreich zu ziehen.

Artur Schnabel, der in vielen Belangen seines Lebensstils Europäer geblieben war, kam bereits 1946 wieder zu Konzerten und für die Sommerferien nach Europa zurück. Ob er, wäre er nicht mit 69 Jahren gestorben, später zumindest besuchsweise oder für Konzerte nicht doch wieder nach Deutschland oder Österreich gekommen wäre, ist schwer zu sagen. Seine sarkastische Bemerkung, dass er in kein Land ginge, das ihn nur dulde, weil es einen

Krieg verloren habe, ist deutlich. Aber es gibt von ihm gleichwohl kein Dokument des Hasses und keines, das die Kultur selbst, und vor allem auch nicht die Sprache oder gar die Menschen in Deutschland insgesamt herabsetzte. Schnabel sah keinen Grund, die Kulturwerte, für die er immer eingestanden hatte, über Bord zu werfen, nur weil sie plötzlich in ihren Ursprungsländern mit Füßen getreten wurden.

Ein Hinweis, dass ein größerer zeitlicher Abstand seine Weigerung, nach Deutschland zurückzukehren, vielleicht hätte auflösen können, findet sich in einem Gästebuch des Berliner Musikschriftstellers Hans Heinz Stuckenschmidt (1901–1989), der im Frühjahr 1949 nach New York gereist war und Kontakte zu vielen emigrierten Musikern erneuerte. Zwar lässt sich Schnabels Eintrag: »Das Wiedersehen war eine wirkliche Freude und wird jetzt hoffentlich zur häufigen Gewohnheit werden! NO MORE WAR! Mit herzlichen Wünschen Artur Schnabel«[8] auch so verstehen, dass er ganz allgemein auf weiteren Kontakt mit Stuckenschmidt hoffte, doch scheint sein mitfühlendes Interesse für deutsche Belange durchaus belegt. Stuckenschmidt war mit einer Gruppe deutscher Künstler auf Einladung der amerikanischen Regierung in die USA gekommen, um über die Entwicklung des Musiklebens in Deutschland nach Kriegsende zu informieren. Vermutlich war er nach dem Krieg der erste Gast aus Deutschland, den Schnabel bei sich zu Hause empfing. »Zwei sehr schöne, etwas rührende Stunden verbrachte ich bei Artur Schnabel mit Frau und Sohn; er war den Tränen nah, wenn wir von Deutschland sprachen«, schrieb Stuckenschmidt am 4. Mai 1949 in einem Brief an seine Frau Margot Hinnenberg-Lefèbre.[9] Allerdings erscheint ausgeschlossen, dass Schnabel jemals auf Dauer zurückgekommen wäre. Die wirklichen Remigranten unter den Musikern kamen zumeist aus politischen Gründen zurück, entweder, wie Eisler, weil sie es mussten, oder, wie Paul Dessau, weil sie aufgrund ihrer politischen Überzeugung hofften, in der DDR ihre politischen Ansichten realisieren zu können. Mitunter »ergab« sich Remigration auch »einfach nur so«, weil sich Arbeitsmöglichkeiten auftaten, politische Konstellationen Alternativen nicht zuließen oder, wie Krenek das so schön ausgedrückt hat, man ja überall »ein bisserl ungern« lebte und daher bei einer einigermaßen interessanten Aufgabe auch nach Deutschland oder Österreich zurückgehen konnte.

II Archive im diplomatischen Dienst. Der Arbeitsschwerpunkt »Exil« an der Akademie der Künste

Mit der Erweiterung der Archivarbeit der Akademie der Künste nach der Vereinigung der Akademien West- und Ost-Berlins konnte der ohnehin schon seit einiger Zeit verfolgte Arbeitsschwerpunkt »Exil« auf den musikalischen Bereich ausgedehnt und damit der Bedeutung des Musikexils für die Geschichte dieser Institution Rechnung getragen werden.[10] Bei der systematischen Durchforstung des Musiklebens der Stadt vor 1933 war die bedeutende Rolle Artur Schnabels nicht zu übersehen. Umso befremdlicher ist, dass keine offizielle Berliner Institution Interesse daran zeigte, seinen Nachlass nach Berlin zu holen. Durch persönliche Hinweise gelang es uns, Kontakt zu Schnabels Söhnen Karl Ulrich und Stefan Schnabel zu knüpfen, die ganz, beziehungsweise zeitweise wieder am Comer See lebten. Mit ihnen wurde nicht nur die Einrichtung des Artur-Schnabel-Archivs vereinbart, sondern sie übergaben Ende der 1990er Jahre auch ihre eigenen Archive sowie das Archiv ihrer Mutter, Therese Behr-Schnabel, sowie den Nachlass von Karl Ulrich Schnabels Frau, der Pianistin Helen Schnabel, an die Akademie.

Die weiteren Musiker, deren Archive in der Akademie der Künste betreut werden, zeigen ein durchaus vielfältiges Bild. Zwei Stränge sind gleichwohl auszumachen: Zunächst gelangen Bestände hierher, deren Besitzer selbst zurückgekehrt sind; erst vereinzelt, nun aber zunehmend geben auch im Exil Gebliebene bzw. deren Nachkommen Sammlungen an die Akademie und sorgen so für eine Rückkehr zwar nicht der Personen, aber – historisch vielleicht noch weitreichender – der »Zeugnisse« ihrer Arbeit.[11]

Richten wir den Blick zunächst auf den ersten Strang: Herbert Brün (1918–2000), der Mitte der 1930er Jahre von Berlin nach Palästina emigriert war, kam aus Israel nach Europa zurück, weil er mit der israelischen Politik nicht einverstanden war, ging zunächst nach Frankreich und fand dann in Deutschland bei dem Regisseur Fritz Kortner als Theatermusiker Beschäftigung, während er gleichzeitig die neuen Entwicklungen in der Musik intensiv studierte. Michael Gielen (*1927) kam nach Europa zurück, weil ihm die eigentlich angestrebte Einreise in die USA – er wollte sein Kompositionsstudium in der Nähe seines Onkels Eduard Steuermann fortführen – aus politischen Gründen nicht gestattet worden war. Dass er nach Wien ging und zunächst nicht nach Deutschland zurückkam, hatte allerdings seinen Grund in der Berufung seines Vaters, des Regisseurs Josef Gielen, zum Direktor des Burgtheaters. Der Schreker-Schüler Hans Heller (1898–1969) kehrte nach Deutschland zurück, weil seine Werke in den Vereinigten Staaten nicht aufgeführt wurden. Zur permanenten Remigration wurde er durch den Entzug der amerikanischen Staatsbürgerschaft gezwungen (nach den damaligen Gesetzen durfte ein naturalisierter Amerikaner nur eine bestimmte Zeit im Land seiner Herkunft verbringen, anderenfalls er seine amerikanische Staatsbürgerschaft wieder verlor – eine Regelung, die erst unter Kennedy abgeschafft wurde). Heller erhielt daraufhin seine deutsche Staatsbürgerschaft zurück.

Im Bereich der Unterhaltungsmusik war die Situation kaum anders: Ralph Benatzky (1884–1957), der vor dem Krieg mit seinen Operetten, Revuen und Chansons in Europa so überaus erfolgreich gewesen war, konnte nach seiner Emigration in den Vereinigten Staaten künstlerisch niemals Fuß fassen und hoffte, durch die Rückkehr nach Europa an seine früheren Erfolge anschließen zu können. Allerdings ließ er sich nicht mehr in Deutschland oder Österreich nieder, sondern ging in die Schweiz, die ihm und seiner jüdischen Frau vor dem Krieg das Bürgerrecht verweigert hatte. – Der als Filmkomponist bekannte Werner Richard Heymann (1896–1961) hatte in Hollywood zwar sein Auskommen, doch wollte er wieder in Europa leben und arbeiten; nach einer ersten Station in Frankreich kehrte er nach Deutschland zurück, wo er neue Aufträge der Filmindustrie erhielt.

Eine Sonderrolle spielte Wolfgang Stresemann (1904–1998), der erst 1939 in die Vereinigten Staaten emigriert war. Ursprünglich als Jurist ausgebildet, blieb die Musik lange Zeit im Hintergrund, ehe er von 1937 an bis zu seiner Emigration 1939 nochmals intensiven Musikunterricht bei dem Schreker-Schüler Walther Gmeindl nahm. Von 1949 bis 1955 leitete er das Orchester in Toledo, Ohio, aber bestimmend für seine spätere Karriere in West-Berlin wurde seine Tätigkeit als Musikjournalist zwischen 1945 und 1949 für die täglich erscheinende deutschsprachige *New Yorker Staats-Zeitung und Herold*. In dieser Funktion unterhielt er engen Kontakt zu vielen Emigranten an der Ostküste, von denen er, nachdem er 1959, nach drei Jahren beim RIAS-Orchester, Intendant des Berliner Philharmonischen Orchesters geworden war, viele zum Wiederauftreten in Deutschland bewegen konnte.

Eine erstaunliche Tatsache ist, dass einer geschichtlich belasteten Institution wie der Akademie der Künste bei ihren Bemühungen um Emigrantenarchive von den Betroffenen so viel Wohlwollen entgegengebracht wurde. Ähnlich wie Schnabel, der trotz tiefster Verletzung eine Verständigung mit Deutschen ausdrücklich *wünschte*, machten viele Musiker, so sie ihr Archiv zu Lebzeiten nach Berlin geben konnten, ihren Frieden mit der Vergangenheit – auch wenn sie selbst nicht mehr zurückkamen; und wo diese Künstler schon verstorben waren, taten es ihre Familien. Die Einrichtung gleich mehrerer Emigrantenarchive wiederum ermöglichte es, diesen Künstlern eine zuvor verlorengegangene breitere Öffentlichkeit zu verschaffen. Dass die Akademie der Künste sich dafür besonders anbot, liegt in ihrer Verfassung begründet: Sie ist zwar eine öffentliche Einrichtung, aber in ihren Entscheidungen keiner staatlichen Stelle nachgeordnet – dies ist eine Lehre aus der Zeit der »Gleichschaltung« unter den Nazis, als sie ihre jüdischen Mitglieder und Professoren willfährig entlassen hat. Nunmehr garantiert ein eigenes Bundesgesetz ihre Autonomie. Während staatlich verordnete Aufarbeitung der Geschichte nicht selten scheitert, ist eine Institution, die sich nicht in staatlichem »Auftrag«, sondern in eigener Verantwortung dem Thema widmet, klar im Vorteil.

Gleichwohl werden die Sammlungen nicht auf neutralen Boden transferiert. Bei der Übernahme des Archivs von Artur Schnabel spielte natürlich die Überlegung eine Rolle, dass er bis zu seinem Tod 1951 eine Rückkehr nach Deutschland oder Österreich ausgeschlossen hatte. Doch konnte die Vereinbarung über Schnabels Nachlass noch mit seinen beiden Söhnen getroffen werden, deren künstlerische Karrieren durch die Emigration nicht nur betroffen waren, sondern vielleicht sogar stärker Schaden genommen hatten als die ihres Vaters, sodass sie, wenn man moralisch argumentieren wollte, das volle Recht hatten, die Entscheidung ihres Vaters zu revidieren (und dies durch die Übergabe ihrer eigenen Archive an die Akademie zu bekräftigen). Da schließlich auch die weiteren Nachkommen Artur Schnabels in die Entscheidung miteinbezogen waren, kann man sagen, dass von Schnabels Familie ein höchst symbolischer Akt vollzogen wurde, der mehr aussagt als alle verbalen Beteuerungen der »Aussöhnung« mit der Vergangenheit.

Die Rückkehr des Schnabel-Archivs ist kein Einzelfall: Berthold Goldschmidt (1903–1996) hatte schon über 50 Jahre im Exil in London gelebt, und gedachte dies auch nicht zu ändern, als er der Akademie der Künste über Vermittlung von David Drew seine Manuskripte übergab. Dass Berlin bei der Wiederentdeckung seines Œuvres, zuvorderst natürlich durch die Neuinszenierung seiner Oper *Der gewaltige Hahnrei* an der Komischen Oper, eine entscheidende Rolle spielte, trug mit zu dem engen auch persönlichen Kontakt zum Archiv bei. – Ruth Schonthal (1924–2006), die mit dem ebenfalls aus Deutschland emigrierten Maler Paul Seckel verheiratet war, war in ihrem letzten Lebensjahrzehnt nicht nur durch ihr Archiv, sondern auch durch den Furore Musikverlag, der sie vertritt, eng mit Deutschland verbunden; außerdem schrieb eine Berliner Musikwissenschaftlerin eine Dissertation über sie.[12] Ihren 75. Geburtstag feierte sie anlässlich einer Archiv-Präsentation in der Akademie der Künste. – Auf den Schrekerschüler Ignace Strasfogel (1909–1994), der nicht nur Komponist war, sondern auch ein hervorragender Pianist und nach seiner Emigration in die USA zu den ständigen Dirigenten an der Metropolitan Opera gehörte, war schon der Violinist und Pianist Kolja Lessing aufmerksam geworden, bevor die Akademie mit seinem Sohn, dem Regisseur und Theaterautor Ian Strasfogel in Kontakt trat, um den Nachlass seines Vaters zu übernehmen. Bei der Präsentation seines Archivs kam es in Berlin zu einer Wiederbegegnung mehrerer Familienzweige genau in dem Land, dessen Politik sie einst in verschiedene Länder auseinandergesprengt hatte.

Einen engen Kontakt zur Akademie pflegte über viele Jahre hinweg der in Berlin aufgewachsene und ausgebildete israelische Komponist Josef Tal (*1910), der seit 1969 zunächst außerordentliches und seit 1979 ordentliches Mitglied war. Einzelne Manuskripte hat er schon zu Lebzeiten dem Archiv übergeben, doch entschied er nach reiflicher Überlegung, dass er Jerusalem so stark verpflichtet sei, dass sein Gesamtbestand an seinem Wohnort verbleiben sollte. Dagegen kam es bei dem in Ostpreußen geborenen Komponisten und Lehrer Abel Ehrlich (1915–2003) zu einer regelrechten »Archiv-Remigration«. Ehrlich hat noch zu Lebzeiten persönlich mit uns Kontakt aufgenommen, mit dem dezidierten Wunsch, dass seine Manuskripte in Berlin aufbewahrt werden sollten. Dadurch gelangte der erste Musikbestand eines in Israel lebenden Emigranten in das Musikarchiv der Akademie.

Eine gewichtige Erweiterung des Schwerpunkts »Musikexil« im Akademiearchiv bedeutete schließlich die Übernahme der Archive und Dokumentationen des Wiener Vereins zur Erforschung und Veröffentlichung vertriebener und vergessener Kunst »Orpheus Trust« im Jahr 2006.[13] Der Vorgang war weniger eine diplomatische Geste, als vielmehr ein handfester und weithin sichtbarer politischer Akt. Die Unmöglichkeit, die Arbeit des 1996 von Primavera Gruber gegründeten Vereins fortzuführen, weil über viele Jahre hinweg keine ausreichende finanzielle Unterstützung durch die öffentliche Hand gewährleistet war, führte zu seiner Auflösung. Die Vereinsunterlagen samt Künstlernachlässen wurden, nachdem mehrere alternative Möglichkeiten diskutiert worden waren, schließlich von Randol Schoenberg, einem dem Vorstand des Vereins angehörenden Enkel Arnold Schönbergs, der Akademie anvertraut. Im Vordergrund stand hierbei eher die langfristige und seriöse Sicherung des Bestandes und weniger die geografische Lage der Institution. Der »Orpheus Trust« hat der Akademie keine Archive geschenkt, die zuvor mit öffentlichen Geldern gekauft worden wären; vielmehr waren diese dem Verein in Anerkennung seiner Leistungen anvertraut worden. Die Ansiedlung dieser Bestände in Berlin wurde mit allen Betroffenen einvernehmlich beschlossen. Zu hoffen ist, dass die Auflösung des »Orpheus Trust« in Österreich zu einer gewissen Sensibilisierung der Öffentlichkeit im Zusammenhang mit verdrängter Kunst führt.

Der Arbeitsschwerpunkt »Musikerexil« in der Akademie der Künste war nie als Selbstzweck gedacht. So wie generell im Musikarchiv das Hauptaugenmerk auf dem Teil der Kunst liegt, den man seit dem frühen 20. Jahrhundert als die »Neue Musik« bezeichnet, sollten nicht generell emigrierte Künstler gesammelt werden, sondern der Anteil der Emigranten am Neuen in der Musik sichtbar werden. Bei Artur Schnabel beispielsweise führte diese Betrachtungsweise zu einem völlig veränderten Bild. Zwar kannte man seine avancierten Interpretationen klassischer Musik, doch erst durch die Sicht auf Schnabel aus dem Blickwinkel der kompositorischen Avantgarde entsteht ein umfassendes Bild seiner Künstlerpersönlichkeit, das auch sein kompositorisches Œuvre einschließt.[14] Die Arbeit der Akademie wirkte hier auch erfolgreich nach außen, denn sie gab den Anstoß, Schnabels Kompositionen in ihrer Gesamtheit zu verlegen[15], sodass sie nun – ihrer Kompliziertheit zum Trotz – mehr und mehr im Konzertsaal und zunehmend auch in Einspielungen zu hören ist.

1 Artur Schnabel: *Aus dir wird nie ein Pianist*, Hofheim 1991 (engl. Originalausgabe unter dem Titel *My Life and Music*, London 1961), S. 17 f. Die Bemerkung, die Frömmigkeit seiner Eltern habe trotz äußerlicher Assimilation niemals nachgelassen, stammt nicht von Schnabel, sondern ist ein editorischer Eingriff. – An der Akademie der Künste wird derzeit eine revidierte Neuausgabe von Schnabels Autobiografie vorbereitet, in die originale Fassung des Buches, das auf zwölf im Jahre 1945 in Chicago gehaltenen Vorlesungen basiert, wiederhergestellt wird. — **2** Werner Grünzweig (Hg.): *Artur Schnabel. Musiker Musician. 1882–1951*. Hofheim 2001, S. 138, Faksimile S. 149. — **3** Akademie der Künste, Berlin, Artur-Schnabel-Archiv 560. Die Tatsache, dass Schnabels Söhne als jüdisch galten, ist insofern interessant, als hierfür die Vaterlinie als maßgebend angesehen wurde. Schnabels Frau, die Sängerin Therese Behr-Schnabel (1876–1959), kam nicht nur aus einem protestantischen Elternhaus, sondern wurde bereits in der Heiratsurkunde von 1905 als »Dissidentin« geführt (Akademie der Künste, Berlin, Artur-Schnabel-Archiv 565). — **4** Artur Schnabel: *Musik und der Weg des größten Widerstands*. Hg. von Lynn Matheson, Ann Schnabel Mottier. Hofheim 2007, S. 73. — **5** Grünzweig (Hg.): *Artur Schnabel* (s. Anm. 2), S. 244–245. — **6** Ebd., S. 191. — **7** Für das Radio verfasste Artur Schnabel Ende der 1940er Jahre, wie viele andere Künstler, einen Aufruf gegen die Inkriminierung politisch engagierter Künstler in den Vereinigten Staaten: »Our whole conception of the treasured value of freedom of thought and expression will soon be shattered or worse, degraded to mere lip-service, if the now popular practice of allegedly protecting these treasured values by means of intimidation and ever-threatening inquisition continues to force independence, courage, and faith, to go underground, continues to breed in human beings more and more mutual distrust. Such a course will only lead to frustration. To be alert, and fearless, is our answer.« Tonaufnahme, Akademie der Künste, Berlin, Artur-Schnabel-Archiv. — **8** Grünzweig (Hg.): *Artur Schnabel* (s. Anm. 2), S. 197. — **9** Ebd. — **10** Bereits in den 1950er und erneut (diesmal publizistisch international kommentiert) in den 1990er Jahren gab es ernsthafte Bemühungen, den in diesem Zusammenhang ohne Zweifel bedeutsamen Nachlass Arnold Schönbergs an die Akademie zu holen, die aber beide Male aus verschiedenen Gründen in einem späten Stadium scheiterten. Vgl. hierzu den Beitrag von Therese Muxeneder im vorliegenden Band. Derzeit befinden sich in den Musikarchiven der Akademie der Künste Sammlungen von folgenden exilierten Musikern und Musikschriftstellern: Therese Behr-Schnabel, Ralph Benatzky, Ernest Borneman, Herbert Brün, Paul Dessau, Hanns Eisler, Abel Ehrlich, Carl Flesch, Fré Focke, Alfred Frankenstein, Michael Gielen, Rudolph Goehr, Walter Goehr, Berthold Goldschmidt, Alfred Goodman, Hans Helfritz, Hans Heller, Werner Richard Heymann, Georg Knepler, Anneliese Landau, Hermann Scherchen, Artur Schnabel, Karl Ulrich Schnabel, Ruth Schonthal, Ignace Strasfogel und Wolfgang Stresemann. — **11** Diesen Aspekt der Rückkehr der von Horst Weber in diesem Band so dezidiert herausgestellten »Zeugnisse« gilt es aufmerksam zu verfolgen. — **12** Martina Helmig: *Ruth Schönthal. Ein kompositorischer Werdegang im Exil*. Hildesheim 1994 (= *Studien und Materialien zur Musikwissenschaft*, Bd. 10); diese Arbeit entstand als Dissertation an der Freien Universität Berlin. — **13** Im Bestand des Orpheus Trust befinden sich die Nachlässe von Oskar Karlweis, Kurt List, Hermann und Alfred Lunger, Fritz Spielmann, Franz Steiner und Erwin Weiss. — **14** Einer der wenigen, die Artur Schnabel als Komponisten Neuer Musik wirklich umfassend wahrnahmen, war Ernst Krenek, der in seinen eigenen Erinnerungen über den Umstand schreibt, dass er »Schnabel in erster Linie für einen Komponisten [hielt], der zufällig auch Klavier spielte, um seinen Lebensunterhalt zu bestreiten.« Ernst Krenek: *Im Atem der Zeit. Erinnerungen an die Moderne*. Hg. von Friedrich Saathen. Hamburg 1998, S. 292. — **15** Die Werke von Artur Schnabel werden von peermusic classical, New York und Hamburg, verlegt. Bislang sind folgende Werke erschienen: Drei Klavierstücke op. 15, Piece in Seven Movements for Piano, Seven Piano Pieces, Sonata for Solo Violin, Frühe Lieder (Liederzyklen op. 11 und 14), Sonata for Violin and Piano, Sonata for Solo Cello, Piano Concerto, Duodecimet, String Trio, Klavierquintett, Klaviertrio, String Quartet No. 5, Klaviersonate.

Anna Langenbruch

»Wenn wir, blätternd in seinen Strassen, Geschichte lesen«
Die Exilzeitschrift *Die Zukunft* als Beispiel einer Historiografie der Orte des Pariser Musikerexils zwischen 1933 und 1940

»Wenn wir, blätternd in seinen Strassen, Geschichte lesen«, schreibt Alfred Wolfenstein 1939 in seinem Gedicht *Idee Paris* in der *Zukunft* über das besondere Verhältnis des Pariser Stadtbildes zur Geschichte.[1] Der Exilant Wolfenstein entdeckt hier ein Phänomen der Identifikation geografischer Schauplätze mit historiografischen Gegebenheiten, das es ermöglicht, in die Pariser Straßen einzutauchen wie in ein Geschichtsbuch. Der Artikel fragt danach, wie dieses Phänomen für die Geschichte des Exils deutschsprachiger Musiker im Paris der dreißiger Jahre nutzbar gemacht, wie also das Paris der Exilmusiker durch eine Lokalisierung an exemplarischen Orten wie Konzert-, Opern- und Operettenbühne, Kabarett, Café, Salon, Filmstudio, Radio oder Zeitung nachvollziehbar werden könnte. Dies soll am Beispiel der Pariser Exilzeitschrift *Die Zukunft* und der Schlaglichter, die sie auf das Musikleben der Pariser Exilanten wirft, geschehen.

Ausgerechnet ein Stück Exilgeschichte methodisch anhand des Ortsbegriffs beschreiben zu wollen, scheint fast ein wenig paradox, ist doch Exil zunächst Flucht – ein Phänomen der Ortlosigkeit und des Ortsverlustes. Bedenkt man jedoch die große Zahl entsprechender Studien, die Exil zumindest oberflächlich geografisch situieren (»Exil in ...«), so gewinnt man den Eindruck, der radikale Verlust des gewohnten, des Heimat-Ortes, dränge die Frage nach dem Wohin, nach einer Neuverortung, nach den neuen Bedingungen vor Ort geradezu auf. Diese neuen Bedingungen sind in einer Stadt mit einer so weit entwickelten eigenen Musiktradition wie Paris natürlich äußerst komplex und auch die betrachtete Gruppe der exilierten Musiker, die neben Komponisten aller Stilrichtungen auch ausübende Musikerinnen und Musiker, Musikwissenschaftler und -kritiker umfasst, lässt sich aufgrund ihrer Heterogenität hinsichtlich Beruf, Stil, Bekanntheitsgrad und Geschlecht kaum anhand eines einzigen repräsentativen Beispiels darstellen. Hier gewinnt der Ortsbegriff die angedeutete methodische Tiefe, die über die rein geografische Eingrenzung »Exil in Paris« hinausgeht. Die oben genannten Musik-Orte in Paris, die weder traditionellen Musikinstitutionen entsprechen noch überhaupt aus der genuin musikalischen Sphäre stammen müssen, erlauben es nämlich, gleichzeitig ganz unterschiedliche Standpunkte mit oft erstaunlichen und ungewohnten Perspektiven auf das Musikleben der Pariser Exilanten einzunehmen. Letztlich gelingt es so, aus diesen exemplarischen Fragmenten ein geografisch-musikalisches Netz zu spinnen, das das Paris der exilierten Musiker strukturiert und facettenreich zu beschreiben vermag.

Mediale Vermittler wie Film, Radio und Zeitung spielen dabei eine besondere Rolle, da sie einerseits als quasi metaphorische Orte der Selbstdarstellung der exilierten Musiker und als Spiegel des Musiklebens dienen, andererseits aber in ihren Redaktionen konkretes geografisches Zentrum einer ganzen Reihe von Musikbezügen sein können.

Die reichhaltige Presselandschaft des deutschsprachigen Exils in Paris ist natürlich als Tätigkeitsfeld von Musikwissenschaftlern und -kritikern und als Medium des musikalischen Diskurses interessant, aber auch als Abbild der dort rezensierten und angezeigten musikalischen Aktivitäten des Exils. Durch die Herstellung von Öffentlichkeit ist die Exilpresse zudem Voraussetzung eines funktionierenden Musiklebens und ein wichtiges Medium der Positionierung der Exilmusiker sowohl gegenüber Nazideutschland und Frankreich als auch innerhalb der Exilantengemeinde. Redaktionelle Kontakte erhellen journalistisch-musikalische Arbeitsbeziehungen sowie das musikalische Konzept der Zeitschrift und können die Redaktion auch in der Rolle des Kontaktvermittlers oder im Falle der *Zukunft* gar des Kulturveranstalters zeigen.

I *Die Zukunft* – Musikbezüge einer politischen Zeitschrift im Pariser Exil

Die Wochenschrift *Die Zukunft* wurde von Willi Münzenberg nach seiner Trennung von der kommunistischen Partei herausgegeben und erschien zwischen dem 12. Oktober 1938 und dem 10. Mai 1940. Sie fällt somit anfangs in eine Zeit des aktiven Kulturlebens des deutschsprachigen Exils in Paris, dokumentiert dann jedoch auch die Zeit des kriegs- und internierungsbedingten nahezu vollständigen Zusammenbruchs der Exilkultur. Sitz der Zeitung war die Nummer 41 am Boulevard Haussmann, eine repräsentative Adresse an einem der Pariser Grands Boulevards. Ihre Ziele waren vor allem politischer Natur: Wie der Untertitel »Für ein neues Deutschland in einem neuen Europa« andeutet, lag der thematische Schwerpunkt auf der Frage nach der Stellung Deutschlands innerhalb einer neustrukturierten europäischen Gemeinschaft nach dem Sturz Hitlers und auf der Neuorganisation des deutschen Staates. Dabei war die *Zukunft* als durchaus pluralistisches Diskussionsforum angelegt, das unterschiedlichste Meinungen zu Wort kommen ließ. Weitere Themen entsprangen der aktuellen politischen Lage, so unter anderem eine Kritik der Appeasement-Politik der Westmächte, schließlich natürlich der Kriegsausbruch und der deutsch-sowjetische Nichtangriffspakt. Der bis März 1939 von Ludwig Marcuse betreute Kulturteil, der nach dessen Übersiedlung in die USA keinen eigenen Redakteur mehr hatte[2], spielte demgegenüber eine eher untergeordnete Rolle.

Eine dezidiert politische Zeitschrift also – warum wird sie hier ausdrücklich als Beispiel für nicht nur allgemein kulturelle, sondern sogar explizit musikalische Belange angeführt? Welchen musikalischen Erkenntnisgewinn erlaubt das politische Konzept der *Zukunft* überhaupt? Die Antwort berührt – auch hinsichtlich der betrachteten Quellen – mehrere Ebenen: Anhand der Musikberichterstattung der *Zukunft* lässt sich hervorragend die enge Verflechtung von politischer und musikalischer Ebene im Exil demonstrieren. Funktionen und Funktionalisierung von Musik und Musikern können diskutiert werden. Ähnliches erlauben auch die Archivquellen zu den »Abenden der Freunde der Zukunft«, Kulturveranstaltungen, die ab April 1939 aus dem Kreis der *Zukunft* heraus organisiert wurden. Sie zeigen die Zeitschrift also auch in der Rolle des kulturellen Initiators. Das Archiv der *Zukunft* in den Pariser Archives Nationales ermöglicht jedoch noch mehr: Es dokumentiert ein Zusammenlaufen musikalischer Bezüge in der Redaktion, ein musikalisches Netzwerk unterhalb der Hauptebene der politischen Zeitschrift. Der geografische Blickwinkel eröffnet hier also ganz unterschiedliche Perspektiven: Auf den medialen Ort »Zeitung« mit all seinen Erkenntnismöglichkeiten hinsichtlich der Exilkultur im Rahmen der Musikberichterstattung und auf die Redaktion als Zentrum eines musikalischen Netzwerks anhand ihres Archivs.

Formal bewegt sich die Musikberichterstattung der *Zukunft* im üblichen Rahmen einer Nicht-Fachzeitschrift: Es gibt einige größere Artikel zu allgemein interessierenden musikalischen Themen, Anzeigen und Rezensionen ausgewählter Veranstaltungen sowie Kurzmeldungen aus der Musikwelt und – sporadisch – musikbezogene Gedichte.[3]

1. Die Musikartikel

Betrachtet man die großen, also ganz bis annähernd seitenfüllenden Musikartikel im Einzelnen, so ergibt sich ein interessantes Bild. Als erster musikbezogener Artikel erscheint am 3. Februar 1939 »Das Musikland Österreich. Von einem Wiener Musikschriftsteller«[4], es folgt am 3. März »Richard! Freiheit!«[5], ein Ausschnitt aus der erst 1963 erschienenen Wagner-Biografie des Philosophen und Schriftstellers Ludwig Marcuse. Den nächsten Musikartikel »Als die Marseillaise entstand«[6] am 30. Juni schrieb der Politiker und Journalist Peter Maslowski. Am 28. August erscheint »Musikalische Grosskampftage«[7] von Alexander Maass (Journalist und Schauspieler) – ein Bericht, der Salzburger und Luzerner Festspiele gegeneinander setzt – und den letzten Artikel aus dem musikalischen Bereich schreibt der Pianist Konrad Wolff am 8. Dezember 1939 über »Beethoven heute«.[8]

Der erste große Musikartikel erscheint also erst gut drei Monate nach Gründung der Zeitschrift, danach folgen in lockerer Reihung etwa alle ein bis drei Monate vier weitere Artikel, ehe fünf Monate vor Ende der Zeitung die seitenfüllenden Musikartikel faktisch eingestellt werden. Großformatige Musikberichterstattung ist also offensichtlich kein Hauptanliegen des Kulturteils, der im Übrigen wie in den meisten Exilzeitschriften viele Erzählungen und Romanausschnitte exilierter Schriftsteller enthält, ist aber andererseits auch kein bloßes Einzelphänomen. Die Erscheinungsdaten sind nicht zufällig gewählt, sondern in der Regel einem tagespolitischen Anlass geschuldet: dem sich nähernden Jahrestag der Annexion Österreichs im ersten Fall, dem 150. Jahrestag der Französischen Revolution im dritten, der Festspielsaison im vierten und einer Hitlerrede im fünften Fall, als sich das zunächst durch die aktuellen politischen Ereignisse mit Kriegsausbruch verdrängte Interesse für kulturelle Belange während der »Drôle de guerre«[9] wieder einstellt. Die Berichterstattung – und das zeigt eine inhaltliche Analyse – geschieht also nicht hermetisch, die Sujets der Artikel zeichnen ein musikalisches Profil, das Musik, Musiker und musikalische Institutionen vor allem als mehr oder weniger politisierte Symbole diskutiert.

Österreich, insbesondere Wien als Stadt der Wiener Klassik und der Wiener Schule, aber auch Salzburg mit seinen berühmten Festspielen, steht für das »Musikland« schlechthin, das im Zuge der Besetzung durch Nazideutschland musikalisch heruntergewirtschaftet wird. Zwar setze das Naziregime für seine Günstlinge und zu repräsentativen Zwecken viel Geld ein, betreibe jedoch gleichzeitig durch die Verfolgung und Vertreibung insbesondere der jüdischen Künstler seinen eigenen »kulturellen Kältetod«[10]: »Die Musikstadt Wien existiert nicht mehr. Das lässt sich ohne Uebertreibung sagen. Sie hat kein Publikum mehr – ausser ›Kraft durch Freude‹, ihre Künstler sind zu einem grossen Teil zerstoben oder unterdrückt, ihre Presse ist gleichgeschaltet und, was die Musikberichterstattung anlangt, auf das kläglichste Niveau hinabgesaust.«[11] Die Salzburger Festspiele nach 1938 werden, wie der Titel »Musikalische Grosskampftage« schon andeutet, als von den Nazis zu Repräsentationszwecken instrumentalisiert verstanden und somit in der Berichterstattung nicht nur gegen ihre eigene freiheitliche Vergangenheit gesetzt, sondern auch gegen die erst seit 1938[12] stattfindenden Luzerner Festspiele, die als »Musikfest der Demokratien«[13], verbunden vor allem mit dem Namen Arturo Toscaninis, gedeutet werden. Musikleben und Musikfestspiele kontrastieren hier also sinnbildlich faschistische beziehungsweise demokratische Gesellschaften.

Nicht minder symbolträchtig gestalten sich die beiden personenbezogenen Artikel: Wagner und Beethoven – kaum andere Komponisten stehen in solchem Maße für deutsche Musik, kaum andere Komponisten sind von den Nationalsozialisten in ähnlich kulturhegemonialer Weise instrumentalisiert und vereinnahmt worden. Marcuse und Wolff versuchen die nazistischen Ikonen in ganz unterschiedlicher Weise zu demontieren: Der Ausschnitt aus Marcuses wagnerkritischer Biografie[14] befasst sich mit dem »Revolutionär Wagner«, also mit Wagners Rolle während der 1848er Revolution. Einerseits bringt er ihn also in Verbindung mit einem freiheitlich-demokratisch besetzten Ereignis, andererseits bricht seine Darstellung mit dem Heroenbild Wagners und ironisiert den Komponisten als schwankenden und realitätsfernen Salonrevolutionär: Wagner »ist kein Kämpfer. Er macht nur die Musik zum Kampf. Und besingt die erhabene Göttin Revolution, wie sie dahinbraust auf den Flügeln des Sturms, das hehre Haupt von Blitzen umstrahlt (...). So sah der Kampf aus – vom Turm des Künstlers. Am Fusse dieses Turmes aber lag das Gefolge der erlauchten Göttin Revolution und wurde eingekreist von den sehr gut ausgerüsteten Soldaten (...), die Zwölfpfünder hatten, während die Kavaliere der revolutionären Dame nur Böller besassen (...).«[15]

Konrad Wolff seinerseits wehrt sich gegen die nationalsozialistische Vereinnahmung Beethovens und Beethoven'scher Musik. Äußerer Anlass war, wie dem Artikel zu entnehmen ist, eine Rede, in der Hitler Beethoven zum Kronzeugen und Symbol der deutschen kulturellen Überlegenheit gegenüber England macht. Mit an Sicherheit grenzender Wahrscheinlichkeit handelt es sich um die Rede, die Hitler am 8. November 1939 im Münchener Bürgerbräukeller gehalten hat. Diese gegen England gerichtete Tirade wurde im Rundfunk übertragen und erlangte wegen des gescheiterten Attentats am selben Abend eine gewisse Berühmtheit. Hitler äußerte dort: »Wir Deutschen brauchen uns jedenfalls von den Engländern auf dem Gebiet der Kultur nichts vormachen zu lassen. Unsere Musik, unsere Dichtung, unsere Baukunst, unsere Malerei, unsere Bildhauerkunst kann sich mit den englischen Künsten schon absolut vergleichen. Ich glaube, daß ein einziger Deutscher, sagen wir *Beethoven*, musikalisch mehr geleistet hat als sämtliche Engländer der Vergangenheit und Gegenwart zusammen.«[16]

Wolff reagiert als Musiker sehr direkt und sachlich auf eine politische Äußerung, die einen Komponisten instrumentalisiert. Er stellt die freiheitsidealistischen Züge dar, die das Beethovenbild – ob nun in ihrer Gänze historisch korrekt oder nicht – prägen, und schließt daraus, dass die Person Beethovens Hitler keine Angriffspunkte zur nationalsozialistischen Vereinnahmung biete. Folglich müsse der Grund in Beethovens Musik zu suchen sein. Wenn er auch die Absurdität der Frage »ob die großen Meister der deutschen Kunst und der deutschen Philosophie (...) Nationalsozialisten sein würden, wenn sie heute lebten«[17] von vornherein benennt, sieht er doch in der Identifikation Beethoven'scher Musik (nicht nur von nationalsozialistischer Seite) mit einem militaristisch expansiven Deutschtum ein Problem, mit dem es sich zu beschäftigen lohnt. »Seine [Beethovens, A. L.] Werke werden auch ausserhalb Deutschlands als typisch deutsch empfunden, und zwar als deutsch gerade im Sinne des Patriotischen und Politischen. Der deutsche Patriotismus fühlt sich durch das ›Heldische‹, das Kämpferische, das ›Gigantische‹ dieser Musik entfacht; Nichtdeutsche, und besonders Franzosen, fühlen sich durch eben diese Züge abgestossen (...). Selbst aus dem Kreise der heutigen deutschen Emigration ist die Auffassung Alfred Einsteins (›Das Militärische bei Beethoven‹, Mass und Wert II 377 ff.) zu verzeichnen, sämtliche Anfangssätze der Beethoven'schen Konzerte seien als Militärmusik gemeint.«[18] Wolff beteiligt sich also an einer Nazideutschland, die deutsche Emigration und das restliche Europa erfassenden kontroversen politisch-musikalischen Diskussion. Mitten im Krieg provoziert der Musikbezug der Hitlerrede in der *Zukunft* einen großformatigen Musikartikel. Er kommt zu dem Schluss: »Alles dies sind Missverständnisse, die auf der unglücklichen Gedankenverbindung zwischen Heroismus und Krieg, zwischen dem Heldischen und dem Militärischen beruhen. Nicht als genialer und mutiger Feldherr, sondern als Symbol des Kampfes um die Menschheitsideen ist Napoleon für Beethoven ein Held gewesen (...). Dem Heroischen in Beethovens Musik fehlt jeder vaterländische und erst recht jeder kriegerische Zug; der Held ist vielmehr das Individuum auf der höchsten Stufe seiner Möglichkeiten, der Kämpfer für das Gute, für die Wahrheit, für die Freiheit.«[19] Auffallend ist, dass er in diesem einzigen nach Kriegsausbruch in der *Zukunft* erschienenen großen Musikartikel nicht nur Beethovens freiheitliche Ideale betont, sondern seiner Musik auch sehr entschieden alles Militärisch-Kriegerische abspricht. Hätte es nicht durchaus naheliegen können, Beethovens Musik auch zur militärischen Melodie des Freiheitskampfes an der Seite der Westmächte zu stilisieren?

Musik als Symbol und Ausdruck des Freiheitskampfes – allerdings im Vorkriegskontext und zur Feier des 150. Jahrestages der Französischen Revolution – thematisiert Peter Maslowski in seinem Artikel über die die Französische Revolution begleitenden Lieder und die Entstehungsgeschichte der Marseillaise. Er beschreibt in der typischen Politikersprache der Zeit Musik und vor allem Gesang als quasi natürliche Begleiter großer politischer Ereignisse: »Keine wahre Revolution ist ohne Volksbegeisterung denkbar. Wo aber Volksbegeisterung ist, da müssen Musik und Gesang die revolutionären Taten und die aus ihnen sich ergebenden Feste begleiten. Es ist darum nur zu natürlich, dass die Grosse Französische Revolution, die ein urgewaltiges Aufflammen der Massenbegeisterung darstellt, auch auf dem Gebiet des Volksgesangs Grosses und Bahnbrechendes geleistet hat. Mit der Revolution von 1789 schlägt in der Tat die Geburtsstunde des Massenvolksgesangs.«[20]

2. Kurzmeldungen – Anzeigen – Ankündigungen – Rezensionen

Integraler Bestandteil der Musikberichterstattung der *Zukunft* sind kurze Berichte aus der Musikwelt und Veranstaltungsreklame beziehungsweise Rezensionen. In gewisser Weise setzt sich das an den Musikartikeln beschriebene redaktionelle Muster hier fort: Aus der Musikwelt, das heißt aus dem freien Europa und den USA, wird vor allem über die Aktivitäten musikalischer Symbolfiguren gegen Hitlerdeutschland berichtet. Kontrastiert werden diese Berichte in eindeutig parodistischer Absicht mit Meldungen zum Kulturleben des »Dritten Reiches«.

Ein Schwerpunkt der Veranstaltungsreklame liegt auf ausgewählten politischen Veranstaltungen, die angezeigt oder in kleinen Artikeln angekündigt werden. Hinterher wird in der Regel kurz über sie berichtet, so zum Beispiel über eine Feier des »Arbeitsausschusses Deutscher Sozialisten und der Revolutionären Sozialisten Österreichs«, dem auch die Gruppe um den Herausgeber Willi Münzenberg angehört, am 8. Juli 1939 zum 150. Jahrestag der Französischen Revolution mit »Rezitation, Musik, Gesang, Tanz, Sprechchor, Lichtbild, Dokumente(n) der Erhebung«[21] – so die Vorankündigung. Die spätere Rezension präzisiert: »Die Feier brachte Rezitationen von Eva Schärf und Franz Buchwald. Der Sprechchor der Arbeitsgemeinschaft wirkte mit. Die Schallplatten mit den alten Revolutionshymnen in Verbindung mit Lichtbildern der Französischen Revolution, beide ausgezeichnet interpretiert, machten die Ereignisse, die sich vor 150 Jahren abspielten, dem Zuhörer ungewöhnlich lebendig. Die Klaviervorträge von Yvonne Loriod und die Gesänge von Marcel Claver von der Grossen Pariser Oper entfesselten Beifallsstürme.«[22]

Diese Verflechtung politischer und künstlerischer Veranstaltung, die Kombination unterschiedlicher künstlerischer Ausdrucksformen – Rezitation, Sprechchor, Gesang, Klavier – und Medien (»Live-Musik«, Schallplatte, Film), sind für die politischen Veranstaltungen des deutschsprachigen Exils in Paris ausgesprochen typisch, ebenso wie die ganz unterschiedlichen Ebenen von Professionalität (die Laien des Sprechchors und die professionellen französischen Musiker Marcel Claver und Yvonne Loriod). Die damals 15-jährige Yvonne Loriod, die spätere Ehefrau Olivier Messiaens, wurde eine vor allem für ihre Interpretationen neuer Musik berühmte Pianistin.

Mit besonderem Aufwand werden zudem die eigenen Veranstaltungen, also die diversen »Abende der Freunde der Zukunft« in Paris, London und Kopenhagen angezeigt und besprochen, ebenso Kabarettveranstaltungen vor allem aus dem österreichischen Milieu. Die einzige Rezension einer Musikveranstaltung im klassischen Sinne ist ein ausführlicher Bericht Annette Kolbs über ein Konzert unter der Leitung von Hermann Scherchen.[23] In gewisser Weise ist Scherchen ähnlich wie zum Beispiel Bruno Walter Symbolfigur eines von Nazideutschland unabhängigen deutschen Musiklebens und darüber hinaus ein großer Förderer gerade neuer Musik, die von den Nazis nicht gespielt bzw. als »entartet« gebrandmarkt wird. Neben Bach und Mozart erklingen in dem Konzert auch Milhaud und vor allem Bartok, der ebenso wie seine Frau auch als Pianist beteiligt war.

Der Ausschnitt des Musiklebens, den die *Zukunft* in ihrer Musikberichterstattung präsentiert, entspricht also kaum dem, was klassischerweise als Musikleben bezeichnet wird und eigentlich nur die professionelle Konzertpodiumsmusik meint. Nichtsdestoweniger handelt es sich hier um ein reichhaltiges musikalisches Angebot, das dem musikwissenschaftlichen Blick, der dazu tendiert, lediglich genuin musikalische Quellen zu betrachten, allzu oft entgleitet. Deutlich wird einerseits die Bedeutung der Kleinkunst und vor allem der Kabarettkultur für das Musikleben der Pariser Exilanten. Kabarett als eine Kunstform, die nur weniger Mittel bedarf, die politisch bissig oder auch einfach unterhaltsam sein kann, die Musikalisches und Literarisches verbindet, war auch mit den bescheideneren finanziellen Mitteln des Exils realisierbar und hatte möglicherweise auch deswegen eine solche Wirkung, weil das Kabarett wie kaum ein anderer Bereich des Musiklebens zum Symbol für eine von den Nazis ausgelöschte Berliner und Wiener Musikszene wurde. Andererseits gerät hier mit den politischen Veranstaltungen ein Veranstaltungstyp in den Blick, der nicht unbedingt zum Standardrepertoire musikwissenschaftlich untersuchter Ausschnitte des Musiklebens gehört. Im Gegensatz zu anderen Periodika erweisen sie sich in der *Zukunft* nicht als Randphänomen, sondern als ein zentraler Bereich des Musiklebens der Pariser Exilanten. Dass eine politische Zeitschrift Musik aus politischem Blickwinkel wahrnimmt, ist dabei noch nicht so aufregend, überraschend ist vielmehr die Betonung der Musik als Kommunikationsform politischer Diskussionen und politischer Veranstaltungen, die politisch-musikalische Zusammenhänge aufzudecken in der Lage ist. Hier lohnt es sich, musikwissenschaftlich genauer hinzusehen und den entsprechenden Ausschnitt dem, was beispielsweise ein klassischer musikalischer Veranstaltungskalender wie der *Guide du Concert* über das Musikleben der Pariser Exilanten aussagen kann, gegenüberzustellen.

II *Die Zukunft* – ein musikalisches Netzwerk?

Die Frage nach der *Zukunft* als musikalischem Netzwerk, als Anlaufstelle für Musiker und – aus heutiger Perspektive – als mögliche Fundstelle von Quellen zu Exilmusikern in Paris geht über eine reine Pressebetrachtung hinaus: Der Blick in das Archiv der Zeitschrift eröffnet allein durch die Art der Quellen – vor allem die umfangreiche Korrespondenz – Perspektiven auf die Verbindung von Redaktion und beteiligten Musikern. Das weitgehend unveröffentlichte Quellenmaterial beleuchtet mit der ganzen Anschaulichkeit und Lebendigkeit schlaglichtartiger Ausschnitte unterschiedlichste Verbindungsstränge zwischen Zeitung und Musikwelt.

1. Netzwerk I. Musikalische Kontakte der Zukunft in Briefen

Symbolfigur: Bruno Walter
Ein Briefwechsel mit Alfred Polgar gibt unmittelbaren Einblick in die redaktionelle Arbeit und schließt thematisch quasi nahtlos an die Musikberichterstattung an. M. (vermutlich Ludwig Marcuse) schreibt am 8. November 1938: »Sehr geehrter Herr Polgar, [/] Ich freue mich ausserordentlich, dass Sie bereit sind, an diesem Blatt mitzuarbeiten. (...) Als ersten Beitrag hätten wir von Ihnen gerne ein Gespräch mit Bruno Walter – in einer Form, die Sie für richtig halten; ich bin mit allem einverstanden. Da ich nicht sehr gern eine Musikkritik über Walters zwei Abende bringen möchte, wäre es vielleicht sehr gut, Ihre Arbeit an Stelle der Kritik zu bringen. Das heisst, dass wir das Manuskript spätestens am 17. November hier haben müssten.«[24] Wieder geht es um eine Integrationsfigur deutsch-österreichischer Musik im Exil. Bruno Walter war nach der Besetzung Österreichs durch Nazideutschland nach Frankreich geflohen und lebte in Paris. 1938 erhielt er mit einer Ausnahmegenehmigung, die die obligatorische Mindestwohndauer in Frankreich auf ein Jahr verkürzte, im Schnellverfahren die französische Staatsbürgerschaft.[25] Sicherlich war Walter einer der prominentesten Musiker im Pariser Exil. Offen bleibt, warum Marcuse keine Musikkritik der zwei Konzerte Walters bringen mochte.[26] Will er den Musikbezug nicht überbetonen? Soll Walter nicht nur als Musiker präsentiert werden, sondern als eine Identifikationsfigur des gesamten kulturellen Exils für einen größeren Interessentenkreis sprechen? Mehr als Vermutungen sind an dieser Stelle nicht möglich, denn der genannte Artikel ist in der *Zukunft* nie erschienen, Polgar sagt in seinem Antwortschreiben vom 11. November 1938 seine Zusammenarbeit für den Moment aus gesundheitlichen Gründen ab.[27] Zwischen den beiden Briefen liegt zudem die Reichspogromnacht, denkbar ist also auch, dass der musikalische Plan durch die aktuellen politischen Geschehnisse in den Hintergrund gedrängt wurde.

Außenwirkung: Jean-François Vincent
Während das Beispiel Walter einen Einblick in die redaktionellen, allerdings nicht realisierten Pläne der *Zukunft* im musikalischen Bereich gibt, erhellt ein handschriftlicher Brief des Kabarettisten Jean-François Vincent die Wirkung der Zeitschrift in musikalischen Kreisen. Er schreibt am 17. Oktober 1938, also fünf Tage nach Erscheinen der ersten Nummer an »»Die Zukunft‹,

Paris«: »Mes compliments pour ce premier numéro. Je n'aurais pas cru possible une apparition aussi sensationelle parmi la grisaille des journaux et revues en toutes langues, dont les gros titres créent l'accoutumance, dont le ›sensational‹ fait naître une lassitude. [/] On retrouve dans ›Die Zukunft‹ cette généreuse Weltanschauung qui donnera dans le monde une place magnifique à l'Allemagne tôt ou tard libre. (...) Je vous joins une liste de personnes que certainement cette apparition intéressera, et qui peuvent devenir des abonnés. (...) [/] Bien sincèrement, Jean-François (chansonnier).«[28] Die Zukunft hat also mit ihrem Anliegen, ein internationales, vor allem auch französisches Publikum anzusprechen – ein Anliegen, das sich im April 1939 in der Gründung der Union Franco-Allemande, deren Organ sie ab dann wird, manifestiert – offensichtlich Erfolg. Die Adressenliste, die Vincent beifügt, umfasst Adressen in Frankreich, der Schweiz, Dänemark und Schweden. Bezeichnenderweise ist es ein Kabarettist, der hier so positiv auf die Zeitung reagiert – im Anzeigenteil der Zeitung, der zu diesem frühen Zeitpunkt allerdings noch nicht wirklich besteht, sondern erst allmählich etabliert wird, schlägt sich wie schon erwähnt eine gewisse Nähe zum Kabarett nieder, was wiederum Rückschlüsse auf die Leserschaft der Zukunft erlaubt.

Symbolfigur und gute Bekannte: Alma Mahler-Werfel
Einen ganz persönlichen Musikbezug der Redaktion zeigt ein Brief an Alma Mahler-Werfel vom 1. März 1939. Es handelt sich um einen unsignierten Durchschlag, man kann aufgrund des Datums vermuten, dass er von Ludwig Marcuse stammt, der die Werfels in Paris näher kennengelernt hatte:[29] »Sehr verehrte, liebe Frau Werfel, [/] Mir fällt gerade ein: wäre es nicht eigentlich sehr schön, wenn wir hier ein kleines Stück aus Ihrem Mahlerbuch vorabdruckten? [/] Die Busch[30] habe ich neulich sehr brav zur Bahn gebracht, mit ihren 150 Paketen. Sie liess den ersten Zug abfahren und wir tratschten noch unendlich viel bis zur Anfahrt des zweiten. [/] Freitag rufe ich Sie an. Herzlichsten Gruss[,] Ihr.«[31] Der freundschaftliche Ton zeigt: Der Autor des Briefes kennt Alma Mahler-Werfel offensichtlich gut. Diese Ebene persönlicher Bekanntschaft als Triebfeder für Musikbezüge, die sich dann im musikalischen Profil einer Zeitschrift niederschlagen, sollte gegenüber rein sachlichen redaktionellen Entscheidungen also nicht vernachlässigt werden. Der Grund für die Frage nach einem möglichen Vorabdruck ihres Buches ist aber auch hier sicherlich nicht nur im persönlichen Bereich zu suchen. Alma Mahler-Werfel, die nach der Annexion Österreichs mit ihrem Mann ins französische Exil ging, war – auf dem Umweg über ihre Männer Gustav Mahler und Franz Werfel – eine ähnlich integrative Figur des kulturellen Exils wie Bruno Walter: »Mahler, Walter, Werfel: alle drei rotes Tuch für das österreichische Regime von heute, immer wieder bespieen von der Propaganda«[32], konstatiert der Verfasser des erwähnten Artikels »Das Musikland Österreich« –

übrigens unter Berufung auf die Freundschaft des vormaligen österreichischen Bundeskanzlers Schuschnigg mit Alma Mahler-Werfel im Unterschied zu deren Ächtung durch das Naziregime. Ein Vorabdruck aus ihrem Mahler-Buch hätte in das Musikkonzept der *Zukunft* also sehr gut gepasst, fand aber nicht statt. Das Erscheinen des Buches wurde zwar in der Nummer vom 24. Februar 1939, unmittelbar bevor der Brief entstand, angezeigt.[33] Warum in der Zeitschrift kein Auszug zu lesen war, kann jedoch nicht geklärt werden.

Hilfeleistung I: Der Komponist, Dirigent und Pianist Egon Neumann
Der Begriff »Netzwerk« kann nicht nur als Bild für das Zusammenlaufen von musikalischen Bezügen im Zentrum der Redaktion der *Zukunft* verwendet werden, sondern auch durchaus mit dem Hintersinn tätiger gegenseitiger Hilfe. Dieser Aspekt gewinnt vor allem an Bedeutung, als die Lage der Exilanten in Frankreich Anfang 1940 immer schwieriger wird. Zumeist aus dem französischen Internierungslager betrieben sie ihre Ausreise in andere, sicherere Länder oder versuchten zunächst einfach, den camps d'internement zu entrinnen, in denen ab September 1939 nahezu alle männlichen Exilanten als feindliche Ausländer interniert waren.[34] In diesen Zusammenhang gehört das Empfehlungsschreiben für den Komponisten, Pianisten und Dirigenten Egon Neumann, das Th. (vermutlich Werner Thormann, der seit Ende 1938 Chefredakteur der *Zukunft* war)[35] an den Journalisten und Rechtsanwalt Dr. Richard Redler beim Service d'Information richtet: »Lieber Dr. Redler, [/] Ich möchte Ihnen [den] Ueberbringer dieser Zeilen, Herrn Dr. Egon Neumann, (Künstlername Pierre Neuville) empfehlen, der Ihnen vielleicht nicht unbekannt ist. Er ist im Begriff, nach Amerika zu fahren, um dort den österreichischen Gedanken zu propagieren, wie er es auch hier schon seit Jahren mit schönem Erfolg getan hat. Zu seinem letzten Erfolg kann man ihm besonders gratulieren, denn es ist ihm vor wenigen Wochen im Lager in Meslay unter wirklich schwierigsten Bedingungen gemeinsam mit Farkas gelungen, eine kleine Revue zu inszenieren, die für die Internierten in Meslay eine grosse Freude und moralische Aufrichtung bedeutete und auch bei den französischen Stellen alle Anerkennung gefunden hat. Ich würde mich freuen, wenn Sie Herrn Dr. Neumann empfangen und in seinen Absichten behilflich sein könnten.«[36]

Die Redaktion der *Zukunft* erscheint hier in der Rolle eines Vermittlers zwischen Musikern in drängender Notsituation und politisch einflussreichen Bekannten. Die erwähnte Revue im Lager Meslay, zu der Neumann die Musik schrieb und das Interniertenorchester dirigierte, eine der ganz wenigen öffentlichkeitswirksamen kulturellen Aktionen nach der Internierung der meisten Exilanten, dient als grundlegende Referenz. Sicherlich ist der Zweck von Neumanns Amerikafahrt weniger, dort »den österreichischen Gedanken zu propagieren«, als vielmehr die Flucht in ein sicheres Land. Diese Bemerkung Thormanns dürfte eher an die österreichische Solidarität Redlers, der Generalsekretär der österreichischen Exilantenorganisation *Ligue Autrichienne* war[37], gerichtet gewesen sein. Es lassen sich tatsächlich Hinweise auf Neumanns Tätigkeit in kulturellen Emigrationskreisen in Mexiko finden, seine Flucht scheint also geglückt zu sein[38] – inwieweit die Intervention der *Zukunft* hier mitentscheidend war, ist nicht bekannt.

Hilfeleistung II: Der Kabarettist Karl Farkas
Die Strahlkraft der Revue in Meslay zeigt sich noch an anderer Stelle: Sie ist Anlass eines Briefwechsels zwischen der Redaktion der *Zukunft* und dem Kabarettisten Karl Farkas zwischen dem 28. Februar und dem 11. April 1940. Die Briefe Farkas', handschriftlich und zum Teil auf schlechtem karierten Papier, dokumentieren auf beklemmende Weise die emotional extrem schwierige Situation der internierten Exilanten. Farkas beginnt: »Sehr geehrtes Fräulein Friedmann[39], ich habe nicht das Vergnügen Ihrer persönlichen Bekanntschaft, aber ich möchte Ihnen und Ihrer Redaktion herzlichst für die freundliche Besprechung meiner Revue ›Meslay lacht wieder‹ danken.«[40] Tatsächlich äußert sich die *Zukunft* in ihrer Rezension zu dieser Aktion sehr positiv: »Allgemein herrschte nur eine Stimme des Lobes und der Anerkennung für die Autoren, die mit ihrem mutigen Einfall ihren Lagerkameraden einige Stunden sorgloser Freude und moralischer Aufrichtung geschaffen haben.«[41] Der Artikel erwähnt insbesondere Farkas, »der unermüdlich konferierte, Couplets vortrug und blitzdichtete«[42], und auch Egon Neumann (Pierre Neuville). In seinem Brief fährt Farkas fort: »Wer ich bin oder vielmehr was ich war, werden Sie ja wissen. Passons l'éponge! Momentan bin ich prestataire[43] ohne Verwendung und wäre froh, eine *unentgeltliche* Anforderung zu haben, damit meine Feder nicht so brach liegt. Bitte könnten Sie mich nicht als Mitarbeiter für die ›Zukunft‹ anfordern lassen? Diesbezügliche Reclamationen gehen durch die ›Commission Interministerielle de criblage‹ Paris, 11, rue des Saussaies oder durch das ›Depôt des prestataires étrangers‹, Paris, Ecole militaire. Ich wäre Ihnen und den Herren der Redaktion unendlich dankbar dafür, aus der Monotonie des hiesigen Einerlei zu fruchtbarer Arbeit abberufen zu werden. In meinem Anforderungsgesuch müsste die Wichtigkeit Ihres Blattes für die Propaganda betont werden, weil man ja nur von einem Betrieb der im Interesse der Défense nationale steht, angefordert werden kann.«[44]

Farkas versucht also verzweifelt, aus dem Lager und der dortigen erzwungenen Untätigkeit – in der Tat scheinen die meisten Prestataires weitgehend unbeschäftigt gewesen zu sein[45] – herauszukommen, und er weiß auch ziemlich genau über die zuständigen Stellen und das Procedere Bescheid. Als weitere persönliche Referenzen gibt er an: »Ausser meinen zahllosen Stücken

(Mitarbeiter des ›Weissen Rössels‹, der ›Wunderbar‹, Autor von ›Leurs Magistrés‹, ›Bei Kerzenlicht‹ und vieler weiterer Erfolge) war ich bei Klebinder und Maximilian Schreier in Wien tätig und würde sicher gut in den Rahmen Ihres Blattes passen.«[46] Aus der Sicht eines so bekannten Komikers wie Farkas ist diese Selbstanpreisung offensichtlich auch eine große Überwindung, hatte er bisher derartiges doch nicht nötig: »Es ist das erste mal in meinem Leben, dass ich mich jemand offeriere und deshalb geschieht das so ungeschickt. Sollten meine Zeilen trotzdem zu einem Resultat führen, wäre ich erstaunt – und glücklich ... [/] Bitte auf jeden Fall um ein paar Antwortzeilen und ein Belegexemplar der Kritik meiner Revue. Indessen im Voraus meinen besten Dank und unbekannterweise die ergebensten herzlichen Grüße von Ihrem Karl Farkas.«[47]

Eindringlicher kann kaum demonstriert werden, wie ein ehemals berühmter und umworbener Kabarettist, nachdem das Exil an sich schon eine künstlerische Neudefinition erfordert hatte, in der Internierung in Bedeutungslosigkeit und relative Untätigkeit gezwungen wird. Relativ deshalb, weil Farkas, wie das Revue-Projekt in Meslay zeigt, ja nicht wirklich untätig ist. Aber der Wirkungskreis einer lagerinternen Tätigkeit bleibt eben sehr beschränkt. Den deutschen und österreichischen Exilanten war es, anders als zum Beispiel den Exilanten polnischer Nationalität, verwehrt, an der Seite der französischen Armee gegen Hitlerdeutschland zu kämpfen. Auch andere aktive Formen des Widerstands gegen eine nationalsozialistische Invasion, wie sie Farkas in einer Mitarbeit bei der *Zukunft* eventuell vorschwebten, waren durch die Internierung unmöglich gemacht. Neben einer sinnvollen Tätigkeit ist aber sicher auch die Möglichkeit, durch die Anforderung als Mitarbeiter dem Lagereinerlei zu entrinnen, ausschlaggebend für Farkas' Bitte.

Dieser Bitte wird von der *Zukunft* allerdings nicht entsprochen. Am 8. März antwortet F. (Gerda Friedmann) und schickt die erbetene Nummer der Zeitschrift an Farkas nach Meslay. Zur Frage einer Mitarbeit schreibt sie jedoch – auf Französisch, der Sprache, in der der Briefwechsel ab jetzt ausschließlich geführt werden muss: »En ce qui concerne votre suggestion de vous faire reclamer comme collaborateur de notre journal, il n'y a malheureusement pas de moyen de la réaliser. D'autre part nous sommes persuadés comme certainement tous les gens qui connaissent vos qualifications comme auteur, acteur et conférencier que vous serez à même de faire un travail très utile pour les intérêts communs de la France et de l'Autriche. Même avant avoir reçu votre lettre, nous avions déjà pensé à vous et nous ne manquerons pas, le cas échéant, d'attirer l'attention des services compétents sur votre désir de servir la France par vos qualifications spéciales (...). Si vous avez envie de nous envoyer de temps à autre un petit article, nous pourrions peut-être envisager de le publier dans la ›Zukunft‹.«[48] Farkas erhält also eine Absage. Warum sich sein Vorschlag nicht realisieren lässt, ob grundsätzlich die Möglichkeit nicht bestand oder die *Zukunft* lediglich kein Interesse an seiner Mitarbeit hatte, wird nicht erklärt, allerdings zugesichert, sich bei den »zuständigen Stellen« für ihn einzusetzen. Offenbar empfindet Farkas diese Zusicherung trotz allem als tröstlich, zumindest aber als wichtig genug, dass er sich beeilt, sie in seiner Antwort vom 11. März noch einmal zu bekräftigen: »Je vous prie de tout mon cœur d'attirer l'attention des services compétents sur mon désir de servir la France par mes qualifications – selon votre promesse consolante.«[49] Anschließend schickt Farkas an die *Zukunft* ein Gedicht »décrivant l'ambiance actuelle à Prague«[50], das in der letzten Nummer der Zeitschrift vom 10. Mai 1940 erscheint.[51]

Dieser Briefwechsel zeigt die Möglichkeiten und vor allem die Grenzen kultureller Aktivität für die internierten Exilmusiker in Frankreich kurz vor der Niederlage. Er steht einerseits für die Versuche, im Lager trotz allem Musik zu machen, aber auch für den drängenden Wunsch, außerhalb des Lagers gegen die Nationalsozialisten aktiv werden zu können. Die erzwungene Untätigkeit, persönlicher Freiheitsdrang, brachliegende Fähigkeiten, die in dieser Extremsituation sinnvoll eingesetzt werden könnten – alles dies schimmert durch Farkas' Zeilen hindurch. Er bleibt nicht passiv-abwartend, sondern versucht, politische Kontakte zu nutzen beziehungsweise aufzubauen. Auch wenn seine Initiative letztlich keinen Erfolg hat, belegt sie die Verflechtung von politisch-kulturellem und musikalischem Exil. Der apolitische Musiker, der im Exil ohne jedes Interesse und ohne jeglichen Kontakt zur politischen Ebene bleibt, ist zumindest eine Verallgemeinerung, wenn nicht eine Fiktion.

2. Netzwerk II. Die »Abende der Freunde der Zukunft«

Musik und Musiker waren für eher politisch ausgerichtete Exilinitiativen nichts weniger als bedeutungslos. Im Fall der *Zukunft* lässt sich der Gedanke einer gewissen Gegenseitigkeit der Unterstützung, der dem Netzwerk-Begriff innewohnt, beobachten: Ab April 1939 veranstaltete die Zeitschrift zahlreiche »Abende der Freunde der Zukunft« in diversen Ländern. Diese Kulturveranstaltungen, bei denen Musik von Beginn an eine wichtige Rolle spielte, werfen unter anderem ein interessantes Licht auf die propagandistische Strategie der Zeitschrift.

Anleitung zur Nachahmung: Organisation und programmatische Idee
Der erste *Zukunft*-Abend, über den berichtet wird, fand im April 1939 in London statt und wird in der Zeitschrift folgendermaßen eingeführt: »Der Leiter des Londoner Bureaus der ›Zukunft‹[52] hat seit einiger Zeit daraufhin gearbeitet, die Leser der ›Zukunft‹ und Aussenstehende, die sich für die Idee der aktiven Zusammenarbeit aller freiheitlichen Menschen einsetzen, auch

persönlich miteinander bekannt zu machen, und im Rahmen gastfreundlicher Häuser zu zwanglosen Zusammenkünften unpolitischer Art einzuladen.«[53] Es folgten insgesamt acht weitere Abende mit Lesungen, Konzerten und Vorträgen in London, Paris und nach Kriegsbeginn in Kopenhagen, wo am 10. Februar 1940 die letzte nachweisbare Veranstaltung stattfand. Ob die Initiative tatsächlich allein auf den Londoner Administrator Wolfgang Müller zurückging, ist zweifelhaft, bedenkt man die relative Frankreich-Zentrierung der *Zukunft*. Zwar war die Zeitschrift bewusst international angelegt, aber Hauptredaktion und Herausgeber Münzenberg saßen in Paris, ebenso wie ein Großteil der Leserschaft, wie sich aufgrund des pariszentrierten Anzeigenteils vermuten lässt. Weiterhin stammen programmatische Äußerungen zu den Abenden ausschließlich aus der Pariser Redaktion, die am 13. Juni 1939, also nach dem ersten *Zukunft*-Abend in Paris am 8. Juni, ein programmatisches Schreiben verschickte, dessen Durchschlag sich im Archiv der Zeitschrift findet und das vermutlich an die *Zukunft*-Dependancen in diversen Ländern ging. Darin geht die Administration der *Zukunft* sehr detailliert auf organisatorische Vorbereitung, Ziele, Durchführung, Verlauf des ersten Abends und weitere geplante Veranstaltungen ein – verbunden mit der ausdrücklichen Aufforderung, im eigenen Land ähnliche Zusammenkünfte ins Leben zu rufen: »Werte Freunde, [/] Wir geben Ihnen nachstehend einen kleinen Bericht über die Durchführung einer *Tucholsky-Mehring-Veranstaltung*, die wir von der ZUKUNFT aus am 8. Juni ds. Js. in Paris organisiert hatten. [/] Von verschiedenen Seiten war vorgeschlagen worden, im Rahmen der Pariser Lesergruppe der ZUKUNFT zwanglos Veranstaltungen (Vorträge, Liederabende etc.) durchzuführen. Als ersten Vortragenden wählten wir WALTER MEHRING, hauptsächlich deshalb, um im Zusammenhang mit dieser Veranstaltung bei den Freunden der ZUKUNFT eine Sammlung für Mehring durchführen zu können, dem es wirtschaftlich und gesundheitlich furchtbar schlecht geht.«[54]

Musik gehörte also von vornherein zum Veranstaltungskonzept. Bemerkenswert ist auch, wie die *Zukunft* die eigenen Motive bei der Wahl Mehrings darstellt. Ein humanitärer Zweck ist nicht abstreitbar, aber vermutlich nicht der einzige Beweggrund, war Walter Mehring doch einer der prominentesten deutschsprachigen Exilanten in Paris, deren Kulturleben in diesem Sommer 1939 offenbar äußerst lebhaft war: »Wir hatten diese Veranstaltung in einem kleinen Saal angesagt, weil in der gleichen Woche schon ein halbes Dutzend anderer deutscher Veranstaltungen in Paris stattfanden«, schreibt die *Zukunft* und fährt fort: »Wir versandten Karten an etwa 150 uns persönlich bekannte Freunde, ausserdem wurden etwa 80 Karten von einigen Freunden der ZUKUNFT persönlich verkauft. Der Abend war ein grosser Erfolg. (...) Es waren etwa 200 bis 250 Personen da und die Einnahmen des Kartenverkaufs und einer Sammlung bei begüterten Freunden ergab über frs. 2000.– nach Abzug aller Unkosten, die wir dem Autor überreichen konnten.«[55] Unverkennbar ist dies eine Anleitung zur Nachahmung, der noch präzisere Angaben zur Art des Kartenvertriebs folgen. Auch das anwesende Publikum wird detailliert beschrieben: »Die politischen Emigrationsgruppen, mit denen wir in freundschaftlichen Beziehungen sind (Miles' ›Neu Beginnen‹, Deutsche und Oesterreichische Sozialisten, sowie Revolutionäre Sozialisten Oesterreichs) konnten nur vereinzelt kommen, da an diesem Abend zwei andere Veranstaltungen gewerkschaftlichen Charakters stattfanden. Das Publikum setzte sich hauptsächlich aus folgenden Leuten zusammen: bürgerliche Intellektuelle und befreundete Schriftsteller, jüdische Kreise, sozialistische Zirkel, Abonnenten und Freunde der ZUKUNFT.«[56]

Damit wird die beabsichtigte, auffällig gemischte Zielgruppe, die keineswegs nur das klassische politisch-sozialistische Spektrum umfasst, für eventuelle Nachahmer klar abgesteckt. Die Redaktion gibt zudem einen Ausblick über weitere geplante Veranstaltungen, unter anderem als dritten Abend noch vor der Saisonpause einen »Lieder- und Balladenabend«. Ab September sollten die *Zukunft*-Abende als monatliche Veranstaltungsreihe fest etabliert werden[57], ein Vorhaben, das allerdings der Kriegsausbruch verhinderte. Der Brief schließt mit einer direkten Aufforderung: »Wir geben Ihnen diesen Bericht und hoffen, dass es Ihnen möglich ist, in Ihrem Land ähnliche Veranstaltungen, vielleicht in kleinerem Rahmen, für Freunde und Leser der ZUKUNFT durchzuführen. Falls Sie Referenten benötigen, bitten wir Sie um Ihre Anfragen.«[58]

Die *Zukunft*-Abende zeigen sich als Unternehmung, die von Anfang an darauf angelegt ist, Schule zu machen und auf andere Länder auszustrahlen. Dass dort andere Bedingungen herrschten als in Paris, also zwangsläufig andere Vorkehrungen zu treffen waren, kann man der Antwort Günther Dallmanns, des Administrators der *Zukunft* in Schweden, entnehmen. Gleichzeitig verdeutlicht Dallmanns kritischer Kommentar die privilegierte Pariser und Londoner Situation: »Werte Freunde«, schreibt er, »recht vielen Dank für Ihre Mitteilungen über den 1. ZUKUNFT-Abend, die mich natürlich sehr interessiert haben. Ich würde ganz gerne auch hier so etwas organisieren, wenn auch die Bedingungen und Voraussetzungen hier vollkommen andere sind. Erstens einmal haben wir ja hier kein deutsches Publikum wie en [sic] in Paris und London der Fall ist. Zweitens müsste offiziell ein Schwede dafür stehen, denn eine mehr oder minder öffentliche Veranstaltung wird hier kaum zu machen sein, aber vielleicht in geschlossenem Kreise.«[59]

Tatsächlich ist eine Besonderheit der Pariser *Zukunft*-Abende, dass sie von Beginn an öffentlich und immer am gleichen Ort, dem Cercle des Nations in der Rue Casimir-Périer Nr. 21 im siebten Pariser Arrondissement, stattfanden und nicht wie die Abende in London oder Kopenhagen im halböffentlichen Rahmen von Privathäusern. Auch dass wie in Paris Eintritt erhoben werden kann, ist keine Selbstverständlichkeit. Der Umfang, die relative Zahlungsfähigkeit und das Interesse des in Paris für solche Veranstaltungen vorhandenen Publikums werden hier ebenso deutlich wie die günstigen Verbindungen der Administration der *Zukunft* zu kulturpolitischen Pariser Kreisen, die den Zugang zu den entsprechenden Veranstaltungssälen öffneten. Was die Zusammensetzung des schwedischen Publikums angeht, zeigt sich Dallmann ebenfalls eher skeptisch: »Mitglieder der verschiedenen pol. Gruppen dürften aus dem bekannten Gruppenegoismus heraus, zu dem entweder parteipol. Ablehnung der Z. oder Ressentiments gegen sie kommen, nur in verschwindender Anzahl an einem solchen Abend teilnehmen. Das mehr bürgerlich-jüdische Publikum lebt ziemlich zerstreut und kann kaum in dem Maße wie in Paris oder London erobert werden. Trotzdem würde ich im Frühherbst – eher hat es hier garkeinen Sinn, alle Prominenten und die Leute überhaupt verreisen aufs Land – einen Versuch machen wollen.«[60]

Ziele und propagandistische Strategie
Was bezweckte die *Zukunft* mit einem solchen international angelegten kulturellen Großprojekt? Die Gewinnung neuer Leserschichten spielt sicherlich eine Rolle, auch die in der Beschreibung des ersten *Zukunft*-Abends in London angesprochene Möglichkeit, »die Leser der ›Zukunft‹ und Aussenstehende, die sich für die Idee der aktiven Zusammenarbeit aller freiheitlichen Menschen einsetzen, auch persönlich miteinander bekannt zu machen«[61], sollte als Motivation nicht unterschätzt werden. Inwieweit es sich hier tatsächlich um »zwanglose Zusammenkünfte unpolitischer Art«[62] handelte, ist zumindest fraglich. Zwar wurde keine direkte Politik betrieben, aber gerade die dadurch eröffnete Möglichkeit, auch politisch »Aussenstehende«, aber Interessierte anzusprechen, diente einem klaren politischen Ziel, nämlich, Gesprächsmöglichkeiten zwischen den unterschiedlichen Gruppen des politisch zersplitterten deutschen Exils herzustellen und Kommunikationsräume zu schaffen. Transparent wird diese Absicht, wenn man sich mit Willi Münzenberg, dem Herausgeber der *Zukunft*, und seinem Propagandaverständnis beschäftigt, dessen Bedeutung und Entwicklung Hélène Roussel folgendermaßen zusammenfasst: »In die Geschichte des zwanzigsten Jahrhunderts ist Willi Münzenberg in einer doppelten Eigenschaft eingetragen: als einer der größten deutschen Medienorganisatoren schlechthin, der epochemachende Innovationen bei der Gestaltung und dem Einsatz von Medien durchführte, und als Politiker mit einem – durch die heutige Brille gesehen – bezeichnenden Entwicklungsweg. Dieser Weg führte ihn während des Exils in Frankreich von der kommunistischen Orthodoxie zum allmählichen Bruch mit dem kommunistischen Apparat (zwischen Ende 1936 und 1938) aufgrund einer Kritik des Stalinismus und zur Suche nach neuen tragfähigen Modellen eines gegen das Dritte Reich gerichteten Bündnisses.«[63] Als

Gründer der Internationalen Arbeiterhilfe und Leiter des größten kommunistischen Medienkonzerns der Weimarer Republik verfügte Münzenberg im Exil und selbst nach seinem Bruch mit der kommunistischen Partei noch über ein beneidenswertes internationales Netzwerk, nicht zuletzt wegen seiner zahlreichen Kontakte zu Linksintellektuellen und Politikern außerhalb der kommunistischen Partei. Als grundlegende Merkmale seiner politischen Kampagnen zur Zeit der Weimarer Republik entdeckt Roussel Züge, die sich – unter etwas anderen politischen Vorzeichen – nahtlos auf das Konzept der *Zukunft*-Abende übertragen lassen: die Vernetzung verschiedener Medienformen und die Aktivierung von Lesern und potenziell Gleichgesinnten: »Auch durch seine Teilnahme an öffentlichen Veranstaltungen wie Massenversammlungen, -festen, -umzügen und kulturellen Solidaritätskundgebungen kann der Leser zum unmittelbar Handelnden werden. (...) Bekannte Intellektuelle und Künstler werden zu publikumswirksamen, spektakulären Formen der Teilnahme eingeladen; aus der Nennung ihrer Namen und der Nutzung ihres Rufes wird symbolische Macht zur Verstärkung der Kampagne bezogen.«[64]

Wesentliche Merkmale dieser kulturellen Initiative der *Zukunft* – die Verbindung kultureller, propagandistischer und humanitärer Ziele, die gute Organisation, die auf eine internationale Verbreitung des Projekts zielt, das Ansprechen prominenter bürgerlicher Intellektueller, Künstler und Musiker bewusst auch abseits der parteipolitischen Kreise – tragen also deutlich Münzenbergs Handschrift. Übergreifendes politisches Ziel, in dessen Dienst auch die öffentlichkeitswirksamen *Zukunft*-Abende stehen, ist letztlich eine »Einheitsfront« der zum Teil zutiefst zerstrittenen linken Gruppen des Exils abseits der kommunistischen Partei gegen das nationalsozialistische Deutschland.

Musikalischer Ausdruck eines »anderen Deutschland«
Während die organisatorischen Aspekte des Projektes anhand des literarischen Tucholsky-Mehring-Abends dargestellt wurden, sollen Inhalt und Wirkung des musikalischen Engagements am Beispiels des Pariser Liederabends am 7. Juli 1939 demonstriert werden. Die Dokumente zum Programm, zu Mitwirkenden und zur Wirkung des Abends sind zahlreich, da diese Veranstaltung besonders detailliert vorangekündigt und besprochen wurde. Zwei große Anzeigen in der *Zukunft* weisen auf die Veranstaltung, zunächst unter dem Titel »Lieder- und Balladen-Abend«, dann als »Deutscher Lieder- und Balladen-Abend« hin. Als Ausführende sind genannt: »Hanna Landé, Sopran, Anton Schott, Bass, Ilja Hanin, Violine, Ilja Stender, Cello, Franz Landé, Klavier, Alexander Maass, Rezitationen.«[65]

Die Eheleute Hanna und Franz Landé, sie als Sängerin, er als Pianist und Dirigent, gehörten zu den aktivsten Musikern des Pariser Exils. Schon ab 1933 begegnet man ihnen immer wieder in Konzertprogrammen und in der

Exilpresse. Auch der Bassist Anton Schott erscheint dort des Öfteren, ebenso wie Alexander Maass, der in der *Zukunft* auch als Autor hervortritt.

Beide Anzeigen ebenso wie die anschließend erschienene Rezension vermitteln Hinweise auf das Programm, allerdings in nicht ganz eindeutiger Weise. Der dreiteilige Ablauf des Abends lässt sich also insbesondere, was die Reihenfolge der Werke angeht, nicht mehr mit letzter Sicherheit rekonstruieren. Die vorliegenden Informationen ergeben folgendes Bild: Anton Schott: Felix Mendelssohn Bartholdy, *Auf Flügeln des Gesanges* op. 34 Nr. 2; Robert Schumann, *Die beiden Grenadiere* op. 49 Nr. 1; Franz Schubert, *Der Lindenbaum* op. 89 Nr. 5; Rudi Goguel, *Die Moorsoldaten*; »alte Volkslieder«; »Heine-Lieder und Lieder für Bass« von Friedrich Silcher, Grigori Schneerson und Bela Reinitz. Hanna Landé: Lieder von Wolfgang Amadeus Mozart, Johannes Brahms und Franz Schubert, darunter Franz Schuberts *Ungeduld* op. 25 Nr. 7. Hanna Landé und Anton Schott: Duette von Robert Schumann und aus Wolfgang Amadeus Mozarts *Zauberflöte*. Ilja Hanin, Ilja Stender, Franz Landé: Ludwig van Beethoven, *Klaviertrio* op. 1 Nr. 3, 1. Satz und Menuett; möglicherweise ein (nicht näher bezeichnetes) Trio von Felix Mendelssohn Bartholdy. Alexander Maass: angekündigt waren Rezitationen aus Werken von Johannes R. Becher, Rainer Maria Rilke, Ludwig (vermutlich Emil Ludwig); besprochen wurde die Lesung eines Ausschnitts aus einem »Spanien-Buch« namens *Miguel*.[66]

Ein sehr buntes Programm also, das neben Stücken des klassisch-romantischen deutschen Lied- und Opernrepertoires auch moderne Lieder des russischen Komponisten und Musikwissenschaftlers Grigori Schneerson und des Ungarn Bela Reinitz, die vermutlich in den Chanson- und Kampfliedbereich gehören, umfasst. Hinzu gesellen sich Volkslieder und die im KZ Börgermoor 1933 entstandene Ballade *Die Moorsoldaten* sowie Kammermusik und Rezitationen. Wieder begegnet hier also die Kombination verschiedener Kunstformen und Genres. Betrachtet man das Programm genauer, kristallisieren sich aus der scheinbar so willkürlichen Mischung verschiedene programmatische Strategien heraus.

Ein Fixpunkt ist der Name Heinrich Heine als Textdichter mindestens zweier, wahrscheinlich eher dreier Lieder: *Auf Flügeln des Gesanges* und *Die beiden Grenadiere*. Man kann vermuten, dass sich hinter dem erwähnten Heine-Lied Friedrich Silchers sein wohl berühmtestes, nämlich die *Lorelei*, verbirgt, da insbesondere das quasi-Volkslied *Lorelei* immer wieder als Beispiel für die Absurdität der nazistischen Musikpolitik dient.[67] Heine ist als in Nazideutschland verbotener Autor, als deutscher Jude und als Pariser Exilant des 19. Jahrhunderts für das deutsche Exil in Paris natürlich eine besonders wichtige Identifikationsfigur, ein Umstand, der den Rezensenten des Konzerts in der *Zukunft* zu bewegen scheint, wenn er schreibt: »Derselbe Gedanke [an die verlorene Heimat, A. L.] leuchtete einst von dem Heine-Denkmal in

Frankfurt, aber ach, seitdem mussten die ›Grenadiere‹ wieder nach Frankreich ziehen und die Marseillaise, mit den Melodien Schuberts verschmolzen, rollt über das Heine-Grab.«[68] Auf dem Umweg über Schumanns (nicht Schuberts!) *Die beiden Grenadiere* mit seinem Marseillaise-Zitat wird hier implizit eine Parallele zwischen dem Textdichter Heine und den aktuellen deutschen Exilanten gezogen. Gleichzeitig schafft der Rezensent mit dem Verweis auf das Heine-Grab auf dem Pariser Friedhof Montmartre einen französisch-deutschen Bezug, der das Publikum also auch in Paris verortet.

Im Zusammenhang mit Mendelssohn, der sich, ebenfalls wegen seiner jüdischen Herkunft in Deutschland verboten, auf dem Programm sicher nicht absichtslos findet, wird der Heimatbezug des Programms, der sich schon im Titel der Rezension »Deutsche Lieder in Paris« andeutet, hervorgehoben: »Wollten doch viele derer, die nun schon über sechs Jahre das weisse Brot der Verbannung essen, einmal wieder ›Auf Flügeln des Gesanges‹, von Mendelssohn gewebt, heim eilen in das schöne Land ihrer Träume, ihrer Gräber.«[69] Diese im Stil des Artikels leicht sentimentale Beschwörung der (musikalischen) alten Heimat entwirft auch ein Gegenbild zum damaligen Deutschland. Heimat ist hier ein Begriff nicht nur geografischer, sondern auch zeitlicher wie kulturpolitischer Distanz und für den Rezensenten jedenfalls ein Zentralbegriff des Konzerts, beschreibt er doch beispielsweise auch den »leidvoll erregenden Klang« von Schuberts *Lindenbaum* als »vom alten Zauberwort der Heimat entzündet«. Direkt anschließend hebt er die »grauenhaft-groteske (...) Wirklichkeitsnähe« der *Moorsoldaten* hervor, kontrastiert das heimatliche Traumbild also mit der aktuellen deutschen Wirklichkeit.

Über die Identität der Kampflieder und Chansons können nur Vermutungen angestellt werden, da bis auf *Die Moorsoldaten* keines namentlich erwähnt wird. Allerdings begegnen die Namen Schneersons und Reinitz' in der Literatur oftmals im Zusammenhang mit dem Sänger, Kabarettisten und Schauspieler Ernst Busch.[70] Da Alexander Maass, der »als Offizier in Spanien für die Freiheit gekämpft hat«[71], so der Rezensent, aus einem »Spanien-Buch« liest, liegt die Vermutung nahe, dass der Spanische Bürgerkrieg ein weiteres programmatisches Element des Konzerts gebildet haben könnte. Die entsprechenden Lieder könnten insofern dem damals sehr populären, von Ernst Busch herausgegebenen Spanienliederbuch *Canciones de las Brigadas Internacionales* entstammen, in dem sowohl die *Moorsoldaten* als auch Bela Reinitz' *Abschied* (»Wenn das Eisen mich mäht«) und zwei Lieder Grigori Schneersons enthalten sind.[72]

Sobald von Werken die Rede ist, die diesen Heimat- oder Heimwehcharakter oder den direkten Zeitbezug vermissen lassen, wird der Ton des Artikels spürbar sachlicher und kürzer: Die »sieghafte Anmut« von Schuberts *Ungeduld*, die »heitere Lieblichkeit« der Duette aus der *Zauberflöte*, die

»einfach und edel-überzeugend(e)« Interpretation des Beethoven-Trios werden erwähnt.[73]

Insgesamt fällt auf, dass über die Hälfte des Konzertprogramms aus Werken bestand, die im damaligen Deutschland nicht gespielt werden durften. Sehnsucht nach der Heimat zeigt sich in diesem Programm also als durchaus differenziertes Konzept: Eingebettet in das auch in Nazideutschland geschätzte Repertoire (Beethoven, Mozart, Schubert, Schumann) finden sich verbotene Textdichter (Heine) und Komponisten (Mendelssohn), Beispiele der von den Nazis zugrundegerichteten linken Kabarett- und Kampfliedkultur sowie mit den *Moorsoldaten* ein Stück, das das nationalsozialistische Regime direkt anprangert. So entsteht ein musikalisches Gegenbild zur offiziellen deutschen Kultur, eine musikalische Ausprägung des Selbstverständnisses vieler Exilanten als das »andere Deutschland«.

An wen richtet sich nun dieser Liederabend? Sowohl die Rezension als auch ein in der Zukunft publizierter Leserbrief äußern sich zum Publikum des Abends. Wenn sich auch beide Texte nicht vom Selbstdarstellungskonzept der Zeitung lösen lassen, erlaubt eine kritische Analyse doch Rückschlüsse auf den Adressatenkreis: »Die Abende der ›Zukunft‹ in Paris«, beginnt die Rezension, »sind des schönen und vornehmen Rahmens vom Cercle des Nations, in dem sie stattfinden, würdig. An dem deutschen Lieder- und Balladenabend wurden zu den bisherigen festen Besuchern viele neue Hörer und besonders französisches Publikum bemerkt, das die Gelegenheit benutzte, deutsche Musik und ›le lied allemand‹ zu hören. Der Saal war übervoll. Mehrere hundert Personen waren anwesend.«[74]

Gerade das französische Publikum zu erreichen, war ein besonderes Anliegen der *Zukunft*, die sich ja ausdrücklich als »europäische Tribüne« verstand.[75] Dennoch ist es durchaus möglich und wahrscheinlich, dass dieser musikalische Abend, gerade weil er nicht unmittelbar sprachgebunden war und Franzosen ohne Deutschkenntnisse davon also im Gegensatz zu literarischen Veranstaltungen direkt profitieren konnten, in höherem Maße französisches Publikum anzog als die vorigen *Zukunft*-Veranstaltungen. Die Kontakte zum französischen Kulturleben garantierte ja unter anderem die mit der Zeitschrift verbundene Union franco-allemande. Wegen dieses Publikumszuwachses ist es auch wahrscheinlich, dass das Konzert besser besucht war als die vorangegangenen *Zukunft*-Abende. Hier zeigt sich eine besondere Stellung der Musiker innerhalb des deutschsprachigen Exils, eine privilegierte Situation der nicht allein an ein deutschsprachiges Publikum gebundenen Künstler. So waren sie vom propagandistischen Standpunkt aus gesehen in der Lage, vielfältigere Publikumsschichten anzuziehen als das für sprachgebundene Veranstaltungen möglich war. Möglicherweise ist dies ein Grund dafür, dass die Musikveranstaltungen von Beginn an ausdrücklich Teil des Konzepts der *Zukunft*-Abende waren. Ein weiterer Gedanke klingt in der Formulierung »le lied allemand« in der Rezension an: Dieser deutschfranzösische Mischbegriff, also die Tatsache, dass eine bestimmte Form des Kunstliedes so sehr mit ihrem deutschen Ursprung identifiziert wird, dass die französische Sprache den deutschen Begriff als Fremdwort übernimmt, legt die Möglichkeit nahe, gerade mit dieser Musikform deutsches Kulturleben auch dem französischen Publikum nahezubringen. Nicht nur Selbstbestätigung im eigenen Kreis, sondern auch Selbstbehauptung und -darstellung gegenüber der französischen und der nazideutschen Öffentlichkeit wären dann als Motive denkbar.

Der Leserbrief spricht eine andere den Konzertveranstaltern sicher erwünschte Erscheinung an: den »aussergewöhnlich hohen Prozentsatz geistig prominenter Emigranten«[76] im Publikum, was genau der Strategie Münzenbergs entsprach, gute Kontakte zu bekannten Vertretern des Exils wie des französischen Bürgertums zu pflegen.

Zur Wirkung des Konzertes betont der Leserbrief weiterhin die hohe künstlerische Qualität des Abends und insbesondere die Professionalität der Sänger: »In dem Bericht über den Abend, den Sie in der ›Zukunft‹ brachten, hätte meines Erachtens nicht unerwähnt bleiben dürfen, dass die beiden Sänger Hanna Landé (Sopran) und Anton Schott (Bass) die in Charakter und Stil so außerordentlich verschiedenartigen Gesangsnummern des vielseitigen dreiteiligen Programms nicht nur durchaus stilgerecht und mit grosser Ausdruckskraft vortrugen, sondern dass sie auch über ausgezeichnet ausgebildete Stimmen verfügen.«[77] Der Verfasser wünscht sich ausdrücklich, »dass Sie nach den Ferien mit den gleichen Künstlern (oder auch mit anderen gleichwertigen) noch recht viele Konzerte veranstalten möchten. Ich bin überzeugt, dass sich diese Konzerte in dem ach so mageren Kulturleben der deutschen Emigration schnell einen hervorragenden Platz erobern werden, und dass sie auf Dauer auch auf den grossen Kreis französischer Liebhaber deutscher Musik eine erhebliche Anziehungskraft ausüben werden.«[78]

An einer Fortsetzung der Abende, die die *Zukunft* ja tatsächlich geplant hatte, herrschte offenbar einiges Interesse. Mit einer Konzertreihe ein internationales Publikum anzusprechen, erhofft sich auch der Leserbrief-Schreiber. Man mag sich fragen, welche Maßstäbe er an das so »magere Kulturleben der deutschen Emigration« anlegt, das in Paris bekanntermaßen ausgesprochen lebhaft war, wenn auch sicher nicht mit der Berliner oder Wiener Szene vor 1933 vergleichbar. Sein Votum zu dem *Zukunft*-Abend aber ist eindeutig: »Das Konzert hat mich nicht nur angenehm überrascht, sondern ehrlich begeistert, und ich zähle diesen Abend zu den schönsten, die ich bisher in der Emigration erlebt habe.«[79]

1 Alfred Wolfenstein: »Idee Paris«. In: *Die Zukunft* Jg. 2 (1939) Nr. 17, 28.4.1939, (Sondernummer Frankreich – Deutschland), S. 6. — **2** Vgl. Hans-Albert Walter: *Deutsche Exilliteratur 1933–1950*. Bd. 4. Stuttgart 1978, S. 130 f. — **3** Verwendet wurde für die vorliegende Untersuchung der 1978 erschienene Reprint der *Zukunft: Die Zukunft. Organ der Deutsch-Französischen Union, Paris Oktober 1938 – Mai 1940*. Unveränderter Neudruck der Ausgabe Paris 1938–1940. Vaduz/Liechtenstein 1978. Da die letzte Nummer der Zeitschrift vom 10. Mai 1940 in dem Nachdruck unerklärlicherweise fehlt, wurde zusätzlich eine Mikrofilmausgabe (*Die Zukunft. Paris 1938–40*. Jg. 1 (1938) Nr. 1, 12.10.1938 – Jg. 3 (1940) Nr. 19, 10.5.1940 hinzugezogen (verwendet wurde das Exemplar des Instituts für Zeitungsforschung der Stadt Dortmund). — **4** Anonym: »Das Musikland Österreich. Von einem Wiener Musikschriftsteller«. In: *Die Zukunft* Jg. 2 (1939) Nr. 5, 3.2.1939, S. 8. — **5** Ludwig Marcuse: »Richard! Freiheit!«. In: *Die Zukunft* Jg. 2 (1939) Nr. 9, 3.3.1939, S. 6. — **6** Peter Maslowski: »Als die Marseillaise entstand«. In: *Die Zukunft* Jg. 2 (1939) Nr. 26, 30.6.1939, S. 5 f. — **7** Alexander Maass: »Musikalische Grosskampftage«. In: *Die Zukunft* Jg. 2 (1939) Nr. 35, 28.8.1939, S. 9. — **8** Konrad Wolff: »Beethoven heute«. In: *Die Zukunft* Jg. 2 (1939) Nr. 49, 8.12.1939, S. 5. — **9** Französische Bezeichnung für die Kriegszeit ohne Kampfhandlungen zwischen September 1939 und Anfang Mai 1940, entspricht dem deutschen »Sitzkrieg«. — **10** Anonym: »Das Musikland Österreich« (s. Anm. 4), S. 8. — **11** Ebd. — **12** Vgl. Maass: »Musikalische Grosskampftage« (s. Anm. 7), S. 9. — **13** Ebd. — **14** In überarbeiteter Form entspricht der Ausschnitt in etwa S. 83–90 aus Ludwig Marcuse: *Richard Wagner. Ein denkwürdiges Leben*. Zürich 1973 (Erstausgabe 1963). — **15** Marcuse: »Richard! Freiheit!« (s. Anm. 5), S. 6. — **16** Zit. nach: Max Domarus (Hg.): *Hitler. Reden und Proklamationen 1932–1945. Kommentiert von einem deutschen Zeitgenossen*. Bd. 2. Würzburg 1963, S. 1410. — **17** Wolff: »Beethoven heute« (s. Anm. 8), S. 5. — **18** Ebd. — **19** Ebd. — **20** Maslowski: »Als die Marseillaise entstand« (s. Anm. 6), S. 5. — **21** *Die Zukunft* Jg. 2 (1939) Nr. 27, 7.7.1939, S. 10. — **22** *Die Zukunft* Jg. 2 (1939) Nr. 28, 14.7.1939, S. 11. — **23** Annette Kolb: »Hermann Scherchen«. In: *Die Zukunft* Jg. 2 (1939) Nr. 17, 28.4.1939 (Sondernummer Frankreich – Deutschland), S. 8. — **24** Brief M.s (vermutlich Ludwig Marcuses) an Alfred Polgar vom 8.11.1938. In: Archives Nationales Paris (im Folgenden: AN) F[7] 15124. — **25** Stellungnahme des Sous-Directeur du Sceaux (Name unleserlich) zur Einbürgerung Bruno Walters vom 2.9.1938. In: Archives Nationales Fontainebleau, Dossier Nr. 19770897 Art. 161. — **26** Es handelt sich vermutlich um Walters Konzerte am 10. und 12. November 1938 in der Pariser Oper bzw. der Salle Pleyel, vgl. *Pariser Tageszeitung* Jg. 3 (1938) Nr. 838, 10.11.1938, S. 3. — **27** Brief Alfred Polgars an die Redaktion der *Zukunft* vom 11.11.1938. In: AN F[7] 15124. — **28** Brief Jean-François Vincents an *Die Zukunft* vom 17.10.1938. In: AN F[7] 15124: »Mein Kompliment für diese erste Nummer. Ich hätte eine so sensationelle Neuerscheinung in der Eintönigkeit von Zeitungen und Zeitschriften aller Sprachen, deren große Titel Gewöhnung erzeugen, deren ›sensational‹ Überdruss hervorruft, nicht für möglich gehalten. In ›Die Zukunft‹ findet man diese großherzige Weltanschauung, die dem früher oder später freien Deutschland einen großartigen Platz in der Welt sichern wird. (...) Ich lege Ihnen eine Liste von Personen bei, die diese Neuerscheinung sicherlich interessieren wird und die Abonnenten werden könnten. (...) Sehr herzlich, Jean-François (Kabarettist)« (Alle Übersetzungen von der Autorin). — **29** Vgl. Ludwig Marcuse: *Mein zwanzigstes Jahrhundert. Auf dem Weg zu einer Autobiographie*. Zürich 1975, S. 283 f. — **30** Gemeint ist vermutlich Annemarie Meier-Graefe, genannt Busch, die mit Alma Mahler-Werfel befreundet war. Vgl. Alma Mahler-Werfel: *Mein Leben*. Frankfurt/M. 1963, S. 236. — **31** Brief an Alma Mahler-Werfel vom 1.3.1939. In: AN F[7] 15124. — **32** Anonym: »Das Musikland Österreich« (s. Anm. 4), S. 8. — **33** Vgl. *Die Zukunft* Jg. 2 (1939) Nr. 8, 24.2.1939, S. 8. — **34** Vgl. Christian Eggers: *Unerwünschte Ausländer. Juden aus Deutschland und Mitteleuropa in französischen Internierungslagern 1940–1942*. Berlin 2002, S. 48. — **35** Vgl. Lieselotte Maas: *Handbuch der deutschen Exilpresse 1933–1945*. Bd. 2. München – Wien 1978, S. 642. — **36** Empfehlungsschreiben Th.'s (vermutlich Werner Thormanns) für Egon Neumann an Richard Redler vom 8.2.1940. In: AN F[7] 15124. — **37** Vgl. Werner Röder, Herbert A. Strauss (Hg.): *Biographisches Handbuch der deutschsprachigen Emigration nach 1933*.

Bd. 1. München 1980, S. 588. — **38** Vgl. Marcus Patka: *Chronik der kulturellen und politischen Veranstaltungen im mexikanischen Exil, organisiert von verschiedenen Organisationen: (1937–1949).* www. literaturepochen.at/exil/multimedia/pdf/mexikoveranstchronikpatka.pdf, 11.3.2008. — **39** Gerda Friedmann war redaktionelle Mitarbeiterin der *Zukunft*. Vgl. Etat Civil de Gerda Friedmann vom 11.9.1940. In: Archiv der Préfecture de Police Paris, GA D 3, Dossier »Die Zukunft«. — **40** Brief Karl Farkas' an Gerda Friedmann vom 28.2.1940. In: AN F⁷ 15123. — **41** »Revue im Lager«. In: *Die Zukunft* Jg. 3 (1940) Nr. 7, 16.2.1940, S. 7. — **42** Ebd. — **43** »Dienstverpflichteter«. Nach einem Dekret vom 13.1.1940 bestand für ausländische Flüchtlinge in Frankreich eine Arbeitsdienstpflicht in Analogie zum Militärdienst. Vgl. Eggers: *Unerwünschte Ausländer* (s. Anm. 34), S. 54 ff. — **44** Brief Karl Farkas' an Gerda Friedmann vom 28.2.1940. In: AN F⁷ 15123. — **45** Vgl. Eggers: *Unerwünschte Ausländer* (s. Anm. 34), S. 57. — **46** Brief Karl Farkas' an Gerda Friedmann vom 28.2.1940. In: AN F⁷ 15123. — **47** Ebd. — **48** Brief Gerda Friedmanns an Karl Farkas vom 8.3.1940. In: AN F⁷ 15123: »Ihr Vorschlag, sich als Mitarbeiter unserer Zeitung anfordern zu lassen, ist leider nicht realisierbar. Andererseits sind wir überzeugt, wie sicher jeder, der Ihre Fähigkeiten als Autor, Schauspieler und Conférencier kennt, dass Sie im gemeinsamen Interesse Frankreichs und Österreichs sehr nützliche Arbeit leisten können. Schon bevor wir Ihren Brief bekamen, hatten wir an Sie gedacht und werden nicht versäumen, gegebenenfalls die zuständigen Stellen auf Ihren Wunsch, Frankreich mit Ihren speziellen Fähigkeiten zu dienen, aufmerksam zu machen (…). Wenn Sie uns von Zeit zu Zeit einen kleinen Artikel schicken wollen, so könnten wir vielleicht in Erwägung ziehen, diesen in der ›Zukunft‹ zu veröffentlichen.« — **49** Brief Karl Farkas' an Gerda Friedmann vom 11.3.1940. In: AN F⁷ 15123: »Ich bitte Sie von ganzem Herzen, die Aufmerksamkeit der zuständigen Stellen auf meinen Wunsch, Frankreich mit meinen Fähigkeiten zu dienen, zu lenken – wie Sie es so tröstlich versprachen.« — **50** Brief Karl Farkas' an die Redaktion der *Zukunft* vom 7.4.1940. In: AN F⁷ 15123: »das die aktuelle Stimmung in Prag beschreibt«. — **51** Karl Farkas: »Abend in Prag …«. In: *Die Zukunft* Jg. 3 (1940) Nr. 19, 10.5.1940, S. 5. — **52** Das ist Wolfgang Schütz, vgl. Brief Wolfgang Schütz vom 21.6.1939 an die Redaktion der *Zukunft*, AN F⁷ 15124. — **53** »Freunde der ›Zukunft‹. Von unserem Londoner Korrespondenten«. In: *Die Zukunft* Jg. 2 (1939) Nr. 16, 21.4.1939, S. 3. — **54** Brief der Administration der *Zukunft* vom 13.6.1939 (Korrespondenz Günther Dallmann). In: AN F⁷ 15123. — **55** Ebd. — **56** Ebd. — **57** Vgl. ebd. — **58** Ebd. — **59** Brief Günther Dallmanns an die Administration der *Zukunft* vom 18.6.1939 (Korrespondenz Günther Dallmann). In: AN F⁷ 15123. — **60** Ebd. — **61** »Freunde der ›Zukunft‹. Von unserem Londoner Korrespondenten« (s. Anm. 53), S. 3. — **62** Ebd. — **63** Hélène Roussel: »Zu Willi Münzenbergs verlegerischer Tätigkeit im Kontext seines Umgangs mit den Medien in der Weimarer Republik und im französischen Exil«. In: Hélène Roussel, Lutz Winckler (Hg.): *Deutsche Exilpresse und Frankreich 1933–1940*. Bern 1992, S. 157. — **64** Ebd., S. 165. — **65** *Die Zukunft* Jg. 2 (1939) Nr. 27, 7.7.1939, S. 11. — **66** Vgl. zum Programm die Ankündigungen in: *Die Zukunft* Jg. 2 (1939) Nr. 26, 30.6.1939, S. 12 und *Die Zukunft* Jg. 2 (1939) Nr. 27, 7.7.1939, S. 11 sowie die Rezension »Deutsche Lieder in Paris«. In: *Die Zukunft* Jg. 2 (1939) Nr. 28, 14.7.1939, S. 8. — **67** Vgl. zum Beispiel: »Undeutsche Musik«. In: *Die Zukunft* Jg. 1 (1938) Nr. 8, 2.12.1938, S. 9. — **68** »Deutsche Lieder in Paris« (s. Anm. 66), S. 8. Irrtümlich schreibt der Autor Robert Schumanns *Die beiden Grenadiere* op. 49 Nr. 1 Franz Schubert zu. — **69** Ebd. — **70** Vgl. Ludwig Hoffmann, Karl Siebig: *Ernst Busch. Eine Biographie in Texten, Bildern und Dokumenten*. Berlin 1987, S. 169 f. (Schneerson) und S. 341 (Reinitz). — **71** »Deutsche Lieder in Paris« (s. Anm. 66), S. 8. — **72** Vgl. *Lieder der Internationalen Brigaden.* Kiel o.J. (1973). Erstmalig herausgegeben von Ernst Busch, Barcelona 1938, unter dem Titel *Canciones de las Brigadas Internationales.* — **73** Vgl. »Deutsche Lieder in Paris« (s. Anm. 66), S. 8. — **74** Vgl. ebd. — **75** Roussel: »Zu Willi Münzenbergs verlegerischer Tätigkeit im Kontext seines Umgangs mit den Medien in der Weimarer Republik und im französischen Exil« (s. Anm. 63), S. 188. — **76** »An die Redaktion der ›Zukunft‹«. In: *Die Zukunft* Jg. 2 (1939) Nr. 30, 28.7.1939, S. 12. — **77** Ebd. — **78** Ebd. — **79** Ebd.

Sophie Fetthauer

»Die Lage der immigrierten Tonkünstler in U.S.A.«
Betrachtungen und Analysen des Musikkritikers Artur Holde im *Aufbau*

In einem Interview mit Artur Holde im Jahr 1942 erläuterte Franz Werfel, der gerade Mitglied im Advisory Board des *Aufbau* geworden war, die Aufgaben, die seiner Ansicht nach dieser in New York erscheinenden deutschsprachigen Emigranten-Zeitung zukamen: »Im ethischen Sinne sehe ich die [/] Aufgabe des ›Aufbau‹ [/] darin (…), dass er den Menschen, die in die gleiche schicksalhafte Situation geraten sind, geistig und auch praktisch durch die Schaffung von Verbindungen aller Art eine feste Stütze gibt. Ich sehe für das Blatt eine grosse Zukunft mit einer weltweiten Verbreitung. Denn es ist die einzige deutsche Zeitung, die den Kampf gegen den Nazismus zugleich mit dem Geist eines lebendigen, umfassend orientierten Blattes verbindet. Darin liegt nach meinem Gefühl der ›Wurf‹. [/] Die besondere Aufgabe besteht für mich noch in folgendem: Es fällt dem ›Aufbau‹ wie keiner anderen Zeitung die Pflicht der Bewahrung des deutschen Kulturgutes zu. Deshalb darf er keineswegs nur ein ›Jüdisches Familienblatt‹ sein. Er hat auch für die politischen Flüchtlinge und für die Menschen aus anderen Religionsgemeinschaften einzutreten. Er muss den geistigen Besitz mit verwalten, der seit der Aufklärungszeit bis Hitler von europäischen Menschen geschaffen worden ist. Gerade der ›Aufbau‹ hat die Mission, jene Spannungen zu erhalten, die zu grossen Schöpfungen geführt und das Kulturleben eines ganzen Jahrhunderts geformt haben.«[1]

Diese Aussagen Franz Werfels dürften auch das Selbstverständnis seines Gesprächspartners Artur Holde, der seit Ende der 1930er Jahre Mitarbeiter des *Aufbau* im Ressort Musik war, getroffen haben. Er beschrieb in seinen Artikeln unter anderem die Situation und die Probleme der Musiker und Musikerinnen im US-amerikanischen Exil und gab zugleich Ratschläge, wie diese zu lösen seien. Dabei kümmerte er sich nicht ausschließlich um jüdische Flüchtlinge, sondern versuchte durch die Beförderung von Kunst und Musik im Allgemeinen und die Abgrenzung vom NS-Staat und seiner Kulturpolitik die deutsche Kultur zu erhalten und als eine Art Gegenkonzept zu bewahren. Hintergrund seiner Arbeit bildeten seine eigenen Erfahrungen als Kritiker, Dirigent, Organist, Pädagoge, Komponist und Musikfunktionär in Frankfurt am Main sowie ab 1936 im New Yorker Exil und darüber hinaus die Erfahrungen seiner Frau Heida Hermanns Holde und seiner Schwiegermutter Alice Goldschmidt-Metzger, die beide Pianistinnen und Klavierlehrerinnen waren. Alle drei hatten nach dem Machtantritt der Nazis 1933 in Deutschland in Form von Entlassungen, Berufsverboten und der Ghettoisierung im Jüdischen Kulturbund die Ausgrenzung als Menschen jüdischer Herkunft erlebt und waren nach der Flucht in die USA mit dem Bruch der eigenen Karriere und der Aufgabe konfrontiert gewesen, im Musikleben der Großstadt New York einen Neuanfang zu machen.

In den Kolumnen »Musik in New York« und »Musikalischer Zeitspiegel«[2] berichtete Artur Holde jahrelang über das New Yorker Musikleben, über einzelne Musiker und Musikerinnen, über Konzertreihen und Festivals, über das Opernleben (insbesondere die Metropolitan Opera), über Fragen des Repertoires, der Geschmacksbildung, der zeitgenössischen US-amerikanischen und der jüdischen Musik sowie über die konkrete Arbeitssituation der Emigranten in den USA. Auch Berichte über das Musikleben in Deutschland während des Zweiten Weltkriegs und danach finden sich unter seinen Artikeln. Artur Holdes Artikel waren, da wo es konkret um die Lebenssituation von Musikern im Exil ging, Orientierungspunkt und Ratgeber – etwa in Hinblick auf die Chancen bestimmter Berufsgruppen und musikalischer Genres oder die Wahl des Wohnsitzes. Sie erfüllten damit in erster Linie die Aufgabe einer Sozialisations- und Akkulturationsinstanz, wie sie Sigrid Schneider allgemein als Aufgabe der Publizisten im Exil beschrieben hat.[3] Diese Ratgebertätigkeit baute Artur Holde im Übrigen über seine Publikationen im *Aufbau* hinaus aus. So übernahm er 1941 die Leitung einer Beratungsstelle für Musiker, die der New World Club (bis 1940 German-Jewish Club) eingerichtet hatte. In den Redaktionsräumen der Zeitung, so hieß es in einer Anzeige, sollte er den »kürzlich eingewanderten Musikern aller Zweige den Ueberblick über die beruflichen Aussichten (...) erleichtern.«[4] Eine Stellenvermittlung schloss dies allerdings nicht ein. Über die Dauer des Bestehens dieser Beratungsstelle und darüber, ob sie überhaupt angenommen wurde, liegen keine Informationen vor.

1959, lange bevor sich eine akademische Forschung zur Musik im »Dritten Reich« und im Exil herausgebildet hatte, hat Artur Holde in seiner Studie *Jews in Music*[5] im Rahmen einer Geschichte der Juden in der Musik von der Aufklärung bis zur Mitte des 20. Jahrhunderts einen Überblick über die Entwicklung des antisemitischen Musikschrifttums, die Ausgrenzung jüdischer Musiker nach dem Machtantritt der Nazis, über die Ghettoisierung im Jüdischen Kulturbund, das Kulturleben im Ghetto Theresienstadt, die Entwicklung der Musik in Palästina bzw. Israel sowie über einzelne von Verfolgung und Exil betroffene jüdische Musiker gegeben. Neben ihrer Aufgabe als Orientierungs- und Bewertungsinstanz können auch seine Artikel im *Aufbau* als eine Art frühe Exilforschung gelesen werden, als zeitlich sehr nahe Bestandsaufnahme, in der die wesentlichen Themen des US-amerikanischen Exils beschrieben werden.

Artur Holdes Wirken als Autor des *Aufbau* ist in der Forschungsliteratur bislang noch wenig zur Kenntnis genommen worden. So wird er in den Überblicksdarstellungen *Musik in der Emigration 1933–1945. Verfolgung, Vertreibung, Rückwirkung*[6] gar nicht und in *Musik im Exil. Folgen des Nazismus für die internationale Musikkultur*[7] und in *Driven into Paradise. The Musical Migration from Nazi Germany to the United States*[8] gerade einmal am Rande erwähnt. Nur Irene Heskes referiert im Vorwort zur 1974 erschienenen Neuauflage von *Jews in Music* seine Biografie[9], und Regina Thumser widmet ihm in ihrer nicht publizierten Dissertation *Vertriebene Musiker: Schicksale und Netzwerke im Exil 1933–1945* von 1998 ein eigenes Kapitel.[10] Ursache für die Nichtwahrnehmung könnte sein, dass der *Aufbau* in vielen Bibliotheken nicht als vollständige Quelle vorliegt, ein Umstand, der durch die digitale Publikation der Jahrgänge 1934 bis 1950 im Rahmen des Projektes *Exilpresse digital* der Deutschen Nationalbibliothek Frankfurt am Main inzwischen keine Rolle mehr spielt.[11] Dabei bieten Artur Holdes Artikel nicht nur eine Fülle an Informationen zum New Yorker Musikleben ab Mitte 1939 (Daten von Konzerten, zum Repertoire, zur Rezeption sowie Biografisches und mehr), die eine große Bereicherung der Quellenlage darstellen, sondern darüber hinaus den Entwurf eines mehr oder weniger systematischen Angebots an Fragestellungen und Themen zum Musikerexil in den USA. Dazu zählen die Vorstellungen und Erwartungen der Flüchtlinge in Bezug auf ihre neue Heimat, sodann die tatsächlichen institutionellen und wirtschaftlichen Voraussetzungen, die berufsbezogenen Probleme und Chancen in U- und E-Musik, die Entwicklung des Publikums und seines Geschmacks, die Programmgestaltung sowie der Einfluss der Musiker in den verschiedenen Institutionen, Berufsgruppen und Genres und ihre geografische Verortung über den einfachen Gegensatz Ost-/Westküste hinaus.

Beginnend mit einer Skizze seiner Biografie, die in engem Verhältnis zu den von ihm getroffenen Aussagen steht, soll im Folgenden Artur Holdes Sicht des Musikerexils in den USA dargelegt werden. Ob er mit seinen Bewertungen immer richtig lag, spielt dabei zunächst einmal keine Rolle, da es hier vorrangig um Aspekte der Akkulturation und das von ihm vermittelte Selbstbild in den 1930er und 1940er Jahren geht.

I Artur Holde

Artur Ludwig Holde[12] wurde am 16. Oktober 1885 in Rendsburg (Holstein) geboren. Seine Eltern waren Ernestine Holde, geb. Leschinski, und der Amtsgerichtssekretär Theodor Julius Holde, der auch als Amateurmusiker und in der jüdischen Gemeinde Rendsburg aktiv war.[13] Artur Holde besuchte in seiner Heimatstadt das Gymnasium und studierte 1905 bis 1908 an der Universität Berlin Musikwissenschaft, Philosophie und Kunstgeschichte. Seine akademischen Lehrer waren Max Friedländer, Hermann Kretzschmar, Heinrich Woelfflin, Ulrich von Wilamowitz-Moellendorf, Alois Riehl, Erich Schmidt und vermutlich Georg Simmel.[14] Parallel dazu absolvierte er privat sowie an Konservatorien ein Musikstudium mit den Fächern Klavier, Orgel, Komposition und Dirigieren. So besuchte er 1905 bis 1909 das Stern'sche Konservatorium[15] und hatte Unterricht in Theorie und Klavier bei Ernst Eduard Taubert und im Dirigieren bei Arno Kleffel. 1908 bis 1910 studierte er zudem an der Preußischen Akademie der Künste im Rahmen der Meisterschule für freie Komposition bei Friedrich Gernsheim.

Nach Abschluss seiner Studien 1910 zog Artur Holde nach Frankfurt am Main und übernahm eine Stellung als Chorleiter an der Hauptsynagoge der Stadt, die er bis 1936 innehatte. Ab 1911 wirkte er außerdem als Kapellmeister am Neuen Theater in Frankfurt am Main und arbeitete als Dozent eines Komitees für öffentliche Vorträge. Die Stellung am Neuen Theater gab er 1918/19 auf und wurde stattdessen Musik- und Opernkritiker beim *Frankfurter General-Anzeiger*, ein Arbeitsbereich, der in den folgenden Jahren zunehmend ins Zentrum seines Interesses rückte und daneben zu Publikationen in verschiedenen in- und ausländischen Zeitungen und Zeitschriften führte[16] ebenso wie zu einer ausgedehnten Vortragstätigkeit.[17] 1929 bis 1933 leitete er die staatlich anerkannte Frankfurter Seminar-Gemeinschaft, die für die Vorbereitung von Privatmusiklehrern auf das Staatsexamen sorgte, hielt dort unter anderem Vorträge über Musikgeschichte und fungierte als Prüfer für das Fach Musikgeschichte bei den Staatsexamen der Musiklehrer. Als Komponist legte er in den 1910er und 1920er Jahren in erster Linie Lieder, Chöre und Klavierstücke vor, die in den Verlagen P. Papst, Ries & Erler, F. E. C. Leuckart und J. Feuchtinger publiziert wurden. Zwei Märchenspiele, *Spulezwirnchen das Sonntagskind* und *Eisenhans*, wurden 1921 und 1927 in Barmen-Elberfeld uraufgeführt. Neben seiner Tätigkeit als Musiker, Komponist und Kritiker engagierte er sich in der Verbandsarbeit: 1921 bis 1933 im Frankfurter Tonkünstlerbund (Vorsitzender), 1926 bis 1933 im Reichsverband deutscher Tonkünstler und Musiklehrer (Elferausschuss) und 1926 bis 1933 im Reichsverband Deutscher Musikkritiker (Vorstandsmitglied).

Am 27. April 1933 wurde Artur Holde aufgrund seiner jüdischen Herkunft beurlaubt und zum 31. Dezember des Jahres aus seiner Stellung beim *Frankfurter General-Anzeiger* entlassen.[18] Seine Tätigkeiten für die verschiedenen Berufsverbände in Frankfurt am Main endeten in diesem Jahr ebenfalls zwangsweise. Schließlich wurde er am 7. März 1935 aufgrund von Paragraf 10 der »Ersten Durchführungsverordnung des Reichskulturkammergesetzes« aus der Reichsschrifttumskammer ausgeschlossen, was ein endgültiges Berufsverbot bedeutete.[19] Auch seine Frau, die um 21 Jahre jüngere Pianistin

Heida Hermanns Holde, geborene Goldschmidt, aus Wiesbaden, die er 1932 geheiratet hatte, verlor 1933 ihre Stellung am Hoch'schen Konservatorium.[20]

Danach wurde er im Rahmen des Jüdischen Kulturbundes in Frankfurt am Main aktiv und gründete gemeinsam mit Moritz Werner 1933 eine jüdische Kammermusikgemeinschaft.[21] Im Sommer 1934 ging er mit seiner Frau, die dort einige Konzertengagements hatte, zeitweise nach Brüssel. Sie kehrten jedoch nach Deutschland zurück, da ihnen Belgien als Exilland nicht sicher genug erschien.[22] 1934 bis 1936 arbeitete Holde dann unter anderem als Redakteur für die süddeutsche Ausgabe des *Israelitischen Familienblattes* und leitete im Rahmen des Jüdischen Kulturbundes ab Februar 1935 eine Singgemeinschaft.[23]

Im Oktober 1936 reisten Artur Holde und seine Frau unter dem Vorwand einer Konzerttournee mit Touristenvisa in die USA ein. 1937 gingen sie kurzzeitig nach Kuba, um von dort erneut in die USA einzureisen und einen legalen Status als Immigranten zu erlangen. Die US-amerikanische Staatsbürgerschaft erhielten sie Anfang 1942.[24] Artur Holde nahm in New York nach und nach verschiedene Tätigkeiten auf: 1937 bis 1942 war er Chorleiter und Organist des Hebrew Tabernacle, 1937 bis 1940 unterrichtete er an der Chatham Square Music School unter anderem Gehörbildung und Musikgeschichte sowie 1948 bis 1950 an der »Y« School of Music. 1938 arbeitete er kurzzeitig für das Children's Village in Dobbs Ferry on Hudson, außerdem war er 1943 bis 1950 Chorleiter der Freitagabend-Gottesdienste in der Ninety-Second Street Young Men's and Young Women's Hebrew Association on Lexington Avenue.

Ende der 1930er Jahre gelang es Artur Holde, in seinen Kritikerberuf zurückzukehren. Er wurde Musikredakteur der Emigranten-Zeitung *Aufbau*, in der er ab Sommer 1939 regelmäßig in deutscher Sprache publizierte. Daneben gestaltete er 1944 bis 1945 verschiedene Sendungen für Voice of America, die Radioabteilung des Office of International Information and Educational Exchange, und war 1944 bis 1954 freier Autor des Department of War sowie des International Press Service beim State Departement in Washington D. C. Auch in die Verbandsarbeit stieg er in den USA wieder ein. Er war Schatzmeister des Jewish Music Forum und des New York Music Critics Circle sowie im J. W. B.-Jewish Music Council of America, in der American Musicological Society und der International Society for Contemporary Music engagiert.[25] Als Komponist scheint er sich in den USA weitgehend zurückgezogen zu haben. Nur ein Gedächtnisgottesdienst, *Memorial Service* für Solo, gemischten Chor und Orgel, erschien 1943 beim Verlag für jüdische Musik Transcontinental Music Corporation in New York. Dagegen war er als Musikschriftsteller sehr aktiv. Er publizierte in *Musical Quarterly* sowie nach dem Ende des Zweiten Weltkriegs in europäischen Musikzeitschriften. Ferner brachte er in seinen letzten Lebensjahren noch verschiedene Bücher heraus: *Jews in Music* (1959, im Auftrag der Conference on Material Claims against Germany)[26], *Bruno Walter* (1960), *Metropolitan Opera House New York. Die Geschichte eines Musikzentrums* (1961), *Leonard Bernstein* (1961) und *A Treasury of the Great Operas* (1965). Die Studie *The World of Symphonic Music* blieb unvollendet.[27]

Der Neuanfang im US-amerikanischen Exil gestaltete sich für Artur Holde nicht leicht. Dies dokumentieren unter anderem ein Korrespondenzbestand des Emergency Committee in Aid of Displaced Foreign Scholars, das die Einstellung emigrierter Wissenschaftler an US-amerikanischen Universitäten finanziell unterstützte, sowie Dokumente des Oberlaender Trust der Carl Schurz Foundation, der ebenfalls bei Anstellungen von Flüchtlingen einen Teil des Gehalts übernahm.[28]

Artur Holde fiel, da er weder Professor noch Privatdozent an einer Universität gewesen war, nicht in die Zuständigkeit des Emergency Committee. Dennoch wurde er in den Jahren 1937 bis 1938 bei seinen Bewerbungen und der Kontaktaufnahme mit der University of Louisville, Kentucky, der School of Fine Arts, University of Pennsylvania in Philadelphia und dem Los Angeles City Junior College vom Emergency Committee sowie verschiedenen Wissenschaftlern (Paul H. Lang, Hugo Leichtentritt, John Whyte) durch Empfehlungsschreiben unterstützt – allerdings ohne Erfolg.[29] Als Hindernis bei seinen Bewerbungen erwies sich, dass er noch nicht im Besitz der US-amerikanischen Staatsangehörigkeit war, die in einigen Fällen Voraussetzung für die Einstellung war.[30]

Der Oberlaender Trust der Carl Schurz Foundation, Philadelphia, begleitete Artur Holde von Dezember 1936 bis mindestens 1940. Während der Versuch, ihm an der Chicago School of Music eine Stelle zu verschaffen, fehlschlug, konnte die Organisation seine Anstellungen im Children's Village in Dobbs Ferry on Hudson und später an der Chatham Square Music School finanziell unterstützen.[31] Der Job im Children's Village in Dobbs Ferry on Hudson – er unterrichtete dort straffällig gewordene Jugendliche – gestaltete sich allerdings außerordentlich schwierig und hatte nichts mit seinen Hoffnungen zu tun, als Lehrer an einem College oder einer vergleichbaren Einrichtung unterzukommen. Über die deprimierenden Erfahrungen im Children's Village berichtete Heida Hermanns Holde in einem Oral History Interview 1991 rückblickend: »The first years were difficult for him. At one point he got a job through the Carl Schurz Memorial Foundation, which was helping refugees. It was in Dobbs Ferry at Children's Village, a school for delinquent children. Of course, he accepted. But it was a terrible job. The children were completely unruly. At one point some of them even spat on him. It was absolutely ghastly, but he stuck it out. He had a colleague there, also a European refugee. She was really a devil in human disguise. Along with her job, she wanted his too and that little bit of salary that he got. She intrigued and intrigued. Finally he got sick of this terrible experience and gave it up.«[32] In den Dokumenten des Oberlaender Trust der Carl Schurz Foundation heißt es ergänzend, dass Artur Holde die Stelle im Children's Village aufgeben musste, weil er ein vom State Department in Albany gefordertes Zertifikat für die Ausübung dieser Tätigkeit nicht besaß.[33]

Erst durch seine Arbeit für den *Aufbau* änderte sich die Situation für Artur Holde grundlegend, auch wenn er bis Anfang der 1950er Jahre weiterhin als Chorleiter und Pädagoge aktiv blieb. Er konnte wieder in seinem Hauptberuf als Kritiker arbeiten, erhielt einen umfassenden Zugang zum Musikleben der Stadt und baute sich zahlreiche Kontakte auf. Ein Brief an den in England lebenden Komponisten Max Kowalski vom 19. August 1946 dokumentiert, wie sich die Situation bis zum Ende des Zweiten Weltkriegs für Holde positiv gewandelt hatte: »Wir sind jetzt gerade zehn Jahre in Amerika und haben keine Ursache, die Wahl des Landes und der Stadt zu bedauern. Fuer mich ist New York wohl die einzige Stadt, in der ich meinen Zeitungsberuf mit Aussicht auf Entwicklung fortse[tz]en konnte. Mein Feld am ›Aufbau‹ hat sich erfreulich ausbauen lassen, so dass ich jetzt neben der Musik auch Radio, Television und Schallplatten habe, ganz abgesehen vom ›Innendienst‹, der mich taeglich in die Redaktion fuehrt. Das Quantum an Musik ist hier, wie Sie schon aus dem ›Aufbau‹ erkennen koennen, geradezu gigantisch und zu einem ganz ueberwiegenden Teil allerersten Ranges. Eine solche Zentralisierung grosser Musiker hat es niemals vorher gegeben, und diese Tatsache allein hat der Musikpflege Amerikas einen unerhoerten Auftrieb geboten. Durch meine Interviews und durch private Beziehungen, die hier besser als in Europa gedeihen, habe ich guten Kontakt mit vielen bekannten Musikern.«[34]

Für seine Frau Heida gestaltete sich der Einstieg in das US-amerikanische Berufsleben etwas einfacher. Sie gab nach der Ankunft in New York zunächst privat Klavierunterricht, später unterrichtete sie erfolgreich an der »Y« School of Music sowie an der Chatham Square Music School und gab wieder Konzerte; desgleichen ihre Mutter Alice Goldschmidt Metzger (1876–1959), die noch im fortgeschrittenen Alter neben privaten Schülern eine Stellung an der »Y« School of Music hatte.

Nachdem sie seit Ende der 1940er Jahre einige Zeit zwei Wohnsitze unterhalten hatten, zogen die Holdes Mitte der 1950er Jahre ganz nach Westport, Connecticut. Das »Ungeheuer« New York, so Artur Holde in einem weiteren Brief an Max Kowalski vom 23. Dezember 1954, blieb dennoch seine Arbeitsstätte, »da die musikalischen Ereignisse dort so ueberwaeltigend an Qualitaet und Fuelle sind, dass man, abgesehen von der kritischen Taetigkeit, immer an allen zehn Fingern je ein lohnendes Thema zum Schreiben hat.«[35] Nach der Übersiedlung nach Westport pendelte Artur Holde für seine Kritikertätigkeit regelmäßig nach New York. Heida Hermanns Holde trat weiterhin als Solistin und als Kammermusikerin auf, unterrichtete an der Westport School of Music sowie später an der Manhattan School of Music in New York. Artur Holde starb, nachdem er neben der Kritikertätigkeit in den Jahren zuvor noch eine Reihe von Büchern publiziert hatte, überraschend am 23. Juni 1962 in New York. Nach seinem Tod blieb seine Frau in Westport. Dort gründete sie einen Musikwettbewerb und die Organisation Performers of Connecticut (später Connecticut Alliance for Music). Sie starb 1996.

II Aufbau – Reconstruction

Als Artur Holde Mitarbeiter des *Aufbau* wurde, war diese Zeitung gerade einmal vier Jahre alt. Sie war Ende 1934 als Nachrichtenblatt des seit 1924 bestehenden German-Jewish Club gegründet worden, der von einer Gruppe deutsch-jüdischer Emigranten getragen wurde, und verfügte im Laufe der Jahre über eine Vielzahl äußerst prominenter Autoren, darunter Thomas Mann, Albert Einstein und Lion Feuchtwanger. Das Selbstverständnis dieser Zeitung basierte, so hat es der spätere Chefredakteur der Zeitung Hans Steinitz 1972 zusammengefasst, auf drei Grundsätzen: Loyalität gegenüber der neuen Heimat USA, Festhalten am jüdischen Glauben sowie Verbundenheit mit dem kulturellen Erbe Deutschlands.[36] Im April 1939 wurde der ehemalige Redakteur des Berliner Ullstein Verlags Manfred George Chefredakteur. Er machte das Blatt zu einer Wochenzeitung mit erheblich gesteigerter Auflage.[37] In seine Redakteurszeit fällt auch Artur Holdes Tätigkeit für den *Aufbau*.

Berichte über musikalische oder allgemein kulturelle Veranstaltungen waren im *Aufbau* von Anfang an erschienen, ein ausführliches Musikfeuilleton, oft mit mehreren Kritiken, Berichten und Vorankündigungen in einer Nummer, wurde aber erst von Artur Holde etabliert. Allein bis Ende des Zweiten Weltkriegs publizierte er mehrere hundert Artikel, die er entweder mit seinem vollständigen Namen oder mit dem Kürzel A. H. zeichnete. Da nicht alle Artikel signiert wurden – das gilt insbesondere für kürzere Berichte und Ankündigungen –, dürfte der Umfang seiner Autorschaft allerdings noch um einiges größer sein als durch die namentliche Kennzeichnung ersichtlich ist. Neben Artur Holde schrieb ab Ende 1939 unter anderen der Kritiker Egon Benisch für den *Aufbau*. Er starb allerdings bereits 1941.[38]

Artur Holdes erste identifizierbare Publikationen im *Aufbau* ebenso wie die erste überlieferte Korrespondenz mit Manfred George stammen aus dem Sommer 1939. Inwiefern er schon 1938 für die Zeitung tätig war, wie in verschiedenen Lebensläufen und in den meisten Lexika angegeben[39], bleibt unklar. In den Unterlagen des Oberlaender Trust wurden bis Oktober 1940 verschiedene seiner beruflichen Aktivitäten festgehalten, die Arbeit für den

Aufbau ist dort allerdings nicht vermerkt. Möglicherweise übernahm er schon ab 1938 irgendwelche Tätigkeiten, die auf freier Mitarbeit basierten und deshalb nicht weiter registriert wurden. In jedem Fall klingt ein Brief vom 16. Juni 1939 noch nicht so, als sei Artur Holde zu diesem Zeitpunkt ein offizieller Mitarbeiter des *Aufbau* gewesen. An Manfred George schrieb er, dass er mit Ernst Toch in Los Angeles und Leo Kestenberg in Tel Aviv in Verbindung treten wolle, »um interessante Nachrichten über ihre Arbeiten und Erfolge zu bekommen.«[40] Außerdem fragte er an, ob er das Briefpapier des *Aufbau* benutzen dürfe, um seinen Anfragen offiziellen Charakter zu verleihen. Zwei Wochen später hatten sich seine Überlegungen weiter konkretisiert, wie er an Manfred George schrieb »(...) ich lasse mir gerade das, was für den Aufbau und das projektierte Nachrichtenblatt auf meinem Gebiet in Frage kommen könnte, durch den Kopf gehen. Mein Plan ist es nun, eine Serie kleiner Artikel über die aus Europa ausgewanderten Musiker aller Kategorien, Komponisten, Dirigenten, Solisten, Historiker zu schreiben. Einen sehr erheblichen Teil kenne ich persönlich, mit vielen stehe ich auch jetzt noch, oder besser: jetzt wieder in Verbindung. Ich glaube schon, dass ich ein für die breitere Öffentlichkeit interessantes Material zusammenbringen könnte. Ich schrieb noch in Deutschland eine dort veröffentlichte Serie grosser Artikel über die zeitgenössischen Tonsetzer (Deutscher, romanischer, slavischer [sic], orientalischer Kulturkreis). Unter dem für den Aufbau wichtigen Gesichtspunkt der Neuordnung würde ich möglichst viel aktuelles Material über neues Schaffen und die Eingliederung in den neuen Ländern einarbeiten. Ausserdem käme die Darstellung der neu entstandenen Institutionen, wie Palestine Orchestra, Wienaver Choir, Neues Opernprojekt in New York, Musikleben in Palestina etc. in Frage. Manches würde ich in Form von Interviews bringen können. Als Zeitpunkt des Beginns der Serie käme m. E. erst die erste September-Nummer in Betracht.«[41]

Ab Juli 1939 veröffentlichte Holde im *Aufbau* neben den angekündigten Interviews[42] in erster Linie Konzert- und Opernkritiken (und darüber hinaus Rundfunk-, Film-, Fernseh- und Buchkritiken), Nachrufe, Ankündigungen sowie sonstige Berichte und griff dabei das Musikerexil im Zusammenhang mit den unterschiedlichsten Fragestellungen als Thema auf. Außerdem erschienen mit jeweils einigem Abstand vier größere Berichte, in denen er sich gezielt mit dem Musikerexil beschäftigte: am 15. Oktober 1939 »Die Lage der immigrierten Tonkünstler in U.S.A.« und am 10. Oktober 1941 »Musiker auf der Wanderung. Zum Problem der Eingliederung«, in denen es um die Probleme und Chancen der emigrierten Musiker ging, am 7. Februar 1941 erschien der Artikel »Probleme der Einordnung«, der auf eine Debatte in *The New York Times* Bezug nahm, und am 22. Dezember 1944 »Die Tonkuenstler im gelobten Land«, der dem Einfluss der emigrierten Musiker auf ihr Gastland gewidmet war.

III Artur Holdes Berichte über das Exil von Musikern in den USA

Die Artikel über die Situation von Musikern im Exil in den ersten Jahren – Holde selbst sprach in der Regel von Emigration, Einwanderung oder Immigration – sind keine Lobeshymnen auf deren Fähigkeiten und Möglichkeiten, sondern es handelt sich vielmehr um realistische Bestandsaufnahmen. Erst später, etwa in dem Artikel »Die Tonkünstler im gelobten Land« vom 22. Dezember 1944, der dies schon im Titel andeutet, kam er auf die durch Emigranten angestoßenen Entwicklungen und den »brain gain« deutlicher zu sprechen. Hauptthema seiner ersten Artikel waren die Voraussetzungen, Probleme und unterschiedlichen Chancen emigrierter Musiker und Musikerinnen.

Zu den positiven Voraussetzungen des Gastlandes USA zählte Artur Holde die Arbeit der Hilfsorganisationen sowie die Tatsache, dass die meisten Emigranten in dem Einwanderungsland USA irgendwelche Verwandten hatten, auf deren Unterstützung sie zurückgreifen konnten. Schließlich attestierte er den US-Amerikanern eine große Musikliebe und eine Steigerung der Musikpflege, von der auch die Emigranten profitieren könnten.[43]

Auf der anderen Seite aber wies er darauf hin, dass die meisten Emigranten mit falschen oder nur vagen Vorstellungen vom US-amerikanischen Musikleben in das Land gekommen waren und dass sie die nach der Depression extrem schlechten wirtschaftlichen und vor allem die ganz anders gearteten kulturellen Voraussetzungen falsch eingeschätzt hätten. Er kritisierte, dass die Emigranten arroganterweise meinten, sich auf der Grundlage ihrer europäischen Herkunft oder Ausbildung problemlos eine Existenz aufbauen zu können, dass sie die Konkurrenz der gut ausgebildeten (und zu einem großen Teil ebenfalls arbeitslosen) US-amerikanischen Musiker unterschätzten, dass sie von der Vorstellung ausgingen, Musik sei eine internationale Sprache, und dass sie unter anderem deshalb die ganz andere Mentalität und den anderen Geschmack der US-Amerikaner, etwa mit Blick auf die Programmgestaltung von Konzerten, oft nicht richtig in Betracht zogen.[44]

Neben diesen allgemeinen Fehleinschätzungen beschrieb Artur Holde in seinen Artikeln auch die konkreten Bedingungen des US-amerikanischen Musiklebens. In einem Land mit einem noch recht jungen Musikleben, so konstatierte er, müsse man mit kurzfristigen Abmachungen und angesichts der nur kurzen Spielzeiten auch mit kurzen Verträgen und geringen Gehältern klarkommen. Eine Institution für die Vermittlung künstlerischer und kunstwissenschaftlicher Berufe für das ganze Land existiere nicht, sodass man auf Beziehungen und eigene Bemühungen angewiesen bleibe. Voraussetzung für Anstellungen seien oft die US-amerikanische Staatsbürgerschaft und Abschlüsse auf US-amerikanischen Schulen, und in den Genuss des Schutzes der Gewerkschaften kämen nur Orchestermusiker und Solisten, und dies auch nur nach langen Wartezeiten und der Zahlung hoher regelmäßiger Gebühren.[45]

Bereits im ersten Teil seines am 15. Oktober 1939 publizierten Artikels »Die Lage der immigrierten Tonkünstler in U.S.A.« artikulierte er viele dieser Aspekte: »Die aus Jahren ungehemmter Einwanderung stammenden reichen verwandtschaftlichen Beziehungen haben auch den Strom der Emigranten aus künstlerischen Berufen weitgehend nach den Vereinigten Staaten gelenkt. Den erhofften menschlichen und meistens notwendigen wirtschaftlichen Rückhalt haben viele bei diesen Angehörigen gefunden. Für die Erreichung ihrer beruflichen Ziele stehen auch den Musikern Organisationen beratend und helfend zur Seite. Künstlerische Tätigkeit, die zur Individualisierung drängt und jede Schablonisierung ablehnt, bringt es jedoch mit sich, dass sich fast jeder Musiker gesondert Rechenschaft über die Frage seiner beruflichen Zukunft in diesem Lande ablegen muss. So mancher stellt dann fest, dass er – vorher wenig oder gar nicht unterrichtet – den neuen Lebensweg mit vielen unzutreffenden Voraussetzungen beschritten hat. [/] Die Tatsache, dass Nordamerika durch eine Epoche schwerer wirtschaftlicher Erschütterungen gegangen ist, findet ihre Spuren auch jetzt noch in allen Zweigen künstlerischen Lebens. Viele Institute arbeiten mit stark vermindertem Budget und bieten dem Musiker erheblich geringere Chancen als früher. Die eingewanderten Musiker werden deshalb keineswegs mehr so leicht wie vor der Depression im Wirtschaftsprozess aufgesogen. Ueberdies stellen die vielen guten Ausbildungsinstitute des Landes ein immer mehr wachsendes Kontingent an ausgezeichnet durchgebildeten Musikern heraus. [/] Einen gewissen Ausgleich für das Abgleiten der Wirtschaftskonjunktur hat allerdings die ausserordentliche Steigerung der Musikliebe und der Musikpflege in den Vereinigten Staaten gebracht. So sind, trotz aller ökonomischer Einengung, *generell* die Aussichten für die neu eingewanderten Musiker nicht als ungünstig zu bezeichnen. [/] Jeder muss sich nur darüber klar sein, dass er fast stets auf einer künstlerisch und wirtschaftlich bescheideneren Stufe neu anzusetzen hat. Ganz- oder gar mehrjährige Verträge werden nur in seltensten Fällen abgeschlossen. Die Orchester selbst der musikalisch führenden Städte haben oft eine nicht einmal halbjährige Saison bei keineswegs hohen Gehältern. Ueberdies: Das Können und das drüben erworbene Ansehen muss stets wieder voll unter Beweis gestellt werden. Der europäische Musiker erkennt dabei schnell, dass die durchschnittliche Begabungslinie der amerikanischen Tonkünstler hoch liegt. Besonders ihre technische Geschicklichkeit tritt ohrenfällig zutage.«[46]

Zwei Jahre später, am 10. Oktober 1941, veröffentlichte Artur Holde unter dem Titel »Musiker auf der Wanderung. Zum Problem der Eingliederung« einen Artikel, in dem ganz ähnliche Aspekte deutlich werden: »Der kulturelle Zerfall Europas hat eine weit grössere Zahl von Tonkünstlern zur Auswanderung gezwungen, als es an sich durch die Folgen der Rassengesetzgebung bedingt ist. Der Hauptstrom derer, denen die Wurzeln der beruflichen und der inneren Existenz durchschnitten worden sind, ist nach den Vereinigten Staaten geflutet. Von vereinzelten Solisten abgesehen, überschritten diese Musiker die Landungsbrücken mit sehr vagen Vorstellungen von den in Amerika bestehenden Verhältnissen und den sich ihnen bietenden Berufsmöglichkeiten. Das Schlagwort von der Internationalität der musikalischen Sprache liess viele glauben, dass eine sofortige Wiederaufnahme des alten Berufes unter sehr ähnlichen Bedingungen gelingen werde. Gewiss, die Musik hat ihre eigene, international verstandene Sprache. Aber ihre Anwendung unterliegt so vielen abweichenden Normen, dass von einer reibungslosen Fortsetzung einer früheren Tätigkeit kaum je die Rede sein kann. [/] Zunächst: Die Mentalität des amerikanischen Musikpublikums ist sehr abweichend von der des mitteleuropäischen: Die Programmbildung unterliegt notgedrungen anderen ästhetischen Gesetzen. Manche Misserfolge sind daher vorwiegend auf die Unkenntnis des Auftretenden über die Geschmacksneigungen des amerikanischen Hörers zurückzuführen. [/] Amerikas Musikkultur ist, von verhältnismässig wenigen grossen Instituten abgesehen, jungen Datums. Diese Jugend hat in Gefolge, dass die wirtschaftliche und administrative Basis oft recht labil ist. Die Orchesterspieler und die Solisten spüren dies durch kurzfristige Vorträge, die Pädagogen in der willkürlichen Auslegung des Arbeitgeber-Standpunktes des Unterrichtnehmenden. Der (sehr notwendige) Schutz, der leider nur für Orchestermusiker und Solisten in der ›Musician's Union‹ besteht, ist erst nach geraumer Wartezeit und nach Erlegung einer für viele Einwanderer sehr drückenden Eintrittsgebühr und durch hohe regelmäßige Mitgliedsbeiträge zu erreichen. [/] Trotz aller wirtschaftlicher Rückschläge und sozialer Wandlungen ist Nordamerika weit mehr als andere Länder gewillt und auch imstande, die einwandernden Tonkünstler zu absorbieren. Diese dürfen aber nicht ausser Acht lassen, dass das Vordringen der mechanischen Musik schon die Existenz unzähliger einheimischer Kräfte erschwert, und dass die Weltereignisse gewisse Einschränkungen auf dem Gebiet der mit öffentlichen Mitteln betriebenen Musikpflege hervorgerufen haben. [/] Dennoch ist es einem sehr beträchtlichen Teil der eingewanderten Musiker gelungen, wieder in ihren ehemaligen Berufen Fuss zu fassen. Dies lässt sich dadurch erklären, dass keine Immigration so viele hochqualifizierte Künstler auf den amerikanischen ›Markt‹ gebracht hat. Diese dürfen nur nicht mit alten, auch für Europa nicht mehr zutreffenden Massstäben messen. Vergleiche und ›Umrechnungen‹ führen zu falschen Schlüssen. Durch eine vernünftige Einschätzung der vorliegenden Tatsachen lernt der eingewanderte Musiker erkennen, dass er nicht mehr ausgenutzt wird, als es in der allgemeinen sozialen Struktur des Landes begründet liegt. Er vergesse nicht, dass ein grosser Teil der Amerikaner den Aufstieg aus kleinsten Anfängen an sich selbst erlebt hat, und dass man das Sichheraufarbeiten des Immigranten als das Selbstverständliche betrachtet. Es kommt den Einwandernden zugute, dass sich das Land gegenwärtig in einer grossen Bewegung zur Popularisierung guter Musik befindet. Von dieser zunehmenden Musikbegeisterung profitiert der eingewanderte Tonkünstler, der als legitimer Vertreter alter europäischer Musikkultur gilt. [/] Das schwere, bisher nur unzureichend gelöste Problem in der Massenimmigration der Musiker besteht in deren Verteilung über das ganze Land. Durch Mangel an eigenen Geldmitteln und durch Unkenntnis der Verhältnisse bleiben unzählige in New York hängen, die mit hoher Wahrscheinlichkeit in anderen Staaten eine auskömmliche, auch beruflich befriedigende Existenz finden könnten. Es ist die Aufgabe der um die Wiederansiedlung bemühten Organisationen, systematischer als bisher eine Verteilung der noch brachliegenden Kräfte zu betreiben. Erst dann wird das Land den vollen Gewinn aus einer Einwanderung haben, in der die Verpflanzung europäischer Kultur eine Rolle wie nie zuvor spielt.«[47]

Ein weiteres Thema in den Artikeln Holdes war die Frage, welche Chancen die einzelnen Berufszweige der ernsten ebenso wie der Unterhaltungsmusik im Musikleben der USA hatten. Gute Möglichkeiten sah er für Orchestermusiker, Kantoren und Organisten, ferner im Rundfunk sowie an öffentlichen Schulen, Colleges und Universitäten. Schwierig stellte sich aus seiner Sicht hingegen die Situation der Konzertsolisten, Dirigenten und Privatmusiklehrer dar, ebenso wie die der Opernsänger, die in ein Land gekommen waren, in dem es nur ein marginales mit zahlreichen strukturellen Problemen belastetes Opernleben gab, sowie die der Unterhaltungsmusiker, die mit dem sehr eigenen US-amerikanischen Jazz und Swing konfrontiert waren.[48]

Im zweiten Teil seines Artikels »Die Lage der immigrierten Tonkünstler in U.S.A.« vom 15. Oktober 1939 gab Artur Holde einen Überblick über die Chancen der einzelnen Berufszweige: »Die meisten Musiker sind an sich nur zu gern bereit, New York, das erste grosse Sammelbecken der Europäer, schnell wieder zu verlassen, um den vielen Möglichkeiten tiefer im Lande nachzugehen. Sie erfahren aber immer wieder, wie schwer es trotz aller Mitarbeit der Hilfsorganisationen ist, sich an anderen Punkten sesshaft zu machen. Am besten gelingt dieses Vordringen augenscheinlich Orchestermusikern, Kantoren und Organisten. In einem Lande, das noch keine Zentralstelle für den Nachweis künstlerischer und kunstwissenschaftlicher Berufe besitzt, bleiben die meisten auf Beziehungen, Zufälligkeiten und auf eigene Forschungsarbeit angewiesen. [/] Nicht sonderlich günstig scheinen die Aussichten für Vertreter der reinen Unterhaltungsmusik zu sein. Jazz- und Swingmusik ist hier so eigenwüchsig, dass ein europäischer Musiker nicht leicht in diese anders geartete Sphäre eindringt. [/] Der Bedarf der Radiostationen ist dagegen so gross, dass für geschickte und anpassungsfähige Spieler und Sänger ein breites Feld besteht. Der Rundfunk bildet so einen gewissen Ersatz für die durch die riesigen Entfernungen sehr verminderten Aussichten, sich als Konzertsolist durchzusetzen. [/] Die Entwicklungsmöglichkeiten für Opernsänger sind bescheiden. Amerika besitzt eine verschwindende Zahl ständiger Opernhäuser; selbst diese haben eine sehr kurze Saison. Die herumreisenden Truppen geben den Opernkräften nur eine recht schwankende Existenzgrundlage. Und die (schon verschiedentlich angestrebten) Neugründungen tragen den Todeskeim meistens schon vor der eigentlichen Geburt in sich, da der Etat nicht zu balanzieren [sic] ist. [/] Das stark zunehmende Interesse an guter Musik – geweckt vor allem durch das Radio – hat sehr fördernd auf das Unterrichtswesen eingewirkt. Hier sind es nicht zuletzt die jüdischen Bürgerkreise, die, wie in Europa, feste Stützen der häuslichen Musikpflege geworden sind. Die Public Schools, die Colleges und die Universitäten tragen dieser erfreulichen Tendenz zunehmend Rechnung, so dass an diesen Instituten die Nachfrage nach hochqualifizierten Lehrkräften auf allen praktischen und theoretischen Gebieten gross ist. Allerdings ist das Moment der Citizenship und der auf amerikanischen Anstalten erworbenen Ausweise bei Anstellungen oft entscheidend. Der Einbau der Musik in den Schulbetrieb bildet überdies eine gewisse Hemmung für die Entwicklung des freien Privatunterrichts, da die Jahre, die von den Schülern im College zugebracht werden, für den Privatlehrer weitgehend ausfallen. [/] Trotz der Schwierigkeiten, die sich im einzelnen für Tonkünstler bei der Eingliederung ergeben, steht zu hoffen, dass – wenn nicht allzu schwere wirtschaftliche Rückschläge eintreten – die Kräfte der meisten dem musikalischen Leben der Vereinigten Staaten voll nutzbar gemacht werden können.«[49]

Die Artikel waren Bestandsaufnahme und zugleich Wegweiser für die emigrierten Musiker. Sie klärten diese gewissermaßen über die Verhältnisse auf und enthielten dabei die Aufforderung zu akzeptieren, dass man auf einer künstlerisch und wirtschaftlich bescheideneren Stufe ansetzen[50], dass man sein Können erneut unter Beweis stellen[51] und dass man sich erneut heraufarbeiten müsse.[52] Immer wieder betonte Artur Holde dabei, dass nicht alle Musiker in New York bleiben könnten, sondern dass die kleineren Städte im ganzen Land das Ziel sein müssten.[53]

Ein weiterer Artikel, den er ausschließlich dem Musikerexil in den USA widmete, erschien am 7. Februar 1941. Mit dem Titel »Probleme der Einordnung« reagierte er auf eine Debatte[54], die seit dem 19. Januar 1941 in der Kolumne *Music of the Times* in der *New York Times* von Olin Downes und den Autoren verschiedener Leserbriefe (Howard Hanson, Guy Maier, Roger Sessions, Arthur Austin, Lazare Saminsky, Horace Johnson, Robert Strassburg, David Diamond und George Newton) geführt wurde.[55] Anlass für die

Debatte war eine Kontroverse auf einer Tagung der National Association of Schools of Music über die Rolle der emigrierten Musiker und den Umgang mit ihnen. Dabei standen diejenigen, die das kulturelle Erbe Europas mit der Verantwortung für die Entwicklung des US-amerikanischen Musiklebens aus moralischen, künstlerischen oder traditionellen Gründen eng verbunden sahen, denjenigen unversöhnlich gegenüber, die einen chauvinistischen und abgrenzenden Standpunkt einnahmen. Der erste Artikel dieser Debatte erschien am 19. Januar 1941 unter dem Titel »Problem of Adjustment. Clashing Interests Between Native Musicians and Refugees Come to America From Overseas.«[56]

Artur Holde nahm zu der Debatte nun nicht in Form einer Rechtfertigung des Emigrantenstandpunkts Stellung, sondern referierte vielmehr die Problemlage im Sinne eines Tatbestandes und bot eine pragmatische Lösung an. Das Verhalten der US-amerikanischen Musiker stellte sich für ihn als unausweichliche Reaktion dar, ebenso wie sich die Emigranten aus seiner Sicht unumgänglich auf bescheidenere Verhältnisse einzustellen und irgendwo im Land – nur nicht in New York – ein Auskommen zu finden hätten. Indem er einen solchen pragmatischen Standpunkt einnahm, stellte er sich ganz auf die Rolle des systematisch ordnenden Vermittlers ein: »Unter diesem Titel hat die *New York Times* zu der Frage der Eingliederung der europäischen Musiker in das amerikanische Kunstleben Stellung genommen. Angeregt wurde der Artikel durch die Aussprachen, die auf dem Kongress der *Organisation der Musikschulen* in *Cleveland* stattgefunden haben. Die amerikanischen Musiker aller Kategorien spüren in zunehmendem Masse die Konkurrenz, die ihnen durch das Einströmen von Tonkünstlern aus nahezu allen europäischen Ländern erwächst. Viele verkennen keineswegs, dass sie selbst, ihre Eltern oder Vorfahren einmal Emigranten gewesen sind, und dass Amerika das klassische Land der Duldsamkeit ist. Aber sie stellen mit Unwillen fest, dass Ausländer bei Bewerbungen in vielen Fällen bevorzugt werden. Man glaube hier eben immer noch an die Bedeutung des ›European Background‹. [/] Durch die europäischen Ereignisse hat sich in der Tat der Zustrom von Tonkünstlern so erhöht, dass eine scharfe Reaktion der amerikanischen Musiker unausbleiblich war. Es steht aber zu hoffen, dass ein grosser Teil der neu ins Land gekommenen Musiker ohne schwere Erschütterungen im Organismus des Musiklebens absorbiert werden kann. Das Problem wird vor allem nach der Richtung hin gelöst werden müssen, dass die Neuankömmlinge sich noch weit mehr als bisher über das ganze Land verteilen. Jeder – sei er Komponist, Dirigent, Sänger, Instrumentalist oder Musikwissenschaftler – wird sich weiterhin darüber klar sein müssen, dass er auf einer weit bescheideneren Basis neu anzusetzen hat. Für viele wird sich aber bei den gegenwärtigen wirtschaftlichen und politischen Spannungen im amerikanischen Kulturleben nur schwer eine befriedigende Arbeitsmöglichkeit finden.«[57]

Bemerkenswerterweise kam die Debatte in der *New York Times* nach einem Leserbrief vom 9. Februar 1941 (abgedruckt am 16. Februar 1941) zum Stillstand, in dem der Gesangslehrer George Newman aus Indianapolis Artur Holdes Vorschlag aufgriff und näher erläuterte – wobei unklar bleibt, ob es sich um einen direkten oder um einen zufälligen Bezug handelt. Auch George Newman schlug vor, die Emigranten sollten sich weiter über das Land verteilen. Darüber hinaus sollten lokale Ämter oder Organisationen gewährleisten, dass bei Einstellungen die einheimischen Musiker nicht benachteiligt würden. Er sah insbesondere Spielraum in solchen Gegenden, in denen bis dahin noch gar kein Musikleben stattfand, und interpretierte den Aufstieg aus solchen kleinen Positionen dann als einen Fortschritt als Amerikaner und nicht mehr als Emigrant.[58]

Ein Thema, das die Artikel Artur Holdes im *Aufbau* von Anfang an durchzieht, ist das des Wissenszuwachses und des kulturellen Gewinns für die neue Heimat USA. Sprach er am Schluss seines Artikels »Die Lage der immigrierten Tonkünstler in U.S.A.« vom 15. Oktober 1939 den Nutzen, den die USA von den emigrierten Musikern haben könnten, zunächst nur als eine Hoffnung an[59], so wurde er in Bezug auf den Verlagerungsprozess zwischen Europa und den USA in der Folge immer selbstbewusster. Mit Bezug auf die Ausstellung einer ursprünglich europäischen Sammlung von Musikautografen in New York (die Sammlung liegt heute in der Library of Congress in Washington D. C.) schrieb er am 19. Januar 1940: »Das künstlerische Leben Mitteleuropas befindet sich im Zustand der Auflösung. Eine Realität und ein Symbol unter tausend anderen: Die Abwanderung der Sammlung musikalischer Manuskripte von Gisella *Selden-Goth*«[60], und am 15. März 1940 in der Kritik eines Konzerts von Bruno Walter: »Deutschland entäussert sich blind seines besten kulturellen Besitzes, und Amerika greift voller Freude nach dem sorglos Gespendeten.«[61] In einem Überblick über die Saison 1940/1941 vom 20. September 1940 konstatierte er schließlich: »Die Weltereignisse werden entscheiden, ob die drei wichtigsten europäischen Musikzentren, *Berlin, Wien, London,* ihre frühere Bedeutung noch einmal zurückgewinnen können. In der Gegenwart haben sie jedenfalls ihre führende Stellung an *New York* abtreten müssen. Der Zustrom an anerkannten Tonkünstlern aus allen Ländern Europas hat – verbunden mit der rapiden kulturellen Entwicklung der Vereinigten Staaten – New York zum musikalischen Zentrum der Welt gemacht.«[62]

Damit thematisierte Artur Holde auch den kulturellen Zusammenbruch in Europa, auf den er im Verlauf des Zweiten Weltkriegs immer deutlicher zu sprechen kam. In einem Artikel mit dem Titel »Kultureller Blackout« vom 6. Oktober 1944 ging er beispielsweise auf die Situation der deutschen Verlagshäuser, Konzertsäle und Opernhäuser ein, die durch Luftangriffe zerstört und in ihrer Produktion lahm gelegt worden waren. Die Zerstörung von

Musikautografen von Ludwig van Beethoven und Jean Sibelius sowie die Tatsache, dass »in der Zeit der Naziherrschaft (...) kein einziges grosses Talent neu aufgetaucht«[63] sei, hob er besonders hervor.

Holdes letzter großer Artikel über die Lage des Musikerexils erschien (mit einigem zeitlichen Abstand zu den vorigen Artikeln) am 22. Dezember 1944 unter dem Titel »Die Tonkuenstler im gelobten Land.« Inzwischen seit acht Jahren in den USA und als Musikkritiker beim *Aufbau* sowie bei anderen Institutionen gut etabliert, nahm er darin das Thema der Nützlichkeit der emigrierten Musiker für das US-amerikanische Musikleben nun gleich am Beginn seiner Ausführungen auf: »Kein Land der Erde hat so viele seit 1933 aus Europa ausgewanderte Musiker aufgenommen wie Nordamerika. Man kann ohne Uebertreibung sagen, dass der grösste Teil der mitteleuropäischen Musiker von Ansehen gegenwärtig hier seinen Wohnsitz hat. [/] Musiker haben bei einer Immigration in gewissem Sinne einen Vorsprung vor anderen Künstlern: Sie geniessen den Vorzug der Internationalität ihrer Sprache. Das, was bei ihnen in der geistigen Haltung, im Temperament, im kulturellen Hintergrund von der neuen Umgebung abweicht, erweist sich oft als nützlich, da es dem Musikleben des Adoptivlandes neue Farben, neue Anregungen und Auftriebe gibt.«[64]

Anders als in den zuvor erschienenen Artikeln stellte Artur Holde weniger Überlegungen zu den Chancen und Problemen emigrierter Musiker an, sondern richtete seinen Blick auf die Frage, welchen Einfluss sie auf das US-amerikanische Musikleben hatten. Aspekte wie die Programmgestaltung, der Einfluss auf Organisationen im Bereich der Kammermusik, der zeitgenössischen Musik und der Musikwissenschaft, die Aufführung emigrierter Komponisten, die verbesserte Musikpflege vor allem an Lehreinrichtungen außerhalb New Yorks, der Einfluss der Begleiter und Korrepetitoren auf die Gesangskultur und die Veränderung des Publikums durch die Teilnahme von Emigranten waren Themen, die er darin ansprach: »Der durch die Zahl und Qualität der eingewanderten Tonkünstler erfolgte Einfluss macht sich in Amerika besonders stark im *Konzertwesen* bemerkbar. Die Programme der Solisten haben im letzten Jahrzehnt einen spürbaren Wandel erfahren. Die früher über Gebühr gepflegte Virtuosenkunst hat an Boden eingebüsst. Das Verlangen nach ›strengen‹, unter einheitlichen Stilgrundsätzen aufgestellten Programmen hat zugenommen; das vorher schmale Feld der Kammermusik hat sich enorm verbreitet. Gesellschaften wie ›The New Friends of Music‹ – um nur eine in New York herauszugreifen – haben durch das Erscheinen zahlloser leistungsfähiger Solisten und Kammermusikgruppen aus Europa Kraftquellen von vorher nicht gekannter Ergiebigkeit erhalten. Von dem Einströmen dieser aufbauenden Elemente haben auch Institutionen wie die amerikanische Sektion der ›*International Society for Contemporary Music*‹ und die ›*American Musicological Society*‹ sichtbaren Vorteil. [[/] * [/]] Die öffentliche

Musikpflege Amerikas hat den eingewanderten europäischen Tonsetzern reiches Entgegenkommen gezeigt. Auch nach Ausbruch des Krieges fehlten alle Anzeichen chauvenistischer [sic] Gesinnung. (Man führt bekanntlich sogar Richard Strauss auf, ohne dass dem Komponisten freilich Tantiemen gezahlt oder für später gutgeschrieben werden.) Die Programme der Konzertgesellschaften und der Solisten haben dem Schaffen der aus Europa stammenden Tonsetzer den ihnen gebührenden Raum gegeben. Die Bereitwilligkeit blieb keineswegs nur auf die führenden Erscheinungen unter ihnen beschränkt – um nur Strawinsky, Schoenberg, Bartok, Hindemith, Milhaud, Weill, Martinu, Krenek, Gretschaninoff, Castelnuovo-Tedesco, Rathaus, Weinberger, Eisler, Toch, Tansman, Brand, herauszugreifen. [[/] * [/]] Im Gegensatz zu den Konzertsälen sind die *Operninstitute* nur wenig von dem Wandel des letzten Jahrzehnts erfasst worden. Die neu erschienenen Kapellmeister, Regisseure und Bühnenmaler wären wohl imstande gewesen, der Oper künstlerischen Aufschwung zu geben. Aber die Mängel des jetzigen Systems – Starwesen, Gastspielbetrieb und das Fehlen finanzieller Unterstützung durch die öffentliche Hand – boten schwere, nicht so schnell zu beseitigende Widerstände. Ausser Kurt Weill hat denn auch noch kaum ein Opernkomponist nennenswerte Bühnenerfolge gehabt. Selbst die beliebtesten europäischen Operettenkomponisten, deren Musik an sich einschlug, stehen bisher ausserhalb des amerikanischen Theaterlebens. Es blieb bei Wiederauf[f]rischungen populärer Operetten wie ›Rosalinda‹, ›Zigeunerbaron‹, ›The Merry Widow‹ – deren Schlagkraft vorwiegend durch Wiener und Berliner Künstler hervorgerufen wurde. [[/] * [/]] Trotz der – an sich nicht gesunden – Konzentration der europäischen Musiker in New York haben viele grosse und mittlere Städte in den Staaten unter Mitarbeit von Immigranten eine öffentliche Musikpflege auf- und ausgebaut, die eigenen Puls und eigenen Charakter besitzt. An Lehrinstituten hatten verschiedentlich europäische Musikwissenschaftler bestimmenden Einfluss auf die Gestaltung junger künstlerischer Einrichtungen. [/] Zu den Gebieten, auf denen das amerikanische Konzertwesen besonderen Gewinn davongetragen hat, gehört noch das Feld der Begleitung und der Gesangkorrepetition für Oper und Lied. Musikalische Feinfühligkeit, Stilkenntnis und Bühnenerfahrung machten viele pianistisch ausgezeichnet fundierte Konzertbegleiter zu begehrten Mitarbeitern der Solisten. [/] In New York und in allen Grossstädten hat sich die Struktur des Publikums seit 1933 beträchtlich verändert. Mit der zunehmenden wirtschaftlichen Eingliederung begann sich die Musikliebe der bürgerlichen Schichten der Immigration mehr und mehr zu betätigen. Wiederbegegnungen mit vertrauten Namen stärkten das Gefühl, das beste europäischer Kultur nicht eingebüsst zu haben. So bildet die Beteiligung der Immigranten als Publikum einen deutlich spürbaren Gewinn für die öffentliche und private Musikpflege des Landes. [/] Eine vollständige, im lexikographischen Sinne zuverlässige Liste der immigrierten Tonkünstler zu geben, ist unmöglich. Viele haben ihren Wohnsitz gewechselt, manche ihren Namen, oder dessen Schreibweise geändert, andere leben an Plätzen, weitab vom Strom des öffentlichen Musiklebens. Die nachfolgende Aufstellung kann nur einen gewissen Ueberblick vermitteln, der zeigen soll, dass die Einwanderung den Charakter und die Struktur des amerikanischen Musikwesens beeinflusst hat. Selbst wenn sich unter den Genannten eine Reihe befindet, die in ihre Heimatländer zurückzukehren beabsichtigt, so haben auch sie in den Jahren ihres Aufenthalts in den Vereinigten Staaten zur Kultur des Landes erheblich beigetragen.«[65]

Den Schluss von »Die Tonkuenstler im gelobten Land« bildet eine nach Berufen gegliederte Aufzählung von 285 aus Deutschland und Österreich, aber auch aus anderen europäischen Ländern in die USA emigrierten Musikern. Diese Liste sollte mit Namen, Berufen und Wohnorten Struktur und Umfang der musikalischen Emigration in die USA dokumentieren. Holde nannte darin 48 Komponisten, 31 Dirigenten, 68 Pianisten, 37 Geiger, 10 Cellisten, 3 Holzbläser, 48 Sänger, 7 Opernregisseure und 33 Musikwissenschaftler und Kritiker, darunter 46 Frauen. Mit Ausnahme der Musikwissenschaftler und Kritiker war die Mehrheit davon in New York City ansässig. Während er in seinen vorigen Berichten eher darauf bedacht gewesen war, die europäischen Musiker unauffällig in das Musikleben der USA zu integrieren, machte er hier das genaue Gegenteil, indem er die Öffentlichkeit selbstbewusst auf sie aufmerksam machte.

In seinen Ausführungen zu den Entwicklungen der Programmgestaltung und der Geschmacksentwicklung in den USA stellte Holde im Vergleich mit seinen Konzertkritiken im *Aufbau* die eigenen Vorlieben teilweise in den Hintergrund. Seine Auseinandersetzung mit zeitgenössischer Musik europäischer ebenso wie US-amerikanischer, russischer und anderer Komponisten war dort programmatisch, aber extrem kritisch. Dass das US-amerikanische Publikum diese Musik so gelassen hinnahm, anstatt sich, wie aus Sicht Artur Holdes in Europa üblich, ausgiebig darüber zu streiten, irritierte ihn, und er merkte es an verschiedener Stelle als Unterschied zwischen Europa und den USA an. Er selbst ließ selten ein gutes Haar an neuen Kompositionen und sah, bei aller Anerkennung, vor allem den Weg Arnold Schönbergs mit Skepsis.[66] Kaum eine der Kompositionen von Mátyás Seiber, Viktor Ullmann, Anton Webern, Paul Dessau, Artur Schnabel, Silvestre Revueltas, Russel G. Harris, Emil Köhler, Edmund Patros, Zoltán Kodály, Roman Palester, Rudolfo Halffter, Willy Burkhardt, die aus Anlass des 18. Festes der International Society for Contemporary Music im Mai 1941 in New York aufgeführt wurden, stellte ihn beispielsweise zufrieden.[67] Er setzte zwar große Hoffnungen in die Symphonik Dmitrij Schostakowitschs, der Kern seines Interesses lag aber im klassisch-romantischen Repertoire, bei Ludwig van Beethoven,

Johannes Brahms und allen voran bei Gustav Mahler und Anton Bruckner, die er insbesondere gegen den in den USA erfolgreichen Jean Sibelius abgrenzte. Man kann Artur Holde sicher zu den Kritikern und Musikschriftstellern zählen, die die Rezeption dieser beiden Komponisten in den 1930er und 1940er Jahren in den USA maßgeblich befördert haben.[68] Er nutzte jede Gelegenheit, ihre Werke der Öffentlichkeit bekannt zu machen, und schlug sie regelmäßig als Alternativen vor, wenn ihm ein Konzertprogramm nicht gefallen hatte.[69]

Für Artur Holde galt es, das klassisch-romantische Erbe deutsch-österreichischer Musik zu erhalten. Dass in den USA trotz der politischen Lage in Deutschland wenig chauvinistische Tendenzen zum Vorschein kamen, lobte er verschiedentlich. Die Überlegungen der NBC im Jahr 1943 zu der möglichen Programmgestaltung eines Friedenskonzerts nach dem Ende des Zweiten Weltkriegs stießen bei ihm entsprechend auf absolute Zustimmung, da neben US-amerikanischer, englischer, französischer, russischer und chinesischer Musik gerade auch deutsche Musik erklingen sollte.[70] In »Die Tonkuenstler im gelobten Land« ging er sogar so weit, den fehlenden Chauvinismus gegenüber einem Komponisten wie Richard Strauss anzuerkennen, dessen Einlassung mit der Reichsmusikkammer er an anderer Stelle als Schwäche und Folge unpolitischen Denkens interpretierte und in scharfen Kontrast zum Verhalten Arturo Toscaninis stellte.[71]

Obwohl zahlreiche Emigranten auf diesem Gebiet tätig waren, sprach Holde in seinen Überblicksdarstellungen das Thema jüdischer Musik nicht an. Dies erscheint umso erstaunlicher, als er in Frankfurt am Main ebenso wie in New York in Synagogen als Organist und Chorleiter aktiv gewesen war, in den USA mit dem Memorial Service einen eigenen Beitrag zur jüdischen Musik geleistet hatte und ansonsten im *Aufbau* regelmäßig dazu publizierte. Möglicherweise wollte er diese Frage aus seinen Betrachtungen heraushalten, weil es ihm letztlich um Integration ging und der überwiegende Teil jüdischer Musik eben abseits vom normalen Konzertbetrieb aufgeführt wurde.

Der einzige Bereich, dem Holde in »Die Tonkuenstler im gelobten Land« ausdrücklich keinen Fortschritt attestierte, war die Oper. Die fehlenden öffentlichen Subventionen, das Starwesen, der Gastspielbetrieb, der Mangel an Zeit für Proben und Regiearbeit waren Themen, die er auch in seinen Opernbesprechungen notorisch aufgriff. Für Sänger sah er aus den genannten Gründen nur wenige Chancen, in der Oper Karriere zu machen, sofern sie sich nicht schon einen Namen gemacht hatten, und kompositorische Erfolge im Musiktheater konnte er nur bei der Ausnahmeerscheinung Kurt Weill sehen. Mit Bezug auf die Erfolge von Robert Stolz hegte er zeitweise die Hoffnung, dass mit der Wiener Operette in der Unterhaltungsmusik ein Repertoire geschaffen würde, das der Konkurrenz von Jazz und Swing standhalten könnte.⁷² In »Die Tonkuenstler im gelobten Land« musste er aber einräumen, dass er hier seine Erwartungen enttäuscht sah.

Kennzeichnend für Artur Holdes Blick auf das Exil von Musikern in den USA waren sein Realismus und seine Fähigkeit zur Anpassung an die Verhältnisse. Er akzeptierte die wirtschaftliche und kulturelle Situation der USA, nahm die wirtschaftliche Depression der vorangegangenen Jahre (auch wenn er immer wieder öffentliche Subventionen für die Opernhäuser forderte)⁷³ hin, und machte sich das Leistungsdenken und den Fortschrittsglauben seines Gastlandes zu Eigen. Er mahnte immer wieder, sich selbst nicht zu überschätzen und sich in den neuen Verhältnissen dem System erneut unter Beweis zu stellen und brachte, obwohl er dies nicht direkt aussprach, in den ersten Jahren immer wieder seine eigenen Erfolge und Misserfolge beim beruflichen Wiedereinstieg in seine Artikel ein. Das gilt beispielsweise für seine Erfahrungen mit der über Jahre fehlenden US-amerikanischen Staatsbürgerschaft, fehlenden Zeugnissen und Qualifikationen, den mühsamen Einstieg als Organist, Chorleiter und Musikpädagoge in verschiedenste Berufszweige und nicht zuletzt für die Erfolglosigkeit bei den Hilfsorganisationen. Sein Fortschrittsglaube zeigte sich aber nicht nur daran, dass er in seinen Kritiken ständig offen für alle Neuerungen war – ob es sich um technische Errungenschaften wie Radio, Film, Fernsehen, den sogenannten Facsimilator oder um neue Konzertformen (etwa die Konzerte im Lewisohn Stadium vor bis zu 25.000 Zuschauern)⁷⁴ handelte –, sondern auch daran, welche Rolle er den Emigranten im Musikleben der USA mit Bezug auf den »brain gain« im Laufe der Zeit immer selbstbewusster zusprach.

---

1 Franz Werfel, zit. n. Artur Holde: »Gespräch mit Franz Werfel«. In: *Aufbau* Jg. 8 (1942) Nr. 5, 13.1.1942, S. 13. Hervorhebung im Original. — **2** Weitere Rubriken, in denen Artur Holde, zum Teil gemeinsam mit anderen Autoren, publizierte, waren z. B. »Theater und Musik«, »Musik der Woche«, »Aus den Studios der Sendestationen«. — **3** Vgl. Sigrid Schneider: »Zwischen Scheitern und Erfolg: Journalisten und Publizisten im amerikanischen Exil«. In: Thomas Koebner, Wulf Köpke, Claus-Dieter Krohn, Sigrid Schneider, Lieselotte Maas (Hg.): *Exilforschung. Ein internationales Jahrbuch.* Bd. 7. *Publizistik im Exil und andere Themen.* München 1989, S. 51. — **4** Vgl. Anon.: »Beratungsstelle für Musiker«. In: *Aufbau* Jg. 7 (1941) Nr. 40, 3.10.1941, S. 8. — **5** Vgl. Artur Holde: *Jews in music. From the Age of Enlightenment to the Mid-Twentieth Century.* Hg. von Irene Heskes. New York 1974 (Erstausgabe: 1959). — **6** Vgl. Horst Weber (Hg.): *Musik in der Emigration 1933–1945. Verfolgung, Vertreibung, Rückwirkung.* Stuttgart u. a. 1994. — **7** Vgl. Hanns-Werner Heister, Claudia Maurer Zenck, Peter Petersen (Hg.): *Musik im Exil. Folgen des Nazismus für die internationale Musikkultur.* Frankfurt/M. 1993, S. 340. — **8** Vgl. Reinhold Brinkmann, Christoph Wolff (Hg.): *Driven into Paradise. The Musical Migration from Nazi Germany to the United States.* Berkeley u. a. 1999, S. 151–152. — **9** Vgl. Irene Heskes: »Preface«. In: Holde: *Jews in music* (s. Anm. 5), S. IX–XII. — **10** Vgl. Regina Thumser: *Vertriebene Musiker: Schicksale und Netz-*

werke im Exil 1933–1945. Diss., Universität Salzburg 1998, S. 87–99. — **11** Vgl. *Exilpresse digital. Deutsche Exilzeitschriften 1933–1945.* Deutsche Nationalbibliothek Frankfurt/M., http://deposit.ddb.de/online/exil/ exil.htm, 2.12.2007. — **12** Vgl. Deutsches Exilarchiv 1933–1945/Deutsche Nationalbibliothek Frankfurt/M., Nachlass Gabriele Tergit; Nachlass Wilhelm Sternfeld; Akten des PEN-Zentrums. — Deutsches Literaturarchiv Marbach, Nachlass Manfred George. — Hessisches Hauptstaatsarchiv Wiesbaden, Abt. 518, Nr. 16989, Entschädigungsakte Artur Holde. — Leo Baeck Institute, New York, Max Kowalski Collection, AR 7049, Box 1, Folder 20; ME 864; MM II 11, Heida Hermanns Holde, Memoirs Heida Hermanns Holde as Told to Joanna Foster, 1991. — New York Public Library, Manuscripts and Archives Division, Emergency Committee in Aid of Displaced Foreign Scholars, Box 73, Folder 51. — YIVO Institute, New York, RG 447; MKM 15.153, Oberlaender Trust, Fund of the Carl Schurz Foundation, Artur Holde Subject File. — Erich H. Müller (Hg.): *Deutsches Musiker-Lexikon.* Dresden 1929. — Willibald Gurlitt (Hg.): *Riemann Musik-Lexikon.* 12., völlig neu bearb. Aufl. Mainz 1959–1967. — Anon.: »Artur Holde dies; Aufbau critic, 76«. In: *The New York Times* (25.6.1962), S. 29. — Harry Schneiderman, Itzhak J. Carmin (Hg.): *Who's Who in World Jewry. A Biographical Dictionary of Outstanding Jews.* New York 1955. — Heskes: »Preface« (s. Anm. 5). — Werner Röder, Herbert A. Strauss (Hg.): *Biographisches Handbuch der deutschsprachigen Emigration nach 1933. International biographical dictionary of Central European emigrés 1933–1945.* 4 Bde. München u. a. 1980–83. — Claudia Maurer Zenck, Peter Petersen unter Mitarbeit von Sophie Fetthauer (Hg.): *Lexikon verfolgter Musiker und Musikerinnen der NS-Zeit.* http://www.lexm.uni-hamburg.de, 2005 ff. — **13** Vgl. Brief von Frauke Dettmer, Jüdisches Museum Rendsburg an die Verf. vom 2.5.2007. — **14** Vgl. New York Public Library, Manuscripts and Archives Division, Emergency Committee in Aid of Displaced Foreign Scholars, Box 73, Folder 51, Artur Holde, Lebenslauf, o. J. — **15** In den Schülerlisten des Stern'schen Konservatoriums wird Artur Holde nicht genannt. Vgl. Brief von Dietmar Schenk, Archiv der Universität der Künste, Berlin, an die Verf. vom 2.5.2007. — **16** Vgl. z. B. Publikationen in: *Israelitisches Familienblatt, Mitteilungen des Jüdischen Kulturbundes Rhein-Main, C. V.-Zeitung, Aufbau, Musical Quarterly.* — **17** Vgl. New York Public Library, Manuscripts and Archives Division, Emergency Committee in Aid of Displaced Foreign Scholars, Box 73, Folder 51, Artur Holde, Lectures and Articles of the last ten years, o. J. — **18** Vgl. Hessisches Hauptstaatsarchiv Wiesbaden, Abt. 518, Nr. 16989, Entschädigungsakte Artur Holde, Brief des Frankfurter General-Anzeigers, Steuernagel, an Artur Holde vom 27.4.1933. — **19** Vgl. ebd., Brief des Präsidenten der Reichsschrifttumskammer, gez. Suchenwirth, an Artur Holde vom 7.3.1935. — **20** Vgl. Peter Cahn: *Das Hoch'sche Konservatorium in Frankfurt am Main (1878–1978).* Frankfurt/M. 1979, S. 300. — **21** Vgl. Stephan Stompor: *Jüdisches Musik- und Theaterleben unter dem NS-Staat.* Hannover 2001 (= *Schriftenreihe des Europäischen Zentrums für Jüdische Musik,* Bd. 6.), S. 38. — **22** Vgl. Leo Baeck Institute, New York, ME 864; MM II 11 (s. Anm. 12), S. 45. — **23** Vgl. Stompor: *Jüdisches Musik- und Theaterleben unter dem NS-Staat* (s. Anm. 21), S. 54. — **24** Vgl. Leo Baeck Institute, New York, ME 864; MM II 11 (s. Anm. 12), S. 61. — **25** Vgl. Anon.: »Artur Holde dies; Aufbau critic, 76« (s. Anm. 12), S. 29. — Schneiderman, Carmin (Hg.): *Who's Who in World Jewry* (s. Anm. 12). — **26** Vgl. Deutsches Exilarchiv 1933–1945 / Deutsche Nationalbibliothek Frankfurt/M., Nachlass Wilhelm Sternfeld, Artur Holde, Tabellarischer Lebenslauf, o. J. — **27** Vgl. Anon.: »Artur Holde dies; Aufbau critic, 76« (s. Anm. 12), S. 29. — **28** Vgl. zu beiden Hilfsorganisationen: Stephen Duggan, Betty Drury: *The Rescue of Science and Learning. The Story of the Emergency Committee In Aid of Displaced Foreign Scholars.* New York 1948. — **29** Vgl. New York Public Library, Manuscripts and Archives Division, Emergency Committee in Aid of Displaced Foreign Scholars, Box 73, Folder 51. — **30** Vgl. ebd.: Brief von Rosco C. Ingalls, Director, Los Angeles City Junior College an Artur Holde [1937]. — **31** Vgl. YIVO Institute, New York, RG 447; MKM 15.153 (s. Anm. 12), 21.10.1940. — **32** Leo Baeck Institute, New York, ME 864; MM II 11 (s. Anm. 12), S. 64. Mit freundlicher Genehmigung des Leo Baeck Institute, New York. — **33** Vgl. YIVO Institute, New York, RG 447; MKM 15.153 (s. Anm. 12), 21.10.1940. — **34** Leo Baeck Institute, New York, Max Kowalski Collection, AR 7049, Box 1, Folder 20, Brief von Artur

Holde an Max Kowalski vom 19.8.1946. Mit freundlicher Genehmigung des Leo Baeck Institute, New York. — **35** Ebd., Brief von Artur Holde an Max Kowalski vom 23.12.1954. Mit freundlicher Genehmigung des Leo Baeck Institute, New York. — **36** Vgl. Hans Steinitz: »Aufbau, Neubau, Brückenbau«. In: Will Schaber (Hg.): *Aufbau. Reconstruction. Dokumente einer Kultur im Exil*. New York u.a. 1972, S. 12-14. — **37** Anon.: »Kurzgeschichte des ›Aufbau‹«. In: W. M. Citron (Hg.): *Aufbau Almanac. The Immigrant's Handbook*. New York 1941, S. 9. — **38** Vgl. Artur Holde: »Egon Benisch«. In: *Aufbau* Jg. 7 (1941) Nr. 42, 17.10.1941, S. 11. — **39** Vgl. Gurlitt (Hg.): *Riemann Musik-Lexikon* (s. Anm. 12). – Paul Frank, Wilhelm Altmann, Burchard Bulling (Hg.): *Kurzgefaßtes Tonkünstler-Lexikon. Für Musiker und Freunde der Musik*. Wilhelmshaven 1974, 1978. – Deutsches Exilarchiv 1933-1945/Deutsche Nationalbibliothek Frankfurt/M., Nachlass Gabriele Tergit, Fragebogen der Deutschen Akademie für Sprache und Dichtung, Darmstadt von Artur Holde, o. J.; Artur Holde, Tabellarischer Lebenslauf, o. J. – Anon.: »Artur Holde dies; Aufbau critic, 76« (s. Anm. 12), S. 29. — **40** Deutsches Literaturarchiv Marbach, Nachlass Manfred George, Brief von Artur Holde an Manfred George vom 16.6.1939. Mit freundlicher Genehmigung des Deutschen Literaturarchivs Marbach. Die Rechtsnachfolger von Artur Holde ließen sich nicht ermitteln. — **41** Ebd.: Brief von Artur Holde an Manfred George vom 2.7.1939. — **42** Z.B. mit Marian Anderson, Claudia Arrau, Leonard Bernstein, Rafaello Busoni, Frederic Cohen, Roy Harris, Neal Hopkins, Bronislaw Huberman, Alexander Kipnis, W. Colston Leigh, Dimitri Mitropoulos, Menahem Pressler, Max Reinhardt, Artur Rodzinski, Artur Schnabel, William Schuman, Robert Shaw, Oscar Straus, Eugene Szenkar, Josef Szigeti, Lothar Wallerstein, Kurt Weill, Franz Werfel, Edward Johnson u.a. — **43** Vgl. Artur Holde: »Die Lage der immigrierten Tonkünstler in U.S.A.« In: *Aufbau* Jg. 5 (1939) Nr. 19, 15.10.1939, S. 19-20. — **44** Vgl. ebd. – Artur Holde: »Musiker auf der Wanderung. Zum Problem der Eingliederung«. In: *Aufbau* Jg. 7 (1941) Nr. 41, 10.10.1941, S. 7. — **45** Vgl. Holde: »Die Lage der immigrierten Tonkünstler in U.S.A.« (s. Anm. 43), S. 19-20. – Holde: »Musiker auf der Wanderung« (s. Anm 44), S. 7. — **46** Holde: »Die Lage der immigrierten Tonkünstler in U.S.A.« (s. Anm. 43), S. 19-20. — **47** Holde: »Musiker auf der Wanderung« (s. Anm. 44), S. 7. — **48** Vgl. Holde: »Die Lage der immigrierten Tonkünstler in U.S.A.« (s. Anm. 43), S. 19-20. – Artur Holde: »Julius Pruever mit dem N. Y. C. Orchester«. In: *Aufbau* Jg. 7 (1941) Nr. 24, 13.6.1941, S. 18. — **49** Holde: »Die Lage der immigrierten Tonkünstler in U.S.A.« (s. Anm. 43), S. 20. — **50** Vgl. ebd., S. 19-20. – Artur Holde: »Probleme der Einordnung«. In: *Aufbau* Jg. 7 (1941) Nr. 6, 7.2.1941, S. 10. – Holde: »Musiker auf der Wanderung« (s. Anm. 44), S. 7. — **51** Vgl. Holde: »Die Lage der immigrierten Tonkünstler in U.S.A.« (s. Anm. 43), S. 19-20. — **52** Vgl. »Musiker auf der Wanderung« (s. Anm. 44), S. 7. — **53** Vgl. Holde: »Die Lage der immigrierten Tonkünstler in U.S.A.« (s. Anm. 43), S. 19-20. – Holde: »Probleme der Einordnung« (s. Anm. 50), S. 10. – Holde: »Musiker auf der Wanderung« (s. Anm. 44), S. 7. — **54** Vgl. David Josephson: »The Exile of European Music. Documentation of Upheaval and Immigration in the *New York Times*«. In: Brinkmann, Wolff (Hg.): *Driven into Paradise* (s. Anm. 8), S. 92-152. — **55** Vgl. Olin Downes: »Problem of Adjustment. Clashing Interests Between Native Musicians and Refugees Come to America From Overseas«. In: *The New York Times* (19.1.1941), S. X7. – Olin Downes: »Refugee Problem. Debate Continues on Question of Place of Musicians From Abroad«. In: *The New York Times* (26.1.1941), S. X7. – Olin Downes: »Invasion of Ideas. Need Not Be Feared in Music if the Nation Retains Cultural Identity«. In: *The New York Times* (2.2.1941), S. X7. – Horace Johnson: »Record of WPA Project«. In: ebd. – Stanley L. Stevens: »NYA Workshop's American Performances – The Problem of Native Composers. Record of NYA Workshop«. In: *The New York Times* (9.2.1941), S. X8. – Robert Strassburg: »NYA Workshop's American Performances – The Problem of Native Composers. The American Composer«. In: ebd. – David Diamond: »From the Mail Pouch. From a Composer About Composers«. In: *The New York Times* (16.2.1941), S. X6. – George Newman: »From the Mail Pouch. Advice for Refugee Musicians«. In: ebd. — **56** Vgl. Downes: »Problem of Adjustment« (s. Anm. 55). — **57** Holde: »Probleme der Einordnung« (s. Anm. 50), S. 10. — **58** Vgl. Newman: »From the Mail Pouch« (s. Anm. 55). — **59** Holde: »Die Lage der immigrierten Tonkünstler in U.S.A.« (s. Anm. 43). — **60** Artur Holde: »Aus dem New Yorker Musikleben. ›The New Music Group‹ – Gisella Selden-Goths Sammlung – ›Chamber Music Guild‹«. In: *Aufbau* Jg. 6 (1940) Nr. 3, 19.1.1940, S. 10. — **61** Artur Holde: »Bruno Walter dirigiert das N. B. C.-Orchester«. In: *Aufbau* Jg. 6 (1940) Nr. 11, 15.3.1940, S. 9. — **62** Artur Holde: »Was bringt die Saison den Musikfreunden?«. In: *Aufbau* Jg. 6 (1940) Nr. 38, 20.9.1940, S. 11. — **63** Artur Holde: »Kultureller Blackout«. In: *Aufbau* Jg. 10 (1944) Nr. 40, 6.10.1944, S. 14. — **64** Artur Holde: »Die Tonkuenstler im gelobten Land«. In: *Aufbau* Jg. 10 (1944) Nr. 51, 22.12.1944, S. 49. — **65** Ebd. — **66** Vgl. z. B. Artur Holde: »Arnold Schönberg dirigiert ›Pierrot Lunaire‹«. In: *Aufbau* Jg. 6 (1940) Nr. 47, 22.11.1940, S. 10. – Artur Holde: »Schoenbergs Zweite Kammersymphonie. Urauffuehrung durch ›The New Friends of Music‹«. In: *Aufbau* Jg. 6 (1940) Nr. 51, 20.12.1940, S. 9. – Artur Holde: »Arnold Schoenberg. 70 Jahre am 13. September 1944«. In: *Aufbau* Jg. 10 (1944) Nr. 37, 15.9.1944, S. 11. — **67** Vgl. Artur Holde: »XVIII. Fest der International Society for Contemporary Music«. In: *Aufbau* Jg. 7 (1941) Nr. 22, 30.5.1941, S. 10. — **68** Vgl. zum Einfluss einiger Exilanten (Max Graf, Hans Tischler, Erwin Stein, Paul Bekker) auf die Mahler-Rezeption: Christoph Metzger: *Mahler-Rezeption. Perspektiven der Rezeption Gustav Mahlers.* Wilhelmshaven 2000 (= Richard Schaal (Hg.): *Taschenbücher zur Musikwissenschaft* Bd. 136), S. 207–208. — **69** Vgl. z. B. Artur Holde: »Toscanini feiert Sibelius«. In: *Aufbau* Jg. 6 (1940) Nr. 50, 13.12.1940, S. 11. – Artur Holde: »Walter dirigiert ›Das Lied von der Erde‹«. In: *Aufbau* Jg. 7 (1941) Nr. 5, 31.1.1941, S. 10. – Artur Holde: »Mahlers II. Symphonie unter Bruno Walter«. In: *Aufbau* Jg. 8 (1942) Nr. 5, 30.1.1942, S. 13. — **70** Vgl. Artur Holde: »Friedensklaenge«. In: *Aufbau* Jg. 9 (1943) Nr. 26, 3.9.1943, S. 14. — **71** Vgl. Artur Holde: »Musiker als politische Charaktere«. In: *Aufbau* Jg. 9 (1943) Nr. 6, 5.2.1943, S. 8. – Artur Holde: »Zenit und Niedergang. Zum 80. Geburtstag von Richard Strauss am 10. Juni«. In: *Aufbau* Jg. 10 (1944) Nr. 23, 9.6.1944, S. 14. — **72** Vgl. z. B. Artur Holde: »Stadium-Konzerte. Viennese Night«. In: *Aufbau* Jg. 9 (1943) Nr. 29, 16.7.1943, S. 11. – Artur Holde: »Kriegswirtschaft in der Musik«. In: *Aufbau* Jg. 10 (1944) Nr. 39, 29.9.1944, S. 14. — **73** Vgl. z. B. Artur Holde: »Geschenke oder Subventionen. Zur Lage des Metropolitan Opera House«. In: *Aufbau* Jg. 9 (1943) Nr. 51, 17.12.1943, S. 14. — **74** Vgl. z. B. Artur Holde: »Die Stadium-Konzerte beginnen«. In: *Aufbau* Jg. 7 (1941) Nr. 26, 27.6.1941, S. 12.

Nils Grosch

Hans Helfritz in Chile
Skizze einer südamerikanischen Exilbiografie*

I

Hans Helfritz trug in einen deutschen Personalfragebogen noch 1941 als ausgeübten Beruf »Schriftsteller« ein, nur im Feld »erlernter Beruf« wies er sich hier als »Komponist« aus.[1] Sechs Jahre später verstand er sich, so die Berufsbezeichnung in seinem am 19. Oktober 1947 erlangten chilenischen Pass, als »Compositor de Música«.[2] Entscheidendes Merkmal der Lebensphase in Chile 1940–1959, so geht aus zahlreichen Äußerungen Helfritz' in Interviews und autobiografischen Darlegungen hervor, scheint jene Umkehrung der Prioritäten dieser beiden vielleicht wichtigsten seiner Tätigkeiten – Helfritz war zudem unter anderem auch Ethnomusikologe und Dokumentarfilmer – gewesen zu sein, wie sie aus den beiden zitierten Personaldokumenten hervorgeht; oder anders gesagt: Erst im Exil gelang es dem in Berlin ausgebildeten Komponisten Helfritz, sich als Komponist zu etablieren: »Den ganzen Krieg über war es mir ja vergönnt, in Chile zu leben – in einem Land, wo ich frei komponieren konnte, wo ich auch als Komponist anerkannt wurde und wo ich die Möglichkeit hatte wie in keinem anderen Land, Kompositionen [bei Wettbewerben] einzureichen. (…) Da war das Komponieren eine ganz besonders anregende Tätigkeit. Da wäre ich (…) wahrscheinlich, wenn ich in Chile geblieben wäre, hauptsächlich Komponist gewesen.«[3]

Ein Vergleich seiner kompositorischen Produktion vor und nach der Emigration scheint das auf einen Blick zu bestätigen: Im Laufe der 1940er Jahre entstanden allein 15 Werke, darunter fünf Orchesterwerke, dazu mehrere Liederzyklen, Klavier- und Kammermusik. Dem stehen in den 1930er Jahren (der Phase nach seinem Studium bis zur Emigration) neben einer Reihe von Filmpartituren zu eigenen Filmen nur etwa sieben Werke entgegen.[4] Diese übersichtliche Schaffensbilanz ist in erster Linie darauf zurückzuführen, dass Helfritz um 1930 sein Hauptbetätigungsfeld auf Forschungsreisen und deren Dokumentation in Vorträgen, Büchern, Aufsätzen, Filmen und Fotografien verlagerte und das Komponieren demgegenüber zurücktrat. Zu seinen spektakulären drei Filmen über mittelamerikanische Länder (*Mexiko I, Mexiko II, Guatemala*) komponierte Helfritz selbst die Musik, die inspiriert war von den in den jeweils dokumentierten Gegenden vorgefundenen musikalischen Kulturen. Solche Forschungsreisen in entfernte und für Deutsche kaum bekannte, ja kaum erreichbare Gegenden, etwa nach Südarabien, Nordafrika und Mittelamerika, wurden bald für Helfritz zur wichtigsten Betätigung und zur Haupteinkommensquelle. Die daraus resultierenden Filme und Bücher sicherten Helfritz finanziell ab und ermöglichten ihm, insbesondere nach der nationalsozialistischen »Machtergreifung«, einen Großteil des Jahres im Ausland zu verbringen, wo er sich sicherer fühlte als in Deutschland.[5] Ein Überleben als Komponist in Deutschland erschien für Helfritz hingegen weder lukrativ noch attraktiv, zumal er keine Lehrtätigkeit erhielt und wohl auch keine anstrebte.[6]

So überrascht es nicht, dass Helfritz, der meist nur dann Musik schrieb, »wenn auch Aussicht bestand, sie anzuhören«, der, wenn er Kammer- oder Orchestermusik komponierte, sie »auch aufgeführt wissen« wollte und der »nicht für die Schatulle schreiben« mochte[7], sich in den ersten Jahren in Chile mit Kulturfilmen, teilweise mit kommerziellem Hintergrund, sowie durch Postkartenfotografie über Wasser hielt[8], und später vor allem von seinen erfolgreichen Reisebeschreibungen und -führern lebte. Tatsächlich konzentriert sich das kompositorische Exilschaffen auf die Jahre zwischen 1943 und 1948; Ausnahmen bilden lediglich das bereits 1940, also noch im Jahr der Ankunft in Chile komponierte *Concertino für Klavier und Orchester op. 22* und der erst 1957 entstandene Zyklus *Lieder der Neger für Singstimme und Harfe. Lieder nach Texten von Langston Hughes.*

Wie kam es zu einer plötzlichen Verdichtung der kompositorischen Tätigkeit im chilenischen Exil in der Mitte der 1940er Jahre? Der überwiegende Teil dieser Arbeiten ist, soweit heute nachvollziehbar, im Hinblick auf konkrete Aufführungen entstanden und zeugt von dem vorübergehenden Bestreben Helfritz', sich aktiv innerhalb der chilenischen Avantgarde als Komponist zu behaupten. Wie diese Versuche aussahen, in welchem historischen Kontext sie zu verorten sind und wie sie bewertet wurden, möchte ich im Folgenden anhand einiger Stichproben skizzieren.

II

Wie in vielen anderen lateinamerikanischen Ländern war in Chile die Kulturpolitik und insbesondere das Musikleben der 1930er und 1940er Jahre geprägt von aktiven und starken Tendenzen zur Konstruktion einer national-kulturellen Identität. Im Kontext einer solchen Aufbruchsstimmung ging es darum, Teile des Kulturlebens im Sinne einer »Nationalisierung« zu erneuern, wesentliche Bestandteile aber in diesem Sinne überhaupt erst hervorzubringen. Institute der öffentlichen Musikpflege waren bis dahin traditionell europäisch ausgerichtet.

So war das 1857 gegründete Teatro Municipal in Santiago bis ins 20. Jahrhundert hinein vorwiegend der italienischen und deutschen Oper, am Rande auch der spanischen Zarzuela verpflichtet. Produktionen amerikanischer Opern wie *El Guaraní* (1881) des Brasilianers Carlos Gomes oder *La florista de Lugano* (1895) des Chilenen Eleodoro Ortiz de Zárate blieben die Ausnahme. Die engagierten Versuche zu einer chilenischen Nationaloper von Aquinas Ried erlangten keine Chance auf Aufführung.[9] Zu einer machtvollen nationalen Reorganisation kam es insbesondere unter dem Einfluss von Domingo Santa Cruz Wilson, der zugleich eine Integrations- wie auch Galionsfigur der musikalischen Moderne Chiles darstellte. Santa Cruz hatte 1917 die Sociedad Bach gegründet und lange geleitet – eine einflussreiche Gruppierung, die öffentliche Konzerte organisierte, wesentlichen Einfluss auf eine Reform des chilenischen Konservatoriums sowie dessen Eingliederung in die Universidad de Chile haben sollte und sich in beiden Fällen insbesondere um Aufführungen einerseits von Alter Musik, andererseits von Werken zeitgenössischer chilenischer Komponisten bemühte.[10] Unter der Regie des unternehmenden und dominanten Santa Cruz wurde das Konservatorium Teil der Facultad de Artes der Universität, der er 1933-1968 als Dekan vorstand, und 1940 entstand ebendort das Instituto de Extensión Musical als national führendes Ausbildungsinstitut für Musiker, Musikwissenschaftler und -pädagogen.[11] Von dort ausgehend wurde dann das Orquesta Sinfónica de Chile, als erstes festes Orchester des Landes, sowie das Nationalballett gegründet. So kam der Universität eine Schlüsselfunktion bei der formalen und personellen Strukturierung sowie bei der inhaltlichen und ästhetischen Ausrichtung eines überwiegend erst im Entstehen begriffenen nationalen Konzertwesens zu.[12]

Dies mögen sicher keine optimalen Voraussetzungen für einen von außen kommenden Komponisten gewesen sein, um sich einen Platz innerhalb dieser national und akademisch ausgerichteten musikalischen Landschaft zu erstreiten, der regelmäßige Aufführungen der eigenen Werke, Akzeptanz als Komponist und Lebensunterhalt gewährleistet hätte. Dennoch war das akademische Konzertwesen für Helfritz, der nach Beginn des Zweiten Weltkriegs, in dem Chile als eines der wenigen Länder Lateinamerikas (mit Rücksicht auf seine deutschstämmigen Bevölkerungsanteile) neutral blieb, das Land als Deutscher nicht verlassen konnte, letztlich die beste, vielleicht auch einzige Chance, hier als Komponist weiter zu kommen.

Die in Chile seit dem 19. Jahrhundert ansässigen Deutschen und ihre Organisationen wie Clubs oder ihr publizistisches Organ *Cóndor*[13] hingegen boten kaum ein Betätigungsfeld für Helfritz. Zwar waren es die »weitläufigen Verwandten« deutscher Herkunft gewesen, die Helfritz ein Visum besorgten und ihn aufnahmen[14], und es war auch der Deutsch-Chilenische Bund (Liga Chileno-Alemana), durch den Helfritz eine erste Vortragsreise nach Südchile[15] unternahm, bei der er (auf Deutsch) von seinen Reisen berichtete. Jedoch ergab sich hier offenbar kein weitergehendes Betätigungsfeld.[16] Dies erscheint einleuchtend angesichts der Tatsache, dass viele der Deutsch-Chilenen sich mit NS-Deutschland identifizierten und selbst die nationalsozialistische Rassen- und Kriegspolitik befürworteten, sodass für eine Integration von Emigranten von beiden Seiten keine günstigen Bedingungen herrschten.[17] Insgesamt waren aber besonders im kulturellen Bereich die Aktivitäten und Möglichkeiten, nicht zuletzt aber auch das Interesse der deutsch-chilenischen Verbände, begrenzt.[18]

Die von Domingo Santa Cruz ausgehende akademische Erneuerungsbewegung der musikalischen Kultur, für die ja immerhin mit Johann Sebastian Bach ein deutscher Komponist als Ikone gewählt wurde[19], fand im *Cóndor* keinerlei Beachtung, ebenso wenig etwa die Gründung der Sociedad Bach oder die Errichtung des öffentlichen Bach-Denkmals 1944 in Santiago.[20] War der Vortragsreisende Helfritz hier noch in den Jahren unmittelbar nach seiner Einwanderung auf Interesse gestoßen, so brauchte sich der moderne Komponist Helfritz sicher kaum Hoffnungen auf Nachfrage nach seiner Musik zu machen.

Im Umfeld der literarisch und politisch aktiven Emigration sah dies schon deutlich anders aus. Eines der intellektuell bedeutendsten Organe des amerikanischen Exils, »an literaturtheoretischen oder allgemeinen ästhetischen Fragen« weit mehr interessiert als andere[21], war just in Santiago de Chile beheimatet: die von Albert Theile und Udo Rukser geleiteten *Deutschen Blätter*, die von 1943–1946 erschienen.[22] Diese hatten sich schon mit dem Abdruck des Aufsatzes »Glaubensbekenntnis eines Komponisten« des in die USA geflohenen Österreichers Ernst Toch für die atonale musikalische Moderne engagiert, die die nationalsozialistische Kulturpolitik als »entartet« gebranntmarkt hatte und deren Hauptvertreter aus Deutschland und Österreich vertrieben worden waren.[23] In einer musikalischen Sammelrezension des 1933 nach Chile emigrierten Musikkritikers und Komponisten Federico Heinlein wurden dann 1946 neu erschienene Musikbücher, darunter *The Opera and Its Future in America* des in die USA geflohenen deutschen Opernregisseurs Herbert Graf[24], sowie unter dem Titel *Klavierstücke deutschsprachiger Komponisten in Südamerika* Werke von Guillermo Graetzer, Rodolfo Holzmann und Helfritz besprochen.[25]

Dass hier die Muttersprache, nicht aber das Exil als verbindendes Element der drei rezensierten Komponisten genannt ist, scheint die Begleitumstände ihrer Migration eher zu verwischen als thematisieren zu wollen. Im Text werden zwar biografische Informationen zum jeweiligen Geburtsort und momentanen »Standquartier« geliefert, aber der Emigrationskontext bleibt unerwähnt. Dies mag einerseits überraschen, zumal in den *Deutschen Blättern*, die sich als Kampforgan »für ein europäisches Deutschland, gegen ein deutsches Europa« (so der Untertitel) verstanden. Immerhin stand im Fokus ihres Autoren- und Adressatenkreises das amerikanische, insbesondere das südamerikanische Exil, auch wurden die auf den südlichen Subkontinent geflohenen Komponisten hier überhaupt zum ersten Mal im Kontext der Emigration thematisiert – ein Schicksal, das ja auch den Rezensenten Heinlein selbst betraf. Andererseits aber scheint das Desiderat weniger ungewöhnlich als die Zusammenschau an sich, wurden doch diese Komponisten in der Rezeption ebenso selten als Emigranten verstanden, wie sie später etwa durch eine auf Südamerika ausgerichtete Exilforschung in den Fokus genommen werden sollten. Bemerkenswert ist letztlich, dass hier, im offenkundigen Exilkontext, Helfritz in Chile – soweit anhand der zugänglichen Quellen nachvollziehbar ist – seit seiner Emigration überhaupt zum ersten Mal als Komponist wahrgenommen wird.

Die Klavierstücke *Aru Amuñas*, die von Heinlein hier enthusiastisch besprochen werden, waren sicher keine Arbeit »für die Schatulle«. Helfritz selbst hatte den aus 14 relativ leicht spielbaren, teilweise pentatonischen und oft eingängigen Stücken über Motive der Aimará und Quechua bestehenden Klavierzyklus im Selbstverlag herausgebracht und dabei möglicherweise an einen in erster Linie klavierdidaktisch ausgerichteten Abnehmerkreis gedacht. Die mit stilisierten Indianermotiven illustrierte Gestaltung von Umschlag und Seiten sowie die in hochwertigem Steindruck reproduzierten Noten ergeben eine lebendig gestaltete, insbesondere für den Musikunterricht geeignete Ausgabe.[26]

Zu der Umformulierung indianischer und anderer, auf seinen ethnografischen Reisen aufgezeichneter Musik zu einem Werk der neuen Musik hatte Paul Hindemith, bei dem er ein Filmmusikseminar an der Berliner Musikhochschule besucht hatte, den jungen Komponisten bereits zu Studienzeiten ermutigt.[27] Als entscheidendes Vorbild für den Klavierzyklus nannte Helfritz später auch Béla Bartóks *Mikrokosmos* – ein Werk von großem Einfluss und starker Verbreitung innerhalb der klavierdidaktischen Literatur jener mitteleuropäischen Kultur, aus der Helfritz stammte.

Seine Kenntnisse der Musik der Aimará und Quechua hatte Helfritz auf einer Forschungsreise 1938/39 erworben, von der er offenbar auch mit einer großen Sammlung von Transkriptionen zurückkam.[28] In seinen Klavierstücken behielt Helfritz nun bewusst »die kleinen rhythmischen und metrischen Eigenarten bei, die nicht immer mit unserem Formgefühl übereinstimmen, und [ich] habe sie deshalb nicht in unsere westliche Harmonik hineingezwängt.«[29] Offenbar hat Helfritz in die Struktur der aufgezeichneten Melodien in der Tat nur behutsam eingegriffen. Dies zeigen Musikbeispiele, die er einer musikethnologischen Veröffentlichung über Musik der Aimarás und Quechuas beigegeben hat – offenbar ethnografische Aufzeichnungen, die notengetreu als Kopfthemen der Nummern 4 und 5 der *Aru*

Amuñas übernommen wurden (siehe Abb. 1 bis 3). Die Nr. 2 *Kenachos* hat er sogar einem Aufsatz über die Musik der Aimará als Notenbeispiel beigefügt.[30]

Abb. 1: Zwei Musikbeispiele aus: Hans Helfritz: »Musik und Tänze der Aimaras und Quechuas«. In: *El Mexico Antiguo* Jg. 7 (1955), S. 283–292, hier S. 285.

Abb. 2: Hans Helfritz: *Aru Amuñas*. Santiago de Chile 1943. Nr. 4: *Chunchitos*, Anfang (T. 1–4).

Abb. 3: Hans Helfritz: *Aru Amuñas*. Nr. 5: *Tatripulis*, Anfang (T. 1–3).

Es ging also weniger um eine originelle, künstlerische Ausformung des Materials, als vielmehr darum, einen Notentext zu schaffen, anhand dessen auch der Noten lesende Stadtbürger die Kunst der indigenen Bevölkerung des Nachbarlandes nachspielen und verstehen lernen konnte. Mit einem solchen, im Grunde europäisch geprägten Konzept der pädagogischen, modernen Adaption musikalischer Folklore, stand Helfritz weit ab etwa von frühen Versuchen zu einem künstlerischen »Indigenismo«[31] chilenischer Komponisten, wie dem *Friso Araucano* für Sopran, Bariton und großes Orchester von Carlos Isamitt. Auch Isamitt hatte seine Melodien, Lieder der südchilenischen Mapuche, zunächst als ethnologische Untersuchungsobjekte selbst aufgezeichnet, sie aber dann für das *Friso Araucano* in eine komplexe, an Vorbildern der Zweiten Wiener Schule orientierte Textur eingebaut.[32] Und obwohl das Werk bereits 1933 preisgekrönt wurde, konnte es erst elf Jahre später, 1944, vollständig aufgeführt werden.[33] Immerhin handelte es sich um als national deklarierbare Folklore und nicht, wie bei Helfritz, um bolivianische. Wie Helfritz selbst des öfteren erfahren musste, galten in den urbanen Mittel- und Oberschichten Elemente indianischer Kultur zu dieser Zeit noch kaum als vorzeigbar oder gar als repräsentativ für die nationale Kultur.[34] Gerade darum hätte Heinleins Lob (in der zitierten Rezension), dass die Werke dem Hörer »die indianische Überlieferung unerhört gegenwärtig zu machen« vermochten, ja dass das »Echte in dieser Musik (…) unmittelbar, die Kraft des Erlebten (…) groß« sei[35], in einem kulturellen Kontext, der sowohl der indigenen als auch der bolivianischen Kultur ablehnend gegenüberstand, ungewollt durchaus gegen das Werk sprechen können. So kam es auch nicht zu der von Helfritz augenscheinlich erhofften und auch von Heinlein erwünschten »weitesten Verbreitung« der *Aru Amuñas*.[36]

III

Eine entscheidende Änderung dieses kompositorischen Schattendaseins im Exil kam für Helfritz erst mit dem Kriegsende 1945 und mit seiner Einbürgerung.[37] Am 13. August 1947 wurden seine *Cinco movimientos* für Violine und Cello in einem Konzert der Internationalen Gesellschaft für Neue Musik in Santiago aufgeführt und als das Werk eines »Musikers mit Gespür und solidem Handwerk« goutiert, auf dessen weiteres Œuvre man gespannt sein dürfe.[38] Schon bald danach war sein erstes Orchesterwerk der Exilzeit in Santiago zu hören: Das *Concertino für Klavier und Orchester* wurde am 4. November 1947 im Rahmen der Konzerte des Instituto de Extensión im Teatro Municipal uraufgeführt, zusammen mit zwei der *Brandenburgischen Konzerte* von Bach sowie mit der hier erstaufgeführten *Sinfonie für Streichorchester* von William Schuman. Die national bedeutendste Tageszeitung

El Mercurio sah in Helfritz' *Concertino* ein »wichtiges Werk eines authentischen schöpferischen Temperaments«, das »expressive Ausdruckskraft und unverkennbare Meisterschaft im kompositionstechnischen Handwerk«[39] zeige.

Mit dem Gattungsbegriff des *Concertino für Klavier und Orchester* spielt Helfritz auf Werke derselben Gattung von Arthur Honegger (von 1925) und Jean Françaix (von 1932) an, auf die er auch explizit als Anregungsgeber verwies.[40] Somit lokalisierte er das Werk, das nur wenige Monate nach seiner Ankunft in Chile in der südlichen Seenregion, vermutlich auf der erwähnten Vortragsreise, entstanden war, inmitten der europäischen neusachlichen Moderne. Tatsächlich führt das Werk in vieler Hinsicht insbesondere das *Concertino für Cembalo mit kleinem Orchester* weiter, das Helfritz 1930 unter dem direkten Einfluss des Kompositionslehrers Max Butting in Berlin geschrieben und mit dem er im gleichen Jahr bei der Uraufführung im Rahmen des Festivals der Internationalen Gesellschaft für Neue Musik in Bad Pyrmont einen ersten Achtungserfolg erzielt hatte.

Die beiden in ihrer Entstehung bereits zehn Jahre auseinanderliegenden *Concertinos* von Helfritz weisen allerdings weit mehr Gemeinsamkeiten miteinander auf als mit den weit näher am tonal orientierten Klassizismus befindlichen von Honegger und Françaix. Während etwa Honegger im Anfangssatz seines *Concertinos* Soloklavier und Orchester scharf voneinander trennt, zugleich eine am Vivaldi'schen Konzertsatz modellierte Form und eine am Jazz orientierte Klanglichkeit entwickelt, lässt Helfritz die Einsätze seiner überwiegend tonalitätsfrei konstruierten musikalischen Elemente bewusst fließend ineinanderübergehen. Zwar schafft er, gerade im ersten Satz, transparente Spaltklänge, bei denen er häufig – wie auch Honegger – die Klangschärfe des heraustretenden solistischen Tasteninstruments zu perkussiven Wirkungen nutzt (auch darin dem Cembalo-*Concertino* vergleichbar). Dabei gehen jedoch die einzelnen Formteile fließend ineinander über, sodass die formale Struktur beim Hören eher verunklart wird.[41] Dieser Effekt wird verstärkt durch häufige Fortspinnungen melodischen Materials, das dabei entwickelnd variiert wird, ohne etwa auf eine die Organizität des Gesamtwerkes betreffende Gestalt hinauszuwollen, sondern vielmehr dem motivischen Material Strenge und Schärfe nimmt. Eine solche formale und strukturelle Gestaltung hatte Butting 1929 als spezifisch für die Komposition für den Rundfunk charakterisiert, und selbst radiophone Originalwerke, insbesondere seine *Sinfonietta mit Banjo* op. 37, in diesem Sinne gestaltet.[42] Schon dem *Cembalo-Concertino* von Helfritz, das »ursprünglich vom Autor als Rundfunkmusik« gedacht und vermutlich im Kontext der Studien zur Radiokomposition bei Butting entstanden war, hatte letzterer »ausgezeichnete Instrumentation und (…) kluge Begrenzung der Form« bescheinigt, die Butting auch als Kriterien der Rundfunkeignung neuer Musik forderte.[43]

Dass Helfritz, der in Chile an seine ersten kompositorischen Erfolge jener Jahre anknüpfen wollte, jedoch seit dem *Cembalo-Concertino* kaum mehr konzertante Orchestermusik komponiert hatte, nun den Stil des früheren *Concertino* aufgreift, ist naheliegend. Durch eine striktere motivische Verklammerung der Gesamtanlage insbesondere des ersten Satzes geht er allerdings, wenn auch nur tendenziell, über die frei variierende Struktur des früheren Konzerts hinaus. Zudem wendet er konsequenter als im früheren Werk die Techniken thematischer Durchführung an, wenngleich weniger im Sinne einer dramatischen Entwicklung als vielmehr einer Fortspinnung und Aufrechterhaltung des musikalischen Flusses und dramaturgischen Tempos. Auch findet sich häufiger als im *Cembalo-Concertino* der Umgang mit traditionellen Dreiklängen. Diesen Schritt hatte Helfritz indes schon in seinen UfA-Filmmusiken der 1930er Jahre getan. Zahlreiche Parallelen zu Helfritz' eigenen Filmpartituren der Vorjahre, so die Kleingliedrigkeit der musikalischen Abschnitte und die formalen Konsequenzen daraus, aber auch strukturelle Ähnlichkeiten einzelner Motive, zeigen den Einfluss der Erfahrungen im Filmmusikgenre.[44] Die Vermeidung sinfonischer Durchführungen, stattdessen Bevorzugung kurzer und gradliniger Einheiten hatte schon Butting um 1930 als zentrale Kriterien der formalen Gestaltung von Rundfunkmusik aufgestellt und entsprechend in seinen Kursen weitergegeben, an denen ja auch Helfritz teilgenommen hatte.[45]

Gerade was die formal-kommunikative Gestaltung angeht, hat Helfritz später sein Formgefühl beim Konzipieren von Filmen mit demjenigen beim Komponieren parallelisiert: »Das Komponieren von Musik und das Schneiden von Filmen« hatten in seinen Augen »große Ähnlichkeit« gerade im Hinblick auf das richtige Formgefühl, das ihm dann wieder im Filmschaffen der 1930er Jahre zugute gekommen sei.[46] Es gelte, »immer etwas Neues zu bringen« und Wiederholungen zu vermeiden, wie sie Helfritz in klassischen Werken störend erschienen[47], also vermutlich auch das Wiederaufgreifen von thematischem Material im Kontext von Durchführungen und Reprisen. So ersetzte Helfritz, Butting vergleichbar, beeinflusst von der medialen Musikästhetik der 1920er und 1930er Jahre, in seinen Orchesterwerken die Dramaturgien klassischer Formgestaltungen durch kleingliedrige Formteile, die durch das Einbringen neuen Materials geprägt waren.

Es sind eben diese Aspekte, die Helfritz' Orchesterwerke der Exilzeit auszeichnen, insbesondere das fulminante *Konzert für Saxofon und Orchester*, das ihm 1948 den chilenischen Nationalpreis und den Durchbruch bei Publikum und Kritik einbrachte: Im ersten Satz finden sich allein zwölf motivische Ideen, die – überwiegend vom konzertierenden Saxofon – nacheinander vorgetragen werden. Kleingliedrige Formteile schließen hier zum Teil organisch, zum Teil aber durchaus enorm abrupt und überraschend aneinander an. Selbst der Schluss des Satzes kommt, trotz vorheriger Spannungssteigerung, unerwartet. Zusammenhang stiftend wirken dabei weniger motivische als vielmehr klangliche Aspekte, so das Ergänzen chromatischer Räume innerhalb melodischer Linien, bei denen in Melodie und Begleitung zugleich dreiklangsharmonische Aspekte aufscheinen, dabei indes keine funktionsharmonische Spannung entfalten, aber auch etwa die an Jazzinstrumentation gemahnenden gestopften Blechbläser-Harmonien. Hüpfende Punktierung, hemiolische Ornamentierung und Umspielung von Spitzen- und Zieltönen im Soloinstrument erwecken dabei häufig Jazz-Allusionen.[48] Anklänge an die Unterhaltungs- oder Jazzmusik werden dabei nie lange aufrechterhalten; solche Erwartungen werden zwar beim Hörer geweckt, jedoch schon durch die Auswahl des Tonmaterials nicht erfüllt. Tatsächlich könnte das eingebrachte Material von Helfritz' ethnologischen Sammlungen geprägt sein, wie der pentatonische Tonvorrat vieler Melodien sowie die Ornamentierung von Zieltönen nahe legt, die sich vergleichbar etwa in Nr. 2 der *Aru Amuñas* findet (siehe Notenbeispiele 3 und 4).[49]

Abb. 4: Hans Helfritz: *Aru Amuñas*. Nr. 10: *Laquitas*, T. 25–27.

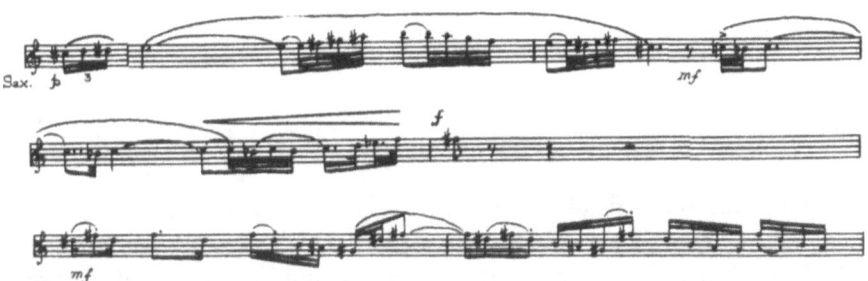

Abb. 5: Hans Helfritz: *Konzert für Saxofon und Orchester*, 1. Satz, Saxofon (Partiturausschnitt) T. 12–17 (Archivo Musical de la Universidad de Chile, Facultad de Artes, Signatur 6140. Reproduktion mit freundlicher Genehmigung).

Durch den Nationalpreis (Premio Nacional de Arte) stand das Saxofonkonzert 1948 im Fokus der Pressekritik des Programms des Festival De Música Chilena, als dessen »wohl interessantestes Werk« es der bedeutende Komponist und Chefkritiker des *Mercurio* Juan Orrego Salas einstufte. Es zeichne

Helfritz als Musiker aus, der »inmitten der wichtigsten deutschen Strömungen der 1920er und 1930er Jahre« gestanden hatte – Strömungen, die Orrego Salas damals bewunderte. Durch seine Tendenz zur Einbindungen von Jazzelementen stehe das Konzert »in nächster Nähe zu Werken Kurt Weills und seiner Zeitgenossen« und sei, möge man ihm auch »Trockenheit in der Orchesterbehandlung vorwerfen, von großer rhythmischer Qualität und solider formaler Beschaffenheit. Der Komponist erscheint hier bestens gerüstet mit einer Technik, die mit einem wohlgebildeten Individualstil einhergeht.«[50] Auch andere Kritiker betonten die Nähe zur deutschen Zwischenkriegsmoderne, insbesondere zu Hindemith, sowie eine »ausnehmende Beseeltheit«.[51]

Die ausnahmslos positive Rezeption des Saxofonkonzertes, die – anknüpfend schon an die Beurteilung des Klavierconcertinos ein Jahr zuvor sowie verschiedener Kammermusikwerke – durchgehend die stilistische Herkunft aus der deutschen Zwischenkriegsmoderne hervorhebt, festigte gleichwohl Helfritz' Reputation als chilenischer Komponist und setzte sich insbesondere im Jahr 1950 fort, als Helfritz' *Divertimento für Orchester* im Rahmen des nationalen Festivals uraufgeführt wurde.[52]

Der Preis, den Helfritz 1948 für sein Konzert erhalten hatte, sowie der neue chilenische Pass, ermöglichten es ihm auch, wieder ins Ausland zu reisen. Bei einer Deutschlandreise knüpfte er an Vorkriegskontakte an und erhielt so die Möglichkeit, von Chile aus wieder Reisebeschreibungen und -führer für den deutschsprachigen Markt zu schreiben, die ihm in den kommenden Jahren den Lebensunterhalt sichern sollten.[53] Nebenwirkung davon war aber auch, dass die kompositorische Produktion nach 1950 – im Vergleich zur vorangegangenen Dekade – deutlich zurückging, und dass die Anbindung an Chile lockerer wurde, bis er dann 1960 nach Europa zurückkehrte, wo er sich auf der spanischen Insel Ibiza niederließ.

IV

In seiner Autobiografie übertitelt Helfritz das erste Kapitel zum Beginn seiner neuen Lebensphase »Freiheit im Exil«.[54] Doch nirgends im gesamten Buch erwähnt er den Grund seiner Verfolgung und Vertreibung, den Anlass seiner Exilierung 1940 oder den seiner Auswanderung aus Chile zwei Jahrzehnte später; bis in die späten öffentlichen Selbstdarstellungen in Interviews und Vorträge hinein bleibt dieser Aspekt ungenannt, und erst auf hartnäckiges Nachfragen in einem – dann nicht ausgestrahlten – Fernsehinterview gelang es Jean-Claude Kuner, Helfritz dazu zu bewegen, sich, wenngleich widerstrebend, zu seiner Homosexualität zu äußern. Zu einem »Gezeichneten« habe ihn diese gemacht, und das sei, egal ob nun von seiner Lebensphase in Deutschland (bis 1940), in Chile (1940 bis 1959) oder in Spanien (ab 1960) die Rede sei, »immer dasselbe« gewesen: »Natürlich hatte man immer Angst und konnte nicht vorsichtig genug sein.«[55] Das galt zunächst für Nazi-Deutschland, aber letztlich kaum weniger für Chile. Zum Exil hat sich Helfritz nach Kriegsausbruch auf einer Bolivien-Reise entschlossen, die er 1938 im Auftrag der UfA angetreten hatte. Die Reise selbst hatte er bereits »mit dem Gedanken, wenn es mal ganz schlimm wird, wenigstens im Ausland zu sein und dann auch dort zu bleiben«, angetreten.[56] Nach Chile hatten ihn entfernte Verwandte eingeladen.[57]

Dort als Komponist zu überleben erschien für Helfritz besonders gefährlich aufgrund der ungeheuren Erpressbarkeit, der man als Homosexueller ausgesetzt war, denn die Veröffentlichung der Homosexualität wäre fraglos einer Vernichtung der Existenz gleichgekommen.[58] Diese Gefahr, mit der »man lernen muss zu leben«[59], begleitete Helfritz sein ganzes Leben lang. Als er in den späten 1950er Jahren einmal als Zeuge in die Fänge der Justiz geriet, sah er sich gezwungen, Chile entgültig zu verlassen[60], brach mit 15 Koffern mit dem Schiff Richtung Europa auf und entschloss sich erst hier, auf Ibiza zu bleiben.

Wurde zu den aus den Konzentrationslagern befreiten Homosexuellen im Vergleich zu anderen Opfern der Nazi-Verfolgung vermerkt, dass »ihre Verfolgung nach § 175 Strafgesetzbuch in der Bundesrepublik wie in der DDR bis Ende der 1960er Jahre weiterpraktiziert wurde«[61], so lässt sich ein vergleichbarer Sachverhalt für die ins Exil getriebenen Homosexuellen bereits im Exil formulieren: Ihre Kriminalisierung, die daraus folgende ständige Gefahr verraten zu werden, die immerwährende Erpressbarkeit und der resultierende Zustand eines »inneren Exils« besonderer Art, das sich vor allem im ständigen Verstecken der eigenen Sexualität äußerte, dieser Zustand war schon vor 1933 in Deutschland, wenngleich unter weniger scharfer Gefährdung, zur prägenden Erfahrung geworden, und er sollte sich für Geflohene in den meisten Ländern in der einen oder anderen Form fortsetzen.

Wenn Helfritz schon im Laufe der 1930er Jahre mithilfe der UfA eine Lebensführung realisiert hatte, die ständiges Reisen beinhaltete und die es mit sich brachte, dass er sich bald nur noch »sporadisch« in Deutschland aufhielt[62] – auch, um sich der Beobachtung durch Spitzel zu entziehen –, wenn sich auf der anderen Seite dieses Versteckspiel im katholischen Chile fortsetzte, wo er als Migrant zunächst in seiner Bewegungsfreiheit eingeschränkt war, so verschwimmen auch die scharfen Grenzen der Lebensphasen des Exils. Der Kriminalisierung als Homosexueller entkam Helfritz in Chile nicht prinzipiell, und konnte somit auch den Status als Verfolgter für sich nicht öffentlich in Anspruch nehmen. Für die Exilierten gilt also, was für die Situation der verfolgten und inhaftierten Schwulen in Deutschland nach 1945 gesagt wurde: »die öffentliche Aufmerksamkeit auf das Unrecht zu lenken, das die Mehrheit gar nicht als Unrecht wahrnahm, war nicht opportun, weil das

Strafrecht, das die Nationalsozialisten 1935 erst verschärft und dann missbraucht hatten, immer noch galt. (...) Die Stigmatisierung der verfolgten Schwulen hielt aber noch über die Kriminalisierung ihrer Lebensauffassung hinaus an, und die Homosexuellen blieben sogar aus der Solidargemeinde ehemals Verfolgter des NS-Regimes ausgegrenzt.«[63] Das ständige Verstecken, das auf der einen Seite einhergeht mit häufigem Reisen, auf der anderen mit einer Prämierung schöpferischer Arbeit in der Öffentlichkeit gegenüber dem Privatleben[64], erwiesen sich für Helfritz' Lebenskonzept und für sein künstlerisches Konzept als prägend, und zwar von vornherein über das Exil hinaus. Insofern lässt sich am Beispiel von Helfritz' Fall die Exilkategorie innerhalb der Kulturwissenschaften, in unserem Fall bezogen auf das Musikerexil, neu überdenken: Das Phänomen des Verfolgtseins und dessen Transformation nicht nur in Biografik, sondern insbesondere auch in kreative Entscheidungen und Prozesse stellt sich im Falle von Homosexuellen eben anders dar als im Falle anderer Exilierter, bei denen Exil einhergeht mit einer meist begrenzbaren Lebensphase, die durch Entwurzelung und Migration verbunden ist und in Prozesse wie Assimilation und/oder Integration übergeht.[65]

V

Nur selten wurde Helfritz' Lebensphase in Chile und das dort entstandene Œuvre mit dem Exilbegriff in Zusammenhang gebracht – so wie er es selbst in der bereits erwähnten, eher lapidaren Überschrift in seiner Autobiografie tat. Auch in den chilenischen Kritiken wird nicht auf Aspekte wie Exil und Verfolgung Bezug genommen, wenn auch bisweilen auf die deutsche Herkunft hingewiesen wird, etwa indem die Einflüsse deutscher Komponisten, insbesondere immer wieder Hindemiths, betont werden. Ein solcher Befund erscheint indes typisch und paradigmatisch für die Ausblendung des Phänomens des lateinamerikanischen Musikerexils, das für drei der relevanten Forschungsdiskurse blinder Fleck blieb:

1. Auf Lateinamerika gerichtete Untersuchungen und Tagungen der Exilforschung legen überwiegend den Fokus auf historische und politische Aspekte sowie auf die Lebenssituation der Emigranten und die Umstände ihrer Auswanderung.[66] Fragestellungen wie etwa nach migrationsbedingten Ausprägungen des im Exilland entstandenen Werks einzelner Komponisten, nach den Bedingungen und Folgen der Integration von eingewanderten Musikern, aber auch etwa nach ihrem Einfluss auf das Musikleben des Exillandes spielten hier kaum eine Rolle. Wo von Kultur im Exil die Rede ist, bleibt der Fokus weitgehend auf Literatur und die Presse gerichtet.[67] Einen kurzen Abstecher in den Bereich der Musik wagte Patrik von zur Mühlen in seiner umfassenden Studie[68], gelangt hier aber im Wesentlichen zu der

(richtigen) Feststellung, dass Musiker »sich leichter beruflich integrierten als Maler oder Bildhauer«, insbesondere auch als Schriftsteller und Journalisten, die auf Sprache »fixiert« waren und häufig »für Mit-Emigranten arbeiteten und auch von ihnen lebten«[69], und somit einen »wichtigen Beitrag zum Kulturtransfer« leisteten.[70] Sowohl eine qualitative Beschreibung dieses Beitrags – en gros et en detail – als auch die Strukturen einer kulturellen Integration der »Musikemigranten« Lateinamerikas stellen jedoch bis heute Desiderata der Forschung dar.

2. Die deutsche musikwissenschaftliche Exilforschung hat seit den 1970er Jahren, teilweise mit gezielter Unterstützung der Deutschen Forschungsgemeinschaft, bis heute zu Fragen der Nazi-Flüchtlinge umfang- und detailreiche Einzelstudien[71], Quellenverzeichnisse sowie Nachschlagewerke[72] vorgelegt, wissenschaftliche Tagungen durchgeführt und veröffentlicht.[73] Und obwohl in einer 1993 vorgelegten Textsammlung[74] mit monografischen Einzeldarstellungen Schlaglichter auf einzelne Lateinamerika-Exilanten wie Fritz Busch, Hanns Stein, Heinz Jolles geworfen wurden – zudem bemerkenswerte Beispiele, da Interpreten anstelle der sonst vorrangig behandelten Komponisten in den Blick genommen wurden –, ja obwohl hier der Literaturwissenschaftler und Exilforscher Fritz Pohle einen »vorläufigen Überblick« über die »Musiker-Emigration in Lateinamerika« geben konnte[75], konzentrierte sich – insbesondere in jüngeren Projekten – die musikwissenschaftliche Exilforschung auf das US-Exil und ließ Lateinamerika weitgehend unberücksichtigt.

3. Umgekehrt nimmt die lateinamerikanische Musikhistoriografie die Leistungen der Immigranten durchaus zur Kenntnis, ohne jedoch diese Personen in den Exil-Kontext zu stellen und die migrationsrelevanten Fragestellungen an ihr Schaffen zu richten. So nennen beispielsweise Subirá und Cherbuliez im kurzen Kapitel zur musikalischen Moderne ihrer Musikgeschichte Lateinamerikas immerhin unter zwölf Komponisten die Namen zweier deutscher Flüchtlinge: Hans Joachim Koellreuter und Rodolfo Holzmann.[76] Diesen beiden widmete Gerard Béhague mehrere Seiten seiner Einführung in die lateinamerikanische Musik[77]; schon 1942 berücksichtigte Nicolas Slonimsky neben diesen beiden auch Guillermo Graetzer.[78]

Helfritz, dessen Werke ja nach 1947 in den Festivales de la Música Chilena sowie in Orchester- und Kammermusikzyklen der Universidad de Chile präsent waren, erhielt in der repräsentativen Gesamtdarstellung zur chilenischen Musikgeschichte der ersten Hälfte des 20. Jahrhunderts von Vicente Salas Viu ein eigenes Kapitel, in dem insbesondere das *Concertino für Klavier* sowie das *Saxofonkonzert* eingehend gewürdigt wurden.[79] Salas Viu platziert Helfritz hier – 1951, also noch bevor dieser Chile verließ – unter den großen chilenischen Komponisten. In Helfritz' Schaffen der 1940er Jahre sieht er eine von meisterlicher Reife geprägte Periode, in der Helfritz der Strömung des »deutschen neoklassizistischen Expressionismus«, hier insbesondere dem wiederum als Lehrer titulierten Hindemith gefolgt sei, und dies letztlich konsequenter als Hindemith selbst, der in den USA »neoromantischen Versuchungen erlegen« sei.[80] In einem Panorama unterschiedlicher chilenischer Komponistengenerationen nennt Orrego Salas 1960 Helfritz' Namen zusammen mit denen von Santa Cruz, Heinlein, Jorge Urrutia Blondel, Pablo Garrido und Alfonso Letelier, die er einer mittleren, aktiven und modernen Tendenzen aufgeschlossenen Generation zurechnet.[81]

Das Einbringen von Stilelementen mitteleuropäischer Prägung, etwa des Neoklassizismus, der Neuen Sachlichkeit und des – immer wieder gerade bei Helfritz konstatierten – modernisierenden Umgangs mit Jazzelementen, war eine wesentliche Folge der Musikeremigration nach Lateinamerika, die hier als Bereicherung angenommen wurde. Neoklassische und neobarocke Verfahren hatten auch Holzmann[82] in Peru und Graetzer[83] in Argentinien in ihren Kompositionen und in musikpädagogischen Aktivitäten einflussreich umgesetzt. Diese von exilierten Komponisten eingeführten Tendenzen gingen einher mit der Wiederentdeckung Alter Musik, einer Bewegung, die im Lateinamerika der 1930er und 1940er Jahre ebenfalls von deutsch- und österreichischstämmigen Immigranten wesentlich geprägt wurde. So waren hier, wie das chilenische Beispiel und das dortige movimiento de la música antigua zeigt, neben dem Einfluss der national ausgerichteten Lehrinstitutionen (Sociedad Bach), des in Deutschland ausgebildeten chilenischen Pianisten Claudio Arrau und der österreichischen Cembalistin Alice Ehlert, nach 1933 immigrierte Musiker von zentraler Bedeutung. Zu nennen wären hier an erster Stelle der aus der Wandervogelbewegung stammende Kurt Rottmann, der bei seiner Emigration 1935 eine Sammlung von Nachbauten historischer Musikinstrumente mitbrachte und von dem ausgehend sich ein Zirkel von Spezialisten für Alte Musik bildete, oder die längere Zeit in Chile niedergelassenen Mitglieder des ehemaligen Kurt Joos-Balletts um Ernst Uthoff und Rolf Alexander, sowie nicht zuletzt der immer wieder für das alte Repertoire eintretende Federico Heinlein.[84] Als Autorität auch für die Ästhetik Alter Musik wurde Paul Hindemith rezipiert, dessen Aufsatz *El Renacimiento de la Música Antigua* 1934 in der vielgelesenen chilenischen Kulturzeitschrift *Hoy* erschien.[85] Santa Cruz, für den Hindemith sowohl als Musiktheoretiker als auch als Komponist eine bedeutende Referenz war, orientierte sich in seinen eigenen Werken in der Tat erst gegen Ende der 1940er Jahre an dessen neoklassischer Ästhetik, wogegen frühere Werke eher von postromantischer Chromatik geprägt sind.[86]

Auf der anderen Seite wurde auch die Schönberg'sche Reihentechnik bereits in den 1940er Jahren etwa in Peru durch Holzmann, der in Berlin bei Vladimir Vogel studiert und später eine eigene Ausformung der Reihentechnik entwickelt hatte[87], sowie durch Koellreutter vertreten. Letzterer verbreitete die Schönberg'sche Lehre auch als Tonsatzlehrer mit großem Einfluss auf annähernd eine ganze Komponistengeneration in Brasilien.[88] Der niederländische Pianist und Komponist Fré Focke vertrat in den 1950er Jahren in privatem aber gleichwohl für die chilenische Moderne einflussreichen Kompositionsunterricht die serielle Kompositionstechnik seines Wiener Lehrers Anton Webern.[89]

VI

Im Gegensatz zu den instrumentalen Konzertwerken, die Helfritz vorübergehend Anerkennung im Kontext der nationalen chilenischen Moderne verschafften und vermutlich auch für einen solchen Zusammenhang geschaffen worden waren, hat der Komponist in zwei Liederzyklen *China klagt* und *Lieder der Neger* explizit zur Situation in Migration und Exil Stellung bezogen, was – gemeinsam mit der Auswahl deutschsprachiger Texte – darauf schließen lässt, dass Helfritz als Adressaten in diesem Falle durchaus die lokalen Immigranten vor Augen hatte. Subtil an der Textauswahl erscheint, dass Helfritz sich auf Autoren fern gelegener Drittländer (China und USA) bezieht, die zu dem konkreten Kontext, auf den sie hier unzweideutig bezogen werden, scheinbar keine Verbindung haben. Zu politischen und persönlichen Stellungnahmen zu Krieg und Exilierung werden sie zum einen durch die Auswahl und Zusammenstellung, zum anderen insbesondere durch die Komposition selbst.

Fünf der sechs Gedichte, die er dem Zyklus *China klagt*[90] zugrunde legte, entnahm Helfritz überwiegend Albert Ehrensteins deutscher Übertragung des altchinesischen *Schi-King* und weiterer chinesischer Sammlungen Ehrensteins.[91] Hinzu kam ein von Louise Peter stammendes Gedicht mit chinesischer Thematik *Zwölf Bauern aus dem Dorfe Li*. Dieses Gedicht, das bereits 1937 Gegenstand einer herausragenden Exilkomposition gewesen war[92], war 1943 zusammen mit einem der Gedichte aus Ehrensteins *China klagt* im ersten Jahrgang der *Deutschen Blätter* ohne Autoren- und Quellenangabe unter der Überschrift *Chinesische Volkslieder von heute* erschienen.[93] Möglicherweise kursierte unter den deutschen Emigranten eine Sammlung solcher chinesischer Texte, die eine der Brecht'schen Interpretation chinesischer Lyrik vergleichbare, auf gesellschaftskritische und revolutionäre Inhalte zielende Deutung bereits implizierte.[94] In jedem Fall sattelte Helfritz, schon durch die dramaturgische Anordnung der Texte auf eine derartige Interpretation auf. Der Text zum ersten Lied *Mäuse* erhält bei Helfritz durch die fast vollständige Streichung der zweiten Strophe eine Zuspitzung auf das Migrationsthema, das hier offenbar den Anlass und Rahmen des gesamten Zyklus gibt: »zu dem ärgsten dringst du mich, / auszuwandern zwingst du mich, / in fremdes Land zieh ich hinaus, / wo man nicht kennt die große Maus«, so heißt es am Schluss des Liedes, den Helfritz zum dynamischen, melodischen und somit dramatischen Höhepunkt des Liedes auskomponiert. Das scheinbar belanglose tonal-klangliche Pendelmotiv, das ostinat am Anfang die kinderliedhaft wiederholte pentatonische Gesangslinie zum »Mäuse«-Motiv des Textes begleitet, wird bei »Auszuwandern« in ein bedrohliches Crescendo überführt. Erst bei »wo man nicht kennt die große Maus« erklingt das anfängliche Ostinato wieder, es scheint, als sei der Ort der Auswanderung friedlich wie jener Ausgangspunkt »Haus« vor jener Bedrohung, für die im Lied metaphorisch die »große Maus« eingesetzt wurde.

Zu blockhaft-majestätisch daherkommenden Akkorden setzt Helfritz in musikalischer Prosa die Melodie zum zweiten Lied *Wir sind nicht reif*. In dem bei Ehrenstein als *Kampflied der Chinesen* übertitelten Lied wird in anklagendem und aufbegehrendem Forte mit revolutionärem Gestus gesellschaftlicher Wandel besungen: »reif sind wir, euch nicht mehr zu tragen, / reif sind wir, für die Freiheit alles zu wagen.«

Das von Helfritz in diesen Kontext angefügte Lied *Zwölf Bauern* schließt sich thematisch an: Zwölf Bauern, die ihren Hunger nicht mehr ertragen, begehren auf und werden geköpft. Tatsächlich steht aber ihr Schicksal für das des ganzen Landes »Wer kann ganz China köpfen?« heißt es sarkastisch in der letzten Zeile. Musikalisch wird das Lied vorwiegend durch den Instrumentalpart strukturiert, der aus in Vierteln gespielten tiefen Bässen und einer in der Oberstimme des Klaviers fließend dazulaufenden, quasi selbstständigen, marschhaften Melodie besteht. Die Komposition der Gesangsstimme erscheint hingegen wie ein für die Satzstruktur untergeordnetes, hinzugefügtes Element. In einer solchen Anordnung und Hierarchisierung von Gesangsstimme und Instrumentalpart klingt ein Konzept an, das an dasjenige der Kampflieder Hanns Eislers und der Theatersongs Kurt Weills erinnert – nicht zufällig hörten Kritiker gerade hier Anklänge an den Stil Brecht-Weill'scher Lieder heraus.[95] Das folgende *Lied auf dem Heimmarsch* thematisiert neben dem Auszug aus der Heimat (»Kaiserliches Aufgebot hat uns fortgetrieben«) auch die Remigration sowie Kummer und Verbitterung über die Zerstörung der Heimat während des Krieges (»Als wir zogen aus, prangten schön die Saaten / Kommen wir nach Haus, sind sie uns missraten […] Schlechte Wege, Kummerstege. / Hunger, Durst, genug! / Niemand weiß, was ich ertrug […]«.) Die Komposition folgt in der entgegengesetzten Gestaltung von Gesang und Instrumentalpart dem im dritten Lied angewandten Modell, wobei insbesondere am Schluss durch die abnehmende Dynamik (bis zum Pianissimo beim letzten »genug!«) an die Stelle des Aufbegehrens Verzweiflung tritt.

Einen ironischen Gegenpol dazu bilden die mit viel zynischem Humor komponierten letzten beiden Lieder, in denen eine sorglose, in Luxus und Untätigkeit schwelgende Oberklasse beschrieben wird. Der scheinbar versöhnliche D-Dur-Schluss des fünften Liedes erweist seinen Sarkasmus weniger aus dem Text des Liedes allein als vielmehr aus dem Kontext des von kriegs- und migrationsbedingtem Leiden, von Verzweiflung und Wut handelnden Liederzyklus. Humor und Ironie zumal des fünften Liedes verleihen dem ansonsten ernsthaften Gepräge des Werkes Doppelbödigkeit und zugleich eine spielerische wie auch politisch aufrüttelnde und anklagende Stilistik, die es umso deutlicher in die Nähe der vom modernen Kabarett beeinflussten Lied-, Opern- und Songkompositionen der 1920er Jahre rückt. Mit zugleich tiefsinniger Ernsthaftigkeit und Subtilität inszeniert Helfritz hier anhand scheinbar exotischer Texte das, was ihm als Exilierten gerade besonders nahe liegen musste: Die Bedrohung des Krieges, die Probleme des Auswanderns und Zurückkehrens und nicht zuletzt die Selbstsicherheit derjenigen, die sich an dieser Situation bereichern.

Hatte er sich mit seinem Saxofonkonzert als Komponist sinfonischer Musik in Chile einen Namen machen können, so zeichnete *China klagt* Helfritz als einen Autor aus, »der die Technik beherrsche, Stimme und Klavier (...) auf organische und moderne Art zueinander in Beziehung zu bringen«[96]; die Lieder stellten klar seine »Musikalität und sein stilistisches Gespür« unter Beweis.[97] Seine »authentisch vokale Ausarbeitung« gehe längst nicht in der »virtuosen Oberfläche« allein auf, stattdessen schmiege sich davon ausgehend die Gesangslinie »auf natürliche Art an den dramatischen Geist des Textes an«. So war es wieder einmal ein Werk von Helfritz, dem in einem chilenischen Festivalprogramm »Erstrangigkeit« zugesprochen wurde.[98] Sicherlich hatte Helfritz hier mit kompositorischer Stilsicherheit und dramatischer Intensität, wenngleich auch an vielen Stellen mit subtiler Zurückhaltung, ein Stück erstklassiger musikalischer Exillyrik vorgelegt, das heute einen Platz im Repertoire neben Werken wie dem *Hollywooder Liederbuch* von Eisler und Brecht beanspruchen dürfte.

In Chile aber hatte ein solcher »zweiter« Durchbruch bei der Kritik im Jahre 1950 für Helfritz' Karriere als Komponist offenbar schon keine Konsequenzen mehr. In der folgenden Dekade stagnierte sein musikalisches Schaffen. Fehlten nun dafür die Anlässe, reizten ihn die anderen, nunmehr schriftstellerischen Herausforderungen mehr, versprachen sie nicht auch einen besseren Beitrag zu seiner Lebenssicherung? Oder ist die große musikalische Produktivität des Komponisten um 1945 in erster Linie Ergebnis seines durch Krieg und noch nicht erfolgte Einbürgerung bedingten »Stillgestelltseins« als Filmemacher und Reiseschriftsteller? Und profitierte sein Exilschaffen nicht andererseits von dem Vagieren zwischen Ländern und Berufen, spiegelt gerade diese Vielseitigkeit, die sich auch als Migrieren, manchmal sogar als Ausweichen von einer Profession in die andere und somit als nicht zuletzt verfolgungsbedingt interpretieren lässt? Wenn Vilem Flusser im Migranten den Entdecker des Geheimnisses »des Mitseins mit anderen«, ja potenziell »das wache Bewußtsein aller Beheimateten«, einen »Vorboten der Zukunft« und in dieser Funktion zugleich »Beruf und Berufung der Migranten« sieht[99], so lässt sich gerade Hans Helfritz' Exilœuvre paradigmatisch für diese »Berufung« anführen.

---

* Mein Dank für die Unterstützung bei den Forschungen zu dieser Untersuchung gilt den für Fragen offenen und hilfsbereiten Personen Fernando García, Silvia Glocer, Juan Pablo González, Werner Grünzweig, Jean-Claude Kuner, Iris Pfeiffer, Hanns Stein und Rodrigo Torres, außerdem folgenden Archiven: dem Musik- und Tonarchiv der Universidad de Chile und der Stiftung Archiv der Akademie der Künste Berlin (im Folgenden: AdK), dem Archiv des Deutsch-Chilenischen Bundes (im Folgenden: DCB) in Santiago, hier besonders Christine Gleisner, sowie dem Deutschen Bundesarchiv in Berlin-Lichterfelde (im Folgenden BArch). **1** Akte im Deutschen Bundesarchiv, BArch RK-Helfritz, Hans 25.07.1902; Fragebogen der Reichsschrifttumskammer, datiert 27.1.1941. — **2** Reproduziert in Hans Helfritz: *Neugier trieb mich um die Welt*. Niedergeschrieben unter Mitarbeit von Jean-Claude Kuner. Köln 1990, S. 94. — **3** Hans Helfritz: Unveröffentlichtes Interview mit Jean-Claude Kuner für eine nicht realisierte Fernsehdokumentation 1994, Track 1–15. Für die Überlassung eines Audioumschnitts dieses Interviews sei Herrn Kuner (Berlin) besonders herzlich gedankt. — **4** Vgl. das Werkverzeichnis in: Iris Pfeiffer: *Hans Helfritz: Die künstlerische Entwicklung in den Jahren 1925–1980*. Unveröff. Magisterarbeit, Berlin (Technische Universität, Fachgebiet Musikwissenschaft) 1998, S. III–XV. — **5** In einem Fernsehinterview in der 1995 von der »UfA non-ficition« produzierten Dokumentation *Leben ist eine Reise: Hans Helfritz erzählt* von Heide Breitel (AdK, Sammlung Hans Helfritz 5046.33) berichtet Helfritz über sein »Überleben« in der Phase zwischen »Machtergreifung« und Emigration: »Ich hatte das Glück, dass ich reisen konnte, dass die UfA mich lancierte u.s.w.« — **6** »[Das Komponieren] allein ermöglicht ja noch nicht den Lebensunterhalt. (...) Da muss man noch Vorträge halten und einen Lehrstuhl haben, und die meisten Komponisten (...), die nun ihr Leben als Musiker fristen wollen, müssen dann irgendeinen Lehrstuhl annehmen. Die unterrichten und unterrichten und vergeuden gewissermaßen ihre Zeit mit Stundengeben und kommen dann gar nicht mehr zum Komponieren. Das sah ich ein, und das wollte ich nicht.« Hans Helfritz: Interview mit Jean-Claude Kuner (s. Anm. 3), Track 1–15. — **7** Helfritz: *Neugier trieb mich um die Welt* (s. Anm. 2), S. 162. — **8** Ebd., S. 96 f. — **9** Eugenio Pereira Salas: *Historia de la Música en Chile (1850–1900)*. Santiago de Chile 1957, S. 235–56. Siehe auch Vicente Salas Viu: *La Creación Musical en Chile 1900–1951*. Santiago de Chile 1951. Online-Version in der Bibliotéca Digital de la Universidad de Chile, 2001: http://mazinger.sisib.uchile.cl/repositorio/lb/uchile/salasv01 (12.12.2007), Cap. 1. — **10** Vgl. hierzu das Sonderheft der *Revista Musical Chilena* Jg. 6 (1950–51) H. 40, insb.: Domingo Santa Cruz: »Mis recuerdos de la sociedad Bach«, S. 8–62; Eugenio Pereira Salas: »La Música Chilena en los Conciertos de los primeros cincuenta años del Siglo XX«, S. 63–78. — **11** Robert Stevenson: »Chilean Music in the Santa Cruz Epoch«. In: *Inter-American Music Bulletin* Jg. 67 (September 1968), S. 1–18. — **12** Juan Pablo González: »Música: de la partitura al disco«. In: Juan Andrés Piña (Hg.): *100 Años de Cultura Chilena 1905–2005*. Santiago 2006, S. 201–252, hier: 221–223. — **13** *Cóndor: Zeitschrift für Chile; Revista chileno-alemana*, erscheint seit 1938 in Santiago de Chile. — **14** Helfritz: *Neugier trieb mich um die Welt* (s. Anm. 2), S. 91. — **15** Ebd., S. 106. — **16** Trotz umfassender Durchsicht der Veranstaltungsorgane der 1940er Jahre im Archiv der Liga Chileno-Alemana konnte ich keinen Hinweis auf weitere Vortragsreisen oder andere Aktivitäten oder Korrespondenzen mit den deutsch-chilenischen Vereinigungen finden. — **17** Zum Verhältnis der Deutsch-Chilenen zum NS-Staat existieren unterschiedliche Ansichten. Dass in Selbstdarstellungen häufig von »Widerstand« (Andrea Krebs

Kaulen, Úrsula Tapia Guerrero, Peter Schmid Anwandter: *Die Deutschen und die deutsch-chilenische Gemeinschaft in der Geschichte Chiles*. Santiago de Chile 2001, S. 239 f.; Christine Gleisner: »90 Jahre Deutsch-Chilenischer Bund: Offene Tür zur Vergangenheit und Zukunft«. In: *Cóndor* Jg. 67 [17.11.2006], S. 7 f.) die Rede ist, scheint jedoch v. a. Indiz dafür zu sein, dass eine kritische Aufarbeitung der Vergangenheit noch aussteht; ebenso irreführend ist die Aussage, dass die Umstrukturierung des Deutsch-Chilenischen Bundes (DCB) und Begründung des *Cóndor* (als Nachfolgeblatt des *Deutsch-Chilenen*) im Jahre 1938 als Zeichen und Folge dieses Widerstandes (ebd.) zu werten sei. Der *Cóndor* stand bis Kriegsende dem deutschen NS-Regime unkritisch und überwiegend positiv gegenüber und huldigte in jedem Aprilheft dessen »Führer«. Die Entwicklung zur Erneuerung des DCB war eine Gegenreaktion auf die chilenische Nationalsozialistische Partei, in der auch Deutsch-Chilenen wichtige Ämter bekleideten, und erfolgte erst nach deren gescheitertem Putschversuch. Vgl. hierzu Marcus Klein: »The Making of an unlikely Chilean Fascist: Reflections on the Intellectual Development and Political Work of Carlos Keller Rueff«. In: *Historia* Jg. 35 (2002), S. 187–209. Online unter www.scielo.cl (31.12.2007). – Aus der Sicht der Emigranten stellten sich die Kolonisten eher als von Illusionen geblendete und von Wünschen und gezielter Propaganda irregeleitete Nationalisten dar: »der geschilderte Illusionismus des nicht vollends verwurzelten deutschen Einwanderers war natürlich für die Nazi-Propaganda ein guter Boden. Das Wunder ist des Glaubens liebstes Kind! Der Illusionismus schuf die Bereitschaft zum Glauben und die Nazis kamen mit ihren ›Wundern‹! (…) Die meisten Hiesigen (…) wollten nicht aufgeklärt werden, um sich nicht gegen die Heimat entscheiden zu müssen.« Udo Rukser, Albert Theile: »Über die Deutschen in Südamerika«. In: *Deutsche Blätter* Jg. 3 (1945) H. 23, S. 30–39. Helfritz selbst bemerkte lapidar: »Es gab natürlich auch dort Nazis, die in der Partei waren«; er selbst bemühte sich zu zeigen, dass »die Chile-Deutschen durchaus nicht alle mit dem Hitler-Regime einverstanden waren« (Helfritz: *Neugier trieb mich um die Welt* [s. Anm. 2], S. 106). — **18** In dieser Zeit existierten zwar, insbesondere in Südchile, deutsche Chorvereinigungen, die der Tradition und identitäts-konstruktiven Funktion der Gesangsvereine des 19. Jahrhunderts näher standen als etwa der Jugendmusikbewegung. Diese betrafen indes einen kulturellen Bereich, der mit der Arbeitssphäre eines modernen Komponisten wie Helfritz kaum Berührungspunkte bot. Die Neuausrichtung der aus der Singbewegung in Frutillar hervorgegangenen Musikfeste in Richtung eines Musikfestes, in dem auch klassische Instrumentalwerke auf nationalem und internationalem Niveau präsentiert wurden, ging in der zweiten Jahrhunderthälfte nicht ohne Konflikte und Widerstand des bisherigen Leiters der Feste und Integrationsfigur der deutsch-chilenischen Sängerbewegung, Artur Junge, vonstatten. Vgl. hierzu Krebs Kaulen, Tapia Guerrero, Schmid Anwandter: *Die Deutschen und die deutsch-chilenische Gemeinschaft in der Geschichte Chiles* (s. Anm. 17), S. 139–143. — **19** »Die gesamte Bewegung der Verfeinerung und Perfektionierung unseres [Musiklebens], die 1917 begonnen hatte, hatte sich Johann Sebastian Bach als Inspirationsquelle und Symbol erwählt«, so schrieb später Ernesto Galliano: »El monumento a J. S. Bach«. In: *Revista Musical Chilena* Jg. 6 (1950/1) H. 38, S. 100–105. — **20** Zu den Hintergründen der Errichtung des Bachdenkmals siehe den Text von Ernesto Galliano, Ebd. Dort befindet sich auch ein Foto des Denkmals. — **21** Lieselotte Maas: *Deutsche Exilpresse in Lateinamerika*. Frankfurt/M. 1978, S. 56. — **22** Ein vollständiges Exemplar des Erstdrucks befindet sich in der chilenischen Nationalbibliothek, Santiago de Chile. 1967 brachte das Institut für Zeitungsforschung in Dortmund eine Mikrofilm-Ausgabe heraus. Zur Einordnung der Deutschen Blätter im Kontext der deutschen Presse und insbesondere der Exilpresse siehe Maas: *Deutsche Exilpresse in Lateinamerika* (s. Anm. 21); sowie Krebs Kaulen, Tapia Guerrero, Schmid Anwandter: *Die Deutschen und die deutsch-chilenische Gemeinschaft in der Geschichte Chiles* (s. Anm. 17), S. 220. — **23** Ernst Toch setzte sich für die Atonalität, die er als »Ausdrucksweise der Gegenwart« legitimierte, ein und kennzeichnete die »Entwicklung zur heutigen Tonsprache« als »naturgemäß, logisch und unvermeidlich.« *Deutsche Blätter* Jg. 3 (1945) H. 24, S. 13–15. — **24** *Deutsche Blätter* Jg. 4 (1946) H. 30, S. 35 f. — **25** Federico Heinlein: »Klavierstücke deutschsprachiger Komponisten in Südamerika«. In: *Deutsche Blätter* Jg. 4 (1946) H. 31, S. 45 f. — **26** Zur Entstehung und Analyse vgl. Pfeiffer: *Hans Helfritz: Die künstleri-*

sche Entwicklung in den Jahren 1925–1980 (s. Anm. 4), S. 109 f. — **27** Helfritz: Interview mit Jean-Claude Kuner (s. Anm. 3), Track 2–5. — **28** Er hat später über die Musik der indigenen Bevölkerung Boliviens publiziert (vgl. Anmerkungen 30 f.), seine Feldforschungssammlung hat sich aber meines Wissens nicht erhalten. — **29** Helfritz: *Neugier trieb mich um die Welt* (s. Anm. 2), S. 164–164. — **30** Hans Helfritz: »La Música de los Aimarás«, Zeitungsausschnitt ohne Quellenangabe in AdK, Sammlung Hans Helfritz, A 168. — **31** Zu »Indigenismo« bei Isamitt siehe Raquel Barros und Manuel Dannemann: »Carlos Isamitt: Folklore e Indigenismo«. In: *Revista Musical Chilena* Jg. 56 (2002) Supplement, S. 83–98. Online-Ausgabe unter www.scielo.cl (31.12.2007). — **32** Salas Viu: *La Creación Musical en Chile 1900–1951* (s. Anm. 9). — **33** Stevenson: »Chilean Music in the Santa Cruz Epoch« (s. Anm. 11), S. 3 f. — **34** Vgl. etwa Helfritz: *Neugier trieb mich um die Welt* (s. Anm. 2), S. 114; siehe zu dieser Frage auch Pfeiffer: *Hans Helfritz: Die künstlerische Entwicklung in den Jahren 1925–1980* (s. Anm. 4), S. 110. — **35** Heinlein: »Klavierstücke deutschsprachiger Komponisten in Südamerika« (s. Anm. 25). — **36** In den von Helfritz selbst akribisch gesammelten und dokumentierten Rezensionen seiner Werke ist zumindest keine Reaktion innerhalb der chilenischen Presse enthalten. — **37** »Damals konnte ich meine eigene Musik noch nirgends unterbringen. Erst als ich Chilene wurde und Verbindung zum ›Instituto de Extensión Musical‹ der Staatlichen Universität Santiago bekam, sollte sich das ändern.« Helfritz: *Neugier trieb mich um die Welt* (s. Anm. 2), S. 161. — **38** D.Q.N.: »La Música en la Semana: El primer Concierto de ›Euphonia‹«. In: *La Hora* (1947) Nr. 8, AdK, Sammlung Hans Helfritz 166. — **39** C.H.S.: »El Tercer Concierto de Camera ayer en el Municipal«. In: *El Mercurio* (8.11.47). AdK, Sammlung Hans Helfritz 166. — **40** Helfritz: *Neugier trieb mich um die Welt* (s. Anm. 2), S. 161. — **41** Pfeiffer: *Hans Helfritz: Die künstlerische Entwicklung in den Jahren 1925–1980* (s. Anm. 4), S. 85–87. — **42** Vgl. hierzu meine Besprechung der Butting'schen Komposition in: Nils Grosch: *Die Musik der Neuen Sachlichkeit*. Stuttgart – Weimar 1999, S. 214–217. — **43** Max Butting: »Cembalomusik«. In: *Sozialistische Monatshefte* Jg. 36 (Februar 1930), S. 187 f. — **44** Pfeiffer: *Hans Helfritz: Die künstlerische Entwicklung in den Jahren 1925-1980* (s. Anm. 4), S. 88 f. — **45** Grosch: *Die Musik der Neuen Sachlichkeit* (s. Anm. 42), S. 213 f. — **46** Helfritz: Interview mit Jean-Claude Kuner (s. Anm. 3), Track 1–18 f. — **47** Ebd., Track 1–17. — **48** So bescheinigt Vicente Salas Viu (*La Creación Musical en Chile 1900–1951* [s. Anm. 9]) dem Saxofonkonzert »una estilización de motivos de ›jazz‹ llena de humor, intencionada, rica en el aprovechamiento de tantos recursos técnicos como ofrece, sin caer en la frivolidad de ›Los Seis‹ de París en circunstancias parecidas; en suma, una maestría de virtuoso en el tratamiento del saxofón solista, que impone su color y su espíritu a la orquesta solidaria, toda ella chispeante, ligera.« Allerdings bemerkt Salas Viu, dass die Jazz-Allusionen weitgehend auf die Behandlung des Soloinstruments beschränkt sind. — **49** Da sich darüber hinaus Helfritz' Transkriptionen nicht erhalten haben, lässt sich ein solcher Zusammenhang freilich kaum weitergehend überprüfen. — **50** Juan Orrego Salas: »Festivales de Música Chilena: Segundo Concierto Sinfónico«, in: *El Mercurio* (16.12.1948), AdK, Sammlung Hans Helfritz A 168. — **51** »Conciertos de Música Chilena«. In: *Estanquero* (25.12.1948), S. 23–24, AdK, Sammlung Hans Helfritz, A 168. — **52** Vgl. die Kritiken in: AdK, Sammlung Hans Helfritz A 168. — **53** Helfritz gab in dieser Zeit auch einen Bericht zur Situation der Neuen Musik in Deutschland: Hans Helfritz: »Nueva Música en Alemania«. In: *Revista Musical Chilena* Jg. 9 (1954) H. 54, S. 7–14. — **54** Helfritz: *Neugier trieb mich um die Welt* (s. Anm. 2), S. 79. — **55** Helfritz: Interview mit Jean-Claude Kuner (s. Anm. 3), Track 2–7. — **56** Helfritz: *Neugier trieb mich um die Welt* (s. Anm. 2), S. 79. — **57** Ebd., S. 91. — **58** Helfritz: Interview mit Jean-Claude Kuner (s. Anm. 3), Track 2–7. — **59** Ebd. — **60** Ebd. Die Hintergründe dieses Vorgangs bleiben in Helfritz' Schilderung unklar: »Chile ging nicht mehr«, so fasst er hier den Grund seiner Remigration lapidar zusammen. — **61** Wolfgang Benz: »Im Schatten des Holocaust: Späte Wahrnehmung nichtjüdischer Opfer und der Platz der Homosexuellen in der Erinnerung«. In: Burkhard Jellonnek, Rüdiger Lautmann (Hg.): *Nationalsozialistischer Terror gegen Homosexuelle: verdrängt und ungesühnt*. Paderborn u. a. 2002, S. 27–40, hier: S. 27. — **62** Helfritz: Interview mit Jean-Claude Kuner (s. Anm. 3), Track 2–7. — **63** Benz: »Im Schatten des Holocaust« (s. Anm. 61), S. 34. —

64 Helfritz erklärte Kuner gegenüber, die Arbeit sei ihm immer wichtiger gewesen als sein Privatleben (Hans Helfritz: Interview mit Jean-Claude Kuner [s. Anm. 3], Track 2-7). — **65** Vgl. hierzu etwa die Kategorisierung von Silvia Glocer: »Navegando hacia otra tierra prometida: La inmigración de músicos judíos a la Argentina (1933-1945)«. In: Perla Sneh, Comisión para la Preservación del Patrimonio Histórico Cultural de la Ciudad de Buenos Aires (Hg.): *Buenos Aires ídish*, Compilación. Buenos Aires 2006 (= *Temas de Patrimonio Cultural* 19), S. 127-130. — **66** Zur Forschungsliteratur siehe die Übersicht bei Irmtrud Wojak: *Exil in Chile: Die deutsch-jüdische und politische Emigration während des Nationalsozialismus 1933-1945*. Berlin 1994, S. 13-21. Vgl. auch Anne Saint Sauveur-Henn: »Lateinamerika als Zuflucht 1933-1945«. In: Karl Kohut (Hg.): *Deutsche in Lateinamerika: Lateinamerika in Deutschland*. Frankfurt/M. 1996, S. 67-68. — **67** So etwa in Karl Kohut, Patrik von zur Mühlen (Hg.): *Alternative Lateinamerika: das deutsche Exil in der Zeit des Nationalsozialismus*. Frankfurt/M. 1994. — **68** Patrik von zur Mühlen: *Fluchtziel Lateinamerika: Die deutsche Emigration 1933-1945; politische Aktivitäten und soziokulturelle Integration*. Bonn 1988, S. 101. — **69** Ebd., S. 98. — **70** Ebd., S. 102. — **71** Maßgeblich für die musikwissenschaftliche Exilforschung bis heute: Claudia Maurer Zenck: *Ernst Krenek, ein Komponist im Exil*. Wien 1980. — **72** Horst Weber, Stefan Drees (Hg.): *Quellen zur Geschichte emigrierter Musiker 1933-1950: Sources Relating to the History of Emigré Musicians 1933-1950*. Bd. 1: *California*. München 2003, Bd. 2: *New York*. München 2005; Claudia Maurer Zenck, Peter Petersen (Hg.): *Lexikon verfolgter Musiker und Musikerinnen der NS-Zeit*, aktualisierbare Online-Pubikation des Musikwissenschaftlichen Seminars der Universität Hamburg, http://cmslib.rrz.uni-hamburg.de:6292/content/home.xml, 29.5.2008. — **73** Horst Weber (Hg.): *Musik in der Emigration 1933-1945: Verfolgung, Vertreibung, Rückwirkung*. Stuttgart u.a. 1994; Nils Grosch u.a. (Hg.): *Emigrierte Komponisten in der Medienlandschaft des Exils 1933-1945*. Stuttgart 1998; Maren Köster, Dörte Schmidt (Hg.): *»Man kehrt nie zurück, man geht immer nur fort«: Remigration und Musikkultur*. München 2005. — **74** Hanns-Werner Heister, Peter Petersen, Claudia Maurer Zenck (Hg.): *Musik im Exil: Folgen des Nazismus für die internationale Musikkultur*. Frankfurt/M. 1993. — **75** Ebd., S. 338-352. — **76** José Subirá, Antoine-Elisée Cherbuliez: *Musikgeschichte von Spanien, Portugal, Lateinamerika*. Zürich - Stuttgart 1957, S. 284-288. — **77** Gerard Béhague: *Music in Latin America: an introduction*. Englewood Cliffs, NJ 1979. Zu Holzmann S. 171-175; zu Koellreutter S. 278 f. — **78** Nicolas Slonimsky: *Music of Latin America*. New York, NY [2]1942. — **79** Salas Viu: *La Creación Musical en Chile 1900-1951* (s. Anm. 9). — **80** Ebd. — **81** Juan Orrego Salas: »Pasado y presente de la creación musical de Chile«. In: *Zig-Zag* Jg. 56 (9.9.1960) H. 2892, S. 93-98, erneut in: José Miguel Varas, Juan Pablo González (Hg.): *En busca de la música chilena: Crónica y antología de una historia sonora*. Santiago 2005, S. 238-243. — **82** Subirá und Cherbuliez, *Musikgeschichte von Spanien, Portugal, Lateinamerika* (s. Anm. 76), 287 f., bringen Holzmann in Verbindung mit »neoklassischer linearer Schreibweise«, im gleichen Sinne Slonimsky, *Music of Latin America* (s. Anm. 78), S. 274. — **83** Graetzers Werke aus der Periode vor sowie unmittelbar nach seiner Emigration 1939 sind geprägt von einer eigenwilligen Handhabung barockisierender Linienführung und Kontrapunktik sowie klassischer Formen und Durchführungstechniken, so in den *Tres Toccatas* für Klavier (1937), der *Sonatina* für Klavier (1945) oder der *Sinfonietta Nr. 1* für Orchester (1947). Ein eindrucksvoller Beleg für die Adaption Alter Musik ist die Ballett-musik zu *Siete princecas muy desdichadas* von Tulio Carella aus dem Jahr 1941, für die Graetzer auf spanische Instrumentalmusik des 16. Jahrhunderts, unter anderem aus den Vihuelabüchern von Luis Milan, Miguel de Fuenllana u. a. zurückgriff. Die *Tres Toccatas* sind erschienen bei Editorial Cooperativa Interamericana de Compositores, Montevideo; die übrigen der erwähnten Werke wurden verlegt bei Ricordi Americana, Buenos Aires. — **84** Vgl. zu diesem Kontext Victor Rondón: »Música antigua, nueva memoria: Panorama histórico sobre el movimiento en Chile«. In: *Resonancias* Nr. 15 (November 2004), S. 7-45. — **85** Ebd. — **86** Béhague: *Music in Latin America: an introduction* (s. Anm. 77), S. 264-266. — **87** Ebd., S. 173 f. — **88** Carlos Kater: *Música viva e H.J. Koellreutter: Movimentos em direção à modernidade*. São Paulo 2001, S. 48-62; David P. Appleby: *The music of Brazil*. Austin, Tex. 1983, S. 156 f.; Vasco Mariz:

História da Música no Brasil. Rio de Janeiro ⁶2005, S. 292 f. — **89** Tomás Lefever: »Fré Focke: el compositor y el maestro«. In: *Revista Musical Chilena* Jg. 51 (1997) H. 187, S. 50–52, Online-Ausgabe unter www.scielo.cl, 31.12.2007; Leni Alexander: »Recordando a Fré Focke«. Ebd. S. 54 f.; Juan Allende-Blin: »Fré Focke y la tradición de Anton Webern«. Ebd. S. 56–58. — **90** Zitiert nach der Kopie im Archivo Musical de la Universidad de Chile, Facultad de Artes, Signatur Sfa 2239. — **91** Zur Rezeptions- und Editionsgeschichte der Gedichte des *Schi King* siehe Yunru Zou: *Schi-King, das »Liederbuch Chinas« in Albert Ehrensteins Nachdichtung: ein Beispiel der Rezeption chinesischer Lyrik in Deutschland zu Beginn des 20. Jahrhunderts.* St. Ingbert 2006. Zur Herkunft und Auswahl der Texte bei Helfritz sowie zu seinen Kürzungen und Texteingriffen siehe Pfeiffer: *Hans Helfritz: Die künstlerische Entwicklung in den Jahren 1925–1980* (s. Anm. 4), S. 103. — **92** Stefan Wolpe hat in Palästina das Lied als eines seiner *Two Chinese Epitaphs op. 25 for mixed chorus and percussion* vertont (veröffentlicht New York, Hamburg u. a. ca. 1997); von seiner Vertonung stammt auch der Hinweis auf die Autorin Louise Peter. — **93** *Deutsche Blätter. Für ein Europäisches Deutschland / Gegen ein Deutsches Europa,* Jg. 1 (April 1943) H. 5, S. 30. — **94** In diesem Sinne ist auch Wolpes Komposition von 1937 zu lesen. — **95** So hieß es anlässlich der Uraufführung dreier Lieder: »alguna vez, sobre todo en la tercera canción tan movida se parece algo a Weyl [sic] y Brecht, de fuerte ritmo.« A. Goldschmidt: »Tercer Concierto de Camera de Música Chilena«. Zeitungsausschnitt ohne weitere Angaben in AdK, Sammlung Hans Helfritz 173. — **96** Ebd. — **97** Juan Orrego Salas: »Festivales de Música Chilena / Musica da Camera (2)«. In: *El Mercurio* (15.12.1950), AdK, Sammlung Hans Helfritz 170. — **98** Ebd. — **99** Vilém Flusser: *Von der Freiheit des Migranten: Einsprüche gegen den Nationalismus.* Berlin – Wien 2000, S. 30.

Helmut G. Asper

Wenn die Musik der Filme Nahrung ist
Klassische Musik im Exilfilm*

Fast unmittelbar nach der Einführung des Tonfilms kam es in Deutschland zu einer Blüte des Musikfilms[1], der sich schnell zum wichtigsten Filmgenre und zum bedeutenden Exportschlager der Filmindustrie entwickelte. Der Begriff »Musikfilm« umfasst dabei ein breites Spektrum von Subgenres: In den musikalischen Komödien, Tonfilmoperetten[2] und Operettenverfilmungen herrschte die leichte Muse vor, während in Sängerfilmen, Musiker-Biografien und Opernfilmen auch klassische Musik im Kino Einzug hielt. In diesem sehr weitgefächerten Spektrum wirkten zahlreiche Filmkünstler mit – Regisseure, Drehbuchautoren und -autorinnen, Komponisten, Kameramänner, Schauspieler und Schauspielerinnen –, von denen eine große Zahl 1933 von den Nazis aus rassistischen und politischen Gründen ins Exil getrieben wurde.

So karg ihr Fluchtgepäck auch häufig war, ihre Filmkonzepte und -ideen nahmen die Filmexilanten mit in ihre Exilländer, und sie haben in erheblichem Maße die Entwicklung des Musikfilms im europäischen und amerikanischen Kino beeinflusst.[3] Bei einer statistischen Auswertung der Exilfilme nach Genres schätzte Horak den Anteil der Musikfilme auf stattliche 20 Prozent.[4] Den Exilanten kam einerseits zustatten, dass deutsche Musikfilme schon zu Stummfilmzeiten internationale Anerkennung gefunden hatten[5] und die fremdsprachigen Versionen der frühen musikalischen Tonfilme erfolgreich ins europäische Ausland und in die USA exportiert worden waren.[6] Allerdings blieben ihre Möglichkeiten, die eigenen Konzepte weiterzuentwickeln, andererseits auch eingeschränkt, weil sie sich in die Filmproduktion ihrer jeweiligen Exilländer integrieren und an den Geschmack eines ihnen zunächst fremden Publikums anpassen mussten.[7]

Die niederländischen Filmkritiker reagierten 1934 durchaus irritiert, weil in dem von Richard Oswald inszenierten Film *Bleeke Bet* eine Schauspielerin »am hellichten Tage mitten in einem geschäftigen Volksviertel zur Arie des weißen und roten Radieschen ansetzt«[8] – dennoch wurde das *Radieschenlied* beim Publikum zu einem Evergreen. Weitere Beispiele dafür, dass die deutschen Filmemigranten das Musikfilmgenre andererseits auch erfolgreich nach Holland exportiert haben, sind *Komoedie om Geld* von Max Ophüls mit seinen Anklängen an die *Dreigroschenoper* und Ludwig Bergers Shaw-Verfilmung *Pygmalion*, die bereits als musikalische Komödie angelegt war.

In Frankreich etablierte sich der Regisseur Robert Siodmak 1934 mit der schwungvollen Tonfilmoperette *La crise est finie*, deren Musik von dem exilierten Filmkomponisten Franz Wachsmann (später in den USA: Waxman) stammte, und mit *La vie parisienne* wagte er ein Jahr später die Verfilmung einer klassischen Operette von Jacques Offenbach[9], von der Siodmak auch eine englische Version drehte, denn auch in England waren Filmexilanten im Musikfilmgenre erfolgreich, wie beispielhaft der wohl originellste Musikfilm des Exils belegt, *The Robber Symphony*, den der Regisseur Friedrich Feher 1935/36 in England, Frankreich, der Schweiz und Österreich drehte. Die *Robber Symphony*, die Feher auch in einer französischen Fassung herausbrachte, ist vermutlich der erste Spielfilm, dessen Schnitt sich vollständig nach der Musik richtet und für den Feher auch selbst die Musik komponiert hatte.[10]

Zu einer kurzen Blüte gelangte der Musikfilm auch in Österreich, wohin zahlreiche Filmkünstler zunächst flohen bzw. zurückkehrten, als sie von den Nazis aus Berlin vertrieben wurden. Richard Oswald drehte in Wien seine Sängerfilme mit den Tenören Joseph Schmidt und Alfred Piccaver[11], aber auch Max Neufeld, Stefan Szekely, Rudolf Meinert und Kurt Gerron inszenierten erfolgreiche musikalische Komödien und Tonfilmoperetten.[12] Ein großer Star des Musikfilms war die ungarische Schauspielerin Franziska Gaal, die auch die Hauptrolle in drei Tonfilmoperetten des Regisseurs Hermann Kosterlitz spielte, die dieser 1934/35 in Wien und Budapest drehte[13], bevor er 1936 in die USA exilierte.

I Ein Oscar für Mozart, Wagner, Liszt, Verdi und Tschaikowsky

Mit der von ihm für den Film entdeckten jugendlichen Sängerin Deanna Durbin[14] inszenierte Henry Koster – wie Kosterlitz sich im amerikanischen Exil umbenannte – in Hollywood erfolgreich eine Serie von musikalischen Komödien, in denen er auch klassische Musik in den Unterhaltungsfilm einführte und damit dem Genre einen entscheidenden neuen Impuls gab. Denn der musikalisch ebenso gebildete wie vielseitige Koster hatte die Idee, auch klassische Musik in den populären Spielfilm einzubringen und zwar nicht nur in Form von Entlehnungen musikalischer Motive und Themen für die Illustrationsmusik, sondern sie zum Thema, ja zum Mittelpunkt seiner Filme zu machen. Nach dem überragenden Erfolg seines ersten amerikanischen Films *Three Smart Girls* wagte er, dem Universal Studio vorzuschlagen, im nächsten Film Deanna Durbin auch klassische Musikstücke singen und sie gemeinsam mit dem Dirigenten Leopold Stokowski und seinem Philharmonischen Orchester auftreten zu lassen. Seine Idee stieß zunächst auf Widerstand beim Management von Universal, denn bis dahin hatte man in musikalischen Komödien und Musicals stets nur Unterhaltungsmusik gespielt: »›That's longhair music‹ somebody said. ›Nobody in America listens to that kind of music. You mean Wagner and Beethoven? You can't sell that here. They've tried it.‹«[15]

Aber Koster war davon überzeugt, dass klassische Musik durchaus ein Massenpublikum ansprechen würde, und unterstützt von seinem Freund und Produzenten Joe Pasternak und dem Erfolg ihres ersten Films im Rücken konnte er schließlich durchsetzen, Stokowski mit seinem Orchester für den Film *One Hundred Men And A Girl* zu verpflichten. Mit diesem Film betrat er in mehrfacher Hinsicht Neuland, denn nicht nur war die Mischung von U- und E-Musik neu, die klassische Musik wurde in Philadelphia mit dem damals neuen »multiple-channel recording«-Verfahren aufgenommen, weil Stokowski die akustischen Vorzüge seines angestammten Konzertsaals nutzen wollte. Die später in Hollywood gedrehten Filmaufnahmen des Orchesters hat Koster dann exakt auf die Musik hin konzipiert und den Film in der Kamera geschnitten: »I made the shot from the music. I said, ›Here I want the close-up of the clarinet. Here I want a long shot of the bass fiddles. Here is a close-up of the conductor.‹ I had it all cut before we started shooting, and when we shot, I went according to the cue sheet.«[16]

Kosters Ziel war, klassische Musik in den Publikumsfilm zu integrieren, um das breite Massenpublikum zu erreichen und die Musik mit der Handlung zu einer Einheit zu verschmelzen. In *One Hundred Men And A Girl* wird die Musik zum Dreh- und Angelpunkt der Handlung. Denn was alle Argumente und Überredungskünste nicht schaffen, mit Hilfe der Musik gelingt es Patsy, die von der damals erst 15-jährigen Deanna Durbin gespielt wird, ein Orchester der arbeitslosen Musiker zu gründen, das von einem Finanzmann gesponsert und von Stokowski dirigiert wird. Erste Aufmerksamkeit bekommt sie von Stokowski, als sie bei der Orchesterprobe einer Mozart-Kantate, der sie heimlich zuhört, spontan das »Halleluja« singt und später schleichen sich die arbeitslosen Musiker unter ihrer Führung in Stokowskis Haus und spielen Liszts *Ungarische Rhapsodie*, um den widerstrebenden Maestro als Dirigenten für sich gewinnen. Die ursprüngliche Idee des Regisseurs war, diese Szene »so zu inszenieren, dass das Orchester zunächst schlecht spielt; es sollte so klingen, dass sie noch nicht richtig zusammenspielen, bis Stokowski sie dann dirigiert. Aber das wurde aus Kostengründen gestrichen, sie spielen von Anfang an gut, und wenn er dann dirigiert, können sie auch nicht besser spielen. Es ist wirklich ein Fehler in dem Film, dass die Musik immer gleich gut ist, egal ob er dirigiert oder nicht.«[17]

Die besondere Qualität der dramatischen Funktion der Musik in diesem Film hat bereits Siegfried Kracauer in seiner *Theorie des Films* hervorgehoben: »In Henry Kosters reizendem Film ›100 Men And A Girl‹ (...) fördert, bekräftigt oder erweitert jede Musikeinlage das reale Geschehen, so dass sein

Fluss durch ihre Dazwischenkunft nicht unterbrochen wird. Während wir Deannas Songs und den von Stokowski dirigierten Konzertstücken lauschen, hören wir niemals auf, Anteil zu nehmen an den Versuchen des Mädchens, den Dirigenten für ihre Sache zu gewinnen. Die Spannung, in der wir so gehalten werden, begrenzt – oder übertrifft vielleicht sogar – den rein ästhetischen Genuss.«[18]

Der Erfolg des Films bei Kritik und Publikum gab Koster und Pasternak Recht. Das Branchenblatt *Variety* überschlug sich mit Lob sowohl für die Musik als auch für ihre filmische Inszenierung: »›100 Men and a Girl‹ (...) is something new in entertainment (...) Its originality rests on a firm and strong foundation of craftmanship which has captured popular values from Wagner, Tschaikowski, Liszt, Mozart and Verdi. The new film, produced by Joe Pasternak and directed by Henry Koster, opens new vista and reveals means of winning greater picture audiences.«[19] Höhepunkt des Erfolgs war, dass *100 Men And A Girl* 1937 den Oscar für die beste Filmmusik erhielt und für vier weitere Kategorien nominiert wurde: Bester Film, Beste Originalstory, Tonaufnahme und Filmschnitt.

Kosters Konzept der Mischung von U- und E-Musik war bahnbrechend und ist in seiner Wirkung kaum zu überschätzen. Klassische Musik wurde nicht nur ein fester Bestandteil der Filme von Deanna Durbin, auch andere Studios mischten nun in ihren Musikfilmen zeitgenössische Songs mit klassischen Liedern, so singt beispielsweise die populäre Sängerin Jeannette MacDonald in der MGM-Produktion *The Girl of the Golden West* 1938 das *Ave Maria* von Gounod und in der Verfilmung der Oscar Straus-Operette *The Chocolate Soldier* singt ihr langjähriger Partner Nelson Eddy Wolframs Abendstern-Lied aus *Tannhäuser* und Schuberts *Forelle*.

Ein wesentlicher Unterschied zu Kosters Filmen ist jedoch, dass dieser nicht nur Vokalstücke für die Stars in seine Filme integrierte, sondern auch die Orchesterstücke gleichrangig behandelte, deshalb hatte er für *100 Men And A Girl* darauf bestanden, den Dirigenten und Showman Leopold Stokowski zu engagieren und auch in seinen späteren Musikfilmen, in denen er U- und E-Musik in die Filmhandlung integrierte, hat er großen Wert auf den Orchesterpart gelegt.

Das wird besonders deutlich in dem Film *Music for Millions* (1944), dessen Titel für seine Intention, klassische Musik einem Millionenpublikum in seinen Filmen näher zu bringen, als Programm stehen könnte. In diesem Film, der ursprünglich *Hundred Girls and a Man* heißen sollte, gibt es kein E-Musik-Vokalstück. Koster erzählt hier die Geschichte eines Orchesters im Zweiten Weltkrieg, das schließlich außer dem Dirigenten nur noch aus Frauen besteht, weil die männlichen Musiker alle zur Armee eingezogen worden sind. Der Dirigent ist der damals in Hollywood auch als Pianist sehr populäre José Iturbi, der im Film Auszüge aus dem Klavierkonzert von Grieg spielt und Stücke von Dvořák, Chopin und das »Halleluja« aus Händels *Messias* dirigiert. Als Orchestermanager sorgt der vielseitige Entertainer Jimmy »Schnozzola« Durante für komische Akzente und U-Musik-Einlagen, während im Auftritt des Mundharmonika-Solisten Larry Adler, der Debussys *Clair de Lune* spielt, U- und E-Musik vereint werden.

In Kosters 1946 gedrehtem Musikfilm *Two Sisters From Boston* steht die Oper im Mittelpunkt und entsprechend gibt es in diesem Film ausschließlich Vokalstücke bzw. eigens arrangierte Opernszenen. Koster erzählt die Karriere der Sängerin Abigail Chandler, gespielt von MGMs Musical-Star Kathryn Grayson, die schließlich ihr Traumziel erreicht, an der New Yorker Metropolitan Opera engagiert zu werden, aber vorher in der Bierhalle »The Golden Rooster« auftritt, um Geld für das Gesangsstudium zu verdienen. Die beiden unterschiedlichen Lokalitäten, in denen Opern- bzw. Revueaufführungen stattfinden, verdeutlichen bereits, dass Koster auch in diesem Film die ganze Spannweite von E- und U-Musik ausschöpfte. Auch die Besetzung mit dem Wagner-Tenor Lauritz Melchior auf der einen und wiederum mit dem Entertainer Jimmy Durante auf der anderen Seite, zeigen dieses Spektrum. Dabei betont der Regisseur durchaus die Gleichrangigkeit der Künste; bei der ausführlichen Schilderung der Probenarbeit in der Oper und in der Music Hall zeigt er, dass sowohl klassische als auch leichte Muse harte Arbeit und handwerkliches Können erfordern.

II Musikerbiografien

Ein lang gehegter Lieblingstraum Kosters war, das Leben Beethovens zu verfilmen, der für Koster der größte Komponist war und den er, ein talentierter Amateurmaler, mehrfach nach historischen Bildvorlagen porträtierte. Doch blieb dieser Plan sehr zum Bedauern des hochmusikalischen Regisseurs unausgeführt, denn es war vor allem aus finanziellen Gründen nicht ganz einfach, in Hollywood die Biografien berühmter Komponisten zu verfilmen, da diese historischen Filme durch Ausstattung und Kostüme stets hohe Kosten verursachten. Dennoch nahmen emigrierte Regisseure, Drehbuchautoren und Produzenten immer wieder Anläufe, Biografien über klassische Komponisten zu produzieren.

1938 schrieb der emigrierte Drehbuchautor Walter Reisch gemeinsam mit dem amerikanischen Autor Samuel Hoffenstein das Drehbuch für *The Great Waltz*, einen Film über das Leben von Johann Strauß Sohn, dessen Originalstory von den Emigranten Gottfried Reinhardt und Vicki Baum stammte. Reisch hatte sich bereits in Europa mit Komponistenfilmen einen Namen gemacht. Nach seiner Rückkehr nach Wien 1933 hatte er den Franz-Schubert-Film *Leise flehen meine Lieder* geschrieben, den Willy Forst inszenierte, und mit dem Reisch neue Maßstäbe für das Genre setzte.[20] Der Film wandte sich konsequent ab vom biografischen Stationenfilm, statt dessen schilderte Reisch eine zentrale Episode in Schuberts Leben. In *Leise flehen meine Lieder* verknüpfte er geschickt die Entstehung von Schuberts unvollendeter Sinfonie mit seiner angeblichen unglücklichen Liebe zur Gräfin Eszterhazy und errang damit einen sensationellen Erfolg. Diese Linie entwickelte Reisch weiter mit dem ebenfalls von ihm geschriebenen italienischen Film *Casta Diva*, der eine Episode aus dem Leben des Komponisten Vincenzo Bellini behandelt und der den italienischen Opernfilm begründete, obschon es nicht die erste Opernverfilmung im italienischen Kino war.[21]

Auch der Johann-Strauß-Film *The Great Waltz* ist eine »Fantasiebiografie«[22] aus Wahrheit und Dichtung. Nach den noch annähernd historisch korrekt dargestellten musikalischen Anfängen des jüngeren Strauß, steht im Mittelpunkt des Films eine völlig frei erfundene Liebesgeschichte zwischen ihm und der Sängerin Carla Donner, gespielt von der Sängerin Miliza Korjus, die von der Berliner Staatsoper nach Hollywood geholt wurde. Carla verlässt Strauß, der bei seiner Frau Poldi bleibt, die Luise Rainer als ergebene und opferbereite Frau spielt. Zahlreiche weitere Emigranten wirkten bei diesem Film mit, die musikalische Leitung hatte der österreichische Filmkomponist Arthur Gutmann und die treibende Kraft bei diesem Film war Gottfried Reinhardt, der als Assistant Producer mit dem Engagement zahlreicher exilierter Schauspieler für das europäische Flair des Films sorgte, der zwar bissige Kritiken erntete und in »The Great Schmaltz« umbenannt wurde, jedoch beim Publikum ankam vor allem wegen der Musik; die von Oscar Hammerstein II neu getexteten Lieder wurden Bestseller.

Weniger eingängig für das breite Publikum war die Musik von Franz Schubert in *New Wine*, den Reinhold Schünzel 1941 drehte und bei dem ebenfalls Arthur Gutmann die musikalische Leitung hatte. Immerhin fand die Kritik Albert Bassermann als Beethoven herausragend, dem Schuberts Freundin Anna, gespielt von der emigrierten ungarischen Schauspielerin Ilona Massey, die Noten der *Unvollendeten Sinfonie* bringt und ihn um Hilfe für Schubert bittet: »Finest sequence is that in which Bassermann and Miss Massey participate. Neither speaks, but as the old man reads the notes of the Schubert manuscript which the girl has given him, the music of the Unfinished Symhony swells up eloquently to take command of the photoplay and the audience.«[23]

Erst nach dem großen Erfolg des Chopin-Films *A Song To Remember* (Regie: Charles Vidor, 1945), in dem Chopin nach einer Originalstory des österreichischen Librettisten, Drehbuchautors und Regisseurs Ernst Marischka ebenfalls gänzlich abweichend von der historischen Realität als Kämpfer für Polens Freiheit dargestellt wurde, kam es in Hollywood wieder zu einer allerdings recht kurzen Mode von Komponisten-Biografien, bei denen mehrfach Filmemigranten mitwirkten.

Walter Reisch konnte 1947 im Universal Studio bei dem von ihm geschriebenen Film *Song of Scheherazade* auch selbst inszenieren. Mit seiner Filmfantasie über die Entstehung von Rimsky-Korsakovs berühmter sinfonischer Suite Scheherazade, variierte Reisch das von ihm in seinem frühen Schubert-Film entwickelte Muster erneut. Ihm ging es auch in diesem Film nicht um die Biografie des russischen Komponisten, sondern eben um eine Fantasie »inspired by the music of N. Rimsky-Korsakov«, wie es im Vorspann heißt. Den Schluss des Films bildet ein aufwendig inszeniertes Ballett mit der Scheherazade-Musik. Die Musik schrieb der exilierte ungarische Komponist Miklós Rósza, der auch für den Chopin-Film die Musik kompiliert und arrangiert hatte. Für *Song of Scheherazade* benutzte er zum überwiegenden Teil Originalmusik Rimsky-Korsakovs, einige Passagen komponierte er jedoch selbst im Stil des russischen Komponisten und hoffte, dass niemand den Unterschied bemerken werde. Nur wenige amerikanische Kritiker anerkannten damals Reischs Bemühen, »eine neue Form der Filmoper zu finden« und Rimsky-Korsakovs Musik einem Massenpublikum zu vermitteln. Die Mehrheit »verhöhnte Film und Filmemacher gleichermaßen«, wie Horak feststellt, der das Scheitern des Films darauf zurückführt, dass Reischs Film zu »modern und europäisch wirkt«, und deshalb die Erwartungen und den Geschmack des amerikanischen Publikums und der Kritiker enttäuscht habe.[24]

Wie bereits die ähnlich lautenden Titel erkennen lassen, wollte Universal mit *Song of Scheherazade* ebenso an der Mode der Komponisten-Biografien partizipieren, wie das MGM-Studio, das 1947 den Robert-Schumann-Film *Song of Love* herausbrachte, an dessen Buch die exilierten Drehbuchautoren Ivan Tors und Irmgard von Cube mitgearbeitet hatten. Im Vorspann wurde darauf hingewiesen, dass man sich »certain necessary liberties (…) with incident and chronology« erlaubt habe, dass jedoch die »basic story (…) a true and shining chapter in the history of music« bleibe. Die Bearbeitung der Musikstücke von Liszt, Brahms und Schumann übernahm der bei MGM fest angestellte exilierte Filmkomponist Bronislaw Kaper. Doch konnte auch *Song of Love*, trotz der brillanten Besetzung mit Katharine Hepburn als Clara Schumann und dem exilierten österreichischen Schauspieler Paul Henreid als Robert Schumann den Erfolg von *A Song To Remember* nicht wiederholen, sodass die Mode der Komponisten-Biografien bald wieder vorbei war und andere Emigranten mit ihren Projekten erneut auf Ablehnung bei den Studios stießen.

Weder konnte Max Ophüls seine Idee eines Mozart-Films realisieren, für den er bereits mit biografischen Studien begonnen hatte[25], noch gelang es den vereinten jahrelangen Bemühungen von Siegfried Kracauer und seinem Freund Eugen Schüfftan, Kracauers Filmtreatment *Jacques Offenbach in Hollywood* zu verkaufen, das Kracauer noch in Frankreich in deutscher Sprache verfasst hatte. Dabei hatte MGM 1938 eine Filmoption auf Kracauers Offenbach-Biografie erworben, die unter dem zugkräftigen Titel *Orpheus in Paris: Offenbach and the Paris of his Time* in den USA erschienen war.[26] Dabei hatte Kracauer Offenbachs bewegtes Leben in seinem Treatment bereits dramaturgisch geschickt und filmisch effektvoll aufbereitet, doch lehnten die Studios das Projekt vermutlich aus Kostengründen ab, denn der Film wäre außerordentlich aufwendig und teuer geworden, vor allem die von Kracauer vorgesehenen zahlreichen Opern- und Operettenaufführungen hätten ein immenses Ausstattungsbudget verschlungen.

III In der Oper

Die Oper war für viele Filmemigranten geradezu der Inbegriff europäischer Kultur und wenn es im Exil auch nur ausnahmsweise gelang, vollständige Opern zu verfilmen, so spielte doch die Oper in zahlreichen Exilfilmen eine wesentliche Rolle, auch wenn die Opernszenen nicht immer im Film gezeigt wurden.

Für die stets kostspieligen Opernaufführungen hatte sich in dem arbeitsteilig organisierten Studiobetrieb Hollywoods der exilierte Opernregisseur William von Wymetal als Spezialist etabliert, der für mehrere Studios arbeitete. 1941 holte ihn der Produzent Joe Pasternak, um bei Universal für die Marlene-Dietrich-Komödie *The Flame Of New Orleans* das Abschiedsduett aus dem ersten Akt von Donizettis *Lucia di Lammermoor* zu inszenieren, das die exilierte Opern- und Operettendiva Gitta Alpar in ihrem einzigen Hollywood-Auftritt mit Anthony Marlowe singt[27], ein weiteres Beispiel für die Vermischung von klassischer und leichter Muse.

Gleich drei Opernszenen drehte von Wymetal ebenfalls bei Universal 1943 für die Musical-Version von *Phantom of the Opera*, die ursprünglich Henry Koster inszenieren wollte. Gemeinsam mit dem exilierten Drehbuchautor John Jacoby, der die Adaption des Romans besorgte[28], hatte er den Film über längere Zeit vorbereitet.

In diesem Film stammt nur die erste der von Wymetal inszenierten Opernszenen aus einer real existierenden Oper, nämlich aus dem dritten Akt von *Martha* von Friedrich von Flotow. Die beiden anderen Opernszenen sind Fantasiegebilde: *Ghislaine d'Armagnac* stand für die französische Oper und basierte auf Themen von Chopin, die russische Oper war mit *Le Prince de Caucasie* vertreten, die musikalischen Themen sind der IV. Sinfonie von Tschaikowsky entnommen. Beide »Libretti« hatte George Waggner, der Produzent des Films verfasst, der seine Karriere als Songwriter begonnen hatte, und von Wymetal übersetzte dann die englischen Texte ins Französische. Die musikalische Bearbeitung stammte bei allen drei Opernszenen von Edward

Ward, der auch die Filmmusik komponierte und dafür eine Oscar-Nominierung erhielt.

Diesen Kunstgriff wiederholte von Wymetal für Henry Kosters *Two Sisters From Boston*, die zum Schluss aufgeführte Oper *Marie Antoinette*, wurde aus Musik von Felix Mendelssohn-Bartholdy von Charles Previn adaptiert und Earl Brent schrieb das Libretto dazu. In diesem Film spielt die Oper auch als kulturelle Institution eine bedeutende Rolle, und in dieser Funktion hat Oper nicht nur in Musikfilmen der Exilanten, sondern auch in anderen Genres eine wesentliche Bedeutung für die Handlung und für die Protagonisten.

Vor allem Max Ophüls hat in seinen Filmen immer wieder die Oper als eine utopische Gegenwelt beschworen, in der das Wahre, Gute und Schöne herrscht und in der Liebe und Glück sich erfüllen können. Bereits sein letzter deutscher Film und sein erster im Exil gedrehter französischer Film – *Liebelei* und *Une Histoire d'amour* – beginnen mit dem Liebesquartett aus Mozarts *Entführung aus dem Serail*, das man freilich nur hört. In Mozarts Oper finden die beiden Liebespaare am Ende ihr Glück durch die Gnade des Bassa Selim, während in der Filmrealität die Liebe sich nicht erfüllen kann.[29]

In Ophüls' Filmen wurde der Opernbesuch geradezu zu einem Topos: In seinem italienischen Film *La Signora di tutti* (1934) erlebt die Heldin in der Mailänder Scala eine Oper, durch die ihre Liebe zu dem verheirateten Leonardo initiiert wird, die in der Realität dann scheitert. Auch in dem in Japan spielenden Melodram *Yoshiwara* (1937) gaukelt der russische Offizier Serge seiner geliebten Geisha Kohana das erträumte gemeinsame Leben in St. Petersburg vor mit Schlittenfahrt, Kosakentanz und als Höhepunkt mit einem Besuch in der Oper, in der Mozarts *Zauberflöte* gegeben wird, denn Oper war für Ophüls nicht nur Beschwörung einer utopischen Gegenwelt, sondern auch immer der Inbegriff europäischer Kultur. Deshalb durfte auch in seiner Stefan-Zweig-Verfilmung *Letter From An Unknown Woman* (1948), die in Wien um 1900 spielt, der Opernbesuch nicht fehlen, und wieder ist es Mozarts *Zauberflöte*, bei der Lisa dem von ihr immer noch geliebten Stefan Brand wiederbegegnet und dieser erneut in Leidenschaft zu ihr entbrennt – jedoch ohne sie zu erkennen, während in Mozarts Oper die beiden Liebespaare einander erkennen und sich finden.[30]

Der Regisseur Max Ophüls hatte eine besondere Affinität zur Kunstform Oper, seitdem er mit der frei nach Smetana inszenierten *Verkauften Braut* 1932 die erste wirklich Filmoper geschaffen und damals gehofft hatte, weitere Opern verfilmen zu können.[31] Seine Bemühungen um den Opernfilm setzte er auch im Exil fort, denn die *Verkaufte Braut* war im April 1933 in Frankreich mit Erfolg gelaufen, und deshalb setzte Ophüls im französischen Exil zunächst auf den Musikfilm. Er plante anfangs eine französische Version seiner Tonfilmoperette *Die verliebte Firma* und eine Verfilmung der Operette *Véronique*. Beide Projekte scheiterten jedoch ebenso wie sein Vorhaben, in Italien Rossinis Oper *Barbier von Sevilla* zu verfilmen. Für dieses ambitionierte Projekt hatte er gemeinsam mit dem Drehbuchautor Kurt Alexander bereits ein teilweise erhaltenes Drehbuch geschrieben, doch vermutlich wegen einer Intervention aus Berlin konnte er diesen Film dann doch nicht realisieren.[32]

Während es den Emigranten gelang, zahlreiche Operetten und Bühnenstücke mit Musik zu verfilmen, sind im europäischen Exil lediglich zwei Opernfilme entstanden: In Österreich drehte Carl Lamac 1935 *Der Postillon von Lonjumeau*, nach Motiven der Oper von Adolphe Adam[33], und Karl Grune inszenierte 1936 in England *Pagliacci* nach der Oper von Leoncavallo mit Richard Tauber als Canio.[34] Es ist wohl vor allem der Mitwirkung Taubers zu verdanken, dass dieser Film gedreht werden konnte, denn der Sänger war in England, wohin er 1938 endgültig emigrierte, außerordentlich populär, er gab dort regelmäßig Konzerte und war 1934 und 1935 bereits in zwei englischen Musikfilmen des aus Österreich stammenden Regisseurs Paul L. Stein aufgetreten.[35]

Der teilweise in dem neuen Zweifarbenverfahren Chemicolor farbig gedrehte *Pagliacci* führt die Tradition des deutschen Musik- und Ausstattungsfilms im Exil weiter. An diesem Exilfilm haben neben dem exilierten Produzenten Max Schach, dem Regisseur Karl Grune und dem Hauptdarsteller Richard Tauber weitere Exilanten in den wichtigsten künstlerischen Positionen mitgewirkt: Die Bauten entwarf der Bühnenbildner und Filmarchitekt Oscar Werndorff, die Kostüme stammen von Ernst Stern, der jahrzehntelang Max Reinhardts Bühnen- und Kostümbildner war, der Komponist Hanns Eisler arrangierte die Musik, der tschechische Kameramann Otto Kanturek fotografierte den Film, und am Drehbuch haben ungenannt Fritz Kortner und Bertolt Brecht mitgearbeitet, obwohl die Texte des Letzteren für den Film wohl nicht verwendet worden sind.[36]

In Hollywood waren vollständige Opernverfilmungen dagegen nicht gefragt, die Studios hatten offenbar große Vorbehalte gegen abendfüllende Opern auf der Leinwand und Ludwig Bergers Versuch, Mozarts *Don Giovanni* zu verfilmen, stieß auf Ablehnung. Berger hatte ein bis ins Detail des Musikschnitts ausgearbeitetes Drehbuch verfasst, für das der Agent Paul Kohner ohne Erfolg versucht hatte, in Hollywood ein Studio oder einen Produzenten zu interessieren.[37] Doch darf man wohl Max Reinhardts *A Midsummernight's Dream* auch zu den Opernfilmen des Exils zählen, denn dieser Film ist nicht nur die Vollendung von Reinhardts mehr als 30-jährigen inszenatorischen Bemühungen um Shakespeares Komödie und wurzelt vollständig in der deutschen Theater- und Shakespeare-Tradition, sondern er ist durch Mendelssohn-Bartholdys romantische *Sommernachtstraum*-Musik und die umfangreichen Balletteinlagen zu einer »Oper ohne Sänger« geworden.[38] Diese Bezeichnung weist schon auf den für die Filmmusik verantwortlichen Komponisten Erich Wolfgang Korngold, der auf Vorschlag Reinhardts vom Warner Brothers Studio verpflichtet wurde. Korngold hatte früher bereits mehrfach für Bühneninszenierungen Reinhardts die Musik arrangiert und schuf für *A Midsummernight's Dream* seine erste Filmmusik, für die er Mendelssohns Musik umfassend bearbeitete, wobei er sich schnell in die Techniken der Filmmusik einfand. Aus der *Sommernachtstraum*-Musik wählte er Ouvertüre, Scherzo, Hochzeitsmarsch und Nocturno und fügte Ausschnitte aus Mendelssohns *Italienischer* und *Schottischer Sinfonie* hinzu. Korngold arrangierte und dirigierte selbst die von ihm teilweise neu instrumentierte Musik. Sowohl die burleske Hochzeit von Titania und Zettel, als auch der düster-romantische Tanzspuk der Elfen zum Nocturno, den Reinhardts Co-Regisseur William Dieterle inszenierte, verdanken ihre Stimmung und ihre Wirkung zum großen Teil der Musik, die in vielen Kritiken gerühmt wurde. Das Warner Brothers Studio verpflichtete daraufhin Korngold weiterhin, der 1938 ganz in die USA exilierte und ständig für das Studio arbeitete. Mit seinen Kompositionen für den Film schuf er »Operas without singing«[39] und wurde einer der einflussreichsten Filmmusiker im Hollywood der 1930er und 1940er Jahre.[40]

IV Konzerte im Kino

Während Opern aus Kostengründen nur schwer zu realisieren waren, spielten Konzertfilme mit klassischer Musik eine nicht zu unterschätzende Rolle im Filmexil. Max Ophüls drehte 1935 in Frankreich zwei musikalische Kurzfilme, für die »Compagnie des Grandes Artistes Internationaux«, die von den Musikern Thibaud, Paderewski, Toscanini, Kreisler u.a. mit dem Ziel gegründet worden war, den Kinobesuchern klassische Musikstücke in Interpretationen bedeutender Künstler nahezubringen.[41] Geplant war eine Serie von kurzen Musikfilmen, von denen jeder ein musikalisches Werk vorstellte, das von einem bekannten Interpreten gesungen oder gespielt wurde. Die Filme sollten sowohl als kurze Vorfilme verliehen werden, als auch insgesamt als »Filmkonzert« aufgeführt werden können; insgesamt sind sieben Filme produziert worden. Ophüls drehte mit der berühmten Sopranistin Elisabeth Schumann das *Ave Maria* von Schubert und Chopins *Valse brillante* mit dem Pianisten Alexander Brailowsky, der als einer der bedeutendsten Chopin-Interpreten seiner Zeit galt. Die Filme wurden bereits Ende Dezember 1935 in Lyon und im Januar 1936 in Paris gezeigt und mit großem Beifall aufgenommen, noch 1939 ist der vollständige Zyklus von sieben Filmen in New York aufgeführt worden.

In New York drehte 1947 der exilierte Filmregisseur Edgar Ulmer den überwiegenden Teil seines nach der berühmten Spielstätte benannten großen Konzertfilms *Carnegie Hall*, in dem eine dürftige melodramatische Rahmengeschichte (in der auch der exilierte österreichische Schauspieler Hans Jaray mitspielt) einen Reigen klassischer Opern und Konzertstücke (u. a. aus Mozarts *Don Giovanni*, Verdis *Simone Boccanegra*, Delibes' *Lakmé*, Saint-Saëns' *Samson und Dalilah*, Wagners *Meistersinger von Nürnberg*, Mendelssohns *Sommernachtstraum*, Beethovens 5. Sinfonie) verbindet, die von berühmten Interpreten und Dirigenten gespielt bzw. dirigiert werden, darunter Bruno Walter, Lily Pons, Gregor Piatigorsky, Arthur Rubinstein, Jascha Heifetz und Leopold Stokowski.[42] Zu diesem Film gab der National Music Council 1947 eine Broschüre mit Erläuterungen zu den Musikstücken heraus, in der betont wurde, dass der Film geeignet sei, die Musikkultur zu fördern. Der Council empfahl, den Film in Schulen, Colleges und allgemeinen Bildungsstätten vorzuführen und die Musikstücke vorher mit Schülern und Studenten zu besprechen.[43]

Auch an dem berühmten Konzertfilm *Fantasia* von Walt Disney hat ein Filmexilant mitgewirkt: Der Experimentalfilmer Oskar Fischinger hat die erste Episode mit Bachs *Toccata und Fuge in d-Moll* gestaltet.[44] Weil jedoch Disney seine ganz im abstrakten Stil gehaltenen Entwürfe verändern ließ, untersagte Fischinger Disney, seinen Namen im Vorspann von *Fantasia* zu nennen, obwohl er ein Jahr lang an der Episode gearbeitet hatte. Fischingers abstrakte Formen wurden verändert und erinnern nun an Figuren oder Landschaftsformationen. Die Bewegungen wurden vereinfacht und Fischingers kühne Farbkompositionen reduziert. Trotz dieser verflachenden und entstellenden Überarbeitung ist aber Fischingers Handschrift auch im fertigen Film immer noch zu erkennen.

Seine eigenen Ideen zur Visualisierung klassischer Musik konnte Fischinger dann 1948 in *Motion Painting No. 1* realisieren. Dieser vollständig in Einzelbildschaltungen aufgenommene Film zeigt die Entstehung eines abstrakten Ölgemäldes auf Plexiglas zu Bachs *Brandenburgischem Konzert No. 3*. Er wurde 1949 mit dem Großen Preis beim Internationalen Experimentalfilm-Wettbewerb in Brüssel ausgezeichnet und hat die Entwicklung des abstrakten Films in den USA und in Europa beeinflusst.

Sogar einen Oscar für den besten zweiaktigen Kurzfilm erhielt der originelle musikalische Kurzfilm *Heavenly Music*[45], dessen Story der exilierte Autor und Regisseur Reginald LeBorg schon 1937 geschrieben hatte, der jedoch erst 1943 produziert und von Joseph Berne inszeniert wurde. »Es war eine Geschichte über einen Komponisten, der in den Himmel kommt«, erzählte LeBorg selbst die Story des Films. »Petrus will ihn nicht hineinlassen, weil er noch nie von ihm gehört hat, aber der Komponist sagt: ›Ich gehöre hierher, ich habe eine Rhapsodie geschrieben.‹ Schließlich bringt ihn

Petrus, um ihn zu testen, in einen Raum, in dem all die berühmten Komponisten sitzen, und Beethoven sagt zu ihm: ›Spielen Sie uns Ihr Stück vor.‹ Der Komponist spielt, bis Tschaikowsky ihn plötzlich unterbricht und sagt ›Halt, warten Sie, das ist von Ihnen?‹ Und als der Komponist antwortet: ›Ja, das ist von mir‹, entrüstet sich Tschaikowsky: ›Das haben Sie von mir gestohlen!‹ Da mischt sich Brahms ein: ›Tschaikowsky, das haben Sie schon von mir geklaut.‹ Dann ruft Bach ›Die Bass-Noten stammen aus meiner Kantate‹, und es kommt zu einem großen Streit, und der Komponist wird hinausgeworfen. Er arbeitet dann auf der Milchstraße und erzählt den Engeln sein Missgeschick, und auf ihre Bitten spielt er ihnen sein Stück vor. Die Engel begleiten ihn auf ihren Harfen, und die anderen Komponisten, die immer noch streiten, hören seine Musik durchs Fenster und lauschen, bis schließlich Mozart sagt: ›Meine Herren, es ist nicht die Melodie, die zählt, sondern die Art und Weise, das Arrangement.‹ Und sie setzen sich hin und jeder spielt auf seine Art die Melodie des Komponisten, und es wird eine richtige kleine Sinfonie daraus.«[46]

LeBorg drehte auch 1944 eine Episode des sechzigminütigen Konzertfilms *Adventure in Music*, dessen andere Episoden von S. K. Winston und dem exilierten Tänzer und Choreographen Ernst Matray inszeniert wurden. Es war Matrays einzige Filmregie in Hollywood, wo er sich jedoch als Choreograf einen Namen machte und gemeinsam mit seiner damaligen Frau, der Schauspielerin und Tänzerin Maria Matray, für zahlreiche Filme die Pantomimen, Gesellschaftstänze, Ballette und Solotanznummern entwarf und einstudierte.[47] In *Adventure in Music* spielen u. a. der Pianist José Iturbi, der Cellist Emanuel Feuermann und das Coolidge String Quartet Ausschnitte aus Werken von Brahms, Dvořák, Chopin, Liszt, Beethoven, Rameau und von Dittersdorf.

Die Verwendung klassischer Musik im Exilfilm blieb nicht auf Musikfilme im engeren Sinn beschränkt, doch müssen in diesem Rahmen einige Andeutungen genügen. Auf die Melodramen von Ophüls und die Komödie *The Flame of New Orleans* wurde bereits hingewiesen, aber auch in den amerikanischen »film noir« fand klassische Musik Eingang. In Robert Siodmaks *Christmas Holiday* lernen sich die beiden Protagonisten bei einem Konzert kennen, in dem die Ouvertüre von Wagners *Tristan und Isolde* gespielt wird[48]; in Edgar G. Ulmers *Detour* ist der Held ausgebildeter klassischer Pianist und spielt nachts im Club Chopin auf dem Klavier.[49] Besonders erwähnenswert ist, dass in dem Anti-Nazi-Film *Kämpfer*, den Gustav von Wangenheim mit zahlreichen Exilanten 1935 in der UdSSR drehte, ein Leierkastenmann das »Abendstern«-Lied Wolframs aus Wagners *Tannhäuser* spielt, denn die Musik, die vor allem »den Kampf der deutschen Arbeiterschaft« ausdrückte und sich daher insgesamt stärker an Agitprop und Kampfliedern orientierte, sollte auch »deutsche Atmosphäre haben«, wie der Komponist Hans Hauska später erläutert hat.[50]

V Musik für das »andere Deutschland«

In zwei Filmen, genauer: in einem Film und einem Filmprojekt deutscher Exilanten, wurde die klassische Musik zum politischen Programm, einmal in der Goetheverfilmung *Le Roman de Werther*, die Max Ophüls 1938 in Frankreich inszenierte[51] und in Fritz Kortners Beethoven-Treatment *Memory of a Hero*, das er ebenfalls 1938 für den Hollywoodstar Paul Muni schrieb.[52]

Ophüls sah in den deutschen Exilanten die wahren Erben und legitimen Sachwalter der humanistischen deutschen Kultur und sein *Werther*-Film war für ihn ein Beitrag zur Bewahrung dieser Kultur. Den politischen Charakter dieser Literaturverfilmung spiegelt auch die von dem exilierten Komponisten Paul Dessau arrangierte Musik im *Werther*, die Ophüls neben ihrer dramaturgischen Funktion ganz bewusst als Deutschland-Schilderung einsetzt. Dessau hat programmatisch einen Querschnitt durch klassische deutsche Musik von Bach bis Schubert einschließlich einiger Volkslieder zusammengestellt und so wird die Musik zum Sinnbild deutscher Kultur und Gesellschaft, sie sollte die Franzosen an dieses Deutschland der Musik und der Kunst erinnern, wie Ophüls damals schrieb: »Die Musik, übrigens die gesamte Musik des 18. Jahrhunderts – Mozart, Haydn, Johann Sebastian Bach – hat ihre bewegende Stimme mit der des Dichters verbunden, und die wenigen verstreuten Verse eines alten Liedes, die in einem Glockenspiel angeschlagenen Töne, eine auf einem Spinett gespielte Melodie haben leicht die Atmosphäre des alten, in die Musik verliebten und träumerischen Deutschlands geschaffen.«[53]

Die französische Filmkritik begrüßte Ophüls' Entscheidung fast durchweg und es bedeutete zweifellos eine Anerkennung, dass die Filmmusik von *Werther* im französischen Rundfunk übertragen wurde. Der exilierte Schriftsteller und Kritiker Hans Sahl hatte Ophüls' Intention erkannt: »Der Reiz des Films liegt vor allem im Stimmungshaften. Sehr glücklich erweist sich hierbei die Verwendung zeitgenössischer Musik, die leitmotivisch in die Handlung eingeführt wird und dem Ganzen jenen lyrisch-romantischen Charakter gibt, den man an der Seine mit Recht als ›très allemand‹ zu bezeichnen pflegt (...) Man [muss] den Anstand und die Sauberkeit loben, mit der hier ein Stück echter, deutscher Romantik auf die – französische – Leinwand gezaubert wurde. Der Beifall, den der Film findet, ist ein schönes Zeugnis für das ›andere Deutschland‹.«[54]

Kämpferischer angelegt war das Projekt des Beethoven-Films, der in Hollywood jahrelang von dem Regisseur William Dieterle und dem Produzenten Henry Blanke bei Warner Brothers vorbereitet wurde. Schon seit 1936 planten die beiden Exilanten einen Beethoven-Film[55], der sogar schon als nächster Film des Warner Brothers-Stars Paul Muni in der Presse angekündigt wurde. Muni hatte mit viel Erfolg in Dieterles Biopics bereits Louis Pasteur und

Emile Zola verkörpert. Diese Biopics, die Dieterle den Namen eines Plutarch von Hollywood eingetragen hatten[56], waren antifaschistische Filme in historischem Gewand, in denen Dieterle Nazi-Deutschland angeklagt hatte. Auch mit dem Beethoven-Film wollten Dieterle und Blanke gegen Unterdrückung und Diktatur protestieren, Beethovens Haltung gegen die Diktatur Napoleons und die politische Botschaft seiner Musik, die Erich Wolfgang Korngold auswählen und arrangieren sollte, sollten im Mittelpunkt stehen.[57] Da beide mit den ersten Drehbuchentwürfen offenbar unzufrieden waren, weil diese sich zu sehr an die biografischen Stationen in Beethovens Lebens klammerten, beauftragten sie 1938 den über England in die USA emigrierten Schauspieler, Regisseur und Schriftsteller Fritz Kortner, ein neues Treatment zu verfassen. Bereits der Titel von Kortners Skript, *Memory of a Hero* weist explizit auf die politische Richtung, die der Film haben sollte. Kortner vermied ähnlich wie Reisch, jedoch aus ganz anderen Gründen, eine biografische Erzählung. Sein bemerkenswertes Treatment beginnt erst in Wien etwa 1800, zu einem Zeitpunkt, als Beethoven schon Berühmtheit erlangt hatte. Nach einem Konzert diskutiert Beethoven mit Kaiser Franz über Napoleon und ergreift dabei vehement dessen Partei. Nachdem Napoleon sich jedoch hat krönen lassen, wendet sich der enttäuschte Beethoven gegen Napoleon und diese Gegnerschaft wird zum beherrschenden Thema des Films. Napoleons Aufstieg zum Unterdrücker Europas und sein Fall und Beethovens Leben, der wegen seiner Haltung gegenüber Napoleon gesellschaftlich geächtet wird, werden in alternierenden Szenen dargestellt. Das Treatment endet mit der Darstellung von Napoleons einsamem Begräbnis auf St. Helena und dem Begräbnis Beethovens, dessen Sarg durch die Straßen Wiens getragen wird und dem immer mehr Menschen folgen. Dazu wird die 9. Sinfonie gespielt, die Karte Europas erscheint, die Grenzen verändern sich, die Länder sind wieder frei, ein Chor singt den letzten Teil der Sinfonie, in weiteren Überblendungen sieht man das Orchester dirigiert von Arturo Toscanini und das zeitgenössische Publikum, schließlich endet der Film mit einer Sequenz von »people of all races, nations and colors listen to it over their radios at home.«[58]

Die Parallelen zur aktuellen Situation und zur Bedrohung des europäischen Friedens durch Hitler sind in Kortners Treatment unübersehbar, Beethoven und seine Musik werden zum Synonym für Freiheit und Kampf gegen jede Diktatur, wie besonders die Schlusssequenz unterstreicht mit dem engagierten Antifaschisten Toscanini als Dirigent von Beethovens 9. Sinfonie.[59]

Das Projekt wurde nach mehrjähriger Vorbereitung 1940 vom Warner Brothers Studio aus nicht zu klärenden Gründen ad acta gelegt. Dennoch belegt es eindrucksvoll, dass die klassische Musik des 18. und 19. Jahrhunderts für die Filmemigranten ein wesentlicher Bestandteil ihres kulturellen Erbes war. Sie wollten dem Filmpublikum in ihren Exilländern sowohl die klassische Musik vermitteln als auch an die mit dieser Musik verbundenen humanistischen Werte erinnern. Damit verteidigten sie ihr kulturelles Erbe gegen die Nazis, die auch die klassische Musik in ihren Dienst genommen und korrumpiert hatten.

* Für ihre freundliche Hilfe und Unterstützung danke ich den Archivarinnen Barbara Hall (Margaret Herrick Library) und Emily Carman und Sandra Joy Lee (Warner Brothers Archive).
1 Vgl. dazu die umfangreiche Darstellung bei: Michael Wedel: *Der deutsche Musikfilm. Archäologie eines Genres 1914–1945.* München 2007. — 2 Zur deutschen Tonfilmoperette vgl. Malte Hagener, Jan Hans (Redaktion): *Als die Filme singen lernten. Innovation und Tradition im Musikfilm 1928–1938.* München 1999 und Rainer Rother, Peter Mänz (Hg.): *Wenn ich sonntags in mein Kino geh'. Ton – Film – Musik 1929–1933.* Berlin 2007. — 3 Vgl. die Filmliste von Malte Hagener: »Ein Lied geht um die Welt. Musikfilm und europäische (E)Migration 1933–1939«. In: Hagener, Hans (Redaktion): *Als die Filme singen lernten* (s. Anm. 2), S. 202–213 und Robert Müller: »Epilog. Die Tonfilmoperette nach 1933 in Deutschland und im Exil«. In: Rother, Mänz (Hg.): *Wenn ich sonntags in mein Kino geh'* (s. Anm. 2), S. 135–149. — 4 Jan-Christopher Horak: »Exilfilm, 1933–1945«. In: Wolfgang Jacobsen, Anton Kaes, Hans Helmut Prinzler (Hg.): *Geschichte des deutschen Films.* Stuttgart – Weimar 1993, S. 101–118, S. 109. — 5 So erhielt der Regisseur Ludwig Berger 1925 aufgrund des Erfolgs seines Films *Ein Walzertraum*, dessen Begleitmusik Ernö Rapée unter Benutzung von Operettenmelodien von Oscar Straus komponiert hatte, ein Angebot aus Hollywood, wo er von 1927 bis 1930 mehrere Filme inszenierte, darunter die Operette *The Vagabond King* und das Musical *Playboy of Paris*. — 6 Vgl. Brendan G. Carroll: »From Vienna to Hollywood. How musicals in Hollywood and England were influenced by the Operettafilm genre of Austria and Germany in the 1930s«. In: Günter Krenn, Armin Loacker (Hg.): *Zauber der Boheme. Marta Eggerth, Jan Kiepura und der deutschsprachige Musikfilm.* Wien 2002, S. 435–456. — 7 Vgl. dazu Helmut G. Asper: »Film«. In: Claus-Dieter Krohn, Patrik von zur Mühlen, Gerhard Paul, Lutz Winkler in Verbindung mit der Gesellschaft für Exilforschung (Hg.): *Handbuch der deutschsprachigen Emigration 1933–1945.* Darmstadt 1998, Sp. 957–970. — 8 Kathinka Dittrich van Weringh: *Der niederländische Spielfilm der dreißiger Jahre und die deutsche Filmemigration.* Amsterdam 1987, S. 35. — 9 Vgl. Helmut G. Asper: »Ungeliebte Gäste. Filmemigranten in Paris 1933–1940«. In: *Exilforschung. Ein internationales Jahrbuch.* Bd. 21/2003: *Film und Fotografie.* München 2003, S. 40–57. — 10 Gerke Dunkhase: »Ausgewählte Filme 1928–1938«. In: Jörg Schöning (Redaktion): *London Calling. Deutsche im britischen Film der dreißiger Jahre.* München 1993, S. 151–167, S. 162–164. — 11 Armin Loacker: »Richard Oswalds Filmschaffen in Österreich«. In: Jürgen Kasten, Armin Loacker (Hg.): *Richard Oswald. Kino zwischen Spektakel, Aufklärung und Unterhaltung.* Wien 2005, S. 371–406. — 12 Vgl. Armin Loacker, Martin Prucha (Hg.): *Unerwünschtes Kino. Der deutschsprachige Emigrantenfilm 1934–1937.* Wien 2000. — 13 Vgl. Helmut G. Asper: *Filmexilanten im Universal Studio 1933–1960.* Berlin 2005, S. 24 ff. — 14 Ebd., S. 43 ff. — 15 Henry Koster interviewed by Irene Kahn Atkins. *A Director's Guild of American Oral History.* Metuchen, N. J. – London 1987, S. 62. — 16 Ebd., S. 68. — 17 Interview des Verfassers mit Henry Koster v. 3.10.1987. — 18 Siegfried Kracauer: *Theorie des Films.* Frankfurt/M. 1975, S. 206 f. — 19 Kritik in *Variety* (7.9.1937). — 20 Vgl. Willy Riemer: »Composers, Celebrities and Cultural Memory: Walter Reisch's Musical Biopics«. In: Günter Krenn (Hg.): *Walter Reisch. Film schreiben.* Wien 2004, S. 301–340. — 21 Vgl. Francesco Bono: »Casta Diva. Das deutschsprachige Kino und der italienische Musikfilm«. In: Hagener, Hans (Redaktion): *Als die Filme singen lernten* (s. Anm. 2), S. 150–165. — 22 Judith Prokasky: »Luise Rainer:

Ausdruck und Anspruch. Erscheinungsbilder einer Schauspielerin«. In: *Filmblatt* 12. Jg. (2007) Nr. 33, S. 4–18, S. 15. — **23** Kritik in *Variety* (30.7.1941). Nach dem Misserfolg von *New Wine* konnte Schünzel in Hollywood keinen Film mehr als Regisseur drehen. Vgl. Helmut G. Asper: »Reinhold Schünzel im Exil«. In: Jörg Schöning (Redaktion): *Reinhold Schünzel. Schauspieler und Regisseur.* München 1989, S. 64–79. — **24** Jan-Christopher Horak: »Reisch führt Regie: Song of Scheherazade«. In: Krenn (Hg.): *Walter Reisch* (s. Anm. 20), S. 218–241. — **25** Helmut G. Asper: *Max Ophüls. Eine Biographie.* Berlin 1998, S. 508. — **26** Siegfried Kracauer: »Jacques Offenbach. Motion picture treatment«. Vollständiger Abdruck in: Helmut G. Asper (Hg.): *Nachrichten aus Hollywood, New York und anderswo. Der Briefwechsel zwischen Eugen und Marlise Schüfftan und Siegfried und Lili Kracauer.* Trier 2003, S. 93–105. Dort auch in der Einleitung S. 23 f. und in dem Briefwechsel S. 32 ff. Näheres über die Bemühungen Schüfftans, das Treatment zu verkaufen. — **27** Asper: *Filmexilanten im Universal Studio 1933–1960* (s. Anm. 13), S. 89. — **28** Ebd., S. 73 ff. — **29** Asper: *Max Ophüls* (s. Anm. 25), S. 270. — **30** Ebd., S. 502. — **31** Ebd., S. 243–256. — **32** Der Anfang des Drehbuchs ist überliefert und wurde 1934 in der italienischen Filmzeitschrift Cine-Convegno abgedruckt, der übersetzte Text ist veröffentlicht in: ebd., S. 297–303. — **33** Malte Hagener: »Ein Lied geht um die Welt« (s. Anm. 3), S. 212. Der nach der Puccini-Oper *La Bohème* 1937 in Österreich gedrehte Film *Zauber der Boheme* ist hier nicht berücksichtigt, da Regisseur und Drehbuchautor keine Emigranten waren. — **34** Vgl. Dunkhase: »Ausgewählte Filme 1928–1938« (s. Anm. 10), S. 165. Der Opernfilm *Tales of Hoffmann* von Michael Powell und Emeric Pressburger ist hier nicht berücksichtigt, da der Film erst 1951 gedreht wurde. — **35** Siehe den Eintrag zu Paul L. Stein in: Rudolf Ulrich: *Österreicher in Hollywood.* 2. ergänzte und überarbeitete Auflage. Wien 2004, S. 489. — **36** Wolfgang Gersch: *Film bei Brecht.* München 1975, S. 184. — **37** *Don Juan.* Adaptation and Shooting-Script by Ludwig Berger. Typoskript in den Paul Kohner Agency Records der Margaret Herrick Library der Academy of Motion Picture Arts and Sciences in Beverly Hills. — **38** Helmut G. Asper: »Von der Hollywood Bowl zu Warner Brothers: A Midsummer Night's Dream«. In: Asper: »*Etwas Besseres als den Tod …« Filmexil in Hollywood. Porträts, Filme, Dokumente.* Marburg 2002, S. 536–550. Der exilierte Filmkritiker Pem (d. i. Paul Marcus) überschrieb seine Rezension des Films im *Pariser Tageblatt* (20.10.1935): »Shakespeare als Revue«. — **39** *»Operas without Singing« The Film Music of Erich Wolfgang Korngold.* [Ausstellung in der] Doheny Memorial Library der University of Southern California in Los Angeles. September – Dezember 2007. — **40** Tony Thomas: *Film Score. The Art & Craft of Movie Music.* Burbank, CA 1991, S. 79–86. — **41** Asper: *Max Ophüls* (s. Anm. 25), S. 321 ff. — **42** Stefan Grissemann: *Mann im Schatten. Der Filmemacher Edgar G. Ulmer.* Wien 2003, S. 245–248. — **43** Die Broschüre ist vollständig publiziert als Bonusmaterial auf der DVD-Edition von »Carnegie Hall«. — **44** Helmut G. Asper: »Im Reich der Micky Maus I: Der Maler und Avantgarde-Filmer Oskar Fischinger«. In: Asper: *»Etwas Besseres als den Tod …«* (s. Anm. 38), S. 458–471. — **45** Helmut G. Asper: »Gefangener der B-Pictures: Der Regisseur Reginald LeBorg«. In: Asper: *»Etwas Besseres als den Tod …«* (s. Anm. 38), S. 154–168. — **46** Reginald LeBorg im Interview mit Wheeler Winston Dixon. In: Wheeler Winston Dixon: *The Films of Reginald LeBorg. Interviews, Essays, and Filmography.* Metuchen N. J.-London 1992, S. 76. Übersetzung des Verfassers. — **47** Helmut G. Asper: »›Dance, Dance, Dance‹: Ernst und Maria Matray«. In: Asper: *»Etwas Besseres als den Tod …«* (s. Anm. 38), S. 484–495. — **48** Asper: *Filmexilanten im Universal Studio 1933–1960* (s. Anm. 13), S. 170–176. — **49** Grissemann: *Mann im Schatten. Der Filmemacher Edgar G. Ulmer* (s. Anm. 42), S. 220 f. — **50** Der Komponist Hans Hauska anlässlich der Sendung des Films im DDR Fernsehen 1963. Zitiert nach Günter Agde: *Kämpfer. Biographie eines Films und seiner Macher.* Berlin 2001, S. 41 f. — **51** Asper: *Max Ophüls* (s. Anm. 25), S. 359–373. Während der Dreharbeiten am »Werther«-Film las Ophüls am 17. Mai 1938 in der Ossietzky-Feier der französischen und deutschen Liga für Menschenrechte aus Werken Ossietzkys. Umrahmt wurde diese Feier typischerweise von Beethoven-Musik (Meldung der *Pariser Tageszeitung* [15./16. Mai 1938]). — **52** Das Typoskript des Treatments *Memory of a Hero* befindet sich im Warner Brothers Archive der University of Southern California in Los Angeles. — **53** Max Ophüls: »Werther ist nicht nur eine Liebesgeschichte«. In: *Le Figaro* (7.12.1938), zitiert nach: Freunde der Deutschen Kinemathek (Hg.): *Berlin und das Kino*. Berlin 1987, o. S. Übersetzung: Martina Müller. — **54** Hans Sahl in: *Das Neue Tage Buch*, 6. Jg. (1938) H. 49, 3.12.1938, S. 1244. — **55** Die Darstellung folgt den Akten im Warner Brothers Archive. — **56** Zu Dieterles Biopics und seiner antifaschistischen Haltung vgl. Marta Mierendorff: *William Dieterle. Der Plutarch von Hollywood*. Berlin 1993. — **57** Da Korngolds Englisch noch nicht so gut war, dass er das ausführliche Skript hätte lesen können, ließ Henry Blanke eigens für ihn das Drehbuch ins Deutsche übersetzen. — **58** Treatment *Memory of a Hero* (s. Anm. 52), S. 45. — **59** In ganz ähnlicher Weise endet das von Fritz Kortner und Joseph Than geschriebene, ebenfalls nicht verfilmte antifaschistische Filmtreatment *The March of Garibaldi*: Toscanini sollte am Schluss den Garibaldi-Marsch dirigieren und die Musik über Radio in alle Welt gesendet werden. Typoskript in der Joseph Than Collection der Margaret Herrick Library, Beverly Hills.

Christa Brüstle

Musikwissenschaft im Exil
Effekte von »brain drain«/»brain gain« vor und nach 1933

Die Geschichte der Musikwissenschaft im »Dritten Reich« entwickelte sich in den letzten Jahren zunehmend zu einem selbstverständlichen Forschungsgegenstand, wobei allerdings in der Regel die Historische Musikwissenschaft thematisiert wird. Nachdem die frühen Dokumentationen Joseph Wulfs aus den 1960er Jahren oder Fred K. Priebergs *Musik im NS-Staat* von 1982 lange Zeit nur zögernd Fortsetzungen fanden, hat sich spätestens mit der 1996 erschienenen Studie von Willem de Vries, *»Sonderstab Musik« – Music Confiscations by the Einsatzstab Reichsleiter Rosenberg under the Nazi Occupation of Western Europe* und mit Pamela Potters *Most German of the Arts. Musicology and Society from the Weimar Republic to the End of Hitler's Reich* von 1998 die Situation geändert.[1] Doch die Forschungen zum Exil von Musikwissenschaftlern und Musikwissenschaftlerinnen stehen noch am Anfang, sofern man zum Vergleich beispielsweise auch die Literatur über Komponisten, Komponistinnen, Musiker und Musikerinnen im Exil heranzieht.[2] Die Flucht und das Leben im Exil einer ganzen Reihe bedeutender Musikforscher und Musikforscherinnen ist zum größten Teil bislang nur biografisch erfasst. Doch – so sehr persönliche Schicksale im Vordergrund stehen müssen – bei der vorliegenden Thematik geht es auch um das Uminterpretieren, für neue Zwecke Adaptieren, Abbrechen, Verschieben, Verlieren oder Verschwinden bestimmter Denkrichtungen und Forschungsansätze, sowohl durch emigrierte Wissenschaftler an ihren jeweiligen »Zielorten« als auch durch diejenigen, die nicht zur Emigration gezwungen waren und sich den herrschenden Verhältnissen im Nationalsozialismus anpassten.

Damit liegt ein komplexer Aufgabenbereich vor, der unter anderem auch die Integration wissenschaftshistorischer und sozialpolitischer Forschungsansätze notwendig erscheinen lässt. Da dessen Erarbeitung weitaus mehr Raum einnehmen würde, als im vorliegenden Rahmen gegeben ist, können im Folgenden nur Teilaspekte dieser Aufgabenstellung diskutiert werden. Dabei beziehen sich die beiden ersten Textabschnitte hauptsächlich auf musiktheoretische Aspekte, der dritte Teil über die verschiedenen Arbeitsbereiche der Musikwissenschaft ist tendenziell an persönlichen Schicksalen und individuellen Forschungsausrichtungen orientiert, wobei allerdings nur auf die wichtigsten, zentralen Persönlichkeiten näher eingegangen werden konnte.

Um die sich zum Teil über Jahre hinweg hinziehenden Veränderungen musikwissenschaftlicher Ausrichtungen beschreiben zu können – obwohl die Jahreszahlen 1933 und 1938 ohne Zweifel als Zäsuren zu begreifen sind, die auch in der »deutschen« Musikwissenschaft fast durchgehend als Impulse für neue Schwerpunktsetzungen verstanden wurden –, ist kurz die Entwicklung der akademischen Disziplin »Musikwissenschaft« seit dem ausgehenden 19. Jahrhundert zu skizzieren. War sie zunächst von primär historisch-philologischen Studien und Projekten geprägt, zu denen umfangreiche Biografien und repräsentative Gesamtausgaben zählten, begannen um die Jahrhundertwende grundsätzliche Methodendiskussionen, die für eine Auffächerung – beziehungsweise eine Spaltung – des Faches sorgten. Als Kunstwissenschaft sollte Musikwissenschaft einerseits eine Geisteswissenschaft sein und bleiben, dafür stand vor allem Guido Adler in Wien.[3] Als Wissenschaft vom Elementaren der Musik, von Tönen, von Klängen, sollte sie andererseits aber auch zu den sich ausprägenden modernen Naturwissenschaften gehören, wie vor allem Hermann von Helmholtz angeregt hatte.[4] Einen Zwischenbereich stellten musiktheoretische Studien dar, wobei Musiktheorie in diesem Zusammenhang verstanden wurde als Mischung aus der Vermittlung kompositionstechnischer Grundlagen – wie Satz- und Formenlehre, Kontrapunkt und Harmonielehre – und werkanalytischen Methoden.[5] Analysen musikalischer Werke sollten eine Grundlage für die Musikhistoriografie bilden – auf welche Weise und zu welchen weiterführenden Zwecken allerdings Musik analysiert werden sollte, diese Fragen waren nicht unumstritten und sorgten immer wieder für Diskussionsstoff. Hugo Riemann, ab 1901 Professor für Musikwissenschaft in Leipzig, ist an dieser Stelle als kontroverse und gleichzeitig vermittelnde Zentralfigur zu nennen.[6] Musiktheorie galt überdies als Begriff für eine systematische phänomenologische Erforschung von Musik und ihren akustischen sowie gehörphysiologischen und -psychologischen Grundlagen, wobei hier ebenfalls basale Differenzen der Forschungsrichtungen ausgetragen wurden.[7] Die zu Anfang des 20. Jahrhunderts junge Systematische und (Kultur-)Vergleichende Musikforschung, mit ihren Hauptprotagonisten Carl Stumpf und Erich M. von Hornbostel, wandte sich ferner modernster Medientechnik zu, um sowohl ihren objektiven wissenschaftlichen Status als auch ihren innovativen Impuls zu unterstreichen.[8] Insgesamt gesehen wird die Disziplin Musikwissenschaft in den ersten Jahrzehnten des 20. Jahrhunderts demnach sehr breit aufgefächert; dabei ist bereits eine zweite Generation (Schüler von Riemann, Adler, Stumpf) aktiv, die vor allem nach dem Ersten Weltkrieg wort- und federführend ist. Die Theorien und Projekte der »Väter« werden weitergeführt und differenziert, Methoden variiert und verfeinert. Ganz auf der Höhe der Zeit gab es neue Entwürfe der Musikgeschichtsschreibung und -analyse, neue philologische (historisch-kritische) Zielsetzungen wurden in Editionen und Gesamtausgaben umgesetzt – die Bruckner-Gesamtausgabe von Robert Haas und Alfred Orel kann hier als Pionierprojekt bezeichnet werden – und die Musikwissenschaft begann sich nicht zuletzt durch eine Handbuchreihe als Disziplin selbst darzustellen.[9] Gleichzeitig wurde die Institutionalisierung und das Renommee des Faches durch die 1917 erfolgte Gründung eines eigenen Forschungsinstitutes, dem Fürstlichen Institut für musikwissenschaftliche Forschung i. E. zu Bückeburg, sowie durch die Bildung eines eigenen Fachverbandes, der Deutschen Musikgesellschaft, unterstrichen und bestätigt. Daneben entstanden 1918 zwei neue Fachzeitschriften.[10] Musikforschung wurde in diesen Zusammenhängen (bereits seit dem 19. Jahrhundert) als wichtiger Beitrag zur Konstruktion, (Re-)Konstituierung und zur Stabilisierung »deutscher Kultur« aufgefasst, weshalb es nicht erstaunlich ist, dass innovative wissenschaftliche Ansätze mit kulturkonservativen und nationalistischen Tendenzen verknüpft sein konnten. Nach dem Machtantritt Hitlers war es jedoch grundsätzlich zunächst einmal weniger relevant, welche wissenschaftlichen Ansätze ein Autor verfolgte. Entweder es wurde Berufsverbot erteilt, weil eine Person (bekanntermaßen) jüdisch war, oder es wurden diejenigen entlassen, die zu den missliebigen führenden Kreisen der »Systemzeit« der Weimarer Republik gehörten, abgesehen davon, dass beides zusammenfallen konnte. Mit dem Inkrafttreten des Gesetzes zur Wiederherstellung des Berufsbeamtentums im April 1933 ist auch rechtlich eine entscheidende Weiche für die Vertreibung von dem Regime mißliebigen Personengruppen zumindest aus öffentlichen Anstellungsverhältnissen gestellt worden.[11] Welche Kollegen und Kolleginnen man im Musikleben verlor, das wurde zwar namentlich und persönlich überall registriert; die längerfristigen und oft unterschwellig sich auswirkenden Konsequenzen waren allerdings kaum sofort abzusehen.[12]

I Formdiskurse – Beispiel eines Abbruchs

Vor allem ausgehend von den Schriften und der Position Hugo Riemanns emanzipierte sich »Musiktheorie« in der ersten Hälfte des 20. Jahrhunderts von Kompositionsanweisungen und Propädeutika und wurde zu einem selbstständigen musikwissenschaftlichen Arbeitsfeld. Zwar hatte Riemann in seinem *Grundriß der Musikwissenschaft* (1908) die »Theorie der Musik (Kompositionslehre)« der Akustik, der Mathematik, Logik, Philosophie und Ästhetik nachgeordnet, aber die zur »musikalischen Fachlehre (Musiktheorie im engeren Sinne)« gehörenden Bereiche oder »Lehrformen« wie Melodie- und Rhythmuslehre, Harmoniesysteme, Kontrapunkt, Formenlehre und Vortragslehre lagen gerade Riemann sehr nahe.[13] Formenlehren beispielsweise wurden maßgeblich beeinflusst durch sein spezifisches Modell, musikalische Formen als Aufbau aus Motiven und Sätzen zu verstehen und damit die Konstruktion von Themen und Erfindung von Melodien als Bildung ausgewogener Einheiten zu betrachten beziehungsweise als Kunst, bestimmte »Ideen zu verwerten«.[14] Riemann ging es um die Analyse des »logischen Aufbaus der Tonstücke«, bei der sich seiner Meinung nach allgemein gültige musikalische Gesetzmäßigkeiten eruieren ließen.[15] Dies sollte nicht nur für angehende Komponisten, sondern auch für alle, die Musik analysierten, von Interesse sein. Da die »Gesetzmäßigkeiten« unabhängig von historischen Wandlungen betrachtet werden konnten – so die Theorie –, sollte eine allgemeingültige Anwendung bestimmter Analysekategorien möglich sein. Damit war allerdings weder eine Indifferenz gegenüber individuellen Werken noch eine Unterordnung von vielen einzelnen Werken unter die analytisch herangezogenen »Gesetzmäßigkeiten« auszuschließen.[16]

Zu den Formenlehren, die um die Jahrhundertwende im Umfeld beziehungsweise in der Nachfolge von Riemann als Handbücher erschienen, gehörte auch die 1911 erstmals publizierte *Musikalische Formenlehre* von Hugo Leichtentritt, der in Berlin studiert hatte und von 1901 bis 1924 am Klindworth-Scharwenka-Konservatorium Komposition, Musikgeschichte und Musikästhetik unterrichtete. Er war anschließend als Privatlehrer, Musikwissenschaftler und Musikjournalist in Berlin tätig, bis er 1933 nach Amerika emigrieren musste, wo er von 1934 bis 1940 als Professor an der Harvard University lehrte.[17] Leichtentritt war bereits als Jugendlicher nach Amerika geschickt worden, um dort die High School zu besuchen, und er hatte ein Studium an der Harvard University bei John Knowles Paine absolviert (B.A. 1894), bevor er in Berlin 1901 promoviert wurde. Diese Vorbedingungen scheinen seine Flucht aus Deutschland, gemeinsam mit seiner Mutter, und seine berufliche Karriere in Amerika sehr erleichtert zu haben.[18]

Mit Leichtentritt verbindet die angelsächsische Fachwelt Folgendes: »It was with [Ebenezer] Prout and Leichtentritt that *Formenlehre* became a branch of the discipline of musical analysis rather than a prescriptive training for composers, and hence entered the field of musicology.«[19] Die beiden Bände *Musical Form* und *Applied Forms. A Sequel to ›Musical Form‹* des englischen Musikforschers Prout waren bereits 1893 und 1895 erschienen. Er hatte sich explizit auf Riemanns *Musikalische Dynamik und Agogik*, *Katechismus der Compositionslehre* sowie *Katechismus der Phrasierung* berufen und – wie später Leichtentritt auch – eine ausführliche theoretische Abhandlung über »Form in der Musik« an den Anfang gestellt. In der Tat wurden hier keine pädagogischen Lehrsätze oder Kompositionsanleitungen mehr präsentiert[20], sondern es wurden Formvorstellungen und -konstruktionen dargelegt, die mit entsprechenden »Lehrbuch-Analysen«[21] von Beispielen untermauert wurden. Die kompositorische Brauchbarkeit und Anwendung dieser Theorien behandelten die Autoren im Prinzip als zweitrangiges Thema, stattdessen schloss sich bei beiden eine historisch gegliederte, beispielhafte und gewertete Auflistung von »musikalischen Formen« an: vom einfachen Lied (Liedform ABA) bis hin zur hochentwickelten »klassischen« Sonatenform.

Leichtentritts *Formenlehre* war kein spektakulärer Markstein, aber – gerade neben Prout – ein wichtiger Ausgangspunkt für die Entwicklung des Nachdenkens über musikalische Form, sogar für den Autor selbst. Thomas Seedorf hat gezeigt, dass und wie Leichtentritt im Austausch mit Ferruccio Busoni sein Buch in der zweiten Auflage (1920) einer Revision unterzog, »in der nichts anderes als ein grundsätzlicher Wandel formtheoretischen Denkens überhaupt dokumentiert ist.«[22] Busoni gab Leichtentritt erstens zu bedenken, dass sein Buch eigentlich nur eine Erläuterung der Geschichte musikalischer Formen sei und die Gegenwart nicht berücksichtige, zweitens kritisierte Busoni grundsätzlich eine schematische Formenlehre, die die Flexibilität und Individualität des Komponierens ausklammere. Leichtentritt hat daraufhin sein Buch überarbeitet, ergänzt und aktualisiert. Er relativierte die Sicht auf musikalische Formen im Sinne von Normen. Damit »vollzieht sich ein bedeutender Paradigmenwechsel in der Theorie der musikalischen Form: die ›Umwandlung eines generalisierenden Verfahrens in ein individualisierendes, das dem einzelnen Werk in seiner Besonderheit und Unverwechselbarkeit gerecht zu werden trachtet.‹«[23] Diese Tendenz setzte Leichtentritt auch in den weiteren Auflagen seines Lehrbuchs fort (Leipzig 1926 und Cambridge/Mass. 1951 in englischer Sprache), in denen er zudem Beispiele von zeitgenössischen Komponisten (Busoni, Schönberg) herangezogen hat.

Musste Leichtentritt aufgrund seines Interesses für die zeitgenössische Musik und als Jude Deutschland verlassen, so kam noch ein anderer Faktor hinzu, der bis heute nicht ausreichend diskutiert worden ist. Obwohl er seine *Formenlehre* behutsam aktualisiert hat, blieben seine Hauptgedanken verankert bei den Theorien Riemanns. Diese Tatsache wurde spätestens gegen Ende der 1920er Jahre problematisch, wie etwa Ernst Bücken, von 1925 bis 1945 Professor für Musikwissenschaft in Köln, in seinem 1929 publizierten siebten Band des *Handbuchs der Musikwissenschaft* mit dem Titel *Geist und Form im musikalischen Kunstwerk* darlegte: »Der Zugang zur Werkstätte des Musikers ist besonders verhängnisvoll durch die Musiktheorie der letzten beiden Jahrhunderte verbaut worden. Die Durchrationalisierung der Systeme von H. Christ. Koch bis zu Riemann vollends verhinderte die Einblicke in die organischen Komponenten etwa der Melodie und der Rhythmik, wie sie beispielsweise das Mittelalter in seiner Melodiebildungslehre besaß, die den einzelnen Melodieteil in Beziehung zur menschlichen Atmung setzte (…) Heute interessieren uns in der Melodiebildung und Rhythmik vor allem wieder die Grade und Grenzen der individuellen wie der typischen Ablaufsformen als Erregungswerte. Wir stoßen über die Form, das melodisch Geformte, das rhythmisch Erhärtete bis zur Formanlage vor.«[24] In solchen

Äußerungen, bereits vor 1933, kann man die Gründe dafür sehen, dass die Rezeption Hugo Riemanns – immerhin einer der Begründer des Faches Musikwissenschaft – allmählich abbricht und »in der Musiktheorie der Nachkriegszeit fast nicht mehr präsent« ist.[25] Insofern ist es kaum erstaunlich, dass auch Leichtentritts *Formenlehre* zwar 1948 in Leipzig wieder aufgelegt wurde und bis heute nachgedruckt wird, aber als lange überholtes Lehrbuch gilt.[26] Diese Einschätzung ist nicht völlig falsch und schmälert nicht Leichtentritts Verdienst, den bedeutenden Schritt »von der normativen Lehre zur individualisierenden Analyse vollzogen« zu haben.[27] Aber tatsächlich hat Leichtentritt beispielsweise die aktuellen formaltheoretischen Diskurse der 1920er Jahre, auf die Bücken anspielt, in seine Formbetrachtungen kaum einbezogen beziehungsweise nur am Rande berührt. Gemeint sind vor allem die Thesen und Abhandlungen von Ernst Kurth zur Dynamik der Form und Formwerdung, die dieser hauptsächlich in seinen Bruckner-Büchern von 1925 entfaltet hat.[28] Dort wird die Absetzung von Riemann bereits deutlich hervorgehoben. Die Seitenhiebe gegen Riemann, der Kurth zufolge neben anderen die »Überwindung des klassischen durch das romantische Formgefühl« bei Bruckner nicht erfasst habe, sind zahlreich, so etwa: »Auf höchst unvollkommenem und daher meist falsch auslaufendem Wege ist die Lehre, welche sich auf die Anweisung beschränkt, diese und jene Verteilung von Themen, Perioden, Satzgruppen usw. zu verfolgen, bis zur Beschreibung des Gesamtumrisses; das ist zwar ein Teil der Aufgabe, unumgänglich, und es kann doch um sie herumführen, wenn es nicht andere ihrer Untergründe mit einschließt; man soll vielmehr zur Empfindung hindringen, wie inneres Drängen und Entwickeln sich in Formkurven ergießt, *wie das Formen zur Form wird. Wird*, nicht erstarrt! Form ist (…) kein Ruhe- sondern Spannungsbegriff, der das Werden ständig in sich lebendig trägt. (…) Die Musikwissenschaft, und wohl vor ihr noch die Pädagogik, hat allzu leicht vergessen, daß wir in der Musik streng genommen *keine Form* haben, sondern einen *Formvorgang*.«[29] Kurths musikpsychologischer, »energetischer« Erklärungsansatz von musikalischer Form kann als Gegenpol, aber auch als Weiterentwicklung der Theorien Riemanns – und dessen Rezipienten wie etwa Leichtentritt – aufgefasst werden. Insofern lag damit eine wichtige musiktheoretische Grundlage zur weiteren Diskussion der Thematik »Form in der Musik« vor. Doch Kurths Theorien wurden bereits kurz nach ihrer ersten Präsentation kritisiert – er erhielt deshalb auch keine Professur in Deutschland, stattdessen in Bern in der Schweiz –, und nach 1933 wurden seine Bücher vollends ignoriert, abgeurteilt beziehungsweise bekämpft, weil Kurth jüdischer Abstammung war und nun antisemitische Vorbehalte auch ganz offen als Gründe seiner Ablehnung angeführt werden konnten. Mit wenigen Ausnahmen entstand erst seit den 1980er Jahren wieder Interesse an Kurths Arbeiten, zuerst vor allem in Amerika.[30]

Es stellt sich die Frage, wie nun jenseits von Riemanns »Formalismus« und Kurths »Musikpsychologie« das Thema »Form in der Musik« unter Musikwissenschaftlern im »Dritten Reich« weiterdiskutiert wurde. Zitiert wurden beide Autoren nicht mehr, so beispielsweise in Joseph Müller-Blattaus Kapitel über »Form und Ausdruck« im ersten Band seiner Reihe *Hohe Schule der Musik* (Untertitel: *Handbuch der gesamten Musikpraxis*) von 1935, obwohl Müller-Blattaus Vokabular von Kurth entlehnt zu sein scheint (er spricht etwa von Spannungen, Steigerungen, Kraft im Kontext der Erläuterungen zur »Dynamik der Form«).[31] Auch in Hans Mersmanns Buch *Musikhören* von 1938 beispielsweise wird weder auf Riemann noch auf Kurth verwiesen, auch wenn das Hören von Musik als »Gefühlserlebnis« beschrieben wird und »Gestaltbegriffe« wie »Motiv« oder »Thema« zur Grundlage des Redens über Form gehören.[32] Mersmann, der 1933 sämtliche Ämter verlor, weil er sich unter anderem für die moderne und neue Musik zum Beispiel als Herausgeber der Zeitschrift *Melos* (1924–1933) eingesetzt hatte, führte in *Musikhören* alle musikalischen Formen auf das Volkslied als »Kern« und »Keimzelle« zurück; hier seien die »Verknüpfungen der Elemente« (Motive, Takte) »mehr organisch, also naturgesetzlich, als individuell«.[33] Er hatte sich über »Volksliedforschung« 1923 habilitiert und die Einrichtung des Volksliedarchivs in Berlin initiiert, insofern lag ihm diese Interpretation vielleicht nahe.[34] Aber sie erscheint im Rückblick als Opportunismus beziehungsweise Bezug auf zeitgemäße Themen.[35]

Nach dem Zweiten Weltkrieg findet sich dieser – ja in Figuren wie Leo Kestenberg durchaus auch mit dem Exil verbundene – Strang vor allem im Kontext der Musikpädagogik, wo die sogenannte »Volksliedkunde« durchaus auch den musiktheoretischen Unterricht prägte (»Vom Volkslied zur Symphonie« hieß eine populäre Formel).[36] Avancierte Formdiskussionen allerdings sollten in der Bundesrepublik in den 1950er und 1960er Jahren im Kontext der neuen Musik wieder aufgenommen werden. Am Volkslied war dabei nicht anzuknüpfen. Adorno konstatierte 1965 eine »Krise der Form«, die nicht nur aus der Schwierigkeit resultierte, kompositorische Neuentwicklungen einschätzen, sondern auch, formtheoretische Reflexionen zuallererst wieder in Gang setzen zu müssen.[37] Eine ebenso kontroverse wie produktive Auseinandersetzung mit dieser Thematik ist (jedenfalls in Deutschland) seit 1933 verlorengegangen, und offenbar war es auch schwierig, an die Formstudien der Schönberg-Schüler Erwin Ratz und Erwin Stein anzuknüpfen.[38] Aber auch in Amerika, dem Exilland so vieler in dieser Debatte Engagierter, scheint eine Beschäftigung mit »Form in der Musik« lange Zeit nicht aufgegriffen worden zu sein.[39]

II Zwischen Purifizierung und Popularisierung: »Schenkerism«

Einerseits wurden mit dem Exil von Musikwissenschaftlern oder mit ihrer Verleugnung und Auslöschung aus »rassischen Gründen« musiktheoretische Reflexionen und Auseinandersetzungen unterbrochen beziehungsweise durch die im »Deutschen Reich« Verbliebenen ideologisch, weltanschaulich angepasst. Andererseits kann man etwa am Beispiel der Rezeption Heinrich Schenkers beobachten, wie aus den musiktheoretischen Schriften eines 1868 in Wisniowczyk (Ukraine) geborenen, in Wien wirkenden Außenseiters aufgrund der Verbreitung durch die zur Emigration gezwungenen Schüler Schenkers eine eigene Disziplin »Musiktheorie« in Amerika entstand.[40] Die meisten Mitglieder des europäischen Schenker-Kreises – unter ihnen Moriz Violin, Felix Salzer, Owald Jonas und Ernst Oster – wurden aus ihrer Heimat vertrieben. Lediglich Hans Weisse hatte bereits 1931 an der David Mannes Music School in New York zu unterrichten begonnen.[41]

Das Problem ist hierbei, dass die Theorien Schenkers zwar teilweise umgebildet und erweitert wurden, also im positiven Sinne eine Fortführung erfahren haben, dass sie aber häufig mit einem dogmatischen und elitären Anspruch verknüpft wurden.[42] Ob dies einen oder den Hauptgrund dafür darstellt, dass der »Schenkerismus« im deutschsprachigen Raum nach dem Ende der Nazi-Herrschaft keine breitere Anerkennung oder grundsätzliche Aufnahme in musikwissenschaftliche und musiktheoretische Diskurse fand, sei vorerst dahingestellt.[43] Eine andere Frage, die sich an die Geschichte der Schenker-Rezeption in Amerika knüpfen lässt, ist die nach dem dortigen Umgang mit Schenkers weltanschaulichen Einstellungen, die unter anderem einschlossen, die geistige Überlegenheit der Deutschen zu behaupten und in den Vereinigten Staaten von Amerika gewaltige, »in der Finsternis der Unwissenheit stapfende[n] Menschenmassen« zu sehen, die »die geistige und moralische Befähigung nicht erreichen, die nötig ist, um zu einem höheren Ziel der Menschheit mitzuwirken.«[44] Man mag sich also fragen, mit welchen inhaltlichen und kontextuellen Ausblendungen der Erfolg der Musiktheorie Schenkers in Amerika durchgesetzt wurde, ganz unabhängig davon, dass Schenker als Jude auch das Judentum kritisiert hatte (damit waren in erster Linie die Schüler konfrontiert).[45] Konnte man diese auf sich selbst sicherlich zurück- und kritisch wirkenden Äußerungen Schenkers tatsächlich ignorieren (oder dienten seine Äußerungen – über seine Schüler hinaus – zur Identifikation, die dann im Grunde bis zur Selbstverachtung reichen musste)?

Zunächst ist die Attraktivität der Musiktheorie Schenkers kurz zu erläutern. Sie resultiert in erster Linie aus dem Impuls und Anspruch, Musiktheorie aus Werkanalysen abzuleiten oder an Werkanalysen zu binden und dadurch an den Kern künstlerischen Schaffens – im Sinne Schenkers bedeutete dies an den Kern des künstlerischen Genies – heranzureichen beziehungsweise dort den Ankerpunkt zu setzen. »Für Schenker (...) stand fest,« so hebt Bernd Redmann hervor, »daß sich Musiktheorie an nichts anderem als den Kunstwerken selbst zu orientieren habe, ja selbst integrativer Bestandteil dieser Kunst sei. Seine theoretischen Konzepte, zumindest die innovativen, entstanden vornehmlich aufgrund analytischer Studien. Auf induktivem Weg gelangte er von den konkreten kompositorischen Gegebenheiten durch immer konsequentere Anwendung reduktiver Analyseverfahren zur Schichten- und zuletzt zur Ursatztheorie.«[46] Während Analysen von Musik im 18. und 19. Jahrhundert – wie bereits oben im Kontext der Reflexion von Formstudien angedeutet wurde – hauptsächlich Bestandteil von Kompositionsanleitungen waren und pädagogischen Zwecken nutzen sollten, entwickelten sich gegen Ende des 19. und beginnenden 20. Jahrhunderts Analysemethoden mit wissenschaftlichem Anspruch, deren Theoriebildung auf Normen und Regeln fixiert war.[47] Schenkers musiktheoretische Positionen haben sich dabei weniger durch ihre Wissenschaftlichkeit als vielmehr durch ihre »Systematik« hervorgehoben, die der Autor mit entsprechendem Sendungsbewusstsein als erste und einzige auffasste, mit der den »Meisterwerken der Musik« zu begegnen sei. Das Bestechende an Schenkers Theorie war die Idee und Grundlegung eines analytischen Systems mit dem Anspruch, aus einem einzigen Prinzip ein Kunst-Werk erklären zu können: die Annahme, dass sich die Kunsthaftigkeit eines musikalischen Satzes dadurch erweisen lasse, dass man ihn Schicht für Schicht auf einen aller Musik zugrundeliegenden Kern, den sogenannten »Ursatz« zurückführte.[48] »Der Ursatz stellt«, so fasst Oliver Schwab-Felisch zusammen, »eine erste ›Auskomponierung‹ des ›Naturklangs‹ dar, die elementarste musikalische Struktur, an der ›Natur‹ und ›Kunst‹ gleichermaßen beteiligt sind: Der Dreiklang gilt Schenker in Übereinstimmung mit der musiktheoretischen Tradition als ›Natur‹, als ›Kunst‹ seine Umwandlung in das ›Nacheinander einer horizontalen Brechung‹. (...) Der Ursatz kann unendlich viele Werke ›generieren‹, das individuelle Werk aber folgt quasi von Anfang an seiner eigenen, im Ursatz nicht schon per se mitgegebenen Entstehungslogik.«[49]

Verfolgt man die Verbreitung Schenkers in Amerika, so wird schnell deutlich, dass seine Theorien – von den emigrierten Schenker-Schülern – nur in vermittelter beziehungsweise revidierter oder aktualisierter Form weitergegeben wurden. Was sich im exklusiven Unterricht an der Mannes Music School oder im individuellen Privatunterricht aus dem Kontext heraus noch ausführlich erklären ließ, das schien für die breitere Öffentlichkeit zu differenziert und zu komplex. Zudem scheuten die Schüler davor zurück, Schenkers ideologische und politische sowie weltanschauliche Einbettung seiner Theorien offen zu legen. Boenke skizziert zwei Positionen: »Bereits in den 1930er Jahren polarisierte ein grundsätzlicher Richtungsstreit den europäischen Schenkerismus. Vertraten Moritz [sic] Violin und Oswald Jonas eine orthodoxe Position, die Schenkers Lehre allenfalls von Polemik und politischem Ballast zu befreien suchte, so strebten Hans Weisse und Felix Salzer [1940 dessen Nachfolger an der Mannes School] eine Neuformulierung an. Schenkers posthum veröffentlichtes Hauptwerk *Der freie Satz* erschien ihnen aus pädagogischen und systematischen Gesichtspunkten ungeeignet, einen größeren Interessentenkreis für die Schichtenlehre zu gewinnen. (...) Weisse spürte, daß Schenkers Dogmatismus und reaktionäre Polemik unter den akademischen Bedingungen, die er in Amerika vorfand, nicht auf fruchtbaren Boden stoßen konnten. Schenkers Theorie in Konsequenz zu ›säkularisieren‹ und in systematischer Gliederung zu lehren, hieß jedoch, sie aus dem elitären Zirkel der Eingeweihten herauszuheben und einem größeren Kreis zu öffnen. Dies mußte orthodoxe Schenkerianer wie Jonas oder Oster zum Widerstand aufrufen, denn es war zu befürchten, daß Schenkers Kunstlehre unter den Reformbestrebungen als systematisch lehrbare Methode mißdeutet wurde. Da sowohl Jonas als auch Oster über Jahre hinweg eine akademische Karriere verwehrt blieb, konnten sie nur auf dem Wege des Privatunterrichts versuchen, die Schichtenlehre in unangetasteter Form zu bewahren.«[50]

So blieben zunächst die Schriften Schenkers in deutscher Sprache tatsächlich nur wenigen Eingeweihten zugänglich beziehungsweise in vollem Umfang bekannt. Milton Babbitt beschrieb diese Situation, die sich mit Felix Salzers Einführung *Structural Hearing. Tonal Coherence in Music* (New York, 1952) etwas ändern sollte: »The work of Schenker has suffered, from its beginnings, the dual and not unrelated fates of being more discussed (usually uninformedly) than read, and of being the object of a kind of conspiracy of silence. Never translated, and not easily accessible even in the original German, the work has been judged indirectly through its presentations by commentators, explicators, and critics.«[51]

Die frühen englischsprachigen Schenker-Publikationen waren Aktualisierungen und Erweiterungen, Umarbeitungen, Kürzungen, Revisionen und »Versachlichungen« im Sinne dessen, was manche Autoren eine »Americanization« Schenkers genannt haben.[52] Salzers *Structural Hearing* oder die englische Ausgabe von Schenkers *Harmonielehre* (1906) unter dem Titel *Harmony* (Chicago 1954, herausgegeben von Oswald Jonas) sind beide zwar sehr breitenwirksam gewesen, zeigen aber die erwähnte Problematik – wenn auch aus unterschiedlichen Richtungen beziehungsweise verschiedenen Lagern.[53] Dabei scheint die unorthodoxe Partei erfolgreicher gewesen zu sein, wie der für die amerikanische Schenker-Rezeption prägende Musiktheoretiker Allen Forte resümiert: »But neither Ernst Oster nor Oswald Jonas can be said to have played a major role in the transplantation of Schenker's ideas from Viennese to American soil. That person was Felix Salzer, both because of his position at the Mannes School, where he designed a unique curriculum based upon traditional disciplines and including a three-year sequence of Schenkerian analysis for undergraduates, and, more important, because of his major work, *Structural Hearing*, which was published in 1952 and widely distributed and read throughout the United States.«[54]

Lange ersehnt, um den Text möglichst aus »erster Hand« zur Verfügung zu haben, dann aber beinahe prekär wurde die Veröffentlichung der Übersetzung von Schenkers *Der freie Satz*, jener Schrift, in der »die Lehre« zusammengefasst ist. Die zweibändige Übersetzung von Ernst Oster unter dem Titel *Free Composition* erschien erst 1979 (zwei Jahre nach dessen Tod), doch »auch sie ermöglichte nur bedingt einen authentischen Zugang zu Schenkers Schichtenlehre, da sich Oster – wie vor ihm schon Jonas in der zweiten deutschsprachigen Auflage von *Der freie Satz* [1956] -- für eine weitgehende Zensur entschied, die den originalen Text von allen politisch verfänglichen Passagen befreite.«[55] Schwankte demnach die Schenker-Rezeption der emigrierten Schenker-Schüler oder »Ur-Schenkerians«[56] in Amerika seit den 1950er Jahren quasi zwischen Popularisierung und Purifizierung, so scheint parallel dazu die »Versachlichung« und Systematisierung Schenkers durch Autoren wie Milton Babbitt und Allen Forte durchgesetzt worden zu sein.[57] Der amerikanische Schenkerianer William Rothstein stellt deren Bedeutung besonders heraus: »Allen Forte is a pivotal figure in the history of American Schenkerism. (…) it was Forte, who, along with Milton Babbitt, was instrumental in bringing Schenker firmly into the Ivy League. This accomplishment was probably *the* major turning point for Schenker's fortunes (…) Ever since, Yale and Princeton, with the Mannes-CUNY axis directly between them and roughly equidistant from both, have formed the extrema of the great symmetrical set of Schenkerism.«[58] Bemerkenswert ist, dass gerade ein Komponist neuer Musik und ein Musiktheoretiker, der »traditionelle Aspekte atonaler Musik (wie insbesondere Linearität) mit dem adaptierten analytischen Instrumentarium Schenkers« untersucht und darstellt, Schenkers Theorien in Amerika durchsetzten.[59] Forte hatte 1959 eine kurz gefasste, aber konzise Einführung in Schenkers Theorien publiziert, in der er nicht nur den Analytiker Schenker, sondern auch den Pädagogen und Herausgeber sowie »Vordenker« porträtierte. Forte stellte an den Anfang: »I should like to survey his [Schenkers] achievement in general terms. From the viewpoint of the present-day music theorist, this may be likened to a particular kind of high-level achievement in science: the discovery or development of a fundamental principle which then opens the way for the disclosure of further new relationships, new meanings.«[60] Die Bearbeitung bislang ungelöster Probleme der Musiktheorie, die Forte am Schluss seines Artikels auflistete, sollte gerade durch die Heranziehung Schenkers neue Impulse erhalten. Schenkers Theorien seien eben, so Forte, auch für die Analyse zeitgenössischer Musik fruchtbar zu machen. »If it can be demonstrated that contemporary compositions, particularly those of the problematic 1910–1925 period, reveal significant similarities at other than the surface level, and if these similarities can be interpreted in an orderly fashion, while at the same time accounting satisfactorily for differences, a beginning will have been made towards a genuine technical history of contemporary music.«[61] Für Schenker selbst zeugte allerdings neue Musik nur von Dekadenz und Verfall; seine Kritik an zeitgenössischer Musik war radikal. In den deutschsprachigen Diskussionen um neue oder zeitgenössische Musik der 1950er Jahre konnte man – so scheint es – darüber nicht hinweggehen, zumal hier Schönberg und vor allem Webern als Vorbilder und »Vordenker« vorgezogen wurden. Anders als in Amerika gab es hier auch keine Vermittlungsinstanzen zwischen Schenker und Schönberg, vor allem keine vermittelnde Musiktheorie.[62]

III Systematische, Vergleichende und Historische Musikwissenschaft – Disziplinen und ihre Vertreter

Wurde bislang die Bedeutung des Exils für das Verschwinden, für die Uminterpretation oder für die Etablierung von bestimmten musikwissenschaftlichen und -theoretischen Denkweisen betrachtet, so lässt sich dieser Ansatz im Falle der Systematischen und Vergleichenden Musikwissenschaft kaum fortsetzen. Mit dem Exil der führenden Vertreter dieser Fachgebiete waren nicht nur einzelne Forschungsrichtungen, sondern die Fächer selbst – so, wie sie sich seit Anfang des 20. Jahrhunderts in Deutschland entwickelt hatten –, gewissermaßen beendet.[63] Gerade die Vergleichende Musikwissenschaft, die sich in Amerika im 20. Jahrhundert – seit den 1950er Jahren als »ethnomusicology« – zu einer außerordentlich geachteten und wichtigen Disziplin herangebildet hat (nicht zuletzt unter Einfluss und/oder Mitwirkung von Forschern aus Europa wie etwa dem Anthropologen Franz Boas oder den Musikforschern George Herzog, Mieczyslaw Kolinski oder Bruno Nettl), hat in Deutschland bis heute einen vergleichsweise schwierigen Stand.[64] Sicherlich ist diese Problematik nicht allein auf das Exil bedeutender Fachvertreter zurückzuführen, doch der Verlust wichtiger Lehrerpersönlichkeiten und machtvoller Stimmen für ein Fach ist auch längerfristig nicht zu unterschätzen. Carl Stumpf, Begründer und Initiator der Systematischen und Vergleichenden Musikwissenschaft, Philosoph und Psychologe, 1894 bis 1921 Professor an der Berliner Universität, musste noch miterleben, wie seine wichtigsten Schüler, Mitarbeiter und Nachfolger, so Erich Moritz von Hornbostel, Curt Sachs oder Robert Lachmann, aufgrund des »Arier-Paragraphen« im April 1933 entlassen wurden (Stumpf starb 1936 in Berlin).[65] Jüngere Vertreter und Vertreterinnen der Vergleichenden Musikwissenschaft verließen ebenfalls das »Deutsche Reich« oder kamen von ihren Reisen nicht nach Deutschland zurück, so etwa Mieczyslaw Kolinski, Edith Gerson-Kiwi, Hans Hickmann oder Walter Kaufmann und Klaus P. Wachsmann.[66] War der aus Kiel stammende Anthropologe Franz Boas bereits seit 1899 Professor an der Columbia University in New York und George Herzog, der sich zuerst in Ungarn mit Bartóks und Kodálys Studien beschäftigt, dann bei Hornbostel gearbeitet hatte, seit Mitte der 1920er Jahre in New York, wo er bei Boas promovierte, so verliefen die Situationen und Stationen des Exils bei der nächsten Generation teilweise komplizierter.[67] Kolinski und Wachsmann kamen erst nach dem Krieg in die USA, Nettl floh als Kind mit seinen Eltern 1939 aus Prag.[68]

George Herzog scheint, folgt man der Darstellung Bruno Nettls, unmittelbar die Nachfolge Hornbostels in den USA verkörpert zu haben, er gründete zum Beispiel an der Columbia University ein Archiv nach dem Vorbild Hornbostels und galt als eher »konservativer« Vertreter der Vergleichenden Musikwissenschaft, obwohl er unterschiedliche Forschungsansätze adaptierte:[69] »In fact, he developed an emblematically American approach to ethnomusicology (...) he quickly became a true immigrant, not an exile.«[70] Kolinski hat sich (ebenfalls in der Nachfolge Hornbostels) mit dem Vergleich von Skalentypen beschäftigt, dann aber auch für neue Perspektiven der »ethnomusicology« eingesetzt.[71] Auch seine Position charakterisiert Nettl in spezifischer Weise: »Kolinski (...) points out that it is not so much the geographic area as the general approach which distinguishes our field. He believes that ethnomusicology has developed a point of view which results from the study of many and diverse cultures, but which should be applied also to Western art music.«[72] Klaus P. Wachsmann ging zunächst in die Schweiz, lebte ab 1937 in Uganda, 1958 bis 1963 in London, er wurde dann als Pionier für die Erforschung afrikanischer Musik von Mantle Hood 1963 an die UCLA eingeladen, dort zu unterrichten. 1968 wurde er Professor an der School of Music und am Department of Linguistics an der Northwestern University, Evanston, Illinois.[73] Bruno Nettl selbst ist wohl einer der wichtigsten Forscher der »ethnomusicology« in den USA, wie Philip Bohlman in seinem Artikel über Nettl in *New Grove* betont: »Nettl's scholarship has been seminal for the growth of ethnomusicology during the second half of the 20th century. (...) Nettl's influence on modern musical scholarship crosses disciplinary as well as international borders. He has encouraged rapprochement and cooperation among all domains of musical scholarship, and has strengthened the interdisciplinary potential of ethnomusicology by drawing from folklore studies, anthropology and the social sciences.«[74]

Mit der Entlassung Erich M. von Hornbostels hatte nicht nur der langjährige Leiter (seit 1905) des Berliner Phonogramm-Archivs, sondern auch – in der unmittelbaren Nachfolge Stumpfs – der wichtigste aktive Forscher und

Theoretiker der Vergleichenden Musikwissenschaft seinen Wirkungskreis verloren.[75] Wegen eines schweren Herzleidens hielt sich Hornbostel bei der »Machtergreifung« in der Schweiz auf, von wo aus er nach New York ging, um dort ab Oktober 1933 eine Gastprofessur an der New School of Social Research anzunehmen. Erneute schwere Krankheit zwang ihn, sich zurückzuziehen, und er übersiedelte 1934 nach England, wo er im November 1935 starb. Seine Lehr- und Forschungstätigkeit hatte er nicht mehr weiterführen können.[76] Hornbostel hatte sich dafür eingesetzt, dass sein Mitarbeiter Marius Schneider die Betreuung des Archivs übernahm. Offenbar hatte Schneider diese Aufgabe bereits 1933 wahrgenommen.[77] Das Phonogramm-Archiv wurde 1934 eine Abteilung des in Berlin-Dahlem befindlichen Museums für Völkerkunde.[78] Schneider selbst hat den Vorgang folgendermaßen beschrieben: »Nach zweijähriger stellvertretender Führung der Geschäfte übernahm der Unterzeichnete im Jahre 1934 die Leitung des Phonogramm-Archivs und konnte – dank dem Entgegenkommen des Ministeriums – das Phonogramm-Archiv endlich in den Rahmen hineinstellen, der ihm allein den richtigen Ausbau und den notwendigen wissenschaftlichen Kontakt sichern kann: das Museum für Völkerkunde. Damit war die Gefahr der unmethodischen und vorwiegend ästhetischen Materialbewertung und Materialbearbeitung, die von rein musikwissenschaftlicher Seite immer drohte und auch jetzt noch droht, auch durch einen äußeren Akt beschworen.«[79]

Es scheint so – und es wird in der Literatur häufig so dargestellt –, als ob Schneider die Arbeit fast bruchlos fortsetzen konnte und im Grunde genommen der einzige Forscher war, der das Fach weiterhin vertreten hat (auch wenn er sich an der Berliner Universität nicht habilitieren konnte).[80] Erstaunlich ist eine sachlich klingende Schilderung wie etwa folgende: »Das Phonogramm-Archiv (...) arbeitete weiter wie bisher, obwohl die Geldknappheit deutlich spürbar war. Nach Schneider (1938) waren in diesen Jahren [nach 1933] die Rettung vom Aussterben bedrohter Musikkulturen und der Vergleich der inzwischen bekannten Musikkulturen Grundtenor der Arbeit. Einige bedeutende Sammlungen werden in den 30er Jahren eingebracht (Hickmann/Ägypten 1935, Himmelheber/Elfenbeinküste 1937, Nadel/Nigeria 1935, Kohl-Larsen/Ostafrika 1934–36, Kauffmann/Assam 1937 u. a.), manche jedoch nicht mehr galvanisiert. Schneider wird 1940 zur Wehrmacht eingezogen. Die letzten datierten Aufnahmen des Phonogramm-Archivs entstehen 1943.«[81] Erstaunlich ist diese Darstellung angesichts einer Information, die offenbar aus den Akten des Phonogramm-Archivs hervorgeht: »Kurz nachdem er [Schneider] als neuer Verwalter des *Phonogramm-Archivs* eingestellt worden war, zog das Archiv (...) um. Fortan sammelte man unter einem neuen Motto: ›Musikaufnahmen zwecks musikalischer Rassenforschung‹ (...) Aus Dokumenten des Archivs geht hervor, daß sich Schneider selbst ausführlich mit *musikalischer Rassenforschung* auseinandergesetzt hat.«[82] Weshalb die verschiedenen Autoren der Darstellungen zu dieser Thematik in den letzten Jahren nicht einhellig von einem Bruch des Arbeitsbereichs und der Forschungsansätze der Vergleichenden Musikwissenschaft ausgegangen sind und ausgehen, ist wenig erklärbar. Jedenfalls war nach dem Zweiten Weltkrieg in Deutschland die jahrelange Forschungstätigkeit von Erich Moritz von Hornbostel beinahe vergessen. Es konnte keineswegs an eine Kontinuität seiner Arbeit angeknüpft werden (abgesehen von der Unzugänglichkeit des Phonogramm-Archivs), sondern es war notwendig, ihn zunächst einmal als Wissenschaftler überhaupt wieder ins Gedächtnis zu rufen.[83]

Ein weiterer Mitarbeiter Stumpfs und Kollege Hornbostels war Curt Sachs, unter anderem seit 1920 Professor an der Staatlichen Hochschule für Musik in Berlin, hauptsächlich aufgrund seiner Forschungen zur Geschichte und Systematik von Musikinstrumenten – worüber er sich 1919 habilitiert hatte –, mit denen er damals bereits auch eine breitere Kulturöffentlichkeit erreichte.[84] Curt Sachs leitete in Berlin die Staatliche Musikinstrumentensammlung und unterrichtete an der Universität, der Hochschule für Musik sowie der Akademie für Kirchen- und Schulmusik. Er emigrierte 1933, ging nach Paris, wo er am Musée de l'Homme arbeitete und an der Sorbonne Vorlesungen hielt. 1937 übersiedelte Sachs nach New York, wo er als Professor bis 1957 an der New York University und der Columbia University gewirkt hat.[85] Aufgrund von Veröffentlichungen wie etwa der *Weltgeschichte des Tanzes* (Berlin 1933) oder *Rhythm and Tempo. A Study in Musical History* (New York 1953) sowie seiner außerordentlich prominenten Stellung in der Musikwissenschaft in Amerika ist Sachs im Vergleich zu Hornbostel sicherlich eher im Bewusstsein der Musikwissenschaft in Deutschland geblieben. Doch die Rezeption seines gesamten Wirkens ist bis heute ebenfalls nicht selbstverständlich.[86]

Robert Lachmann, Mitarbeiter am Phonogramm-Archiv und zeitweise ebenfalls Ko-Autor von Hornbostel, war dann Bibliothekar in der Musikabteilung der Preußischen Staatsbibliothek gewesen und »durch Feldforschungen sowie Veröffentlichungen besonders für *Musik des Orients* [1929] ausgewiesen (…) Nach seiner Entlassung 1933 schlug sich Lachmann, der die *Zeitschrift für Vergleichende Musikwissenschaft* als Schriftleiter betreute (…), bis 1935 durch, emigrierte dann nach Palästina, wo er an der Hebrew University tätig war und das Archiv für orientalische Musik begründet hat. Die Musikethnologie im späteren Israel führt ihre Anfänge auf Lachmanns Tätigkeit zurück. Robert Lachmann, der schon lange gesundheitlich angeschlagen war, verstarb 1939 in Jerusalem.«[87] Edith Gerson-Kiwi, die noch 1933 in Heidelberg bei Besseler promoviert wurde, dann einige Jahre in Bologna und ab 1935 in Jerusalem bei Lachmann Musikethnologie studiert hatte, setzte die Etablierung des Fachs in Israel durch.[88]

Lachmann hatte offenbar noch versucht, 1933 die *Zeitschrift für Vergleichende Musikwissenschaft* (ursprünglich das Organ der Gesellschaft zur Erforschung der Musik des Orients, dann der Gesellschaft für Vergleichende Musikwissenschaft) fortzusetzen.[89] Albrecht Schneider weist auf eine für diesen Zusammenhang wichtige Parallelgründung hin: »1930 wurde in Berlin die ›Gesellschaft zur Erforschung der Musik des Orients‹ gegründet, die 1933 den weniger verfänglichen Namen ›Gesellschaft für vergleichende Musikwissenschaft‹ annahm. Gleichzeitig konstituierte sich in New York auf Initiative von Charles Seeger und Helen Roberts die ›American Society for Comparative Musicology‹, deren Mitglieder automatisch auch solche der ›Gesellschaft für Vergleichende Musikwissenschaft‹ wurden und deren Organ, die (...) *Zeitschrift für Musikwissenschaft* erhielten. Die Doppelmitgliedschaft war angesichts der schon handgreiflichen Bedrohungen eine Vorsichtsmaßnahme, die aber weder den Untergang vorgenannter Gesellschaft noch den der Berliner vergleichenden Musikwissenschaft aufhalten konnte.«[90] Hornbostel schreibt an seinen Kollegen und Freund Jaap Kunst 1935: »Nach einer kurzen Mitteilung Lachmanns sind er und Wolf von ihren Ehrenämtern bei der Ges. f. vergl. Musikwiss. zurückgetreten u. haben die Akten dem Vicepräsidenten Seeger (*New School*, N. Y.) geschickt. Unsre Zeitschrift scheint also auch der *Gleichschaltung* zum Opfer gefallen zu sein.«[91]

Im Hinblick auf die Vergleichende Musikwissenschaft entsteht also der Eindruck, dass ein etablierter Forschungszweig aufgelöst wurde, indem sowohl die bereits renommierten Wissenschaftler als auch eine vielversprechende nächste Generation jüngerer Forscher und Forscherinnen sozusagen in alle Winde verstreut wurden. Neben ihrem Spezialwissen und vor allem der Erfahrung aus zum Teil neu, für bestimmte Themenstellungen erst entwickelten Forschungsmethoden gingen dabei generelle Forschungsrichtungen verloren, die gerade für die Musikwissenschaft in verschiedener Hinsicht interdisziplinäre Öffnungen und eine Anerkennung anderer, »fremder« Musikkulturen, mithin auch ein grundlegendes internationales Arbeitsfeld, bedeutet haben. Obwohl die Musikethnologen aus ihrer Zeit heraus – Ende des 19. und Anfang des 20. Jahrhunderts – häufig unreflektiert von einer Höherstellung der westlichen Zivilisation und Kultur ausgingen, und obwohl ein »koloniales Herrschaftsgebaren« teilweise zum Selbstverständnis der Forscher gehörte, waren sie doch aufgrund ihrer Interessen immer wieder zu einer Überprüfung ihrer Thesen und Erweiterung ihrer Perspektiven gezwungen.[92] In Amerika bestanden dafür spezifische Herausforderungen, die insbesondere seit den 1950er Jahren dazu führten, den eigenen »Standort« wiederholt zu relativieren und zu revidieren. Bei der Konzentration auf die »deutsche Kultur« und die »deutsche Musik« in der NS-Zeit konnten sich demgemäß die verbliebenen Wissenschaftler der Musikethnologie nur noch allenfalls mit der eigenen »Volkskultur« beschäftigen, oder sie zogen die

Errungenschaften der Vergleichenden Musikwissenschaft mehr oder weniger – wie oben bereits angedeutet wurde – zum staatlich passenden Programm von »Rassenforschung« heran.[93] Wie sich dies auf die Situation des Fachs an den Universitäten im Nachkriegsdeutschland auswirkte, dürfte ein weiteres Kapitel eröffnen, das den vorliegenden Rahmen sprengen würde. Jedenfalls kamen manche Forscher zurück oder wurden aus den USA als Gastwissenschaftler engagiert – ein Austausch, der sicherlich den Neuanfang mitbestimmt hat.[94]

Blicken wir zum Schluss kurz nochmals auf die Historische Musikwissenschaft unter dem Aspekt der Vertreibung ihrer Forschungsinhalte, ihrer theoretischen und methodischen Positionen ins Exil. Curt Sachs beispielsweise, der seit 1921 auch Professor an der Berliner Universität war, stellte innerhalb der Historischen Musikwissenschaft nicht nur die Verbindung mit musikethnologischen und systematischen Fragestellungen her, sondern er war auf den verschiedenen Gebieten – einschließlich Kunstgeschichte, Musiksoziologie, Musikpädagogik – gleichermaßen musikliterarisch produktiv, sodass ihm selbst Erich M. von Hornbostel über das *Handbuch der Musikinstrumentenkunde* bewundernd schrieb: »Ich bin ganz erschlagen von der Gelehrsamkeit, woher haben Sie bloß all die alten Quellen, besonders die literarischen? Wie kann man überhaupt so viel wissen? Schleierhaft!«[95] Sachs als musikwissenschaftlicher »Universalgelehrter«, Sachs als Vermittler zwischen den sich allmählich zu Spezialgebieten separierenden musikwissenschaftlichen Forschungszweigen, Sachs als konstruktiver Gesprächspartner im Hinblick auf neue Forschungsthemen und als weitsichtiger Organisator des Wissenschafts- und Lehrbetriebs – welche Idealfigur scheint hier auf, die 1933 aus Deutschland vertrieben wurde und fortan »die andere Seite« vertreten hat?[96] Dort stand seit seiner Flucht nach London und später (über Italien und die Schweiz) nach Amerika auch Alfred Einstein, über den man in der ersten Ausgabe der *Musik in Geschichte und Gegenwart* (1954) – in die er selbst nicht aufgenommen werden wollte – lesen kann: »Einstein kam aus der ausgezeichneten deutschen mw. Schule seiner Zeit und hat diese wissenschaftliche Herkunft nie verleugnet. Wie er auch in der Emigration alle seine Arbeiten deutsch schrieb (…), so blieb er, obwohl durch den politischen Terror der 1930er Jahre tief verletzt, im Grunde der deutschen Mw. tief verbunden. (…) Es war ihm gegeben, die im engl.-amerik. Schrifttum beheimatete Lesbarkeit und Gewandtheit der Darstellung mit der deutschen Gründlichkeit zu verbinden. In der Geschichte der Mw. zwischen etwa 1910 und 1950 war Einstein eine der markantesten Persönlichkeiten.«[97] Einstein hatte in Deutschland zwar keine Professur inne – die Habilitation wurde ihm offenbar aus antisemitischen Ressentiments verweigert, einen außerordentlichen oder außerplanmäßigen Titel erhielt er nicht –, doch seine zumeist auf privater oder halb-privater Basis betriebenen Forschungen und seine wissenschaftlichen Veröffentlichungen sowie seine Tätigkeit als Musikkritiker in München und Berlin führten dazu, dass er in den 1920er Jahren als einer der bedeutendsten Musikschriftsteller galt, wie Pamela Potter betont: »In the last years before Hitler's seizure of power, Einstein continued to grow as a scholar and earn respect from colleagues in his uninterrupted tenure as editor of the *Zeitschrift für Musikwissenschaft*. But he was never allowed to forget that his Jewishness would be an impediment to realizing his full potential, not only by closing university doors to him but also by keeping him from participating in other activities.«[98] Einstein war allerdings nicht nur (von Anfang an) Schriftleiter der 1918 neu ins Leben gerufenen *Zeitschrift für Musikwissenschaft* (Organ der Deutschen Musikgesellschaft) – bis ihm im Juni 1933 die Gesellschaft die Stelle entzog –, sondern auch von Hugo Riemann dazu beauftragt worden, dessen Lexikon weiterzuführen. Dieses Privileg wurde Einstein nach 1933 ebenfalls genommen, noch über 1945 hinaus. »Nach Hugo Riemanns Tod im Juli 1919 war Einstein alleiniger Herausgeber der 9. bis 11. Auflage von *Hugo Riemanns Musik-Lexikon*, das erstmalig 1882 erschienen war. Die 1919 erschienene neunte Auflage und die 1922 und 1929 (nun in zwei Bänden) stark erweiterten Auflagen zehn und elf wurden in der Folge gemeinhin als *Einstein-Riemann* zitiert. Riemann hatte persönlich Einstein als seinen lebenslangen Nachfolger bestimmt, doch unter der nationalsozialistischen Diktatur sollte Einstein dieses Recht verlieren.«[99] Ein weiteres umfangreiches Projekt, das Einstein bearbeitete, war die 1937 durch Breitkopf & Härtel (Leipzig) verlegte dritte Auflage des Köchel-Verzeichnisses. Mit den Recherchen hierzu hatte Einstein offenbar bereits in den 1920er Jahren begonnen. Er hat sie auch von Italien aus, wo er und seine Familie von 1935 bis 1938 lebten, fortgesetzt.[100] Das Erscheinen des »Einstein-Köchel« kam aufgrund einer Sondergenehmigung zustande, der Verlag konnte offenbar auf das Renommierprojekt nicht verzichten (und wollte es vermutlich auch nicht auf einen Vertragsbruch ankommen lassen). Einstein »was still regarded as indispensable to the functioning of German musicology, and his collaboration remained the mainstay of vital projects and research areas, particularly in his capacity as a Mozart expert. The most telling proof of his crucial role was the continuation of a technically illegal collaboration with Breitkopf & Härtel on the completion of the revised Köchel catalogue of Mozart's works, which appeared in 1937 with Einstein's name on the title page. According to postwar accounts, Hellmuth von Hase of Breitkopf & Härtel went directly to Peter Raabe, president of the Reichsmusikkammer in the Propaganda Ministry, and secured permission to release the Köchel edition and to give Einstein full recognition.«[101] Hat sich Einstein selbst, von seiner Seite aus, damals auch nicht von diesem Projekt zurückgezogen – es wäre immerhin denkbar gewesen –, weil er weder jahrelange Arbeit noch vielleicht auch das Selbstverständnis als »German scholar« aufgeben wollte, so hat er sich allerdings später von Versuchen, ihn wieder in Deutschland oder Europa einzubinden, konsequent distanziert.[102] »Er unternahm keine Reisen nach Europa, beobachtete die Entnazifizierungsprozesse und den weiteren Werdegang einstiger Nationalsozialisten mit Argusaugen und reflektierte genau, mit wem er Kontakt hielt, wo er veröffentlichte und in welcher Organisation er Mitglied war. Im Jahr 1948 trat Einstein aus der International Society of Contemporary Music (ISCM) und der International Musicological Society (IMS) aus, weil Deutsche wieder zunehmend Einfluss in diesen Organisationen erhielten.«[103] Eine Einladung als Gastwissenschaftler an die Freie Universität Berlin 1949 schlug er aus. Auch die Verleihung der Goldenen Mozart Medaille im gleichen Jahr lehnte er ab, schickte die Medaille nach Erhalt an die Internationale Stiftung Mozarteum Salzburg zurück, und er schrieb darüber an die Witwe von Ernst Kurth: »Ich hoffe, Sie halten mich nicht für einen eingebildeten Narren, wenn ich sage, dass in Salzburg niemand ist, der in der Lage wäre mich zu ehren; und dass ich keine Auszeichnung von Leuten annehmen kann, die zwischen 1938 und 1945 nicht nur verhindert gewesen wären, an mich zu denken, sondern schon von selbst nicht an mich gedacht hätten.«[104]

Nach einer Untersuchung über die Auswirkungen des Antisemitismus der Weimarer Republik auf die Situation der musikwissenschaftlichen Institute an deutschen Universitäten vor und nach 1933 zog Pamela Potter folgendes Resümee: »Der englische Ausdruck ›brain gain‹ (Gehirngewinn) meint den Zuwachs von deutschen Intellektuellen in den USA und den daraus folgenden Anstieg an wissenschaftlicher Produktivität, der Ausdruck ›brain drain‹ hingegen eine entsprechende Abnahme an wissenschaftlicher Qualität in Deutschland. Dem liegt die Annahme zugrunde, daß der Verlust an jüdischen Wissenschaftlern unmittelbar zum Verfall wissenschaftlicher Leistungen geführt hat. Letzteres trifft nicht ohne weiteres zu, weil nicht so eindeutig ist, daß die Juden in Deutschland je erfolgreich geworden wären, auch wenn es keinen Nationalsozialismus und keine Vertreibung gegeben hätte. Man sprach schon seit mehreren Jahren von einer Krise in der Wissenschaft, besonders vom Schrecken des Positivismus, und viele aus der älteren Generation klagten darüber, daß es zu viele Studenten und zu wenige akademische Stellen gebe. Brain gain gab es an den Universitäten im Ausland auf jeden Fall. Brain drain hingegen gab es in Deutschland nur insofern, als ein Verlust hervorragender Kritiker und Bibliothekare vorliegt: der Verlust bedeutender Professoren betrifft nur den Bereich der Systematischen Musikwissenschaft.«[105] Dieser Beschreibung der Situation einer erfolgreichen akademischen Disziplin um 1930, die heute in Deutschland zu den »kleinen Fächern« gerechnet wird, kann zugestimmt werden, obwohl zu fragen ist, nach welchen Kriterien in diesem Zusammenhang wirklich »brain drain« und »brain gain« zu beurteilen sind. Sicherlich können diese Prozesse an beruflichen Positionen beziehungsweise akademischen Stellen gemessen werden, aber damit würde die Bedeutung vieler namhafter Forscher unberücksichtigt bleiben. Außerdem würde man der »Tendenz zur Prominentisierung« unterliegen.[106] Ergänzt man diese Perspektive durch Fragen nach dem Verlust, den Veränderungen oder den Verschiebungen von Forschungsinhalten und Forschungstendenzen durch das Exil von Musikwissenschaftlern und Musikwissenschaftlerinnen, so ergibt sich eine sehr komplexe Aufgabenstellung, die sowohl in den Gesamtzusammenhang der Wissenschaftsgeschichte als auch in den der Geschichte der Disziplin gehört. Dazu stehen weitere Einzeluntersuchungen und Quellenstudien in vielen Fällen noch aus, die vor allem einen Punkt noch deutlicher erscheinen lassen können: Musikwissenschaft war in ihren einzelnen Facetten noch immer im Aufbruch begriffen, es gab Themen, Theorien und Methoden, die gerade erst entdeckt oder nach den Anfangsphasen weiterentwickelt wurden, es waren Forschungsprojekte initiiert worden, die zu den bedeutendsten Pionierarbeiten in der Musikwissenschaft im 20. Jahrhundert zählen, als die Forscher und Forscherinnen entweder von heute auf morgen ihren Schreibtisch, ihren Arbeitsplatz, ihre Bibliothek verlassen mussten, oder sich darauf einstellten, den vorgegebenen Linien im Nationalsozialismus wenigstens nicht zu widersprechen, sofern sie nicht ohnehin an einen radikalen Neuanfang glaubten.

---

1 Vgl. Willem de Vries: »*Sonderstab Musik*« – *Organisierte Plünderungen in Westeuropa 1940–45*. Köln 1998; Pamela M. Potter: *Die deutscheste der Künste. Musikwissenschaft und Gesellschaft von der Weimarer Republik bis zum Ende des Dritten Reichs*. Stuttgart 2000. Vgl. auch Erik Levi: *Music in the Third Reich*. New York 1994. — **2** Vgl. zum Überblick die Einträge in: Claudia Maurer Zenck, Peter Petersen (Hg.): *Lexikon verfolgter Musiker und Musikerinnen der NS-Zeit*, www.lexm.uni-hamburg.de, 29.5.2008. Vgl. auch Albrecht Schneider: »Musikwissenschaft in der Emigration. Zur Vertreibung von Gelehrten und zu den Auswirkungen auf das Fach«. In: Hanns-Werner Heister, Claudia Maurer Zenck, Peter Petersen (Hg.): *Musik im Exil. Folgen des Nazismus für die internationale Musikkultur*. Frankfurt/M. 1993, S. 187–211; sowie Pamela M. Potter: »Die Lage der jüdischen Musikwissenschaftler an den Universitäten der Weimarer Zeit«. In: Horst Weber (Hg.): *Musik in der Emigration 1933–1945. Verfolgung – Vertreibung – Rückwirkung. Symposium Essen, 10. bis 13. Juni 1992*. Stuttgart 1994, S. 56–68. Vgl. auch Jutta Raab Hansen: *NS-verfolgte Musiker in England. Spuren deutscher und österreichischer Flüchtlinge in der britischen Musikkultur*. Hamburg 1996 (= *Musik im »Dritten Reich« und im Exil*. Bd. 1). — **3** Vgl. Guido Adler: »Umfang, Methode und Ziel der Musikwissenschaft«. In: *Vierteljahrsschrift für Musikwissenschaft* Jg. 1 (1885) H. 1, S. 5–20, u. Guido Adler: »Musik und Musikwissenschaft. Akademische Antrittsrede, gehalten am 26. Oktober 1898 an der Universität Wien«. In: *Jahrbuch der Musikbibliothek Peters* Jg. 5 (1898), S. 27–39, sowie Guido Adler: *Methode der Musikgeschichte*. Leipzig 1919; vgl. dazu auch Volker Kalisch: *Entwurf einer Wissenschaft von der Musik: Guido Adler*. Baden-Baden 1988. — **4** Hermann von Helmholtz: *Lehre von den Tonempfindungen als physiologische Grundlage für die Theorie der Musik*. Braunschweig 1863. — **5** Dies sollte allerdings lange Zeit nicht als »Musiktheorie« (und schon gar nicht als »Musiktheorie« im Sinne der Antike) gelten, sondern, wie Carl Dahlhaus festgehalten hat: »Die Disziplinen, die seit dem 18. Jahrhundert unter dem Namen Musiktheorie zusammengefaßt werden – Harmonielehre und Kontrapunkt, seltener Rhythmus- und Melodielehre –, stellen nichts anderes als eine musikalische Handwerkslehre oder Propädeutik dar, die den Mangel, daß sie – als Kodifizierung einer jeweils vergangenen Entwicklungsstufe der Komposition – immer schon veraltet ist, durch den Anspruch, musikalische Bildung zu vermitteln, auszugleichen sucht«, siehe »Musiktheorie«. In: Carl Dahlhaus (Hg.): *Einführung in die systematische Musikwissenschaft*. Laaber ³1988, S. 94. Es galt demnach, in der Musikwissenschaft den bei Dahlhaus beschriebenen Begriff von »Musiktheorie« aus dem handwerklichen und propädeutischen Diskurs herauszulösen und ihm eine eigenständige grundlegende Bedeutung zu geben, die vor allem über die Anhebung des Stellenwerts von Werkanalysen funktionierte. — **6** Vgl. dazu Michael Arntz: *Hugo Riemann (1849–1919). Leben, Werk und Wirkung*. Köln 1999; Alexander Rehding: *Hugo Riemann and the Birth of Modern Musical Thought*. Cambridge 2003. — **7** Vgl. dazu Mchael Maier: *Jacques Handschins* »*Toncharakter*«. *Zu den Bedingungen seiner Entstehung*. Stuttgart 1991 (= *Beihefte zum Archiv für Musikwissenschaft* 31). — **8** Vgl. Sebastian Klotz: »Hören, Archivieren, Messen. Zur Modernität der musikethnologischen Praxis bei Carl Stumpf und Erich M. von Hornbostel«. In: Anselm Gerhard (Hg.): *Musikwissenschaft – eine verspätete Disziplin? Die akademische Musikforschung zwischen Fortschrittsglauben und Modernitätsverweigerung*. Stuttgart – Weimar 2000, S. 196–212. — **9** *Handbuch der Musikwissenschaft*, hg. von Ernst Bücken (Köln), in Verbindung mit Heinrich Besseler (Heidelberg), Friedrich Blume (Berlin), Wilhelm Fischer (Innsbruck), Robert Haas (Wien), Wilhelm Heinitz (Hamburg), Theodor Kroyer (Leipzig), Robert Lachmann (Berlin), Hans Mersmann (Berlin), Pe-ter Panoff (Berlin), Curt Sachs (Berlin), Otto Ursprung (München), Wildpark-Potsdam 1928 ff. — **10** Vgl. auch Pamela M. Potter: *Most German of the Arts. Musicology and Society from the Weimar Republic to the End of Hitler's Reich*. New Haven – London 1998, S. 58. Die Fachzeitschriften waren *Zeitschrift für Musikwissenschaft* (1918 bis 1935) sowie *Archiv für Musikwissenschaft* (1918 bis 1926). — **11** Zur Entwicklung der Gesetzgebung siehe beispielsweise Norbert Frei: *Der Führerstaat. Nationalsozialistische Herrschaft 1933 bis 1945*. Erweiterte Neuauflage. München 2002. — **12** Vgl. die Auflistung von Entlassungen für den Musikbereich bei Ferdinand Beussel: »Im Zeichen der Wende«. In: *Die Musik* Jg. 25 (1933) H. 9 (Juni), S. 669–675. — **13** Vgl. Hugo Riemann: *Grundriß der Musikwissenschaft*. Leipzig 1908, S. 3, 9 f., 79 ff.; Riemann listet auf S. 10 die »Kurse« der »musikalischen Fachlehre« auf: »Allgemeine Musiklehre, Harmonielehre, Kontrapunkt (einschließlich Kanon und Fuge) und freie Komposition (Formenlehre, Instrumentierung).« Zur Analyse schreibt er ebd.: »Die Analyse musikalischer Kunstwerke wird man mit gleicher Berechtigung für die Musikästhetik wie für die Satzlehre in Anspruch nehmen; doch wird ihre Zuweisung zu dem einen oder dem anderen Gebiete Unterschiede der Fassung bedingen.« — **14** Siehe Hugo Riemann: *Katechismus der Kompositionslehre (Musikalische Formenlehre)*. Leipzig 1889, S. 2. Dieses »evolutionäre Schema« ist vorgebildet bei Adolf Bernhard Marx: *Die Lehre von der musikalischen Komposition*. 4 Bde., Leipzig 1837–1847. Vgl. dazu Adolf Nowak: »Wandlungen des Begriffs ›musikalische Logik‹ bei Hugo Riemann«. In: Tatjana Böhme-Mehner, Klaus Mehner (Hg.): *Hugo Riemann (1849–1919). Musikwissenschaftler mit Universalanspruch*. Köln – Weimar – Wien 2001, S. 37–48, insb. S. 43 f. — **15** Vgl. dazu Riemanns *Handbuch der Kompositionslehre*, Bd. 1. Berlin 1889, außerdem Clemens Kühn: Art. »Form«. In: Ludwig Finscher (Hg.): *Die Musik in Geschichte und Gegenwart*. 2., neubearb. Ausgabe, Sachteil, Bd. 3. Kassel – Stuttgart u. a. 1995, insb. Sp. 636. — **16** Vgl. dazu Rehding: *Hugo Riemann and the Birth of Modern Musical Thought* (s. Anm. 6), S. 39. Vgl. dazu auch Wilhelm Seidel: »Riemann und Beethoven«. In: Böhme-Mehner, Mehner (Hg.): *Hugo Riemann (1849–1919)*. (s. Anm. 14), S. 139–151. — **17** Leichtentritts Arbeitsaufnahme in Harvard wurde in der *New York Times* am 26. September 1933 angezeigt, vgl. David Josephson: »The Exile of European Music. Documentation of Upheaval and Immigration in the *New York Times*«. In: Reinhold Brinkmann, Christoph Wolff (Hg.): *Driven into Paradise. The Musical Migration from Nazi Germany to the United States*. Berkeley – Los Angeles – London 1999, S. 139, Anm. 53. Im März 1933 war ein Aufsatz Leichtentritts über Schönbergs op. 19 erschienen, in dem er den Komponisten als »Wegbereiter« und »Bahnbrecher« preist, dessen Werke jeder zukünftige Musiker mit Gewinn studieren könne (in: *Die Musik* Jg. 25 [1932/33] H. 6, S. 405–413). Vgl. dazu auch Nicolas Slonimsky: »Foreword«. In: Hugo Leichtentritt: *Music of the Western Nations*. Hg. von dems. Cambridge 1956, S. V. — **18** Vgl. Potter: »Die Lage der jüdischen Musikwissenschaftler an den Universitäten der Weimarer Zeit« (s. Anm. 2), S. 64 f., sowie Schneider: »Musikwissenschaft in der Emigration« (s. Anm. 2), S. 200. Vgl. auch den Eintrag zu Leichtentritt in: *Lexikon verfolgter Musiker und Musikerinnen der NS-Zeit* (s. Anm. 2). — **19** Ian D. Bent, Anthony Pople: »Analysis«. In: Stanley Sadie (Hg.): *The New Grove Dictionary of Music and Musicians*. 2. Aufl. Bd. 1. London – New York 2001, S. 541. — **20** Die Handbücher von Ludwig Bussler: *Musikalische Formenlehre in 33 Aufgaben* (...). Berlin 1878 (mit mehreren nachfolgenden Auflagen, die von Leichtentritt mindestens bis ⁴1920 überarbeitet wurden), und Stephan Krehl: *Musikalische Formenlehre (Kompositionslehre)*, I. Die reine Formenlehre. Leipzig 1902, II. Die angewandte Formenlehre. Leipzig 1903 (ebenfalls mit mehreren Neuauflagen), waren im Unterschied dazu als Kompositionsanleitungen konzipiert. Richard Stöhr: *Musikalische Formenlehre*. Leipzig 1911, dem Vorwort zufolge ein »Lehrbuch für Lehrerbildungskurse«, stellt eine Übersicht der musikalischen Formen dar, die durch zahlreiche Notenbeispiele belegt werden. — **21** Vgl. dazu Diether de la Motte: »Reform der Formenlehre?«. In: Rudolf Stephan (Hg.): *Probleme des musiktheoretischen Unterrichts*. Berlin 1967 (= *Veröffentlichungen des Instituts für Neue Musik und Musikerziehung Darmstadt*, Bd. 7), S. 30–39. — **22** Thomas Seedorf: »Leichtentritt, Busoni und die Formenlehre. Zur Wandlung einer Konzeption«. In: *Musiktheorie* Jg. 5 (1990) H. 1, S. 28. Leichtentritt hatte 1916 die erste Biografie Busonis publiziert. — **23** Ebd., S. 32. Seedorf zit. Carl Dahlhaus: »Was heißt ›Geschichte der Musiktheorie?‹«. In: *Ideen zu einer Geschichte der Musiktheorie*. Darmstadt 1985 (= *Geschichte der Musiktheorie* 1), S. 34. — **24** Ernst Bücken: *Geist und Form im musikalischen Kunstwerk*. Potsdam 1929 (= *Handbuch der Musikwissenschaft*, Bd. 7), S. 98. — **25** Vgl. dazu Ludwig Holtmeier: »Von der Musiktheorie zum Tonsatz. Zur Geschichte eines geschichtslosen Faches«. In: Ludwig Holtmeier, Michael Polth, Felix Diergarten (Hg.): *Musiktheorie zwischen Historie und Systematik. 1. Kongreß der Deutschen Gesellschaft für Musiktheorie, Dresden 2001*. Augsburg 2004, S. 19. Vgl. auch Ludwig Holtmeier: »Grundzüge der Riemann-Rezeption«. In: Helga de la Motte-Haber, Oliver Schwab-Felisch (Hg.): *Musiktheorie*. Laaber 2005 (= *Handbuch der Systematischen Musikwissenschaft*, Bd. 2), S. 230–262. — **26** Die vierte Auflage erschien als unveränderter Neudruck der 1926 erschienenen dritten Auflage in Leipzig bei Breitkopf & Härtel 1948. — **27** Seedorf: »Leichtentritt, Busoni und die Formenlehre« (s. Anm. 22), S. 35. Vgl. auch Clemens Kühn: »Form. Theorie, Analyse, Lehre«. In: *Zeitschrift der Gesellschaft für Musiktheorie* Jg. 2 (2005) H. 2, www.gmth.de/www/zeitschrift.php, 27.11.2007. — **28** Ernst Kurth: *Bruckner*. 2 Bde. Berlin 1925. — **29** Ebd. Bd. 1. S. 233 f. — **30** Vgl. Lee A. Rothfarb: *Ernst Kurth as Theorist and Analyst*. Philadelphia 1988. Vgl. auch Joseph Willimann (Hg.): *Gedenkschrift Ernst Kurth (1886–1946)*. Bern – Stuttgart 1989 (= *Schweizer Jahrbuch für Musikwissenschaft*, Neue Folge, 6/7). Vgl. dazu auch Luitgard Schader: »Ernst Kurth und die Gestaltpsychologie. Oder von der Prägung eines Außenseiters in der deutschsprachigen Musikwissenschaft der 1920er Jahre«. In: Gerhard (Hg.): *Musikwissenschaft – eine verspätete Disziplin?* (s. Anm. 8), S. 175–196. — **31** Joseph Müller-Blattau: *Die Lehre von der Erfindung und Gestaltung in der Vokal- und Instrumentalmusik*. Potsdam 1935, S. 151–228. — **32** Hans Mersmann: *Musikhören*. Potsdam – Berlin 1938. Vgl. auch Schader: »Ernst Kurth und die Gestaltpsychologie« (s. Anm. 30), S. 194: Mersmann hatte Ernst Kurths Terminologie bereits 1923 »als allgemein anerkanntes musiktheoretisches Wissen« übernommen (ohne auf Kurth zu verweisen). Er hatte überdies bei Riemann in Leipzig studiert. — **33** Vgl. Hans Mersmann: *Musikhören*. Neue Ausgabe Frankfurt/M. 1952, S. 20; in der Ausgabe seines Buches von 1952 wurde nur ein Schlusskapitel über neue Musik (Schönberg, Hindemith) angefügt. — **34** Vgl. Hans Mersmann: *Grundlagen einer musikalischen Volksliedforschung*. Leipzig 1930. — **35** Vgl. auch Hans Mersmann: *Volkslied und Gegenwart*. Potsdam 1937. Hier stellte Mersmann die Volksliedforschung in den Kontext der »allgemeinen Volkskunde« und »der Rassenforschung« (S. 55). »Wie aus einer Besprechung seines Buches *Musikhören* hervorgeht, war Mersmann seitens nationalsozialistischer Kulturvertreter mit Misstrauen beobachtet worden, obgleich man ihm zugestand, sich weltanschaulich dem Regime annähern zu wollen«, so Michael Custodis: *Die soziale Isolation der neuen Musik. Zum Kölner Musikleben nach 1945*. Stuttgart 2004 (= *Beihefte zum Archiv für Musikwissenschaft* 54), S. 36. Custodis zufolge war Mersmann nach 1933 Privatmusiklehrer und Musikschriftsteller (s. ebd.). — **36** Dies spiegelt sich auch in der Verhandlungen der Musikhochschul-Rektoren über den einzuschlagenden Kurs, wie man z. B. im *Bericht über die interzonale Tagung der Musikschuldirektoren in München 1947* nachlesen kann (ein Exemplar findet sich im Hauptstaatsarchiv Stuttgart unter der Signatur EA 3/203 Bü 108). Vgl. für die Stuttgarter Musikhochschule: Dörte Schmidt: »Zwischen allgemeiner Volksbildung, Kunstlehre und autonomer Wissenschaft. Die Fächer Musikgeschichte und Musiktheorie als Indikatoren für den Selbstentwurf der Musikhochschule als akademische Institution«. In: Joachim Kremer, Dörte Schmidt (Hg.): *Zwischen bürgerlicher Kultur und Akademie. Zur Professionalisierung der Musikausbildung in Stuttgart seit 1857*. Schliengen 2007 (= *Forum Musikwissenschaft*, Bd. 2), S. 361–408, vor allem 391 ff. — **37** Theodor W. Adorno über »Form in der Neuen Musik«. In: *Form in der Neuen Musik*. Mainz 1966 (= *Darmstädter Beiträge zur Neuen Musik*, Bd. 10), S. 21, vgl. dazu auch die weiteren Beiträge ebd. — **38** Vgl. Erwin Ratz: *Einführung in die musikalische Formenlehre*. Wien 1951; Erwin Stein: *Form and Performance*. London 1962. Vgl. dazu Raab Hansen: *NS-verfolgte Musiker in England* (s. Anm. 2), S. 200 ff., sowie Thomas Brezinka: *Erwin Stein. Ein Musiker in Wien und London*. Wien 2005. — **39** Vgl. dazu William E. Caplin: »North American Approaches to Musical Form«. In: *Zeitschrift der Gesellschaft für Musiktheorie* Jg. 2 (2005) H. 2, www.gmth.de/www/zeitschrift.php, 27.11.2007. — **40** Vgl. Werner Grünzweig: »Vom ›Schenkerismus‹ zum ›Dahlhaus-Projekt‹. Einflüsse deutschsprachiger Musiker und Musikwissenschaftler in den Vereinigten Staaten – Anfänge und Ausblick«. In: *Österreichische Musikzeitschrift* Jg. 48 (1993), H. 3–4, S. 161–170, Stephen Hinton: »Amerikanische Musiktheorie: Disziplin ohne Geschichte?«, in: Dörte Schmidt (Hg.): *Musiktheoretisches Denken und kultureller Kontext*. Schliengen 2005 (= *Forum Musikwissenschaft*, Bd. 1), S. 231–246, sowie Martin Eybl, Evelyn Fink-Mennel (Hg.): *Schenker-Traditionen. Eine Wiener Schule der Musiktheorie und ihre internationale Verbreitung/A Viennese School of Music Theory and Its International Dissemination*. Wien – Köln – Weimar 2006 (= *Wiener Veröffentlichungen zur Musikgeschichte* 6). — **41** Vgl. dazu Patrick Boenke: »Zur amerikanischen Rezeption der Schichtenlehre Heinrich Schenkers«. In: *Zeitschrift der Gesellschaft für Musiktheorie* Jg. 2 (2005) H. 2, www.gmth.de/www/zeitschrift.php, 27.11.2007. Moriz Violin (1879–1956), Freund Schenkers; Hans Weisse (1892–1940) hatte bei Schenker seit 1912 Unterricht erhalten; Felix Salzer (1904–1986) und Oswald Jonas (1897–1978) studierten zunächst bei Weisse, Jonas 1915–1922 und Salzer 1935–1935 bei Schenker; Jonas emigrierte 1938 über England, Salzer 1939 über Paris nach Amerika; Ernst Oster (1908–1977) studierte bei Jonas in Berlin und nach 1935 in Wien, er emigrierte 1938 nach Amerika. — **42** Vgl. Grünzweig: »Vom ›Schenkerismus‹ zum ›Dahlhaus-Projekt‹« (s. Anm. 40), S. 169. — **43** Vgl. dazu Oliver Schwab-Felisch: »Zur Rezeption der Schichtenlehre Heinrich Schenkers in der deutschsprachigen Musikwissenschaft nach 1945«. In: *Zeitschrift der Gesellschaft für Musiktheorie* Jg. 2 (2005) H. 2, www.gmth.de/www/zeitschrift.php, 27.11.2007. — **44** Heinrich Schenker: »Von der Sendung des deutschen Genies«. In: *Der Tonwille. Flugblätter zum Zeugnis unwandelbarer Gesetze der Tonkunst einer neuen Jugend dargebracht von Heinrich Schenker*, H. 1 (1921), S. 15, zit. nach Martin Eybl: *Ideologie und Methode. Zum ideengeschichtlichen Kontext von Schenkers Musiktheorie*. Tutzing 1995 (= *Wiener Veröffentlichungen zur Musikwissenschaft*, Bd. 32), S. 18, vgl. dazu ebd. S. 16 f. — **45** Vgl. dazu Hellmut Federhofer: *Heinrich Schenker. Nach Tagebüchern und Briefen in der Oswald Jonas Memorial Collection, University of California, Riverside*. Hildesheim – Zürich – New York 1985 (= *Schriften zur Musikwissenschaft*, Bd. 3), S. 310–320. — **46** Bernd Redmann: »Zum (Schein-)Antipodentum von Hugo Riemann und Heinrich Schenker«. In: Gernot Gruber (Hg.): *Zur Geschichte der musikalischen Analyse. Bericht über die Tagung München 1993*. Laaber 1996 (= *Schriften zur musikalischen Hermeneutik*, Bd. 5), S. 133. Vgl. dazu auch Oliver Schwab-Felisch: »Zur Schichtenlehre Heinrich Schenkers«. In: de la Motte-Haber, Schwab-Felisch (Hg.): *Musiktheorie* (s. Anm. 25), Laaber 2005, S. 339. — **47** Vgl. dazu Volker Kalisch: »Zum Verhältnis von Analyse und Musiktheorie«. In: Gruber (Hg.): *Zur Geschichte der musikalischen Analyse* (s. Anm. 46), S. 122. Vgl. dazu auch Carl Dahlhaus: *Die Musiktheorie im 18. und 19. Jahrhundert. 1. Teil: Grundzüge einer Systematik.* Darmstadt 1984 (= *Geschichte der Musiktheorie*, Bd. 10), insb. S. 28–33 (über »Musiktheorie und Analyse«). — **48** Siehe Heinrich Schenker: *Der freie Satz.* Wien 1935; vgl. dazu Martin Eybl: »Zweckbestimmungen und historische Voraussetzungen der Analytik Heinrich Schenkers«. In: Gruber (Hg.): *Zur Geschichte der musikalischen Analyse* (s. Anm. 46), S. 155 f.; sowie Eybl: *Ideologie und Methode* (s. Anm. 44), S. 111 ff. — **49** Oliver Schwab-Felisch: »Zur Schichtenlehre Heinrich Schenkers«. In: de la Motte-Haber, Schwab-Felisch (Hg.): *Musiktheorie* (s. Anm. 25), S. 348, 353. — **50** Boenke: »Zur amerikanischen Rezeption der Schichtenlehre Heinrich Schenkers« (s. Anm. 41). Schenkers *Der freie Satz* wurde von Oswald Jonas nach dem Tod Schenkers (Januar 1935) herausgegeben. Vgl. auch die frühe Einführung in Schenkers Lehre durch Jonas: *Das Wesen des musikalischen Kunstwerks.* Wien 1934. Vgl. auch zur Atmosphäre der frühen Schenker-Rezeption in Amerika Milton Babbitt: »My Vienna Triangle at Washington Square Revisited and Dilated«. In: Brinkmann, Wolff (Hg.): *Driven into Paradise* (s. Anm. 17), S. 33–53, insb. S. 42–47. — **51** Milton Babbitts Besprechung von Salzers *Structural Hearing*, in: *Journal of the American Musicological Society* Jg. 5 (1952) H. 3, S. 260. — **52** Vgl. dazu William Rothstein: »The Americanization of Heinrich Schenker«. In: Hedi Siegel (Hg.): *Schenker Studies 1.* Cambridge – New York u. a. 1990, S. 193–203. — **53** Vgl. zur Ausgabe von *Harmony* Robert W. Wason: »From Harmonielehre to Harmony. Schenker's Theory of Harmony and its Americanization«. In: Eybl, Fink-Mennel (Hg.): *Schenker-Traditionen* (s. Anm. 40), S. 171–201. — **54** Allen Forte: »Schenkerians and Schoenbergians in America«. In: Eybl, Fink-Mennel (Hg.): *Schenker-Traditionen* (s. Anm. 40), S. 83. Babbitt über Salzers Buch (s. Anm. 51): »Nothing in it should be taken for granted, but everything in it should be carefully examined« (S. 265). — **55** Boenke: »Zur amerikanischen Rezeption der Schichtenlehre Heinrich Schenkers« (s. Anm. 41). Vgl. dazu die Übersetzung der ausgelassenen Passagen durch John Rothgeb in Appendix 4 in *Free Composition.* New York 1979; vgl. dazu auch Robert P. Morgan: »Schenker's Der freie Satz. History, Significance, Reception«. In: Eybl, Fink-Mennel (Hg.): *Schenker-Traditionen* (s. Anm. 40), S. 221–231. Vgl. auch Forte: »Schenkerians and Schoenbergians in America« (s. Anm. 54), S. 84 f. (Forte berichtet hier darüber, dass er an der Übersetzung Anteil hatte.) — **56** Vgl. ebd., S. 83. — **57** Vgl. Babbitts o. g. Besprechung von Salzers *Structural Hearing* (s. Anm. 51) sowie Allen Forte: »Schenker's Conception of Musical Structure«. In: *Journal of Music Theory* Jg. 3 (1959) H. 1, S. 1–30. Vgl. dazu auch Rothstein: »The Americanization of Heinrich Schenker« (s. Anm. 52) und Boenke: »Zur amerikanischen Rezeption der Schichtenlehre Heinrich Schenkers« (s. Anm. 41). — **58** Rothstein: »The Americanization of Heinrich Schenker« (s. Anm. 52), S. 199. — **59** Siehe »Einleitung«. In: Eybl, Fink-Mennel (Hg.): *Schenker-Traditionen* (s. Anm. 40), S. 12, sowie ebd.: Gerold W. Gruber: »Atonal Prolongation – eine Chimäre?«. S. 70 f. Vgl. dazu Allen Forte: »Schoenberg's Creative Evolution. The Path to Atonality«. In: *The Musical Quarterly* Jg. 64 (1978) H. 2, S. 133–176, sowie ders. u. Steven E. Gilbert: *Introduction to Schenkerian Analysis.* New York – London 1982. — **60** Forte: »Schenker's Conception of Musical Structure« (s. Anm. 57), S. 3. Forte verglich Schenker demzufolge mit Freud. — **61** Ebd., S. 27. Vgl. dazu Allen Forte: *Contemporary Tone-Structures.* New York 1955. — **62** Vgl. dazu auch Oliver Schwab-Felisch: »Zur Schichtenlehre Heinrich Schenkers«. In: de la Motte-Haber, Schwab-Felisch (Hg.): *Musiktheorie* (s. Anm. 25), S. 337–376, sowie Schwab-Felisch: »Zur Rezeption der Schichtenlehre Heinrich Schenkers in der deutschsprachigen Musikwissenschaft nach 1945« (s. Anm. 43). — **63** Vgl. dazu den grundlegenden Aufsatz von Schneider: »Musikwissenschaft in der Emigration« (s. Anm. 2), der sich insb. auf die Vergleichende und Systematische Musikwissenschaft konzentriert hat. Vgl. auch Potter: *Most German of the Arts* (s. Anm. 10), S. 172–176. — **64** Vgl. Bruno Nettl: *Theory and Method in Ethnomusicology.* New York 1964, und Alan P. Merriam: »Definitions of ›Comparative Musicology‹ and ›Ethnomusicology‹. An Historical-Theoretical Perspective«. In: *Ethnomusicology* Jg. 21 (1977) H. 2, S. 189–204. Vgl. auch Albrecht Schneider: »Von den Indianergesängen zur ›Weltmusik‹. Zur Entwicklung der amerikanischen ›ethnomusicology‹«. In: Annette Kreutziger-Herr,

Manfred Strack (Hg.): *Aus der neuen Welt. Streifzüge durch die amerikanische Musik des 20. Jahrhunderts.* Hamburg 1997, S. 223–243, sowie Potter: *Most German of the Arts* (s. Anm. 10), S. 176. — **65** Vgl. Helga Sprung, Lothar Sprung: *Carl Stumpf – Eine Biographie. Von der Philosophie zur Experimentellen Psychologie.* München – Wien 2006, S. 336–340. Vgl. auch Christian Kaden: »Das Konzept der Berliner Vergleichenden Musikwissenschaft«. In: Theophil Antonicek, Gernot Gruber (Hg.): *Musikwissenschaft als Kulturwissenschaft. Damals und heute. Internationales Symposion (1998) zum Jubiläum der Institutsgründung an der Universität Wien vor 100 Jahren.* Tutzing 2005, S. 175–185. Kaden zeichnet eine sehr schwache Institutionalisierung der Vergleichenden Musikwissenschaft in Berlin, die somit auch ihrer »Abschaffung« nichts entgegenzusetzen gehabt haben dürfte. Vgl. dazu Dieter Christensen: »Erich M. von Hornbostel, Carl Stumpf, and the Institutionalization of Comparative Musicology«. In: Bruno Nettl, Philip V. Bohlman (Hg.): *Comparative Musicology and Anthropology of Music. Essays in the History of Ethnomusicology.* Chicago – London 1991, S. 201–209. Vgl. im Gegenzug Marjolijn van Roon: »Ein Zauberkünstler. Erich Moritz von Hornbostel im Spiegel seiner Biographie und seiner Korrespondenz mit Jaap Kunst«. In: Sebastian Klotz (Hg.): »*Vom tönenden Wirbel menschlichen Tuns«. Erich M. von Hornbostel als Gestaltpsychologe, Archivar und Musikwissenschaftler.* Berlin – Milow 1998, S. 44–88. — **66** Vgl. Schneider: »Musikwissenschaft in der Emigration« (s. Anm. 2), S. 193–195. — **67** Vgl. Karlheinz Barck: »Grenzen der Menschheit. *In memoriam* Franz Boas (1858–1942)«. In: Klotz (Hg.): »*Vom tönenden Wirbel menschlichen Tuns«* (s. Anm. 65), S. 184–190, vgl. auch Michael Dürr u. a. (Hg.): *Franz Boas. Ethnologe – Anthropologe – Sprachwissenschaftler. Ein Wegbereiter der modernen Wissenschaft vom Menschen* (Ausstellungskatalog). Berlin 1992. — **68** Kolinski emigrierte zunächst nach Prag, 1938 nach Belgien, wo er sich bei dem Maler Fritz van den Berghe verstecken konnte. Erst 1951 ging er in die USA und gehörte dort 1955 zu den Gründern der Society for Ethnomusicology. Ab 1966 lehrte er an der University of Toronto. Vgl. den Eintrag zu Kolinski und Nettl im *Lexikon verfolgter Musiker und Musikerinnen der NS-Zeit* (s. Anm. 2). Vgl. auch Bruno Nettl: »Displaced Musics and Immigrant Musicologists. Ethnomusicological and Biographical Perspectives«. In: Brinkmann, Wolff (Hg.): *Driven into Paradise* (s. Anm. 17), S. 54–65. — **69** Vgl. Bruno Nettl: »The Dual Nature of Ethnomusicology in North America. The Contributions of Charles Seeger and George Herzog«. In: Nettl, Bohlman (Hg.): *Comparative Musicology and Anthropology of Music* (s. Anm. 65), S. 266–274, vgl. auch zu Herzog als »Nachfolger« Hornbostels: Nettl *Theory and Method in Ethnomusicology* (s. Anm. 64), S. 18. — **70** Nettl: »Displaced Musics and Immigrant Musicologists« (s. Anm. 68), S. 62. — **71** Vgl. Schneider, »Von den Indianergesängen zur ›Weltmusik‹« (s. Anm. 64), S. 231. — **72** Nettl: *Theory and Method in Ethnomusicology* (s. Anm. 64), S. 8. — **73** Siehe Paula Morgan, Sue Carole deVale: Art. »Klaus P(hilipp) Wachsmann«. In: Stanley Sadie (Hg.): *The New Grove Dictionary of Music and Musicians.* Bd. 26. London – New York 2001, S. 918 f. Wachsmann wurde bei Karl Gustav Fellerer in der Schweiz promoviert, ging danach 1936 nach London, um sich dort mit afrikanischen Sprachen zu beschäftigen. Er wurde später Kurator des Uganda Museums in Kampala, bevor er wieder nach England zurückkehrte. — **74** Siehe Philip V. Bohlman: Art. »Bruno Nettl«. In: Stanley Sadie (Hg.): *The New Grove Dictionary of Music and Musicians.* Bd. 17. London – New York 2001, S. 778. — **75** Vgl. Erich Moritz von Hornbostel: *Tonart und Ethos. Aufsätze zur Musikethnologie und Musikpsychologie.* Hg. von Christian Kaden, Erich Stockmann. Leipzig 1986, neue Aufl. Wilhelmshaven 1999. — **76** Schneider: »Musikwissenschaft in der Emigration« (s. Anm. 2), S. 193. — **77** Vgl. Walter Zimmermann: *Tonart ohne Ethos. Der Musikforscher Marius Schneider.* Stuttgart 2003 (= *Akademie der Wissenschaften und der Literatur, Mainz, Abhandlungen der Geistes- und Sozialwissenschaftlichen Klasse Jg. 2003,* Nr. 2), S. 20. — **78** Vgl. dazu Artur Simon: »Das Berliner Phonogramm-Archiv gegründet von Carl Stumpf«. In: Margret Kaiser-El-Safti, Matthias Ballod (Hg.): *Musik und Sprache. Zur Phänomenologie von Carl Stumpf.* Würzburg 2003, S. 203 f. »Im 2. Weltkrieg wurden 90% der Walzensammlungen in Schlesien ausgelagert, die dann nach Leningrad gefahren, später an die DDR übergeben und nach der Wiedervereinigung Januar 1991 wieder zum Museum für Völkerkunde zurückgebracht wurden« (ebd.). — **79** Marius Schneider: »Das Phonogramm-Archiv des Museums für Völkerkunde«. In: *Archiv für Vergleichende Phonetik* Jg. 2 (1938) H. 1, S. 41. — **80** Für die Systematische Musikwissenschaft galt eine ähnliche Situation: »The physicist Erich Schumann was oppointed Ordinarius in systematic musicology at the university in 1933, a rank neither Sachs nor Hornbostel had been able to achieve in all of their years in Berlin. Schumann, who offered valuable service to the Wehrmacht in weapons research, acquired the rank immediately after their expulsion, although he had little to contribute to the field in terms of research«, Potter: *Most German of the Arts* (s. Anm. 10), S. 175. — **81** Susanne Ziegler: »Erich M. von Hornbostel und das Berliner Phonogrammarchiv«. In: Klotz (Hg.): *»Vom tönenden Wirbel menschlichen Tuns«* (s. Anm. 65), S. 160 f.; vgl. Schneider: »Das Phonogramm-Archiv des Museums für Völkerkunde«, S. 41–47 (s. Anm. 79), sowie Marius Schneider: »Grundsätzliches zur musikalischen Rassenforschung unter besonderer Berücksichtigung der Indogermanenfrage«, Vortrag bei den Reichsmusiktagen 1938 in Düsseldorf, siehe Pamela M. Potter: »Wissenschaftler im Zwiespalt«. In: Albrecht Dümling, Peter Girth (Hg.): *Entartete Musik. Zur Düsseldorfer Ausstellung von 1938*. Düsseldorf ²1988, S. 66, Anm. 20. Vgl. auch Bernhard Bleibinger: »Mythos Marius Schneider. Agent im Dienste der Musikwissenschaft, Handlanger der Nationalsozialisten oder verfolgter Emigrant?«. In: Isolde von Foerster, Christoph Hust, Christoph-Hellmut Mahling (Hg.): *Musikforschung – Faschismus – Nationalsozialismus. Referate der Tagung Schloß Engers (8. bis 11. März 2000)*. Mainz 2001, S. 329–358, sowie insbesondere die Nachforschungen und daher teilweise Richtigstellungen vieler Informationen durch Walter Zimmermann in: Zimmermann: *Tonart ohne Ethos* (s. Anm. 77). — **82** Marjolijn van Roon: »Ein Zauberkünstler« (s. Anm. 65), S. 58. — **83** Vgl. Klaus P. Wachsmann, Dieter Christensen, Hans-Peter Reinecke (Hg.): *Hornbostel Opera Omnia*. Bd. 1. Den Haag 1975; von Hornbostel: *Tonart und Ethos*. (s. Anm. 75); Klotz: »Einführung«. In: Klotz (Hg.): *»Vom tönenden Wirbel menschlichen Tuns«* (s. Anm. 65), S. 7–43, insb. S. 10 f. — **84** Vgl. etwa Curt Sachs: *Reallexikon der Musikinstrumente*. Berlin 1913; ders.: *Handbuch der Musikinstrumentenkunde*. Leipzig 1920; ders.: *Geist und Werden der Musikinstrumente*. Berlin 1929; ders. u. Erich Moritz von Hornbostel: »Systematik der Musikinstrumente. Ein Versuch«. In: *Zeitschrift für Ethnologie* Jg. 46 (1914) H. 4–5, S. 553–590. Vgl. dazu auch Peter Simon: *Die Hornbostel, Sachs'sche Systematik der Musikinstrumente. Merkmalarten und Merkmale*. Mönchengladbach 2004. — **85** Siehe Schneider: »Musikwissenschaft in der Emigration« (s. Anm. 2), S. 193. Vgl. zu Sachs auch van Roon: »Ein Zauberkünstler« (s. Anm. 65), S. 60. — **86** Vgl. dazu Potter: »Die Lage der jüdischen Musikwissenschaftler an den Universitäten der Weimarer Zeit« (s. Anm. 2), S. 66 f.: »Die Originalität von Curt Sachs, mit der er die Grenzen der Musikwissenschaft erweiterte und sie mit seinen vielseitigen Kenntnissen aus anderen Fächern bereicherte, war einmalig; sie bewirkte das hohe Ansehen, das er als Professor, Forscher und Organisator nach seiner Emigration in Amerika genoß. (...) [Er] erhielt den Ehrendoktor des Hebrew Union College und [zum 75. Geburtstag am 29. Juni 1956] der Freien Universität Berlin, wurde von der Regierung der Bundesrepublik Deutschland zum Ordinarius emeritus ernannt, war [1956] Ehrenmitglied der Gesellschaft für Musikforschung, Präsident der American Musicological Society und Ehrenpräsident der American Society for Ethnomusicology. Er war sich aber auch bewußt, daß sein Judentum für ihn und andere in Deutschland ein Hindernis darstellte.« Vgl. auch Martin Elste (Hg.): *Curt Sachs. Berlin, Paris, New York – Pathways of Musicology* (Ausstellungskatalog). Berlin 2006. — **87** Schneider: »Musikwissenschaft in der Emigration« (s. Anm. 2), S. 193 f. — **88** Siehe ebd., S. 194; vgl. auch Israel Adler, Bathja Bayer: »Edith Gerson-Kiwi (1908–1992)«. In: *Die Musikforschung* 46 (1993) H. 2, S. 129–131. — **89** Die Zeitschrift wurde von Lachmann in Verbindung mit Erich M. von Hornbostel und Johannes Wolf herausgegeben. Es kamen 1933 bis 1935 noch jeweils (teilweise zusammengefasst) vier Nummern heraus. — **90** Schneider: »Musikwissenschaft in der Emigration« (s. Anm. 2), S. 192. In der letzten Nummer der Zeitschrift (3/4, 1935) wird angezeigt, dass Charles Seeger Vorsitzender, Helen Roberts Schriftführerin, Georg Schünemann Schatzmeister und George Herzog zweiter Schatzmeister der Gesellschaft geworden sind. Vgl. dazu auch Erich Stockmann: »Vorwort«. In: von Hornbostel: *Tonart und Ethos* (s. Anm. 75), S. 19 f. — **91** Zit. nach van Roon: »Ein Zauberkünstler« (s. Anm. 65), S. 60. — **92** Vgl. Kaden: »Das Konzept der Berliner Vergleichenden Musikwissenschaft« (s. Anm. 65),

S. 176. Vgl. dazu auch Erich Stockmann: »Vorwort«. In: von Hornbostel: *Tonart und Ethos* (s. Anm. 75), S. 12 f. Vgl. dazu auch Josef Kuckertz: »Ethnomusikologie im Umkreis der Wissenschaften«. In: *Die Musikforschung* Jg. 48 (1995) H. 2, S. 117–130. — **93** Vgl. dazu Albrecht Riethmüller: »German Music from the Perspective of German Musicology after 1933«. In: *Journal of Musicological Research* Jg. 11 (1991), S. 177–187. Vgl. auch Potter: *Most German of the Arts* (s. Anm. 10), S. 197 f. — **94** Bruno Nettl beispielsweise war mit einem Fulbright Stipendium 1956–1958 Gastdozent am Musikwissenschaftlichen Institut der Universität Kiel, wo 1938–1958 Friedrich Blume den Lehrstuhl (für Historische Musikwissenschaft) inne hatte. Klaus P. Wachsmann »kehrte als Gastprofessor an der Universität Köln zeitweilig nach Deutschland zurück, wo er u. a. Vorlesungen zur Geschichte der vergleichenden Musikwissenschaft gehalten hat«, siehe Schneider: »Musikwissenschaft in der Emigration« (s. Anm. 2), S. 196. — **95** Brief Hornbostels an Sachs vom 19. September 1919, zit. nach van Roon: »Ein Zauberkünstler« (s. Anm. 65), S. 50. Vgl. auch Howard Mayer Brown: Art. »Curt Sachs«. In: Stanley Sadie (Hg.): *The New Grove Dictionary of Music and Musicians*. Bd. 22. London – New York 2001, S. 75 f., und Andreas Eichhorn: Art. »Curt Sachs«. In: Ludwig Finscher (Hg.): *Die Musik in Geschichte und Gegenwart*. 2., neubearb. Ausgabe, Personenteil. Bd. 14. Kassel – Stuttgart u. a. 2005, Sp. 767–770. — **96** Vgl. dazu bspw. die Vorbereitungen zum Kongress der Internationalen Gesellschaft für Musikwissenschaft in Barcelona 1936, beschrieben bei Bleibinger: »Mythos Marius Schneider« (s. Anm. 81), S. 337–341. Vgl. dazu auch Potter: *Most German of the Arts* (s. Anm. 10), S. 259. — **97** Richard Schaal: Art. »Einstein, Alfred«. In: Friedrich Blume (Hg.): *Die Musik in Geschichte und Gegenwart*, Kassel – Basel 1954. Neuausgabe München – Kassel 1989, Sp. 1208. Vgl. dazu Roman Brotbeck: »Verdrängung und Abwehr. Die verpaßte Vergangenheitsbewältigung in Friedrich Blumes Enzyklopädie ›Die Musik in Geschichte und Gegenwart‹«. In: Gerhard (Hg.): *Musikwissenschaft – eine verspätete Disziplin?* (s. Anm. 8), S. 361 f. Vgl. dazu auch Melina Gehring: *Alfred Einstein. Ein Musikwissenschaftler im Exil.* Hamburg 2007 (= Musik im »Dritten Reich« und im Exil 13), S. 156 f. Vgl. dazu Martin Geck: »›Cosi fan tutte‹ oder ›Götterdämmerung‹? Die nationalsozialistische Vergangenheit der deutschen Musikwissenschaft«. In: *Musik & Ästhetik* Jg. 5 (2001) H. 17, S. 76–89, insb. S. 83, Fußnote 10, wo Geck vermutet (»da bin ich mir ziemlich sicher«), dass die »in der Tat vernünftige, 19 Zeilen umfassende Schlußwürdigung Einsteins (…) erst nachträglich bei einem Autor vermutlich amerikanischer Herkunft in Auftrag gegeben worden« sei. Es ist dann allerdings merkwürdig, dass Einstein für die »deutsche Schule der Musikwissenschaft« und »deutsche Gründlichkeit« in Anspruch genommen wird, und dass stattdessen nicht seine Verdienste in den USA herausgestrichen werden. Andererseits ist es aber auch vorstellbar, dass der Autor betonen wollte, dass der jüdische Emigrant Einstein vollkommen in der »deutschen Tradition« stand, um alle Andersdenkenden zu beschämen. — **98** Pamela M. Potter: »From Jewish Exile in Germany to German Scholar in America. Alfred Einstein's Emigration«. In: Brinkmann, Wolff (Hg.): *Driven into Paradise* (s. Anm. 17), S. 304. — **99** Gehring: *Alfred Einstein* (s. Anm. 97), S. 58. Vgl. dazu auch Robert Schmitt Scheubel: »Einsteins ›Riemann‹ in der Zeit von 1938 bis 1952. Zur Wiederkehr des 50. Todestages am 13. Februar 2002«, http://www.muwi.tu-berlin.de/wi/index.html?top=open.htm, 02.02.2008. — **100** Vgl. Gehring: *Alfred Einstein* (s. Anm. 97), S. 67, 91 ff. Die zweite Auflage des Köchel-Verzeichnisses stammte von 1905 (hg. Paul Graf von Waldersee). Vgl. auch Alfred Einstein: *Mozart. His Character, his Work.* New York 1945. — **101** Potter: »From Jewish Exile in Germany to German Scholar in America« (s. Anm. 98), S. 308. Es ist möglich, dass diese »Sondergenehmigung« dazu beitrug, dass Raabe allmählich seine Autorität als Präsident der Reichsmusikkammer verlor und somit der jüngere, aufstrebende Rivale Heinz Drewes in den Vordergrund rückte. Raabe war gerade im Frühjahr 1937 der »Judenfreundschaft« bezichtigt worden, vgl. dazu Nina Okrassa: *Peter Raabe. Dirigent, Musikschriftsteller und Präsident der Reichsmusikkammer (1872–1945).* Köln 2004, S. 391. — **102** Zu unterschiedlichen Auffassungen von »German scholar« im Hinblick auf Einstein vgl. Potter: »From Jewish Exile in Germany to German Scholar in America« (s. Anm. 98), S. 309: »Despite his painful experiences, Einstein remained a German scholar, and his respect for the German musicological tradition could not be completely lost, thus he could not help viewing some of the postwar products of German musicology with reserved admiration.« Vgl. dazu den bei Gehring: *Alfred Einstein* (s. Anm. 97), S. 138, zitierten Brief von Einstein an den britischen Musikschriftsteller Eric Walter Blom vom 25. August 1948: »Nun bin ich es einfach müde, mir meine deutsche Abkunft vorwerfen zu lassen. Ich werde manchmal auch in der amerikanischen Presse der ›German scholar‹ genannt, aber gewöhnlich (es gibt Ausnahmen auch hier) geschieht es ohne ›dolus‹; denn wohin käme dieses Land, wenn es nur die Nachkommen der Leute gelten lassen wollte, die auf der Mayflower herübergeschwommen sind.« **103** Ebd., S. 145. — **104** Ebd., S. 149 (Brief an Marie-Louise Kurth vom 12. November 1949). — **105** Potter: »Die Lage der jüdischen Musikwissenschaftler an den Universitäten der Weimarer Zeit« (s. Anm. 2), S. 67 f. — **106** Vgl. dazu Richard Albrecht: *Exil-Forschung. Studien zur deutschsprachigen Emigration nach 1933*. Frankfurt/M. u. a. 1988 (= *Europäische Hochschulschriften, Reihe I: Deutsche Sprache und Literatur*, Bd. 1092), S. 19.

Matthias Pasdzierny

»Der Ozean, der mich seit jener Zeit von dem Geburtslande trennte, hat wieder zwei Ufer ...« Der Künstlerfonds des Süddeutschen Rundfunk und das deutsch-jüdische Musikerexil

Während die systematische Erforschung der staatlich durchgeführten Wiedergutmachung NS-Verfolgter in Westdeutschland mittlerweile in großem Umfang angelaufen ist und die Quellenbestände dieser Provenienz nach und nach auch für die Exilforschung nutzbar gemacht werden, scheint über nichtstaatlich organisierte Formen der Wiedergutmachung bislang nur sehr wenig bekannt zu sein. Einen besonders umfassenden Versuch dieser Art stellt eine vom Süddeutschen Rundfunk (SDR) in Stuttgart durchgeführte Unterstützungsmaßnahme für exilierte Künstler dar, der sogenannte Künstlerfonds. Die große Anzahl der aus Mitteln dieses Künstlerfonds unterstützten Personen, die lange Laufzeit, sowie die immense Summe der aufgewendeten Gelder dürften die Aktion zu einem der größten nichtstaatlich organisierten Wiedergutmachungsvorhaben in Deutschland gemacht haben. 1951 ins Leben gerufen, hatten es sich die Initiatoren des Fonds zur Aufgabe gemacht, jährlich einer gewissen Anzahl von zwischen 1933 und 1945 aus Deutschland vertriebenen Künstlern, »also Schauspielern, Musikern, Sängern, Komponisten und Autoren, soweit sie in Not sind«[1] in Form von »Ehrengaben« finanzielle Hilfe zukommen zu lassen. In der aktiven Phase der Auswahl von möglichen Empfängern solcher Ehrengaben wurden dabei zwischen 1952 und den frühen 1980er Jahren mehrere tausend Anträge bearbeitet; die Anzahl der unterstützten Exilanten liegt bei insgesamt mindestens 748, darunter bis 1970 knapp 200 in Musikberufen tätige Personen.[2] Die Laufzeit der Initiative ist dabei noch immer nicht abgeschlossen, bis heute werden einige, wenn auch sehr wenige hochbetagte Exilanten oder deren Angehörige aus Mitteln des Fonds unterstützt.[3]

Unter den mit einer Ehrengabe bedachten Künstlerinnen und Künstlern befinden sich insbesondere auf dem Gebiet der Literatur äußerst prominente Exilanten, genannt seien hier nur die bekanntesten: Alfred Döblin, Nelly Sachs, Paul Celan (der die Annahme seiner Ehrengabe allerdings ablehnte)[4], Walter Mehring, Jacob Picard, Kurt Hiller, Hans Sahl, Max Barth, Erich Fried, Theodor Kramer und Oskar Maria Graf sowie als wissenschaftliche Autoren Alfred Wiener und Walter A. Berendsohn. Aber auch auf anderen künstlerischen Feldern finden sich bekannte Namen wie etwa die der Schauspieler Else Bassermann und Ernst Morgan, der bildenden Künstler Ludwig Meidner, Conrad Westpfahl, Bruno Krauskopf und Rudi Lesser sowie der Graphiker Lili Réthi und Benedikt Fred Dolbin. Sucht man nach prominenten Angehörigen der Musikkultur auf den Empfänger-Listen, so wird man ebenfalls schnell fündig: Stefan Wolpe etwa erhielt eine Ehrengabe, ebenso Stefan Auber, Rosy Geiger-Kullmann, Erich Katz, Rudolf Nelson, Ernst Kanitz, Heinrich Schalit, Vally Weigl und viele andere mehr.

Allein diese wenigen Angaben mögen einerseits als Ausweis für die Reichweite der Künstlerfonds-Initiative dienen, andererseits geben sie einen ersten Anhaltspunkt für die Bedeutung ihrer wissenschaftlichen Erschließung – dies umso mehr, da sowohl die Wiedergutmachungs- als auch die Exilforschung den SDR-Künstlerfonds bislang kaum wahrgenommen haben.[5] Dabei scheint der Bestand nicht nur angesichts der beeindruckenden Liste an prominenten Namen überaus interessant zu sein, sondern mehr noch aufgrund des programmatischen Anspruchs der Künstlerhilfe. In der Betonung der Freiwilligkeit der Unterstützung nämlich, im Verzicht auf langwierige Vergabeverfahren, im Erscheinungsbild der Zahlungen als Ehrengabe (im Sinne der Würdigung einer künstlerischen Lebensleistung) gaben die Initiatoren dem SDR-Künstlerfonds gezielt das Gepräge einer »anderen« Wiedergutmachung, der ein, Dagebliebenen wie Vertriebenen gemeinsamer, kultureller Hallraum unterlegt war. Im Gegensatz zur technokratisch-unpersönlichen, von außen verordneten staatlichen Entschädigung im Rahmen der Kriegsfolgenbewältigung sollte hier Wiedergutmachung geleistet werden im Geiste einer humanitären Gesinnung und einer in der Nachkriegszeit allfälligen Rückbesinnung auf die Werte des »christlichen Abendlandes«. Diese Art der kulturellen Grundierung der Unterstützungsmaßnahme schuf offensichtlich für viele der emigrierten Künstler eine Verständigungsgrundlage, auf der sich Vertriebene und Dagebliebene ohne Gesichtsverlust begegnen konnten; dies zeigen nicht zuletzt Formulierungen in den unzähligen Dankesbriefen, die der SDR von Ehrengabe-Empfängern erhielt.

Im folgenden Beitrag soll die Tätigkeit der Künstlerhilfe des SDR erstmals umfassend hinsichtlich der Unterstützung exilierter Musikerinnen und Musiker in den Blick genommen und damit auch die Rolle der Künste und vor allem der Musikkultur in dem oben aufgezeigten Verständigungsraum erörtert werden. Die Quellenlage zur Arbeit des Künstlerfonds-Ausschusses ist dabei überaus günstig: Das Historische Archiv des Südwestrundfunks (SWR) in Stuttgart verwahrt in einem großen Bestand das gesamte im Zusammenhang mit dem Künstlerfonds überlieferte Schriftgut.[6] Darin befinden sich aus der Zeit der Gründung 1951 bis in die 1980er Jahre hinein Tätigkeitsberichte und Sitzungsprotokolle des Ausschusses zur Verteilung der Mittel, Lebensläufe aller unterstützten Personen, darüber hinaus eine immense Anzahl an teilweise aufwendig illustrierten oder literarisch gestalteten Dankesbriefen von Exilanten aus aller Welt. Nicht selten bilden diese Dankschreiben den Ausgangspunkt zu längeren Korrespondenzen, in denen die Emigranten ihre mögliche Remigration oder zumindest die Rückkehr ihres künstlerischen Schaffens nach Deutschland thematisieren.

Die Arbeit der Künstlerhilfe wird unter verschiedenen Gesichtspunkten in den Blick genommen. Zunächst gilt es, die Hintergründe der Initiative zur Errichtung des Fonds zu beleuchten, sowie die Richtlinien zur Vergabe der Mittel zu erörtern. Welche Zielsetzungen die Organisatoren mit ihrer Initiative verfolgten, ist dabei ebenso von Interesse, wie die Auswahlkriterien, anhand derer die Anträge bearbeitet wurden. Es stellt sich dabei die Frage, warum ein deutscher Rundfunksender in der Nachkriegszeit ein solches Engagement für emigrierte Künstler entwickelte und welche Personen die Entscheidung für diese Unterstützungsmaßnahme herbeiführten. Vor dem Hintergrund dieser Überlegungen sollen dann zunächst einzelne Fallbeispiele vorgestellt werden, an denen die Arbeitsweise des Künstlerfonds und der ihr zugrundeliegende Künstler- bzw. Kulturbegriff sichtbar werden. Das umfangreiche Datenmaterial – für die Untersuchung wurde ein Sample von 1383 Anträgen ausgewertet, das den Zeitraum von 1952 bis 1964 abbildet – ermöglicht zudem quantitative Aussagen über die Verteilung der bewilligten Ehrengaben auf einzelne Künstlergruppen (Schriftsteller, Bildende Künstler, Musiker usw.) und Exilländer, sowie Binnendifferenzierungen innerhalb der Gruppe der unterstützten Exilmusiker. Eine statistische Auswertung nach Kriterien wie beispielsweise Alter, Geschlecht, Herkunftsland, Exilland, Verfolgungsgrund ist hierbei ebenso möglich und aufschlussreich wie etwa die Erörterung der Frage, aus welchen Tätigkeitsfeldern der Musikkultur die emigrierten Künstler ursprünglich kamen und in welchen Berufen sie im Exil arbeiteten. Bei aller gebotenen Vorsicht gegenüber den gemachten Angaben kann so ein Einblick in die Lebensumstände einer größeren Gruppe von exilierten Musikerinnen und Musikern in den 1950er und frühen 1960er Jahren gewonnen werden.

Die zweite Hauptlinie der Untersuchung widmet sich dem langjährigen Wirken Karl Adlers für den SDR-Künstlerfonds. Adler, selbst Musiker und zwischen 1933 und 1938 in der Stuttgarter Sektion des Jüdischen Kulturbundes als Dirigent und Organisator deutschlandweit aktiv, vermittelte in seiner Zeit als Vertrauensmann des Künstlerfonds für die USA, Kanada und Südamerika an 447 Exilanten Ehrengaben[7], darunter allein zwischen 1954 und 1964 an 104 Emigranten, die beruflich dem Bereich der Musikkultur zuzuordnen sind. Als einziger Musiker unter den sonst ausschließlich der Exilliteratur angehörenden emigrierten Ansprechpartnern der Künstlerhilfe fungierte Adler im wieder angeknüpften Dialog mit dem ehemaligen Heimatland als alleiniger Sprecher der vertriebenen deutsch-jüdischen Musikkultur. In seinen Korrespondenzen mit dem SDR wird deutlich, wie er speziell die Bedürfnisse und Ansprüche dieser Klientel stets im Blick hatte und gegenüber dem SDR vertrat. Zudem lässt sich an seiner Arbeit für den Künstlerfonds nachverfolgen, wie sich verschiedene, teilweise ineinandergreifende Netzwerke aus der Vor-Exilzeit und den Emigranten-Communities der einzelnen Exilländer in den Antragslisten der Ehrengabe-Empfänger abbilden. Ergänzend zum Archivmaterial im Historischen Archiv des SWR wurde hierzu der Nachlass von Karl Adler konsultiert.[8]

Als dritter und abschließender Punkt soll anhand der erwähnten Korrespondenzen mit den Exilanten in aller Welt der Frage nachgegangen werden, ob der Künstlerfonds in seiner Funktion als »andere« Form der materiellen Wiedergutmachung tatsächlich wirksam wurde und welche Leerstellen der staatlichen Wiedergutmachung dabei besetzt werden sollten und konnten. In der Lektüre der Dankesbriefe der Ehrengabe-Empfänger wird deutlich, auf welche kulturellen Hall- und Erinnerungsräume Exilanten und Dagebliebene im Einzelnen rekurrierten, wo sie eine gemeinsame Sprache fanden und welche Rolle speziell die Musik in diesem Annäherungsprozess spielen konnte. Es zeigt sich aber auch die vor allem von Seiten der Dagebliebenen ausgehende Begrenztheit dieses gemeinsamen Verständigungsraumes, in dem, so scheint es aus heutiger Sicht, mehr ein Echo vergangener Zeiten widerhallte, als dass sich Türen in die Zukunft öffneten.

I Entstehung und Auswahlkriterien des SDR-Künstlerfonds

1. Hintergründe:
In einem *Memorandum* vom 2. Juli 1954, verfasst für eine Rundfunkrats-Sitzung des SDR, zog der damalige Verwaltungsdirektor des Stuttgarter Senders und treibende Kraft hinter der Einrichtung des Künstlerfonds Friedrich Müller eine erste Bilanz der 1951 aufgenommenen Tätigkeit, in der auch die Vorgeschichte der Initiative zur Sprache kommt: Auslösendes Moment für das Engagement des SDR auf diesem Gebiet sei der Stuttgart-Besuch einer exilierten Künstlerin gewesen. Leopoldine Konstantin, ehemalige Reinhard-Schauspielerin und Tonfilmstar der 1930er Jahre, hatte anlässlich ihres Deutschland-Aufenthalts im Sommer 1951 in Stuttgart ein längeres Gespräch mit Friedrich Müller geführt, in dessen Verlauf »auch das Schicksal vieler emigrierter Künstler erörtert [worden war], die zwischen 1933 und 1945 Deutschland aus politischen oder rassischen Gründen verlassen mussten. Es stellte sich heraus, daß es gerade unter den emigrierten Künstlern wie Sängern, Musikern, Schauspielern, Schriftstellern, Malern, Bildhauern usw. eine große Anzahl gibt, denen es nicht gelungen ist, im Ausland auch nur die bescheidenste ausreichende Existenz zu finden. Es befinden sich darun-

ter viele Namen, die vor 1933 einen sehr guten Klang in Deutschland hatten, inzwischen aber längst vergessen sind.«[9] Unter dem Eindruck dieser Unterhaltung, so das *Memorandum* weiter, sei »der Süddeutsche Rundfunk auf den Gedanken gekommen, aus Mitteln des Werbefunks einen Künstlerfonds zu bilden, aus dem sogenannte Ehrengaben an den oben erwähnten Personenkreis verteilt werden können.«[10] Bemerkenswert an diesem Vorgang scheint zweierlei: Zum einen überrascht, wie verhältnismäßig unkompliziert, schnell und wenig bürokratisch die Künstlerhilfe ins Leben gerufen werden konnte – zwischen Idee und Umsetzung lagen gerade einmal ein paar Monate. Zudem erscheint es aus heutiger Sicht zunächst vielleicht verwunderlich, dass es einer besuchsweise zurückgekehrten Emigrantin bedurfte, um auf die Situation der exilierten Künstler überhaupt aufmerksam zu machen. Offensichtlich war im Wiederaufbaualltag der jungen Bundesrepublik des Jahres 1951 das Wissen um die Lebensumstände der zahlreich und weltweit in Vertreibung und Exil lebenden emigrierten Künstler eher gering. Gut zehn Jahre nachdem die letzten von ihnen Deutschland hatten verlassen müssen, war dieser Personenkreis anscheinend zu weiten Teilen, auch im Umfeld einer national wie international vernetzten Institution wie dem SDR, »längst vergessen«. Dies überrascht auf den ersten Blick um so mehr, als es unter den Beschäftigten des Senders durchaus eine Reihe zurückgekehrter Emigranten gab, die über die Lebensverhältnisse von Künstlern im englischen oder US-amerikanischen Exil hätten berichten können. Karl Mayer wäre hier zu nennen, der 1949 aus dem amerikanischen Exil an den Stuttgarter Sender zurückgekehrt war und beim Aufbau des für die finanzielle Ausstattung des Künstlerfonds zentralen Werbefunks entscheidend mitwirkte[11], und natürlich der schon 1945 aus dem Londoner Exil remigrierte Fritz Eberhard, als Intendant die prägende Figur des SDR zwischen 1949 und 1958.[12] Anscheinend aber sprachen solche dauerhaft remigrierten Entscheidungsträger in ihren neuen Funktionen kaum über dieses Thema, beziehungsweise hüteten sich angesichts der in den frühen 1950er Jahren in Deutschland noch weit verbreiteten Ressentiments gegenüber zurückgekehrten Exilanten davor, sich in diesem Kontext öffentlich zu positionieren.[13] Eingebracht von Friedrich Müller, einem Dagebliebenen, hatte die Initiative zur Schaffung des Künstlerfonds beim SDR eine echte Chance auf Umsetzung, wobei die angedeutete personelle Besetzung der entscheidenden Führungspositionen sicherlich ein ausschlaggebender Faktor für das Gelingen der Aktion gewesen sein dürfte. Neben dem remigrierten Intendanten Eberhard und dem zurückgekehrten Werbefunkleiter Mayer ist in diesem Zusammenhang besonders noch Rudolf Pechel zu erwähnen – ein KZ-Überlebender aus dem Widerstandsumfeld, als langjähriger Herausgeber der *Deutschen Rundschau* zudem in den Kreisen der Exilliteratur bestens vernetzt –, der als Mitglied des Rundfunkrats entscheidenden Anteil an der Schaffung des Künstlerfonds hatte.[14]

Bezeichnenderweise scheiterte denn auch der Versuch Rudolf Pechels, eine Unterstützungsmaßnahme für exilierte Künstler nach dem Vorbild des SDR-Künstlerfonds flächendeckend an allen ARD-Rundfunkanstalten einzuführen.[15] Für Fritz Eberhard und Rudolf Pechel scheint die Einrichtung der Künstlerhilfe eine Art Initialzündung zur stärkeren Auseinandersetzung mit dem Exil in den Programmen des SDR gewesen zu sein, wurden doch in der Folgezeit wiederholt Sendungen zu diesem Thema ausgestrahlt. Den eindrucksvollsten Beitrag lieferten in diesem Zusammenhang die Sendungen im Rahmen der »Woche der Brüderlichkeit« vom 9. bis zum 15. März 1952, in deren Kontext beide Programme des SDR täglich mehrere Stunden Features zum Thema deutsch-jüdische Verständigung sendeten, unter anderem mit Titeln wie »Sie kamen nicht zurück. Zur Erinnerung an emigrierte deutsche Schriftsteller«[16] oder einem »Gespräch über den Antisemitismus«, an dem auch Rudolf Pechel mitwirkte.[17] Als einziger musikalischer Beitrag der »Woche der Brüderlichkeit« kam nicht von ungefähr Gustav Mahlers 1. Symphonie, dirigiert von Bruno Walter, zur Ausstrahlung – im Jahr 1952 noch eine absolute Rarität in deutschen Rundfunkprogrammen. Auch später setzte sich der SDR in seinen Programmen mit der Thematik des Exils auseinander, etwa in der Sendung »Die Vergessenen, ein Bericht über das Leben deutscher Juden in Paris« von Peter Adler, einer Dokumentation über die bittere Armut älterer deutsch-jüdischer Emigranten in Paris. Die Erträgnisse einer im Anschluss an diese Sendung veranstalteten Spendenaktion ermöglichten den Bau eines Wohn- bzw. Altersheims für notleidende deutsch-jüdische Emigranten in Paris.[18] Hält man sich derartige Programmschwerpunkte vor Augen, so ist Hermann Lübbes – ohnehin umstrittene – These vom allfälligen »Beschweigen« der Vergangenheit in der Wiederaufbauzeit der BRD zumindest dahingehend zu modifizieren, dass, wie es das Beispiel des SDR erkennen lässt, Themen wie Exil und Verfolgung durchaus in der Öffentlichkeit thematisiert wurden, dass aber die Mehrzahl der Betroffenen selbst – insbesondere wenn sie sich in die Gesellschaft der Bundesrepublik erfolgreich reintegriert zu haben schienen – über ihre eigenen, persönlichen Verfolgungsbiografien ebenso wenig sprechen wollte oder konnte, wie dies bei den Tätern der Fall war.[19]

Neben dem geschilderten, in den persönlichen Biografien der Entscheidungsträger begründeten Interesse des SDR am Thema Exil im Allgemeinen und an der Initiierung der Künstlerfonds-Aktion im Speziellen sind weitere mögliche Hintergründe für das Engagement in der Künstlerhilfe erkennbar. Hans-Ulrich Wagner weist in diesem Zusammenhang auf die in der Zeit nach der Währungsreform von 1948 erbittert geführte Kontroverse hin, die die Einführung von Rundfunkwerbung durch einige der öffentlich-rechtlichen Sender in der jungen Bundesrepublik auslöste. Um die mitunter als »diktatorisch« empfundene und zum »Sündenfall« stilisierte Reklame im

Rundfunk zu legitimieren, wurden zumindest Teile der erzielten Einnahmen in mäzenatischer Weise verwendet.[20] Beim SDR geschah dies hauptsächlich mittels der Zahlung beträchtlicher Summen an einen vom – damals noch württemberg-badischen – Kultusministerium geschaffenen Kulturfonds. Ein weiterer, wenn auch aus materieller Sicht wesentlich unbedeutenderer Teil dieses mäzenatischen Programms bestand in der Einrichtung eben des Künstlerfonds zur Unterstützung emigrierter Künstler.[21]

Ein drittes Motiv für die Schaffung des Fonds könnte die Rechtslage hinsichtlich der institutionellen Wiedergutmachung für die nach 1933 aus »rassischen« oder politischen Gründen entlassenen Rundfunkmitarbeiter gewesen sein. Hier war zwischen den öffentlich-rechtlichen Rundfunkanstalten der Bundesrepublik die Regelung getroffen worden, dass die nach 1945 entstandenen Rundfunksender nicht als Rechtsnachfolger der »Reichs-Rundfunk-Gesellschaft« (RRG) zu gelten hatten, vielmehr sollte sich Wiedergutmachung auf »freiwillig geleistete Einzelmaßnahmen« beschränken.[22] Diese zugestandene Freiwilligkeit bot sicherlich in einigen Fällen die Gelegenheit, sich pauschalen Entschädigungszahlungen zu entziehen. Auf der anderen Seite ermöglichte diese Regelung es aber auch, »unabhängig von bürokratischen Richtlinien zügig, relativ unkompliziert und individuell sehr wirkungsvoll zu helfen.«[23] In diesem Sinne ist auch die Schaffung des Künstlerfonds des SDR – das zeigen die »Richtlinien für die Verteilung von Mitteln« deutlich – als ein ausgeweiteter Versuch der Wiedergutmachung vor allem auch an den nach 1933 vertriebenen Künstlern zu verstehen, die für die so produktive und vielfältige junge Radiokultur der Weimarer Republik standen.

Mit der Aufstellung einer vorläufigen Fassung dieser »Richtlinien für die Verteilung von Mitteln aus dem Künstlerfonds des Süddeutschen Rundfunks« hatte der »Ausschuss zur Verteilung von Mitteln aus dem Künstlerfonds« am 8. Oktober 1951 offiziell seine Tätigkeit aufgenommen.[24] In der Präambel wird auf die generelle Rundfunknähe des als Zielgruppe gedachten Personenkreises sowie auf den Wiedergutmachungscharakter der Hilfsmaßnahme ausdrücklich hingewiesen.[25] Zum Kreis der möglichen Empfänger der Wiedergutmachung zählen die Verfasser der Richtlinien »Schauspieler, Musiker, Sänger, Komponisten und Autoren, die in den Jahren 1933–45 aus politischen oder rassischen Gründen Deutschland verlassen haben und sich in Not befinden.«[26] Eine genauere Spezifizierung der in Frage kommenden Empfänger bleibt zu diesem frühen Zeitpunkt der Arbeit des Künstlerfonds-Ausschusses auffälligerweise noch aus. Im Gegensatz zu den aus Gründen der Justiziabilität zwangsläufig sehr genau ausdifferenzierten Gesetzestexten der staatlichen westdeutschen Wiedergutmachung[27] scheint die Formulierung der Auswahlkriterien hier bewusst vage gewählt worden zu sein, um möglichst wenige Personen etwa aufgrund ihrer Staatsangehörigkeit oder des Aufenthaltsortes zum Zeitpunkt der Verfolgung von vornherein ausschließen zu müssen. Lediglich eine Art Landeskinder-Klausel sehen die Richtlinien vor, es sollten »in erster Linie solche Künstler bedacht werden, die entweder aus Württemberg-Baden stammen oder hier gewirkt haben.«[28] Die Auslegung dieser Regel erfolgte allerdings von Anfang an in sehr großzügiger Weise, ein kurzes Gastspiel reichte im Allgemeinen als Ausweis der regionalen Verbundenheit aus. Zudem wurde durch die Formulierung »in erste Linie« die Ausschließlichkeit der Klausel aufgehoben, was zur Folge hatte, dass beim größeren Teil der geförderten Personen überhaupt keine Verbindung zu Baden-Württemberg bestand. Auch der Grad der Bekanntheit der Künstler spielte in den Richtlinien keine Rolle, ebenso wenig das Alter und damit verbunden die Frage, ob nur solche Emigranten unterstützt werden sollten, die als bereits ausgebildete Künstler Deutschland verlassen hatten, oder auch jene, die als Kinder und Jugendliche emigriert und zu ihrer künstlerischen Profession erst im Exil gekommen waren. Gerade an diesem Punkt sollten sich in der alltäglichen Vergabepraxis Reibungspunkte und Diskussionen ergeben; gleiches gilt für die Förderungswürdigkeit von Unterhaltungskünstlern wie etwa Kaffeehaus- oder Varietémusikern. Denn auch die Zugehörigkeit der Künstler zu den einzelnen Genres und Milieus, beziehungsweise ästhetischen »Niveaus« ihres jeweiligen Spezialgebiets – in der Musik etwa zum popularmusikalischen Bereich oder aber zum als Hochkultur angesehenen Konzert-, Opern- und Ausbildungsbetrieb – diente zunächst nicht als Ausschlusskriterium. Es ist schlicht von Musikern, Komponisten und Sängern die Rede, eine Offenheit der Formulierung, die regelmäßig für Gesprächsbedarf zwischen den Beteiligten des Auswahlverfahrens sorgte. Grundsätzlich lässt sich jedoch in der generellen Durchlässigkeit der Auswahlkriterien ein für die Arbeit des Verteilungs-Ausschusses künftig grundlegendes Prinzip erkennen, eine Philosophie der Einzelfallentscheidung nämlich, die bei der Vergabe der Mittel den entscheidenden Personen vor allem im Vergleich zur Praxis der staatlichen Wiedergutmachungsbehörden weitestgehende Freiheiten gewährte.

In den Richtlinien wurde die Summe von 4.000 DM festgelegt, die rückwirkend ab dem 1. September 1951 fortan monatlich aus den Erträgnissen des SDR-Werbefunks in den Fonds eingezahlt werden sollte. Für die in halbjährlichem Turnus durchgeführte Verteilung der Mittel stand also insgesamt pro Jahr die beträchtliche Summe von 48.000 DM zur Verfügung, die jeweils zur Gänze ausgegeben werden konnte, da keine Rücklagen gebildet wurden. Die Höhe der einzelnen Ehrengaben konnte dabei einmalig 300, 500 oder 600 DM betragen, in begründeten Einzelfällen, etwa in dringenden Notlagen, wurden auch 900 oder 1.000 DM vergeben[29], Wiederholungsanträge waren nach Ablauf eines Jahres möglich und kamen sehr oft vor. In einer Zweitfassung der Richtlinien vom 7. Februar 1952 einigte man sich zudem auf die personelle Zusammensetzung des Verteilungs-Ausschusses, bestehend aus Friedrich Müller für den Süddeutschen Rundfunk, Fritz Kauffmann, Ministerialrat im Kultusministerium Württemberg-Baden mit großer Affinität zu Literatur und Musik[30] sowie Ministerialrat Dietrich von der Landesbezirksdirektion Kultus und Unterricht in Karlsruhe.[31] Von den genannten Remigranten im Mitarbeiterstab des SDR war also niemand an der Arbeit des Ausschusses direkt beteiligt, vielmehr bestand er ausschließlich aus Dagebliebenen, möglicherweise, um Gerüchten über eine etwaige Emigranten-Vetternwirtschaft von vornherein jegliche Grundlage zu entziehen. Zusätzlich konnten allerdings Sachverständige einberufen werden, gerade in der Anfangszeit gehörte in dieser Funktion Rudolf Pechel des öfteren dem Ausschuss an.

2. Auswahlkriterien und Vergabepraxis:
Das Prozedere für die Ehrengaben des Künstlerfonds lief dergestalt ab, dass in den allermeisten Fällen über Mittelsmänner Anträge zur Förderung einzelner emigrierter Künstler an den Verteilungsausschuss gestellt wurden. Dieser indirekte Weg, Anträge einzuholen, war den Verantwortlichen des SDR von Anfang an äußerst wichtig, da man darauf bedacht war, die Existenz des Fonds nicht mehr als nötig in die Öffentlichkeit dringen zu lassen. Aus diesem Grund wählte der Ausschuss in den ersten Jahren seiner Existenz nach und nach eine Reihe von Vertrauensleuten aus, die in den wichtigsten Exilländern unauffällig und diskret Kontakt zu infrage kommenden Exilanten aufnehmen oder mittels entsprechender Zeitungsannoncen in den einschlägigen Blättern der Emigrantenpresse auf die Ehrengaben aufmerksam machen sollten. In diesen kurzen Pressemitteilungen und auch in der Mehrzahl der persönlichen Anschreiben der Vertrauensleute an emigrierte Künstler wurde dabei der Süddeutsche Rundfunk mit keinem Wort erwähnt, vielmehr war vernebelnd die Rede von einer »süddeutschen Stelle«, die »vollkommen freiwillige« Ehrengaben an notleidende exilierte Künstler vergäbe, und die »mit der öffentlichen Wiedergutmachung nichts zu tun« habe.[32] Weiterhin wurde den Antragstellern mit auf den Weg gegeben, »über die Angelegenheit nicht weiter zu sprechen, da sonst, wie die Erfahrung gezeigt hat, oft peinliche Missdeutungen entstehen.«[33] Als Begründung für diese Geheimhaltungspolitik seitens des SDR wurde angeführt, dass durch »zu ausführliche Darlegungen über die Ehrengabe (…) Hoffnungen erweckt werden könnten, die angesichts der geringen Mittel unerfüllbar seien.«[34] Einer der Hauptgründe dürfte allerdings gewesen sein, dass man verhindern wollte, ohnehin schon vorhandene Ressentiments, Neid und Missgunst gegenüber Emigranten innerhalb der deutschen Bevölkerung durch Bekanntwerden der Unterstützungsaktion noch weiter zu schüren.[35] Nur so ist das aus heutiger Sicht seltsam anmutende Klima der Geheimdiplomatie zu verstehen, das den SDR-Künstlerfonds besonders in den ersten Jahren seiner Existenz umweh-

te. Doch scheint ein solcher Stil der Annäherung zwischen Vertriebenen und Dagebliebenen in separierten, nicht-öffentlichen, ja geheimen Räumen nachgerade typisch für die ersten Jahre der BRD zu sein, in diesem Punkt unterscheidet sich der Künstlerfonds des SDR nicht von der offiziellen Wiedergutmachung in Westdeutschland.[36] Im Laufe der Zeit allerdings gab der Sender seine Zurückhaltung in diesem Punkt zumindest teilweise auf, und 1956 wurde mittels mehrspaltiger Artikel in diversen deutschen und internationalen, stets allerdings jüdischen Zeitungen detailliert auf den Künstlerfonds aufmerksam gemacht.[37]

Die von den Vertrauensleuten zusammengestellten und beim Verteilungs-Ausschuss eingereichten Anträge beinhalteten jeweils kurze Lebensläufe der einzelnen Emigranten, aus denen insbesondere die Art der künstlerischen Tätigkeit, das Verfolgungs- und Exilschicksal sowie die aktuelle Notsituation ersichtlich werden sollten. In der Anfangszeit des Künstlerfonds kamen die Vorschläge für förderungswürdige Personen allerdings zumeist noch aus dem engeren Umfeld des Ausschusses selbst, etwa von Rudolf Pechel. Man wählte daher zwangsläufig solche Emigranten und ehemals Verfolgte aus, mit denen Angehörige des Ausschusses in Kontakt standen, oder aber solche, die im Stuttgarter Raum in gewisser Weise noch präsent waren, sich sogar dort, zumindest jedoch in Westdeutschland aufhielten. Beispiele für diese Art der Auswahl dominieren die bewilligten Anträge der ersten Verteilungsrunden vom 6. Februar und 26. Mai 1952. Dementsprechend findet sich in den Empfänger-Listen dieser Zeit eine Mischung aus recht prominenten Angehörigen der Exilliteratur[38], einer größeren Gruppe von Personen aus der Londoner Emigrantenszene – wie die meisten der exilierten Schriftsteller wohl über Kontakte von Rudolf Pechel vermittelt[39] – sowie einigen wenigen prominenten emigrierten Künstlern aus Baden-Württemberg[40] und eher unbekannten verfolgten Künstlern, die sich 1952 bereits wieder oder immer noch in Deutschland beziehungsweise in der Stuttgarter Umgebung aufhielten. Zur letzten Gruppe gehören auch die ersten vier Musiker, die aus Mitteln des Künstlerfonds Ehrengaben erhielten: zwei sich in Süddeutschland aufhaltende, in der NS-Zeit verfolgte Sängerinnen, ein nach Deutschland remigrierter Operettensänger und -spielleiter aus Düsseldorf[41], sowie der ehemalige Rundfunkmann und nunmehrige Konzertagent Walter Ries-Eberhard.[42]

Im Laufe der Zeit gelang es, das Auswahlverfahren zu professionalisieren und den Wirkungsbereich der verteilten Gelder erheblich auszuweiten. Ausschlaggebend hierfür war es, den erwähnten Stab von Vertrauensleuten in den wichtigsten Exilländern aufzubauen, der in der Folgezeit für die Mehrzahl der eingereichten Anträge sorgte.[43] Diese Vertrauensleute hatten zunächst den Auftrag, in ihren jeweiligen Exilländern und Emigranten-Communities die Existenz des SDR-Künstlerfonds überhaupt erst bekannt zu machen, allerdings unter Wahrung des beschriebenen Diskretionsprinzips. Darüber hinaus waren die Vertrauensmänner gehalten, in ihrem Umfeld aktiv nach möglichen Empfängern zu recherchieren.[44] Zur Erfüllung dieser Aufgaben waren solche Persönlichkeiten gefragt, die in die entsprechenden Emigranten-Szenen etwa in London und New York gut eingebunden waren, ja vielleicht sogar als ausgesprochene Netzwerker dort in Erscheinung getreten waren. Mit Wilhelm (William) Sternfeld vom deutschen Exil-P.E.N. konnte hierfür schon frühzeitig ein Idealkandidat und ausgewiesener Kenner der englischen und vor allem Londoner Emigrantenszene sowie der Exilliteratur insgesamt für die Mitarbeit als Vertrauensmann im Raum Großbritannien und Irland gewonnen werden.[45] Gemeinsam mit Walter D. Schulz vom NWDR Hamburg hatte Sternfeld bereits seit 1948 einzelne Unterstützungsmaßnahmen für notleidende exilierte Schriftsteller und Schauspieler in London durchgeführt, für ihn sollte die Beschäftigung mit der Exilliteratur zum Lebensthema werden.[46] Karl Adler wirkte ab 1954 in gleicher Funktion für die USA, Kanada sowie Südamerika, seine Eignung für diese Aufgabe soll später noch gesondert thematisiert werden. Ferner berief man die Schriftsteller Ossip Kalenter und Manès Sperber als Vertrauensleute für die Schweiz beziehungsweise für Paris und Frankreich.[47] In anderen wichtigen Exilgebieten wie Israel, Schweden, den fernöstlichen Exilländern oder dem südlichen Afrika wurden keine eigenen Vertrauensleute installiert, was insbesondere im Fall von Israel verwundert. Karl Adler hatte 1957 dem SDR die Einberufung eines Vertrauensmannes für Israel vorgeschlagen, da ihn immer wieder Gesuche von dort erreichten. Adlers Vorschlag wurde mit dem Hinweis auf die »Knappheit der Mittel«[48] abgelehnt, da man eine Flut neuer Anträge befürchtete. Zwar erreichte die Zahl der Anträge um 1957 tatsächlich einen Höchststand, dennoch wirkt diese Begründung etwas befremdlich. Möglicherweise wollte man sich nicht in die höchst sensiblen Beziehungen zwischen den beiden jungen Staaten BRD und Israel einmischen, was dazu führte, dass letztlich fast keine exilierten Künstler in Israel unterstützt wurden.

Betrachtet man die auf die eingehenden Anträge angewandten Auswahlkriterien im Einzelnen, so wird deutlich, dass sich der Verteiler-Ausschuss trotz der geschilderten Offenheit der Formulierungen in den Vergabe-Richtlinien bei seinen Entscheidungen offenbar von einem dezidiert elitären Kultur- und Kunstverständnis leiten ließ. Dieses wird insbesondere an der Auswahl der geförderten Musiker sichtbar. So konnte man sich nicht dazu durchringen, solche Musiker als förderungswürdig zu erachten, »die früher Unterhaltungsmusik in Kaffeehäusern, Kurplätzen usw. spielten.« Von den Vertrauensleuten durften daher nur »Künstler vorgeschlagen werden, die zwangsweise in das Unterhaltungsgebiet gedrängt worden sind.«[49] Es war also nicht das Verfolgungsschicksal allein, das zum Empfang einer Ehrengabe berechtigte, sondern auch das Bekenntnis zu einem bestimmten Standard der Musikkultur. Dieses in gewisser Weise exkludierende Kunstverständnis geriet offenbar einem größeren Kreis von emigrierten Unterhaltungsmusikern zum Schaden, der zum überwiegenden Teil von der Künstlerhilfe des SDR nicht berücksichtigt wurde.[50] Lediglich bei einzelnen prominenten Vertretern dieser Genres wurden, gemäß dem Prinzip der Einzelfallentscheidung, hiervon Ausnahmen gemacht, sodass ehemalige Stars der Unterhaltungsmusikszene wie Dajos Béla oder Rudolf Nelson eine finanzielle Unterstützung durch den SDR erfahren konnten.[51] Abgelehnt hingegen wurden Anträge wie der des unbekannten Schlagzeugers und Sängers Lothar Lampel, der bis 1933 als Unterhaltungsmusiker in Berlin gearbeitet hatte und 1959 nach langjährigem sowjetischen Exil in die USA weitergewandert war.[52] Der Grad der Bekanntheit wurde im Falle von Unterhaltungsmusikern also zu einem maßgeblichen Kriterium für den Erhalt einer Ehrengabe, bei Zugehörigen der »klassischen« Musikkultur war dies hingegen nicht der Fall. Hier wurden auch etliche Vertreter des sogenannten »Exils der kleinen Leute«[53] gefördert, die vor ihrer Emigration in Deutschland etwa als Opernchorsänger und Orchestermusiker in Provinzensembles oder als Musikschullehrer gearbeitet hatten. In diesen Fällen konnte sicher nicht von einer im Karriere-Sinne elitären Klientel gesprochen werden, vielmehr war es die Zugehörigkeit zum als Hochkultur sui generis apostrophierten deutschen Musikleben bürgerlichen, »klassischen« Zuschnitts, die die Förderung legitimierte.

Es scheint diese mit ihren Trägern durch Exil und Vertreibung auf alle Kontinente verstreute Art von Kultur gewesen zu sein, welche die Initiatoren der Künstlerhilfe als eigentliches Ziel ihrer Unterstützungsaktion im Sinn hatten. Aus diesem Verständnis heraus nämlich wirkte die Förderung exilierter Künstler als eine beidseitige Wiedergutmachung: für die Vertriebenen und Verfolgten als eine tatsächliche konkrete Hilfe und als ein Angebot zum, wenn auch im Geheimen geführten Dialog, für die Dagebliebenen[54] als Rückversicherung der eigenen Position innerhalb eines Wertesystems, das, ganz im Sinne von Friedrich Meineckes »weltbürgerlicher Kulturgemeinschaft«, sich manifestierte in der Rückbesinnung auf die Ewigkeitswerte des Abendlandes mit den Kernelementen Hochkultur und Humanismus. Gerade der Musik, und zwar der »großen deutschen Musik (…), Bach, Mozart, Beethoven, Brahms«[55] kam als wichtigster Beitrag Deutschlands zu den Universalien jener Kulturgemeinschaft, als »deutscheste aller Künste« in diesem Zusammenhang eine immense Funktion zu. Vor jenem Hintergrund lässt sich vielleicht erklären, warum sich der Verteilungsausschuss des SDR-Künstlerfonds mit der Förderung von Künstlern aus dem Unterhaltungssektor so schwer tat.

Neben Unterhaltungskünstlern waren weitere Personenkreise vom Empfang einer Ehrengabe durch nachträglich vom Verteilungsausschuss getroffene interne Regelungen ausgeschlossen worden; ausdrücklich genannt werden, ohne Angabe von Gründen, »Displaced Persons«.[56] Ebenso wurden Einschränkungen gemacht bei »Personen, die Deutschland während ihrer künstlerischen Ausbildung oder am Anfang ihrer Karriere verlassen mussten.« Sie konnten »berücksichtigt werden, [mussten] aber bei der Verteilung von Ehrengaben hinter den Künstlern, die sich bereits in Deutschland einen Namen gemacht haben, rangieren.«[57] So findet sich der handschriftliche Vermerk »zu jung« bei diversen abgelehnten Anträgen; man war im Ausschuss gemeinhin der Ansicht, dass Antragsteller, die nach 1908 geboren worden waren, in der Lage hätten sein müssen, sich im Exilland eine eigene Existenz aufzubauen.[58] Bei Musikern scheinen hier allerdings am ehesten Ausnahmen gemacht worden zu sein, da man annahm, dass diese ihre Karrieren oft bereits als Kinder begonnen hatten und daher Deutschland als, wenn auch noch sehr junge, so doch im Grunde fertige und zutiefst mit der deutschen Musikkultur verwurzelte Künstler verlassen hatten.[59] Ebenfalls gefördert wurden solche jungen Musiker, die zu Studienzwecken oder um ihre Karriere voranzubringen aus dem Exil nach Deutschland zurückkehren wollten.[60] Auch an diesen Fällen wird deutlich, dass mit den unterstützten Künstlern nicht nur die Emigranten selbst, sondern zugleich ein abgesprengtes Stück deutscher Kultur, mithin ein Stück »anderes Deutschland«, erhalten werden sollte. Denn auch im Falle der nach Maßgabe des Ausschusses eigentlich zu jungen Antragsteller zählte nicht allein das Verfolgungsschicksal, sondern die vorherige oder ins Visier genommene Zugehörigkeit zur deutschen Musikkultur.

Großzügig zeigte sich der Verteilungsausschuss gegenüber Künstlern, die nicht in den Wirkungsbereich der staatlichen westdeutschen Wiedergutmachung fielen – zunächst Ostdeutsche und Österreicher, später auch osteuropäische Personen –, aber vor 1933 Deutschland zum Zentrum ihres künstlerischen Schaffens gemacht hatten.[61] Weiterhin konnten »Witwen von ehemaligen Künstlern« berücksichtigt wurden, analog zum offiziellen Wiedergutmachungsrecht in Westdeutschland.[62] In einigen wenigen Fällen erhielten auch solche Exilanten Ehrengaben, die ihre künstlerische Tätigkeit schon lange vor der Emigration aufgegeben hatten oder aber nur im Nebenberuf ausübten.[63] In der Regel abgelehnt wurden Anträge von Antragstellern, bei denen die Verfolgungssituation unklar war. Dies betraf in der Hauptsache solche Künstler, die zwischen 1933 und 1945 in Deutschland geblieben waren.[64] Ebenso abgelehnt wurden Anträge von Personen, die ihre wirtschaftliche Notlage nicht überzeugend darstellen konnten.[65]

3. Statistik:
Schaut man sich zunächst die Anzahl der durch den SDR geförderten exilierten Musikerinnen und Musiker im Verhältnis zur Gesamtzahl der vergebenen Ehrengaben an, so bildeten diese nach den Schriftstellern die zweitgrößte Gruppe (siehe Anhang I, Tabelle 1). Der große Anteil der unterstützten Auto-

ren und Journalisten erklärt sich wohl hauptsächlich durch die Tatsache, dass drei der vier Vertrauensmänner der Künstlerhilfe selbst aus diesem beruflichen Umfeld stammten. Anscheinend waren es die berufspezifischen Netzwerke dieser Vertrauensleute, die sich in dieser Verteilung abbildeten. So ist auch die recht hohe Anzahl von Musikern unter den Ehrengabe-Empfängern zu einem Großteil dem Einfluss Karl Adlers zuzuschreiben, hierzu mehr im folgenden Abschnitt.

Die vom SDR zusammengestellte Kartei der Ehrengabe-Empfänger der Künstlerhilfe erwies sich im Laufe der Untersuchung leider als unvollständig und dokumentiert zudem die Verteilung der Mittel auf einzelne Künstlergruppen nur unscharf. Daher wurde im Kontext des vorliegenden Beitrags anhand des eingangs beschriebenen Archivmaterials[66] für den Zeitraum zwischen 1952 bis 1964 ein Sample der unterstützten Musikschaffenden angefertigt, das im Folgenden vorgestellt und ausgewertet werden soll. In diesen ersten gut zehn Jahren der Existenz des Künstlerfonds wurde das Gros der Ehrengabe-Empfänger gefunden, später hingegen kamen bei einer Mehrheit von Wiederholungsanträgen nur relativ wenige neue Fälle hinzu, sodass gerade die Anfangszeit für eine Untersuchung besonders aufschlussreich erscheint.

Für die Zeit zwischen 1952 bis 1964 verzeichnen die Protokolle und Tätigkeitsberichte der Künstlerhilfe des SDR insgesamt 1.383 Anträge[67], an 682 Personen wurden Ehrengaben ausgezahlt (siehe Anhang I, Tabelle 2).[68] Im genannten Zeitraum wurde für 156 Musikschaffende Unterstützung beantragt, rechnet man Witwen und sonstige Angehörige hinzu, waren es 160 im weiteren Sinne mit der Musikkultur verbundene Personen. Fast ausnahmslos gehörten diese der Gruppe der aus »rassischen« Gründen Verfolgten an, sei es, weil sie selbst Juden oder weil sie mit jüdischen Ehepartnern verheiratet waren[69], eine Aufteilung, die für das Musikerexil insgesamt zu gelten scheint. Nahezu allen Anträgen, die Musikschaffende betrafen, wurde stattgegeben, insgesamt gab es hier lediglich fünf Ablehnungen.[70] Betrachtet man das Geschlechterverhältnis der Personengruppe, so fällt mit einer Verteilung von 58 Frauen (Witwen nicht eingerechnet) zu 98 Männern eine offensichtliche Besonderheit des Musikerexils auf: der im Verhältnis zu anderen Künsten bemerkenswerte, im Vergleich zur Gesamtheit der Arbeitsfelder spektakulär hohe Anteil berufstätiger Frauen.[71] Dies dürfte mit den besonderen Karrierechancen zusammenhängen, die innerhalb bestimmter Bereiche der Musikkultur für Frauen bestanden. Erstellt man nämlich für die unter dem Begriff Musikschaffende subsumierte Gruppe eine Binnendifferenzierung nach Berufen, so ergibt sich im Hinblick auf die Geschlechterverteilung ein aussagekräftiges, nicht eben überraschendes Bild (siehe Anhang I, Tabelle 3 und 4). Mehr als die Hälfte der unterstützten Frauen waren Sängerinnen – die einzige Berufsgruppe, in denen ihr Anteil deutlich überwiegt –, ein weiteres Sechstel machen Pianistinnen aus; Dirigentinnen und Musikwissenschaftlerinnen sind gar nicht vertreten. Setzt man den hier festgestellten Frauenanteil ins Verhältnis mit den bislang vorliegenden Zahlen der Musikeremigration insgesamt[72], so scheint sich in der Geschlechterverteilung der – gemeinhin als notleidend ausgewiesenen – Ehrengabe-Empfänger des Künstlerfonds widerzuspiegeln, dass in Musikberufen tätige Frauen im Exil generell noch größere Schwierigkeiten hatten, erfolgreich an ihre Karriere vor der Emigration anzuknüpfen.

Ein bemerkenswerter Befund der Aufstellung nach einzelnen Musikberufen ist das nahezu völlige Fehlen von emigrierten Blasmusikern. Offensichtlich scheinen Blasinstrumente nur in seltenen Fällen berufsmäßig von jüdischen Musikern gespielt worden zu sein.[73] Dies hängt möglicherweise mit der bis in die Mitte des 20. Jahrhunderts im Vergleich mit anderen Instrumenten sehr verschiedenen Ausbildungstradition von Blasmusikern zusammen. Während etwa der berufsvorbereitende Unterricht für Klavier, Gesang, Streichinstrumente – allen voran Violine und Violoncello – und auch Komposition ab der Mitte des 19. Jahrhunderts mehr und mehr akademisiert und in entsprechenden Einrichtungen institutionalisiert worden war, wurde die Ausbildung von Blasmusikern bis weit ins 20. Jahrhundert hinein offenbar in der Mehrzahl der Fälle in Musikvereinen, Militärmusikkapellen und den Orchestern selbst durchgeführt.[74] Während die genannten Musikakademien und Hochschulen sich für jüdische Musiker in höchstem Maße als attraktiv und durchlässig erwiesen, scheint dies für die genannte Bläserausbildung nicht der Fall gewesen zu sein.

Da als Antragsteller nur solche Künstler in Frage kamen, die sich in einer gewissen materiellen Notlage befanden, lassen sich unter den 160 zusammengestellten Musikschaffenden etliche finden, die im Exil niedersten Brotberufen nachgehen mussten, um ihre Existenz zu sichern. Das Spektrum reichte hierbei von Tätigkeiten als Verkäufer, Vertreter oder Büroangestellter bis hin zu allen Arten der Fabrikarbeit und Tagelöhnerei. Bei Frauen waren insbesondere Berufe im pflegerischen Bereich sowie Anstellungen als Haus- und Dienstmädchen verbreitet. Die soziale Fallhöhe konnte dabei überaus hoch sein, etwa vom Konservatoriumsdirektor zum Zeitschriftenverkäufer[75], vom promovierten Musikschriftsteller und geachteten Musikkritiker der *AmZ* zum Nachtwächter[76], von der »Venus« in Bayreuth zur Näherin in einer Büstenhalterfabrik[77], vom Kantor und Konzertsänger zum hausierenden Uhrmacher[78] oder von der Berliner Erstproduktion von *Aufstieg und Fall der Stadt Mahagonny* unter Alexander von Zemlinsky in die Fabrik in New York.[79] Das Elend des Exils traf dabei ältere emigrierte Künstler offensichtlich besonders hart, da ihnen zumeist sämtliche Rentenansprüche durch das NS-Regime entzogen worden waren und die Zahlungen der staatlichen Wiedergutmachung nach 1945 oft noch lange auf sich warten ließen. Meist blieb ihnen nichts anderes übrig, als, von Verfolgung und Exil gesundheitlich in vielen Fällen stark geschwächt, bis ins hohe Alter in einem der genannten Brotberufe Geld zum Überleben zu verdienen.[80]

Neben den älteren Musikschaffenden fällt eine andere Gruppe von Künstlern auf, die im Exil von besonderen Anknüpfungsschwierigkeiten betroffen war: ehemalige Shanghai-Exilanten, die sich nach Kriegsende in den USA ansiedelten. Zwischen 1952 und 1964 tauchten insgesamt 15 Emigranten mit diesem Hintergrund in den Listen der Ehrengabe-Empfänger auf.[81] Für diese Personen, denen die Bedingungen dort und die teilweise mehrfache Verfolgung durch Nationalsozialisten, Japaner und Kommunisten körperlich und seelisch oft stark zugesetzt hatten, war die nochmalige Umstellung auf das nun amerikanische Musikleben allem Anschein nach überaus schwierig.

Die hier dargestellte prekäre Situation der Existenzsicherung durch einen völlig musikfernen Brotberuf betraf mehr als die Hälfte der 160 untersuchten emigrierten Musikschaffenden, und dies allem Anschein nach nicht nur in den ersten Jahres des Exils, sondern bis weit in die 1960er Jahre hinein. Die andere Hälfte der unterstützten Musikerinnen und Musiker ging zwar auch im Exilland Berufen nach, die im weiteren Sinne dem Umfeld der Musikkultur zuzurechnen sind[82], doch reichten diese Tätigkeiten meist nur zu einem Überleben am Rande des Existenzminimums.

II Karl Adler und der Künstlerfonds

Betrachtet man die Aufteilung der unterstützten Musikschaffenden auf die verschiedenen Exilländer sowie den Zeitpunkt der jeweiligen ersten Förderung, so wird anhand beider Kategorien der große Einfluss Karl Adlers für die Auswahl dieser Ehrengabe-Empfänger deutlich. 103 von 160 Antragstellern des untersuchten Zeitraums 1952 bis 1964 lebten zum Zeitpunkt der Förderung in den USA, allein 78 davon in New York, dem Wohnort Adlers (siehe Tabelle 4). Vor Beginn seiner Tätigkeit als Vertrauensmann der SDR-Künstlerhilfe im Frühjahr 1954 waren gerade einmal elf Musikschaffende gefördert worden, Adler brachte allein im ersten Jahr seines Engagements 25 Anträge zur Unterstützung exilierter Musiker und Musikerinnen ein, in den ersten vier Jahren seiner Tätigkeit insgesamt 63. Ganz offensichtlich war er in der Lage, das Angebot des SDR innerhalb kurzer Zeit an eine große Zahl von emigrierten Musikschaffenden weiterzukommunizieren.

Diese Verteilerfunktion Adlers wurde zum einen durch seinen Wohnort New York begünstigt, nicht nur eine »Drehscheibe« des Exils, sondern auch »kulturelles Zentrum« der USA, dem wichtigsten Exilland der Vertriebenen der NS-Zeit.[83] Zum anderen konnte Adler auf ein dicht gewirktes Netz aus bestehenden Kontakten zu Musikerinnen und Musikern zurückgreifen, wobei drei Unterbereiche dieses Netzwerkes sich unmittelbar in den von ihm eingereichten Antragslisten abzubilden scheinen. Am stärksten dürfte die Verbindung zu den Weggefährten aus seiner Zeit als Konservatoriumsleiter in Stuttgart, ja insgesamt die stets spürbare Verwurzelung in seiner württembergischen Heimat zum Tragen gekommen sein[84], vor deren Hintergrund auch die Anfrage des SDR an Karl Adler überhaupt erst zustande kam. Auf der Suche nach einem geeigneten Vertrauensmann für die USA hatte sich der Verteiler-Ausschuss des Künstlerfonds nicht etwa an eine der vielen New Yorker Hilfsorganisationen für Emigranten gewendet, unter denen es ja auch solche gegeben hätte, die sich auf die Unterstützung exilierter Künstler spezialisiert hatten.[85] Da diese Organisationen aber in Deutschland vermutlich ebenso unbekannt waren wie die Schicksale der Emigranten selbst, hatten sich die Entscheidungsträger des SDR auf ihre regionalen Kontakte besonnen und in dieser Frage die israelitische Kultusvereinigung Stuttgart konsultiert, welche wiederum die »Organization of the Jews from Wuerttemberg« in New York mit der Recherche nach einer geeigneten Person beauftragte.[86] Diese 1939 gegründete Vereinigung verstand sich als Sammelbecken und Hilfsorganisation für die jüdisch-württembergische Diaspora in den USA[87], ihr Vorsitzender Walter Strauss war ein langjähriger Vertrauter Karl Adlers und hatte dessen Emigration im November 1940 möglich gemacht.[88] Die Empfehlung dieser Organisation ließ Adler ins Blickfeld der SDR-Künstlerhilfe rücken, sodass er nach Zustimmung aller Angehörigen des Verteiler-Ausschusses am 5. Januar 1954 offiziell um Mitarbeit gebeten werden konnte.[89] Insgesamt sieben der exilierten Musikschaffenden, die Adler an den Verteiler-Ausschuss vermittelte, lassen sich dem beschriebenen regionalen Netzwerk zuordnen, das Adler im Laufe seiner Tätigkeit als Konservatoriumsdirektor und insbesondere während seiner Zeit als Leiter und Dirigent der Stuttgarter Jüdischen Kunstgemeinschaft, der dortigen Dependance des Kulturbundes, innerhalb der Stuttgarter Musikwelt aufgebaut hatte.

Besonders erwähnenswert unter diesen Fällen ist der Antrag für Alice Schmuckler-Hess, eine ehemalige Kollegin Adlers an dessen Konservatorium. Als eine der ganz wenigen nach Israel exilierten Künstler erhielt sie eine Förderung durch den SDR, was nur vor dem Hintergrund der persönlichen Bekanntschaft mit Karl Adler möglich wurde.[90] Weitere Kontakte waren während Adlers Zeit als Leiter der sogenannten »Jüdischen Mittelstelle« in Stuttgart entstanden, die sich nach der Reichspogromnacht unter strenger Überwachung durch Gestapo und SD um die Belange der verbliebenen Stuttgarter Juden kümmerte. In dieser Zeit war Adler mit unzähligen Glaubensgenossen in engsten Kontakt gekommen, da er an der Organisierung und Durchführung ihrer Emigration unmittelbar beteiligt war, ein Umstand, der seinen Bekanntheitsgrad unter den württembergischen Juden noch erheblich steigerte.[91]

Aus dem Umfeld der Stuttgarter Jüdischen Kunstgemeinschaft erwuchs ein zweites, überregionales Netzwerk, auf das Adler im Rahmen seiner Recherchen für den SDR-Künstlerfonds zurückgreifen konnte: das des Jüdischen Kulturbundes. Mit seinen Singabenden und anderen ähnlichen Angeboten an jüdische Laienmusiker war Karl Adler in der Zeit zwischen 1933 und 1938 deutschlandweit in allen größeren Ortsgruppen des Kulturbundes in Erscheinung getreten, umgekehrt hatte er als Organisator der Stuttgarter Dependance regelmäßig auswärtige Solisten dorthin geholt. Auch aus diesem Personenkreis tauchen einzelne Musikschaffende in den Listen der SDR-Künstlerhilfe auf.[92]

Das dritte und größte Netzwerk, auf das Karl Adler zurückgreifen konnte, war sicherlich das in der Zeit nach dem Ende des Zweiten Weltkrieges ungemein vielfältige und umfangreiche Musikleben New Yorks, in das Adler als Professor für Musikgeschichte an der Yeshivah University neben unzähligen anderen emigrierten Musikschaffenden eingebunden war. Dass mit 78 in New York und der unmittelbaren Umgebung ansässigen Musikerinnen und Musikern drei Viertel der von Adler vorgeschlagenen Musikschaffenden aus diesem Umfeld kamen, zeigt die immens hohe Dichte an Emigranten in der dortigen Musikkultur. Bei der Recherche nach geeigneten Personen betrieb Adler dabei einen enormen organisatorischen und zeitlichen Aufwand. In einem Brief an Friedrich Müller findet sich eine Beschreibung seiner Vorgehensweise: »(…) wenn ich einige freie Stunden habe, [lade] ich die einzelnen Schützlinge gesondert in der Stadt zu einer Tasse Kaffee, einem Mittag- oder Abendessen [ein] (…). Zuweilen sind aber auch Hausbesuche, besonders bei älteren und kranken Personen notwendig, die 1–2 Stunden Subwayfahrt erfordern, sodass Sie verstehen, dass die Vorbereitung zu einem einzigen Antrag oft viele Stunden beansprucht.«[93]

Im Laufe der Zeit kam Karl Adler auf diese Weise mit unzähligen emigrierten Künstlern in Kontakt, man konnte ihn also zu Recht bezeichnen als eine »Persönlichkeit, der die Verhältnisse der emigrierten Künstler einigermassen bekannt sind.«[94] Anders als etwa Wilhelm Sternfeld ist Adler mit diesen Kenntnissen und Erfahrungen nie an die Öffentlichkeit getreten, er wollte, so hat es den Anschein, das Exil nicht zu seinem Lebensthema werden lassen. Durch den direkten und ständigen Kontakt mit den exilierten Künstlern scheint Adler jedoch ein ganz besonderes Gespür für die Bedürfnisse und Empfindlichkeiten dieser Klientel entwickelt zu haben. So beantragte er teilweise Ehrengabe ohne Wissen der jeweiligen Personen, da diese sich nicht als Almosenempfänger oder Bittsteller behandelt wissen wollten.[95] Weiterhin war er es, der die Organisatoren des SDR immer wieder auf Problemfelder und Verbesserungsmöglichkeiten der Künstlerhilfe hinwies, die hier abschließend betrachtet werden sollen.

III Wirkung und Grenzen der SDR-Künstlerhilfe

Bei der Durchsicht der Dankesbriefe, die den SDR oder die jeweiligen Vertrauensleute aus den Exilländern erreichten, fällt ein von den Ehrengabe-Empfängern oftmals verwendeter Topos ins Auge, den man mit dem Begriff des »anderen Deutschland« umschreiben könnte. Nach den Erfahrungen von Vertreibung und Exil, nach den erneuten Enttäuschungen im Zusammenhang mit der staatlichen westdeutschen Wiedergutmachung äußerten viele der unterstützten Künstler Überraschung, Freude und Erleichterung darüber, »dass es in Deutschland noch Menschen gibt, an die man glauben kann«[96], oder, wie es der Dirigent Reinhard Loewenberg ausdrückte: »Es ist gut zu wissen, dass nach all dem erfahrenen Leid es noch Menschen ihres [sic] Kaliebers [sic] in Deutschland giebt [sic].«[97] Dabei scheint es zunächst vor allem die Freiwilligkeit der Hilfe gewesen zu sein, »die Gesinnung, in der sie gegeben«[98] wurde und der darin zum Ausdruck kommende »gute Geist und die noble Geste«[99], die den Empfängern den Eindruck vermittelten, es bei den Wohltätern des SDR mit Vertretern eines solchen »anderen Deutschland« zu tun zu haben.

Dies wird besonders vor dem Hintergrund der staatlichen westdeutschen Wiedergutmachungspraxis deutlich, deren Verfahren und Ergebnisse im Erleben der Antragsteller oftmals als hochgradig defizitär empfunden worden waren. Neue Untersuchungen der Wiedergutmachungsforschung zeigen, dass dies in besonderem Maße auch für Musiker zu gelten scheint.[100] Zum einen deshalb, weil sich ihre branchenspezifisch spezialisierten Berufs- und Karrierewege oftmals nicht innerhalb der an akademischen oder Beamtenlaufbahnen orientierten Berechnungsmaßstäbe darstellen, Unterbrechungen beziehungsweise Abbrüche darin dementsprechend schwer bewerten ließen. Vor allem aber – mit der Frage nach dem jeweiligen erlittenen »Schaden im beruflichen Fortkommen« eng verknüpft – wurde die eigene künstlerische Lebensleistung, respektive das Ausmaß der durch Verfolgung, Ausgrenzung und Vertreibung erlittenen Schäden sowohl für die einzelne Künstlerbiografie, erst recht aber für das Kulturleben in Deutschland als solches, in vielen Fällen auf dem Wege der staatlichen Maßnahmen nach Meinung der Antragsteller nicht ausreichend gewürdigt. Sie suchten in den Bescheiden der Wiedergutmachung eine Antwort auf eine ihrer brennenden Fragen: Was waren dem ehemaligen Heimatland ihre verloren gegangenen künstlerischen Leistungen wert, beziehungsweise gedachte man ihrer überhaupt noch? Unter diesem Gesichtspunkt musste nahezu jedes in materieller Hinsicht noch so erfreuliche Ergebnis der Wiedergutmachung für den einzelnen verfolgten Künstler zur Enttäuschung werden.

Diese empfindliche Leerstelle der staatlichen Wiedergutmachung zumindest teilweise zu besetzen war offensichtlich eine der wichtigsten Zielsetzungen der SDR-Künstlerhilfe, die, das lassen die Formulierungen der Dankesschreiben vermuten, in vielen Fällen erreicht wurde. So äußerte etwa ein exilierter Künstler in seinem Dankesbrief an den SDR, das wertvollste an der Ehrengabe sei für ihn das Wissen darum, »daß man nicht vergessen ist und eine Spur vorhanden ist, die sonst nur zur Vergangenheit zu führen schien, aber doch nun auch zur Gegenwart.«[101] Nicht als ein neuerlicher technisch-bürokratischer Akt, als der die staatliche Entschädigung von vielen Exilanten empfunden worden war, sondern als ein ernstgemeinter Versuch der Wiedergutmachung mit menschlichem Antlitz wirkte die SDR-Künstlerhilfe offenbar auf viele der unterstützten Künstler: »Es gab keine Fragebogen mit taktlosen undelikaten Fragen und keine eidesstattlichen Versicherungen, keine persönlichen Vernehmungen und keine lange, zeit- und nervenraubende Korrespondenz.«[102]

Eng verbunden mit der Freiwilligkeit der Gabe war es wohl die Zugehörigkeit zu einem Tätern wie Opfern, Vertriebenen wie Dagebliebenen als gemeinsam empfundenen kulturellen Hallraum, der sich in der SDR-Künstlerhilfe manifestierte und ihre Besonderheit ausmachte. Der emigrierte Dirigent Walter Goldmann, der als vormals Ostdeutscher keine staatliche Wiedergutmachung erhielt, fasste dieses als verbindend wahrgenommene Element der gemeinsamen Erinnerung an eine abendländische, vielleicht deutsche Hochkultur und die Hoffnung auf ihr Wiedererstehen in seinem Dankesbrief in Worte: »Ich bewundere nach all dem, was Deutschland den Juden im allgemeinen und uns jüdischen Künstlern im besonderen angetan hat, die Bemühungen der Deutschen, das angetane Unrecht wiedergutzumachen. Es ist nicht das Geld, was so wichtig ist, es ist die Art des Gebens, die uns wenigstens unsere Verbitterung mildert. Kommt die Zeit wieder, wo der Geist Goethes und Schillers die Handlungen Deutschlands beeinflusst? Wenn das so ist, dann waren unsere Opfer wenigstens nicht ganz vergebens.«[103] Dass auch die Musik eine exklusive Rolle in diesem Erinnerungs- und Verständigungsraum spielte, zeigt sich nicht zuletzt an Dankesbriefen von Künstlern anderer Sparten, die in ihren Schreiben auf die als gemeinsam erlebte Musikkultur rekurrierten. So fügte der Illustrator Richard Ziegler seinem Dankschreiben an den SDR, in dem er auf seine »innerliche Verwurzelung« in der Heimat hinwies, nicht von ungefähr eine von ihm gestaltete Zeichnung bei, die Otto Klemperer abbildete, die Johannes-Passion dirigierend (siehe Abbildung).[104] Der Autor Martin Freudenberg wiederum verfasste ein Friedrich Müller gewidmetes Gedicht mit dem Titel »Eroika. Ein wahres Märchen«, in welchem Beethovens 3. Symphonie im Zentrum einer ironisch-bitteren Parabel über das Verhältnis zwischen Juden und Deutschen steht (siehe Anhang II). Bach und Beethoven als Referenzgrößen auf dem Gebiet der Musikkultur, analog zu den genannten Namen Schiller und Goethe, sollten offensichtlich als Ausgangspunkt für eine Annäherung zwi-

Der Künstlerfonds des Süddeutschen Rundfunk 215

Otto Klemperer probt die
Johannespassion (Berlin 1931)

schen Dagebliebenen und Exilierten dienen. Vor diesem, wie es auch Walter Goldmann betont hatte, nicht materiellen, sondern ideellen Hintergrund einer gemeinsamen kulturellen Identität, so ist aus den Dankesbriefen herauszulesen, scheint ein Wiederanknüpfen, eine Neuaufnahme des abgebrochenen deutsch-jüdischen Dialogs, möglicherweise gar eine Rückkehr nach Deutschland für viele der Ehrengabe-Empfänger zumindest wieder denkbar gewesen zu sein. Eine Hoffnung, wie sie in der Formulierung des Dirigenten Thomas Mayer zum Ausdruck kommt: »Der Ozean, der mich seit jener Zeit von dem Geburtslande trennte, hat wieder zwei Ufer ...«[105]

Über diese erste Annäherung allerdings wollten die Initiatoren der SDR-Künstlerhilfe anscheinend nicht hinausgehen, dies lassen die aus den Dankesbriefen sich entwickelnden weiteren Korrespondenzen erkennen. Denn vielfach äußerten die exilierten Musikschaffenden in ihren Schreiben den Wunsch, in Deutschland wieder tätig zu werden, oder aber dort zumindest in ihrem künstlerischen Schaffen wieder gehört zu werden, sei es in ihren Kompositionen oder in ihren Schallplatteneinspielungen. Teilweise handelte es sich dabei um ganz konkrete Stellengesuche oder Programmvorschläge an den SDR[106], teilweise aber auch um eher vorsichtige und vage Anfragen.[107] Häufig waren Angebote, im Rahmen eines Deutschland- oder Europaaufenthaltes nach Stuttgart zu kommen, um dort für den Rundfunk ein Recital aufzunehmen.[108] Knapp zwanzig der vom SDR unterstützten Musikschaffenden wandten sich mit derartigen Anfragen an die Künstlerhilfe, zu einem Engagement allerdings kam es anscheinend nur in einem einzigen Fall.[109] Karl Adler war es, der – vermutlich geleitet von seinen eigenen Erlebnissen und vor allem von den Erfahrungen aus den Gesprächen mit Hunderten exilierter Künstler – auf dieses von Emigrantenseite offenkundige Desiderat des SDR-Künstlerfonds hinwies und einen dementsprechenden Verbesserungsvorschlag in den Verteiler-Ausschuss der Künstlerhilfe einbrachte: »Der Ausschuss hat sich außerdem mit dem Vorschlag von Herrn Professor Adler befaßt, wonach von Zeit zu Zeit eine Veranstaltung unter Mitwirkung von Sängern, Instrumentalisten, Schauspielern und Schriftstellern versucht werden sollte, eventuell verbunden mit kleinen Ausstellungen. Herr Professor Adler bezeichnet diese Angelegenheit weniger als finanzielles, sondern als psychologisches Problem für die Betreffenden, die nicht vergessen sein wollen und darauf warten, wieder vor einer Zuhörerschaft zu stehen.«[110]

In der Entscheidung des Ausschusses zu diesem Vorschlag werden die Wände innerhalb des beschriebenen kulturellen Hallraums sichtbar, die anscheinend vonseiten der Dagebliebenen eingezogen worden waren: »Der Ausschuss hat das Für und Wider dieses Vorschlags lange diskutiert, ist dann aber zu der Auffassung gelangt, dass man von seiner Verwirklichung absehen sollte, da mit aller Wahrscheinlichkeit ein Mißerfolg zu befürchten ist, der dann psychologisch mehr schadet, als wenn man von einem Auftreten solcher Künstler überhaupt absieht.«[111] Unter dem Verweis auf die angenommene qualitative Minderwertigkeit der Darbietungen und Werke der emigrierten Künstler blieb das Projekt ein in die Vergangenheit gerichtetes. Fast scheint es, als sollte die erhoffte Wirkungsmacht der Kultur, ihre Rolle als Versöhnungselixier und elementarer Teil des »anderen Deutschland« nicht durch in die Öffentlichkeit getragene zerstörte Einzelbiographien exilierter Künstlerinnen und Künstler unterhöhlt werden. Dann nämlich wäre sichtbar geworden, dass auch diese Universalie in der NS-Zeit brüchig geworden war.

Mit seinem visionären Vorschlag war Karl Adler für die Wiederaufbauzeit der BRD offenbar einen Schritt zu weit gegangen. Die Fundierung einer Gedenk- und Gedächtniskultur als kulturelle und moralische Wiedergutmachung scheint erst mit dem sich wandelnden Geschichtsbild des späten 20. Jahrhunderts und mit dem Beginn der professionalisierten Exilforschung[112] aktuell geworden zu sein. Dann erst nämlich rückten individuelle Biografien der Verfolgten als elementarer Bestandteil einer mikrohistorisch angelegten Methodik und Programmatik in den Mittelpunkt, ein Ansatz der bis in die heutige Zeit hinein stetig an Dynamik gewinnt. Allgemeinen Beispielen hierfür, wie etwa dem Projekt »Stolpersteine« des Künstlers Gunter Demnig, lassen sich solche zur Seite stellen, die sich auf das Gebiet der Musikkultur spezialisieren. Vor allem die umfassenden Aktionen zur wissenschaftlichen Erfassung und Dokumentation der vertriebenen Musikkultur, allen voran das *Lexikon verfolgter Musiker und Musikerinnen in der NS-Zeit (LexM)* sind hier zu nennen[113], sowie weiterhin Initiativen zur Wiederentdeckung und -aufführung verfemter und vertriebener Komponisten und Repertoires. Ausdrücklich finden sich in den Programmen und Präambeln dieser Institutionen der Exilmusikforschung programmatische Äußerungen hinsichtlich der moralischen und kulturellen Funktion öffentlichen Erinnerns und Gedenkens an die einzelnen Vertriebenen und Verfolgten der Musikkultur.[114]

In starkem Kontrast hierzu steht die Arbeit der SDR-Künstlerhilfe. In den 1950er und 1960er Jahren scheint eine solche öffentliche Erinnerungs- und Gedächtniskultur undenkbar gewesen zu sein. Stattdessen setzte man auf die Kultur als eine unzerstörte Universalie, die als Grundlage eines wiederaufgebauten, »anderen Deutschlands« dienen sollte. So mussten sich die Versuche, der staatlich geregelten materiellen Wiedergutmachung eine moralische zur Seite zu stellen, zu dieser Zeit in der Verschwiegenheit abspielen.

Anhang I

Tabelle 1: Anzahl der vom SDR-Künstlerfonds unterstützten Künstler – Kartei des SDR*

* Auswertung der Kartei »SDR-Künstlerfonds«, SWR HA [ohne Aktennummer]. Manche Künstler waren in mehreren der genannten Berufsfelder tätig, in diesen Fällen wurde nur ein Beruf gezählt. In die Kategorie Sonstige fallen auch Witwen sowie andere Angehörige. Die Klassifizierung nach Berufsgruppen erfolgte nach Vorgabe der in der Kartei des SDR gemachten Angaben, die Einteilung ist allerdings recht unscharf, da etwa wissenschaftliche Autoren ohne besonderen Vermerk zu Schriftstellern gerechnet wurden. Die in der Kartei gemachten Angaben scheinen insgesamt recht unvollständig zu sein. Nach Auswertung der Tätigkeitsberichte des Verteilerausschusses und der Dankbriefe im Rahmen dieser Untersuchung lag die Zahl der unterstützten Musiker allein im Untersuchungszeitraum 1952 bis 1964 bei 155. Allein die in der Kartei angegebenen nach 1964 geförderten Musiker hinzugerechnet ergibt sich somit eine Gesamtsumme von 185 Musikern, die Ehrengaben erhielten.

Schriftsteller	188
Musiker/Sänger	164
Maler	91
Schauspieler	89
Journalisten	66
Bildhauer	21
Fotografen	12
Tänzer	6
Filmschaffende	3
Architekten	2
Sonstige	106
Gesamt	748

Tabelle 2: Beantragte Ehrengaben nach Berufsgruppen 1952 bis 1964**

** Protokolle und Tätigkeitsberichte des Ausschusses zur Verteilung der Mittel aus dem Künstlerfonds, HA SWR: 49/58–49/67. In dieser Aufstellung wird zwischen Schriftstellern und wissenschaftlichen Autoren unterschieden, weshalb im Verhältnis die Musikschaffenden an erste Stelle rücken.

Musikschaffende[1]	156
Schriftsteller[2]	147
Maler/Grafiker	73
Schauspieler[3]	64

1 Neben ausübenden Künstler wurden auch Musikwissenschaftler, Musikjournalisten usw. in diese Gruppe eingeordnet. Witwen wurden hier nicht berücksichtigt. — 2 Zum Bereich Schriftsteller wurden auch Publizisten und Übersetzer aus dem literarischen Bereich gezählt. — 3 Hierzu wurden auch Regisseure und Dramaturgen aus dem Schauspiel gerechnet.

Journalisten[4]	63
Wissenschaftler[5]	33
Bildhauer	14
Tänzer	7
Fotografen	5
Politiker	3
Filmschaffende	2
Körperschaften[6]	2
Artisten	2
Architekten	1
Sonstige[7]	110
Gesamt	682

[4] Einschließlich Zeitungsverleger. — [5] Ohne Musikwissenschaftler. Der überwiegende Teil der Wissenschaftler stammt dabei aus dem geisteswissenschaftlichen Bereich, hauptsächlich der Literaturwissenschaft. — [6] Die Wiener Library und das P.E.N.-Zentrum in London wurden mehrfach mit Ehrengaben unterstützt. — [7] Die Mehrzahl dieser Rubrik bilden Angehörige, zumeist Witwen, von exilierten Künstlern.

Tabelle 3: Binnendifferenzierung Berufe vor dem Exil

	Frauen	Männer	gesamt
Sänger	35	24	59
Musiker	15	30	45
Klavier	12	9	21
Geige	1	13	14
Violoncello	0	4	4
Blasinstrumente	0	1	1
Harfe	2	0	2
unbekannt	0	4	4
Dirigenten	0	16	16
Komponisten	4	10	14
Pädagogen	2	0	2
Musikwissenschaftler	0	2	2
Musikjournalisten	1	1	2
Witwen/Angehörige	4	0	4
Sonstige	0	6	6
Gesamt	62	98	160

Tabelle 4: Verteilung Aufenthaltsländer bei Antragstellung

USA	103
New York	78
Los Angeles	4
Frankreich	15
Paris	9
Großbritannien	9
London	8
Deutschland	10
Argentinien	6
Schweiz	3
Israel	3
Sonstige	11

Anhang II

Eroika (Ein wahres Märchen)

Ein kleiner Jude wandert aus nach Amerika,
Wird Filmmagnat und reich durch sein Schaffen und Wirken,
Und plötzlich hat er Sehnsucht nach deutschen Birken,
Also rauf auf die Bremen, und schon ist er da.

Er heisst Carl Laemmle, das klingt wie ein Schwabenstreich,
Man denkt an Uhland und spinnt Erinnerungsfädchen,
Und er fährt auch ins Ländle zu jenem Städtchen,
Wo er geboren und fühlt sich wie im Himmelreich.
Dem gibt er Ausdruck durch grosszügige Spenden,
Denn Deutschland ist arm, und er ist ja reich;
Ob Christ oder Jude, das ist ihm ganz gleich,
Er gibt aus vollem Herzen und mit übervollen Händen.
Er beschenkt die bedürftigen Männer und Frau'n,
Sein Dollarscheckbuch sitzt ihm ganz lose,
Ein Scheck zur Bekämpfung der Tuberkulose,
Der andre um eine Festspielhalle zu bau'n.
Und die Stadtältesten, der Bürgermeister voran,
Bedanken sich und katzbuckeln tief,
Man überreicht ihm sogar den Ehrenbürgerbrief.
Er winkt nur ab, ein bescheidener Mann:
Denn Geben ist Seligkeit höchstes Glück!

Es gibt kein Entlohnen für solches Wirken.
Laemmle nimmt Abschied von deutschen Eichen und Birken,
Und rauf auf die Bremen, und schon fährt er zurück.

Es kommt eine neue Aera, die will Deutschland retten,
Und Christen und Juden sind nicht mehr gleich,
Doch fest steh'n und treu im Dritten Reich
Das Festspielhaus und die Lungenheilstätten.
Und eines Tages wollen in die Festspielhalle gehen
Laemmles Enkel, denn es sind schwere Zeiten,
Drum woll'n sie sich eine Freude bereiten
Und Beethoven hören, den sie so gut verstehen.
Da steht kein Bürgermeister mit devoten
Verbeugungen, doch sehen sie ein Schild;
Sie glauben, dass es dem Stifter gilt
Und lesen: JUDEN IST DER EINTRITT VERBOTEN.
Und sie denken an den Menschenfreund aus USA,
Sie senken die Blicke und schämen sich,
schnell gehen sie heim und grämen sich,
Und drinnen tönt grad die Eroika.

Ein Engel im Himmel las auch das Schild,
Von dem hat's der Liebe Herrgott vernommen.
Als Traumbild ist er zu Laemmle gekommen.
Er drückt ihm die Hand und spricht gütig und mild:
»Auch mein Sohn war Jude und darf doch nicht rein;
Doch bei mir gelten nur die Guten und Frommen,
Lasset die Kindlein zu mir kommen,
Bei mir sollen stets sie willkommen sein.«
Da hört man dort oben ein Jauchzen und Klingen,
Ein Fest- und Jubelkonzert wird angesetzt,
Und man schickt nach Beethoven, der soll selbst den Taktstock
                                                            schwingen.
Und nun ganz leise:
Für die Enkel des Wohltäters aus USA
Tönt im Himmel jetzt grad die Eroika

M. Fréber [das ist M. Freudenberg]

Herrn Direktor Müller im Manuscript herzlichst zugeeignet von
M. Freudenberg
[HA SWR 49/66]

1 »Richtlinien für die Verteilung von Mitteln aus dem Künstlerfonds des Süddeutschen Rundfunks«. Stuttgart 8.10.1951. In: Friedrich Müller: *Memorandum.* Stuttgart 2.7.1954, Historisches Archiv des Südwestrundfunks in Stuttgart 49/64. — **2** Eine vom SDR geführte Kartei nennt diese Zahlen und gibt die Anzahl der geförderten Musiker mit 122 an, dazu kommen 42 Sänger. Während der Untersuchungen des Archivmaterials zum Künstlerfonds hat sich aber gezeigt, dass die in der Kartei gesammelten Informationen unvollständig sind, und dass etliche geförderte Musiker darin fehlen, die Zahlen der Kartei sind daher nur als grober Anhaltspunkt zu bewerten. An dieser Stelle gilt mein herzlicher Dank dem Leiter des Historischen Archivs des Südwestrundfunks Stuttgart, Jörg Hucklenbroich, der mir in großzügiger Weise die Einsicht in die Bestände des Künstlerfonds ermöglichte. Frauke Bethge vom Historischen Archiv des SWR danke ich herzlich für ihre Hilfe bei der Auswertung des Archivmaterials über den Künstlerfonds. — **3** Hans-Ulrich Wagner gibt die Zahl der im Jahr 2000 aktuellen Ehrengabe-Empfänger mit vier an. Vgl. Hans-Ulrich Wagner: *Rückkehr in die Fremde? Remigranten und Rundfunk in Deutschland 1945–1955. Eine Dokumentation zu einem Thema der Nachkriegsgeschichte.* Berlin u. a. 2000, S. 169. — **4** Der Absagebrief Celans ist abgedruckt in: ebd., S. 169. — **5** Nicht mehr als einen schlaglichtartigen Einblick liefern Hildegard Bußmann: »Notizen über die Anfänge des Künstlerfonds im Süddeutschen Rundfunk«. In: Süddeutscher Rundfunk Stuttgart (Hg.): *Festgabe für Margret Wittig-Terhardt.* Stuttgart 1994, S. 18–19 und Hans-Ulrich Wagner: »Zwischen Sündenfall und Wiedergutmachung. Oder: Wie der ›Werbefunk‹ mäzenatisch tätig wurde«. In: Zentrum für Medien und Medienkultur der Universität Hamburg (Hg.): *tiefenschärfe.* Sommersemester 2003, S. 18–21 sowie Wagner: *Rückkehr in die Fremde?* (s. Anm. 3), S. 169 f. — **6** Historisches Archiv des Südwestrundfunks in Stuttgart (im Folgenden abgekürzt HA SWR), Verwaltungsdirektion, Künstlerfonds 49/58–49/75. — **7** Eine entsprechende Aufstellung, die die Witwe Adlers, Grete Adler, eigens für die Archivare des Leo Baeck Institute anfertigte, findet sich im Nachlass Karl Adlers. Leo Baeck Institute New York, Karl Adler Collection AR 7276, Box 3 Folder 18 (im Folgenden LBI 3/18). — **8** Standort des Nachlasses s. Anm. 7, eine Mikrofilm-Kopie liegt in der Dependance des LBI im Jüdischen Museum in Berlin, Nachlass Karl Adler MF 572 Reels 1–4. — **9** Friedrich Müller: *Memorandum* (s. Anm. 1). In gewisser Weise gehörte Leopoldine Konstantin selbst zur Gruppe dieser Vergessenen mit dem einst klangvollen Namen. Als Film- und Theaterschauspielerin sowie ehemaliges Mitglied des Berliner Reinhardt-Ensembles war sie bis in die Mitte der 1930er Jahre in Deutschland und Österreich überaus populär gewesen, ehe sie 1938 über London in die USA emigrierte, wo sie zunächst das von ihr angesprochene Emigrantenschicksal – etwa in Form von Fabrikarbeit – am eigenen Leib erfahren musste. Später erhielt sie kurzzeitig auch in Hollywood vielversprechende Engagements, etwa in Alfred Hitchcocks Film *Notorius.* Nach ihrer Rückkehr nach Wien allerdings konnte sie letztlich nicht mehr an ihre alten Erfolge anknüpfen. Vgl. Marcus Bier: *Schauspielerportraits – 24 Schauspieler um Max Reinhardt.* Berlin 1989, S. 135–145. — **10** Müller: *Memorandum* (s. Anm. 1). — **11** Karl (auch Charles, bzw. Carl) Mayer, einer der Pioniere des Stuttgarter Senders und des Rundfunks in Deutschland überhaupt, hatte zwischen 1926 und 1933 als Programmleiter am Stuttgarter Radio gearbeitet und in dieser Zeit mit der Übernahme der großen Konzerte aus der Stuttgarter Liederhalle bedeutenden Dirigenten und Instrumentalisten wie Hans Knappertsbusch, Leo Blech oder Fritz Kreisler ihr Rundfunkdebüt ermöglicht. 1933 als Jude entlassen, emigrierte er über Zwischenstationen in der Schweiz und in Österreich 1938 in die USA, wo er unter anderem für den CBS in New York arbeitete. 1949 kehrte er an den Stuttgarter Sender zurück und war dort bis 1961 für den Werbefunk und als Programmleiter der Unterhaltungsabteilung tätig. Zu Karl Mayer: HA SWR Mappe Carl Mayer; sowie Personalakte Dr. Karl Mayer, Hauptstaatsarchiv Stuttgart, Nachlass Alfred Bofinger, Q 1/31 Bü. 36. — **12** Zu Fritz Eberhard s. Hans-Ulrich Wagner: *Rückkehr in die Fremde?* (s. Anm. 3), S. 78–81. — **13** Aufschlussreich in diesem Zusammenhang ist ein Interview mit Karl Mayer anlässlich des 40-jährigen Jubiläums des Stuttgarter Senders. Nachdem weite Teile des Gesprächs die Anfangs- und Pionierzeit der Stuttgarter Rundfunkarbeit thematisieren, spricht der Interviewer am Ende der Sendung Mayer auf dessen Entlassung und Vertreibung in der NS-Zeit an: »Wie muß Dich das damals getroffen haben 33, als Du diesen Beruf, den Du nun so liebgewonnen hattest, aufgeben mußtest?« Mayers Antwort: »Da wollen wir lieber nicht drüber reden. Vergessen, vergessen.« Protokoll der Sendung: »Achtung, Achtung, Südd. Rundfunk auf Welle 437«. 10.5.1964, HA SWR Sendemanuskripte 3/3750. — **14** Vgl. hierzu auch einen Brief von Wilhelm Sternfeld, Vertrauensmann des SDR in Großbritannien, an Fritz Eberhard: »Ich war, ehrlich gestanden, ebenso ueberrascht wie erfreut, auf dem Posten des Stuttgarter Rundfunk-Intendanten einen Bekannten der londoner [sic] Emigrationsjahre zu finden. Damit wurde mir klar, wieso gerade vom Sueddeutschen Rundfunk eine Hilfsaktion fuer die geistigen Opfer des Nationalsozialismus gestartet wurde (...).« London 26.4.1952, HA SWR Ausschuss zur Verteilung von Mitteln aus dem Künstlerfonds/Werbefunk 5.2.1952–22.12.1976, 925. Siehe auch den Bericht von Sternfeld über die Anfänge des Künstlerfonds: »Die Worte Leopoldine Konstantins fielen auf fruchtbaren Boden. [Friedrich] Müller besprach die Angelegenheit mit Intendant Dr. Fritz Eberhard, der selbst viele Jahre in der Emigration verbracht hatte, und mit dem Herausgeber der ›Deutschen Rundschau‹, Dr. Rudolf Pechel, der mehrere Jahre im Konzentrationslager hatte zubringen müssen.« William (Wilhelm) Sternfeld: »Die ›Ehrengaben‹ des Süddeutschen Rundfunks«. In: *Aufbau* Jg. 22 (1956) Nr. 32, 10.8.1956. Der deutliche Hinweis auf die Verfolgungsschicksale der Verantwortlichen des Künstlerfonds, der etwa in Friedrich Müllers Memorandum fehlt, dürfte in einem von und für Emigranten gemachten Kommunikations-Organ wie dem *Aufbau* möglicherweise auch als eine Art vertrauensbildende Maßnahme gewirkt haben, allein schon um die Aktion von der offiziellen Wiedergutmachung abzusetzen. Zu Rudolf Pechel s. Volker Mauersberger: »›Zwischen den Zeilen‹? – Rudolf Pechel und sein publizistischer Kampf für Freiheit und Recht«. In: Christoph Studt (Hg.): *»Diener des Staates« oder »Widerstand zwischen den Zeilen«? Zur Rolle der Presse im »Dritten Reich«*. Berlin u. a. 2007 (= *Schriftenreihe der Forschungsgemeinschaft 20. Juli 1944 e. V.*, Bd. 8), S. 175–182. — **15** Nach den ersten Erfolgen der SDR-Künstlerhilfe hatte Pechel dies in einem Rundschreiben an alle ARD-Intendanten angeregt. Brief von Rudolf Pechel an die Arbeitsgemeinschaft der öffentlich rechtlichen Rundfunkanstalten der Bundesrepublik Deutschland. Stuttgart 25.11.1952. Abschrift in: Historisches Archiv des Westdeutschen Rundfunks Köln: Interne Korrespondenz des Intendanten mit dem Justitiar 1952–53 Nr. 04093. — **16** Von der Sendestelle Heidelberg-Mannheim ausgestrahlt am Mittwoch, 12.3.1952. — **17** Ebenfalls gesendet am 12.3.1952. Die anderen Gesprächsteilnehmer waren der protestantische Theologe Albrecht Goes, als Vertreter des Zentralrats der Juden der remigrierte jüdische Journalist Leopold Goldschmidt von der *Frankfurter Neuen Presse*, sowie Hermann J. Schmitt. — **18** Die Sendung wurde zunächst 1955 als Hörfunkfeature im SDR übertragen, ein Jahr später kam die Fernsehfassung von Peter Dressen in der ARD zur Ausstrahlung. Der im Fernsehen gesendete Spendenaufruf brachte insgesamt 1,5 Millionen DM ein. Vgl. hierzu Christiane Fritsche: *Vergangenheitsbewältigung im Fernsehen: Westdeutsche Filme über den Nationalsozialismus in den 1950er und 60er Jahren*. München 2003, S. 74. Zu den Verbindungen der Aktion zum politisch linken Grünwalder Kreis um Hans Werner Richter s. Johannes Heesch: »Der Grünwalder Kreis«. In: Gesine Schwan u. a. (Hg.): *Demokratische politische Identität: Deutschland, Polen und Frankreich im Vergleich*. Wiesbaden 2006, S. 35–70, hier S. 60 f. — **19** Übereinstimmende Berichte über dieses Schweigen der Überlebenden – und dessen Überwindung ab Mitte der 1980er Jahre – finden sich vielfach in der gerade im letzten Jahrzehnt in starkem Maße aufgekommenen Erinnerungsliteratur, so etwa für den Bereich der Musikkultur, um nur einige zu nennen, in den (Auto-)Biografien von Coco Schumann, Norbert Glanzberg und Alice Herz-Sommer. Coco Schumann: *Der Ghetto-Swinger. Eine Jazzlegende erzählt*. München ²1998; Astrid Freyeisen: *Chanson für Edith. Das Leben des Norbert Glanzberg*. München 2003; Alice Herz-Sommer (mit Melissa Müller und Reinhard Piechocki) »*Ein Garten Eden inmitten der Hölle.« Ein Jahrhundertleben*. München 2006. Zu Hermann Lübbe vgl. Norbert Frei: *1945 und wir. Das Dritte Reich im Bewußtsein der Deutschen*. München 2005, S. 50. — **20** Wagner: »Zwischen Sündenfall und Wiedergutmachung« (s. Anm. 5), S. 18. — **21** Ebd., S. 19. — **22** Ebd., S. 21. Beim SDR war Karl Mayer von dieser Regelung betroffen, er erhielt allerdings von seinem alten und neuen Arbeitgeber eine Kapitalentschädigung für den durch die Entlassung 1933 erlittenen Schaden. HA SWR Justitiariat, Wiedergutmachung ehemaliger Angestellter der RRG, Einzelfälle, 49/43. — **23** Wagner: »Zwischen Sündenfall und Wiedergutmachung« (s. Anm. 5), S. 21. — **24** »Richtlinien für die Verteilung von Mitteln aus dem Künstlerfonds des Süddeutschen Rundfunks« (s. Anm. 1). — **25** »In der Zeit zwischen 1933 und 1945 haben viele Künstler, die in ihrem Schaffen mit dem Rundfunk verbunden waren, aus rassischen und politischen Gründen Deutschland verlassen und im Ausland eine neue Existenz gründen müssen. (…) Der Süddeutsche Rundfunk möchte dazu beitragen, geschehenes Unrecht wieder gut zu machen, indem er diesem Personenkreis (…) hilft.« Ebd. — **26** Ebd. — **27** Festgeschrieben in den diversen Fassungen des Bundesentschädigungsgesetzes (BEG). Die häufige Novellierung des BEG sowie die Unzahl an Durchführungsverordnungen machen allerdings deutlich, dass die Erstellung eines alle Einzelfälle abdeckenden Gesetzestextes im Falle der Wiedergutmachung eine unlösbare Aufgabe darstellte. Vgl. hierzu Marcus Böick: »Gefühlte Dissonanz. Zur Entschädigung von NS-verfolgten Musikern in der frühen BRD«. In: Matthias Pasdzierny, Dörte Schmidt (Hg.): *Zwischen individueller Biographie und Institution. Zu den Bedingungen beruflicher Rückkehr von Musikern aus dem Exil*. In Vorbereitung. — **28** »Richtlinien für die Verteilung von Mitteln aus dem Künstlerfonds des Süddeutschen Rundfunks« (s. Anm. 1). — **29** Etwa an den Schriftsteller Fritz von Unruh, nachdem dessen Haus bei einem Sturm zerstört worden war. »22. Tätigkeitsbericht über die Verteilung von Mitteln aus dem Künstlerfonds«. Stuttgart 4.7.1962, HA SWR 49/67. — **30** Fritz Kauffmann ist vor allem als Bibliophile in Erinnerung geblieben; seine umfangreiche Sammlung zu Eduard Mörike und dessen Umfeld verwahrt heute das Deutsche Literaturarchiv in Marbach. In der Zeit nach 1945 war Kauffmann im Kultusministerium lange Jahre als Referent für die Stuttgarter Hochschule für Musik tätig, der erste Nachkriegsrektor der Hochschule Hermann Keller attestierte Kauffmann in diesem Zusammenhang, »begeisterter Kenner und Freund der Musik« gewesen zu sein. Zit. nach: Thomas Schipperges: »Musikausbildung und ihre Träger. Von der privaten Musikschule über das Königliche Konservatorium zur Staatlichen Hochschule für Musik«. In: Joachim Kremer, Dörte Schmidt (Hg.): *Zwischen bürgerlicher Kultur und Akademie. Zur Professionalisierung der Musikausbildung in Stuttgart seit 1857*. Schliengen 2007, S. 105 f. — **31** »Richtlinien für die Verteilung von Mitteln aus dem Künstlerfonds des Süddeutschen Rundfunks« [zweite Fassung], Stuttgart 7.2.1952, HA SWR 49/59. Abgedruckt in: Wagner: *Rückkehr in die Fremde?* (s. Anm. 3), S. 169. Über Ministerialrat Dietrich konnte nichts weiter in Erfahrung gebracht werden, es ist aber anzunehmen, dass im jungen Bundesland Württemberg-Baden zwangsläufig ein badischer Vertreter dem Ausschuss angehören musste. Die Zusammensetzung des Gremiums veränderte sich im Laufe der Jahre ständig, wobei Friedrich Müller als Vertreter des SDR und Hauptinitiator des Künstlerfonds über lange Jahre die prägende Persönlichkeit blieb. Weitere langjährige Mitglieder waren ab 1954 der Regierungsdirektor des Baden-Württembergischen Kultusministeriums Wolf Donndorf sowie der Obmann der deutschen Bühnengenossenschaft Wilhelm Müller. Aufgrund der mehrfachen personellen Veränderungen innerhalb des Ausschusses wurde dessen Zusammensetzung in der endgültigen Fassung der Verteilungsrichtlinien nicht mehr festgeschrieben. »Richtlinien für die Verteilung von Mitteln aus dem Künstlerfonds des Süddeutschen Rundfunks« [endgültige Fassung], Stuttgart 4.12.1953, HA SWR 49/61. — **32** Karl Adler: »Betrifft Ehrengabe der Künstlerhilfe« (Standardanschreiben an mögliche Antragsteller), Nachlass Karl Adler, LBI 3/18. — **33** Ebd. — **34** Brief von Karl Adler an Friedrich Müller. New York 29.9.1956, HA SWR 49/64. — **35** Dass diese Angst durchaus begründet war, und dass falsche Vorstellungen vom Leben der Emigranten auch lange nach Kriegsende in Deutschland weit verbreitet waren, zeigen Schreiben an den Vorsitzenden des Rundfunkrats des SDR aus dem Jahr 1955, in denen darauf hingewiesen wird, dass ja die Emigranten »auf Grund ihrer Beziehungen zu ihren ausländischen Verwandten oder Freunden (…) im Gastland in ihrem Fach, mitunter in noch besserer Position, ohne weiteres weiterarbeiten konnten«. Daher solle sich die Künstlerhilfe des SDR statt den Emigranten lieber den dagebliebenen Verfolgten und den Angehörigen der »Inneren Emigration« zuwenden, einer Gruppe die viel größere Not gelitten habe. Schreiben von Alfred Fingerhuth an Valentin Gaa, Vorsitzender des Rundfunkrats des SDR, Friedenau 19.5.1955, HA SWR 49/62. —

36 Vgl. Constantin Goschler: *Schuld und Schulden. Die Politik der Wiedergutmachung für NS-Verfolgte seit 1945.* Göttingen 2005, S. 478 f. — **37** »Der Künstlerfonds des Süddeutschen Rundfunks«. In: *Argentinisches Tageblatt*, Jg. 68 (20.9.1956); »Die ›Ehrengaben‹ des Süddeutschen Rundfunks«. In: *Aufbau*, Jg. 22 (1956) Nr. 32, 10.8.1956; ein ähnlicher Artikel erschien in der *Allgemeinen Zeitung der Juden in Deutschland*. Die vom englischen Vertrauensmann Wilhelm Sternfeld anscheinend im Alleingang lancierten Artikel sorgten im Umfeld der Künstlerhilfe allerdings für einige Unruhe. Karl Adler etwa bemängelte die Offenlegung der zur Verfügung stehenden Mittel, die falsche Hoffnungen erwecken könnte. Zudem habe man ihm auf seine Anregungen hin, »dass die Öffentlichkeit mehr von Ihrer grosszügigen Ehrengabe wissen sollte, um den Glauben an das ›andere Deutschland‹ zu stärken« bisher stets beschieden, dass solche Art der medialen Aufmerksamkeit von Seiten des SDR nicht gewünscht sei. Brief von Karl Adler an Friedrich Müller. New York 29.9.1956, HA SWR 49/64. — **38** Die Schriftsteller Walter Mehring, David Luschnat, Jacob Picard, Bruno Schönlank, Julius Bab, Hans Sahl, Nelly Sachs, Max Barth, Hugo Berlitzer, Armin T. Wegener und Friedrich Burschell gehören zu den Ehrengabe-Empfängern der ersten Stunde. »Protokoll über die [1.] Sitzung des Ausschusses zur Verteilung von Mitteln aus dem Künstlerfonds«. Stuttgart 6.2.1952. Sowie »1. Tätigkeitsbericht über die Verteilung von Mitteln aus dem Künstlerfonds«. Stuttgart 26.5.1952, HA SWR 49/58. — **39** Unter den Londoner Exilanten fällt neben der Vielzahl an Schriftstellern der hohe Anteil von Journalisten und Verlegern auf, was die Vermutung nahe legt, dass Pechel auf diese Leute aufmerksam gemacht hat. Als Beispiele wären zu nennen: Hans Jäger, früherer Mitarbeiter Pechels bei der *Deutschen Rundschau*, sowie die Verleger Kurt Hiller, Bernhard Koch und Justin Steinfeld und die Journalisten Wilhelm Necker und Kurt Alexander Löwenthal. Ebd. — **40** Z.B. Alfred Auerbach, schwäbischer Mundart- und Lieddichter, Schauspieler und Schauspielpädagoge. Auch Max Barth ließe sich dieser Gruppe zuordnen. — **41** Es handelt sich dabei um Ursula van Diemen – eine vor 1933 durch ihre zahlreichen Platteneinspielungen und diverse Tonfilmauftritte recht bekannte Sopranistin –, Ilse Telge-Camphausen sowie Walter Meyer Spielmann, der aus dem Schweizer Exil zurückgekehrt war. »Protokoll über die Sitzung des Ausschusses zur Verteilung von Mitteln aus dem Künstlerfonds«. Stuttgart 6.2.1952, HA SWR 49/58. Beide Sängerinnen waren nicht emigriert, Ilse Telge-Camphausen hatte das Konzentrationslager in Theresienstadt überlebt, Ursula van Diemen war angeblich zwischen 1933 und 1945 Verfolgungen ausgesetzt gewesen, da sie bis 1927 mit einem jüdischen Ehemann verheiratet gewesen war. Allerdings lassen sich Schallplattenaufnahmen aus der NS-Zeit nachweisen, die van Diemen noch 1940 unter ihrem Namen in Berlin mit dem dortigen Philharmonischen Chor unter Leitung von Bruno Seidler-Winkler einspielte, was gegen ein Auftrittsverbot spricht. Vgl.: http://www.mozarteum.at/03_Wissenschaft/03_Wissenschaft_TonFilm_Chron.asp?SID=717831591142714&PAGE=4&YEAR=1936–1945&RSM=3, 20.01.2008. An diesem Fall zeigt sich, dass gerade in der Anfangszeit des Künstlerfonds noch nicht die Möglichkeit bestand, eingehende Anträge auf ihre Berechtigung hin zu überprüfen. Im Vergleich zur staatlichen Wiedergutmachung blieb für die Arbeit der Künstlerhilfe das generelle Problem, dass man sich insbesondere in der Anfangszeit auf die von den Antragstellern gemachten Angaben weitgehend verlassen musste, da weder Geld noch Personal zur Verfügung standen, eingehende Überprüfungen anzustellen, was ja letztlich auch der Philosophie der gesamten Unterstützungsaktion widersprochen hätte. — **42** Ries-Eberhard hatte zwischen 1930 und 1933 einige Male (in heute unbekannter Funktion) für den Stuttgarter Sender gearbeitet und dürfte daher aus dieser Zeit noch bekannt gewesen sein. Er war 1950 aus dem amerikanischen Exil in seine Geburtsstadt Bremen zurückgekehrt, um dort seine Wiedergutmachungsangelegenheiten zu regeln, später gründete er in Bremen eine Konzertagentur. »2. Tätigkeitsbericht über die Verteilung von Mitteln aus dem Künstlerfonds«. Stuttgart 26.9.1952, HA SWR 49/58. — **43** Lediglich in Einzelfällen kam es zu von Emigranten direkt an den SDR gestellten Anträgen oder zu von den Botschaften einzelner Exilländer weitergeleiteten Anfragen. — **44** Alle Vertrauensleute des SDR erledigten ihre teilweise sehr arbeitsintensiven Aufgaben ehrenamtlich, sie erhielten lediglich einmal im Jahr eine Aufwandsentschädigung in Höhe einer durchschnittlichen Ehrengabe von 600 DM. — **45** Zu

Sternfeld s. Eintrag »Sternfeld, Wilhelm«. In: Literaturkommission für Westfalen (Hg.): *Lexikon Westfälischer Autorinnen und Autoren 1750 bis 1950*. Münster 2001 ff., http://www.lwl.org/literaturkommission/alex/index.php?id=00000003&letter=S&layout=2&author_id=00000895, 26.01.2008. — **46** Gipfelnd in der 1955 von der Deutschen Akademie für Sprache und Dichtung in Auftrag gegebenen ersten umfassenden Dokumentation der deutschen Exilliteratur: Wilhelm Sternfeld, Eva Tiedemann: *Deutsche Exilliteratur 1933–1945. Eine Bio-Bibliographie*, mit einem Vorwort von Hanns W. Eppelsheimer. Heidelberg – Darmstadt 1962, 2. stark erweiterte Auflage ebd. 1970. Zu den frühen Unterstützungsaktionen des NWDR s. Wagner: *Rückkehr in die Fremde?* (s. Anm. 3), S. 170 f. Darüber hinaus gewann Sternfeld »den damaligen Bundespräsidenten Heuss dafür, Geld für einen Künstlerfonds bereitzustellen«, den Künstlerfonds des Bundespräsidialamtes, der neben dagebliebenen auch emigrierte Künstler unterstützte. Vgl. Dieter Fölster u. a. (Bearb.): *Juden in Unna. Spuren ihrer Geschichte. Eine historische. Dokumentation.* Unna 1993, S. 183–185. — **47** Kalenter wurde 1952, Sperber 1954 als Vertrauensmann engagiert, Manès Sperber scheint in der Folgezeit unter dem Pseudonym Alfred Lang geführt worden zu sein. Zu Kalenter: handschriftlicher Vermerk: »Ossip Kalenter f. d. Schweiz« auf »2. Tätigkeitsbericht über die Verteilung von Mitteln aus dem Künstlerfonds« (s. Anm. 42). Zu Sperber: »Protokoll über die achte Sitzung des Ausschusses zur Verteilung von Mitteln aus dem Künstlerfonds am 10.12.1954«. Stuttgart 11.12.1954, HA SWR 49/62. — **48** Karl Adler: »Rundschreiben betr. Gesuche aus Israel«. New York, Juli 1957, Nachlass Karl Adler, LBI 3/18. — **49** »Protokoll über die sechzehnte Sitzung des Ausschusses zur Verteilung von Mitteln aus dem Künstlerfonds am 23.12.1958«. Stuttgart 29.12.1958, HA SWR 49/58. — **50** So berichtete Karl Adler, er würde »immer wieder von Musikern angegangen, die früher vorwiegend Unterhaltungsmusik (…) spielten. Aus diesen Fällen habe ich bis jetzt kaum irgendwelche Anträge vorgelegt (…).« Brief an Friedrich Müller. New York 9.9.1958, HA SWR 49/68. — **51** In der Zeit zwischen 1952 und 1964 befanden sich unter den 156 geförderten Musikschaffenden insgesamt drei Künstler aus dem Bereich der Unterhaltungsmusik. Dajos Béla (eigentlich Leo[n] Golzmann) war als Geiger und Bandleader eine der prominentesten Figuren der Berliner und deutschen Unterhaltungsmusikszene der 1920er und frühen 1930er Jahre. Sein Tanzorchester galt als eines der besten in Berlins angesagter Fünf-Uhr-Tanzteeszene, mit diversen Ensembles war Béla im Rundfunk und frühen Tonfilm dieser Zeit sowie auf unzähligen Schallplatten allgegenwärtig. 1933 verließ er Deutschland, ab 1935 lebte Dajos Béla in Argentinien. Vgl. Pekka Gronow, Illpo Saunio: *An International History of the Recording Industry*. London u. New York 1998, S. 53 sowie Michael H. Kater: *Different Drummers. Jazz in the culture of Nazi Germany*. New York 1992, S. 4, 40 f., 43. Dajos Béla erhielt 1957 eine Ehrengabe aus dem Künstlerfonds, nach anfänglichen Erfolgen in Argentinien war seine Art der »feinen Unterhaltungsmusik« Ende der 1950er dort offenbar nicht mehr gefragt, sodass Béla in eine finanzielle Notlage geraten war. Brief von Dajos Béla an den Süddeutschen Rundfunk Stuttgart. Buenos Aires 19.4.1957, sowie »12. Tätigkeitsbericht über die Verteilung von Mitteln aus dem Künstlerfonds«. Stuttgart 18.7.1957, HA SWR 49/65. Rudolf Nelson erhielt 1955 eine Ehrengabe: »8. Tätigkeitsbericht über die Verteilung von Mitteln aus dem Künstlerfonds«. Stuttgart 12.7.1955, HA SWR 49/63. — **52** »20. Tätigkeitsbericht über die Verteilung von Mitteln aus dem Künstlerfonds«. Stuttgart 10.7.1961, HA SWR 49/67. Auch der Antrag von Fred Landau, Komponist »leichter Musik« wurde abgelehnt, allerdings kamen hier noch Probleme mit der Vorgabe »wirtschaftliche Notlage« hinzu, da Landau eine Festanstellung als Büroangestellter innehatte, die ihm anscheinend ein Auskommen sicherte. »22. Tätigkeitsbericht über die Verteilung von Mitteln aus dem Künstlerfonds«. Stuttgart 4.7.1962, HA SWR 49/67. — **53** Zu Begriff und Kategorisierung s. Wolfgang Benz: *Das Exil der kleinen Leute. Alltagserfahrung deutscher Juden in der Emigration*. München 1991. — **54** Also jene, die die NS-Zeit in Deutschland verbracht hatten und somit, in welchem Maß auch immer, zur Täterseite gehört hatten. — **55** Friedrich Meinecke: *Die deutsche Katastrophe. Betrachtungen und Erinnerungen*. Wiesbaden ³1947, S. 173, 175. — **56** Brief von Friedrich Müller an Karl Adler. Stuttgart 4.11.1954, HA SWR 49/62. — **57** Ebd. — **58** Beispielsweise bei dem 1920 geborenen Schriftsteller und Philosophen Hansjörg A. Salmony, dessen Antrag

1958 abgelehnt wurde. »15. Tätigkeitsbericht über die Verteilung von Mitteln aus dem Künstlerfonds«. Stuttgart 18.12.1958, HA SWR 49/66. Eine entsprechende Auslegung der Richtlinien erfolgt im »Protokoll über die 25. Sitzung des Ausschusses zur Verteilung von Mitteln aus dem Künstlerfonds«. Stuttgart 18.7.1963, HA SWR 49/67. — **59** So etwa Kalman Kinnory, Jahrgang 1923, der zum Zeitpunkt der Emigration höchsten 15 Jahre alt gewesen sein dürfte. Als ehemaliger Danziger Wunderkind-Geiger und Jungstudent von Carl Flesch wurde sein Antrag problemlos anerkannt. Als Jude in Danzig von Polen und Deutschen geächtet, emigrierte Kinnory zu einem unbekannten Zeitpunkt mit seinen Eltern über England in die USA, wo er anscheinend als Musiker nicht mehr Fuß fassen konnte und daher als Tontechniker in einer Schallplattenfirma arbeitete. Er erhielt 1955 eine Ehrengabe. »9. Tätigkeitsbericht über die Verteilung von Mitteln aus dem Künstlerfonds«. Stuttgart 30.11.1955, HA SWR 49/63. Ähnlich gelagert ist der Fall der Pianistin und Komponistin Margaret H. Collin (Margarete Cohn, geboren 1915), die angab, 1933 als Jüdin vom Studium an der Hochschule für Musik in Berlin, kurz darauf auch von der dortigen Freien Volkshochschule, wo sie u. a. bei Paul Hindemith und Ernst Lothar von Knorr weiterstudiert hatte, ausgeschlossen worden zu sein. Auch hier konnte der Ausschuss also von einer – überspitzt formuliert – genügenden Prägung durch die deutsche Musikkultur ausgehen. Zudem war Collin bis zu ihrer Emigration nach England als Notenschreiberin und Chorsängerin für eine jüdische Gemeinde in Berlin tätig, im Jüdischen Kulturbund trat sie ferner als Komponistin in Erscheinung (vgl. Eva M. Maschke: »Margaret H. Collin«. In: Claudia Maurer Zenck, Peter Petersen [Hg.]: *Lexikon verfolgter Musiker und Musikerinnen der NS-Zeit [LexM]*, Hamburg 2005 –. Dort wird allerdings das Studium Collins nicht erwähnt. http://www.lexm.uni-hamburg.de/ object/lexm_lexmperson_00001499, 29.01.2008). In ihrem endgültigen Exilland, den USA, konnte auch Collin nicht mehr an ihre künstlerische Tätigkeit anknüpfen, sodass sie mit Gelegenheitsarbeiten als Sprechstundenhilfe, in Krankenhausküchen und Fabriken ihre Existenz führen musste. Sie erhielt im Jahr 1956 eine Ehrengabe aus dem Künstlerfonds.»10. Tätigkeitsbericht über die Verteilung von Mitteln aus dem Künstlerfonds«. Stuttgart 12.6.1956, HA SWR 49/64. — **60** Ein in diesem Zusammenhang aufschlussreiches Beispiel stellt die Vorgehensweise des Ausschusses im Falle des 1923 geborenen Pianisten Alfons Forster dar. Dessen erster Antrag war mit Blick auf sein geringes Alter 1955 zunächst abgelehnt worden. »Protokoll über die 9. Sitzung des Ausschusses zur Verteilung von Mitteln aus dem Künstlerfonds am 27.7.1955«. Stuttgart o. D., HA SWR 49/63. Ein weiterer Antrag ein Jahr später führte hingegen zum Erfolg, da sich abzeichnete, dass Forster zum Studieren nach Deutschland zurückkehren würde. Er hatte im Alter von zehn Jahren mit seiner Mutter Deutschland über die Zwischenstation Österreich in Richtung Brasilien verlassen und erst dort, in Rio de Janeiro, seine musikalische Ausbildung begonnen, war also nicht mehr vor Ort von der deutschen Musikkultur geprägt worden. Die Wirkmächtigkeit dieser Kultur in den sich aus den Emigrantenkreisen herausbildenden Satelliten auch und gerade in den Exilländern war den Ausschussmitgliedern offenbar wenig bewusst. Möglicherweise wollten sie nur solche Künstler fördern, die diese Musikkultur »im Original« erlebt hatten, oder nach Europa zurückkehrten, um sie vor Ort kennenzulernen. Ein dritter Antrag Forsters, der in der Zwischenzeit in Trossingen ein Klavierstudium aufgenommen hatte, wurde daher auch problemlos anerkannt. »9. Tätigkeitsbericht über die Verteilung von Mitteln aus dem Künstlerfonds«. Stuttgart 30.11.1955, HA SWR 49/63, »14. Tätigkeitsbericht über die Verteilung von Mitteln aus dem Künstlerfonds«. Stuttgart 3.7.1958, HA SWR 49/65. — **61** Vgl. diesbezügliche Anfragen von Karl Adler an den Verteilerausschuss. Brief von Karl Adler an den Süddeutschen Rundfunk. New York 13.2.1954 und 14.4.1956, HA SWR 49/64. — **62** Brief von Friedrich Müller an Karl Adler. Stuttgart 4.11.1954, HA SWR 49/62. So wurde u. a. Edith Loewenberg unterstützt, Witwe des Theater- und Opernforschers Alfred Loewenberg (u. a. *The Annals of the Opera 1597–1940*. Cambridge 1943). 1935 war das Ehepaar Loewenberg aus Deutschland geflohen und nach London emigriert, wo Alfred Loewenberg 1949 starb. Als langjährige Freundin von Thomas und vor allem Erika Mann war Edith Loewenberg innerhalb der Exilliteratur-Szene bestens vernetzt und wurde vermutlich auch deshalb schon 1953 von Wilhelm Sternberg für eine Ehrengabe vorgeschlagen. Zur

Freundschaft mit den Manns s. Erika Mann: *Briefe und Antworten.* Hg. von Anna Zanco Prestel. Bd. 1. München 1984, S. 227. Zu Alfred Loewenberg: A. Hyatt King: »Alfred Loewenberg: 1902–1949«. In: *Music & Letters,* Jg. 31 (1950) H. 2, S. 116–118. — **63** Unter den geförderten Musikern sind in dieser Kategorie zwei Personen zu nennen: Max Mayer, bis 1916 Opernsänger, danach bis zu seiner Entlassung aus »rassischen Gründen« im Jahr 1933 Theatersekretär und Kassierer am Stuttgarter Schauspielhaus, sowie Friedrich E. Schreiber, langjähriger Theaterarzt der Wiener Volksoper und passionierter Hobbykomponist, der nach dem Anschluss nach London emigrierte, wo er zum näheren Umfeld von Karl Rankl gehörte. »Protokoll über die Sitzung des Ausschusses zur Verteilung von Mitteln aus dem Künstlerfonds am 5.2.1952 im Kultusministerium«. Stuttgart 6.2.1952, HA SWR 49/58, »8. Tätigkeitsbericht über die Verteilung von Mitteln aus dem Künstlerfonds«. Stuttgart 3.6.1955, HA SWR 49/63. — **64** Wie der Antrag des Frankfurter Kapellmeisters Willy Schlick, der angab, nach 1941 mehrfach von der Gestapo verhaftet und misshandelt worden zu sein. Da er weder ins Exil gegangen, noch deportiert worden war, wurde sein Antrag abgelehnt. Ein weiteres Beispiel ist die Berliner Sängerin Rosi Ponemunski-Lindt, die laut eigenen Angaben ab 1933 von einem Berufsverbot betroffen war. Auch sie war nicht exiliert, sondern während der NS-Zeit in Berlin geblieben, weshalb auch ihr Antrag abschlägig beschieden wurde. Beide Fälle: »2. Tätigkeitsbericht über die Verteilung von Mitteln aus dem Künstlerfonds«. Stuttgart 26.09.1952, HA SWR 49/58. — **65** So wurde ein Antrag der Witwe des Stuttgarter Kammersängers Hermann Weil abgelehnt, da ihr eine gut dotierte Witwenrente zustand. Über die Auslegung des Begriffes »wirtschaftliche Notlage« kam es zu Beginn der 1960er Jahre zu einigen Unstimmigkeiten zwischen den Vertrauensleuten. Insbesondere warf Wilhelm Sternfeld Karl Adler in einem internen Schreiben an Friedrich Müller vor, für Personen wie Oskar Maria Graf oder Ludwig Marcuse auch in den späten 1950er Jahren noch Ehrengaben zu beantragen, zu einer Zeit also, als diese durch den Erhalt der staatlichen Wiedergutmachung sowie die Erlöse ihrer in Deutschland neu aufgelegten Bücher längst wieder zu Wohlstand gekommen seien. Der Ausschuss folgte allerdings nicht der Argumentation Sternfelds und zahlte diesen prominenten Exilschriftstellern weiterhin Ehrengaben. Brief von Wilhelm Sternfeld an Friedrich Müller, London 13.1.1960, HA SWR 49/68. — **66** Die Hauptquellen waren hierbei die Tätigkeitsberichte und Protokolle der Sitzungen des Verteiler-Ausschusses. — **67** Diese Zahl ergibt sich aus der durchlaufenden Nummerierung der Anträge in den Tätigkeitsprotokollen. Leider ist auch diese Zählung nicht zuverlässig, da abgelehnte Anträge teilweise wieder aus der Aufstellung entfernt, verspätet eingereichte handschriftlich nachgetragen wurden. Als ungefährer Richtwert ist die Angabe allerdings brauchbar. — **68** Die hohe Zahl der Anträge ergibt sich hauptsächlich aus der Tatsache, dass viele der unterstützten Künstler mehrfach Ehrengaben erhielten und dafür jedes Mal ein neuer Antrag gestellt wurde. Die Quote der abgelehnten Anträge dürfte insgesamt bei höchstens fünf Prozent liegen. — **69** Kein einziger politischer Emigrant findet sich in dieser Gruppe, wohl aber einige wenige freiwillig emigrierte Künstler (etwa Hermann Busch, der Cellist des Busch-Quartetts). — **70** S. Anm. 52 und 64. Offenbar abgelehnt wurde darüber hinaus auch ein Antrag des remigrierten Komponisten Wilhelm Rettich, der allerdings in den Tätigkeitsberichten des Ausschusses keine Erwähnung findet. Brief von Wilhelm Rettich an den SDR. Amsterdam 5.3.1952, HA SWR 49/60. — **71** Lediglich bei Schauspielern und Tänzern liegt der Frauenanteil ähnlich hoch. Fast gar keine Frauen finden sich hingegen in der Gruppe der Journalisten. — **72** In *LexM* (s. Anm. 59) beträgt das Verhältnis Männer-Frauen zur Zeit 919 zu 338, also etwa drei zu eins. Bei den Ehrengabe-Empfängern des Künstlerfonds kommen auf drei unterstützte männliche Musikschaffende zwei weibliche. http://cmslib.rrz.uni-hamburg.de: 6292/content/home.xml, 5.2.2008. — **73** Auch der einzige unterstützte Blasmusiker, der Trompeter Konrad Breunich, war bezeichnenderweise nicht selbst Jude, sondern wurde als Ehemann einer Jüdin verfolgt. Nach 1933 war Breunich kurze Zeit als erster Trompeter im Orchester des Jüdischen Kulturbundes in Frankfurt tätig, ehe er dort als »Arier« entlassen werden musste. Später emigrierte er mit seiner Frau in die USA, wo er als Buchdrucker arbeitete. »Lebenslauf Konrad Breunich«. HA SWR 49/68. Das *LexM* (s. Anm. 59) verzeichnet zehn exilierte Blasmusiker (darunter drei Saxophonisten) bei insgesamt 1.257 Einträgen.

http://cmslib.rrz.uni-hamburg. de:6292/content/home.xml, 5.2.2008. — **74** Marcus Böick schildert einen solchen Ausbildungsweg für das Jahr 1923 am Beispiel eines Fagottisten. Vgl. Böick: »Gefühlte Dissonanz. Zur Entschädigung von NS-verfolgten Musikern in der frühen BRD« (s. Anm. 27). — **75** Es handelt sich um Raphael (Ralf) Seligmann Ferara, der in Hamburg lange Jahre das 1908 gegründete Brahms-Konservatorium geleitet hatte. 1937 musste er, da er jüdisch war, das private Institut auf Druck der Reichskulturkammer verkaufen, 1939 emigrierte er in die USA. »Lebenslauf Raphael Seligman Ferara«. Herbst 1954, HA SWR 49/62, s. auch http://www.brahms-konservatorium.de/geschichte.html, 12.02.2008. — **76** Paul Riesenfeld, anerkannter Musikkritiker aus Breslau, ständiger Mitarbeiter der *AmZ* und Verfasser mehrerer Monografien (*Heinrich von Ofterdingen in der deutschen Literatur.* Berlin 1912. *Mozart, der Tondichter.* Jerusalem 1949 und – aus heutiger Sicht besonders interessant – *Politik und Musik. Von großen Zeitaltern zu kleinen Gleichschaltern.* Tel Aviv 1958) gab 1959 an, im israelischen Exil als Nachtwächter und Kassenbote seinen Lebensunterhalt zu verdienen. Riesenfeld war nach mehrmonatiger Gestapo- und Konzentrationslagerhaft in Breslau, Dachau und Buchenwald schließlich ins damalige Palästina emigriert. Er erhielt 1959 eine Ehrengabe aus dem SDR-Künstlerfonds. »Lebenslauf Paul Riesenfeld«. Sommer 1959, HA SWR 49/68. — **77** Diesen Weg ging die Opernsängerin Minny Ruske-Austin (geb. Leopold, verw. Ruske-Leopold), die bis 1933 am Mannheimer Nationaltheater und bei den Bayreuther Festspielen mit den Granden der deutschen Musikwelt wie Erich Kleiber, Wilhelm Furtwängler, Bruno Walter, Richard Strauss und Siegfried Wagner zusammengearbeitet hatte. Nach ihrer Entlassung aus »rassischen« Gründen 1933 emigrierte sie in die USA, wo sie anfänglich gegen Trinkgelder in Restaurants sang, ehe ihr schließlich als einzig möglicher beruflicher Ausweg die Fabrikarbeit in New York blieb. »Lebenslauf Minny Ruske-Austin«. Herbst 1954, HA SWR 49/62. — **78** Der als Vorsänger der Stuttgarter Israelitischen Gemeinde von 1908 bis 1938 tätige Leo Adler, der sich in Württemberg auch als Konzertsänger und Biograf des bedeutenden jüdischen Opernsängers Heinrich Sontheim hervorgetan hatte, flüchtete nach KZ-Haft in Dachau und Welzheim in die USA. Dort fand er offensichtlich keinen Einstieg in sein vormaliges Berufsfeld, was ihn zur Tätigkeit als fahrender Uhrmacher zwang. »25. Tätigkeitsbericht über die Verteilung von Mitteln aus dem Künstlerfonds«. Stuttgart 29.11.1963, HA SWR 49/67. Zu Leo Adler siehe auch: Israelitisches Kirchenvorsteheramt (Hg.): *Festschrift zum 50jährigen Jubiläum der Synagoge zu Stuttgart.* Stuttgart 1911, restaurierter Nachdruck hg. v. Peter Grohmann. Stuttgart 2007, S. 85. — **79** Ilona Szendy hatte als Sängerin an der Produktion des Weill-Stücks am Berliner Kurfürstendammtheater 1931/32 (in der Inszenierung von Bert Brecht und Caspar Neher) mitgewirkt. Als Jüdin wurde auch sie nach 1933 aus ihrem Beruf verdrängt und wanderte nach Emigrationsstationen in Budapest und Wien 1938 in die USA aus. Dort gelang es ihr nicht, sich als Sängerin zu etablieren, als Fabrikarbeiterin und Verkäuferin in New York erlebte sie vielmehr die »Vernichtung ihrer beruflichen Existenz«. »Lebenslauf Ilona Szendy«. Sommer 1958, HA SWR 49/68. — **80** Als beispielhaft für die bittere Armut vieler älterer exilierter Musikschaffender kann das Schicksal der Opernsängerin Angela Fischer gelten, die unter dem Namen Angela Sachs bis 1933 unter anderem in Produktionen der Berliner Staatsoper gesungen hatte. Mitte der 1950er Jahre lebte sie – knapp sechzigjährig – völlig mittellos in einem Pariser Emigrantenaltersheim. In ihrem Antrag unterstreicht der Pariser Vertrauensmann des SDR Alfred Lang die Dringlichkeit ihres Falles mit dem Hinweis, Fischer wäre noch nicht einmal imstande, Gesangsunterricht zu erteilen, da sie sich keine dritten Zähne leisten könne. »12. Tätigkeitsbericht über die Verteilung von Mitteln aus dem Künstlerfonds«. Stuttgart 18.7.1957, HA SWR 49/65. — **81** Es sind dies: Walter Friedmann, Elsbeth und Rudolf Glahs, Walter Goldmann, Martin Hausdorff, Charles S. Krone, Walter Lewens, Reinhard Loewenberg (Sid Barton), Henry und Irene Margolinski, Herbert Markus, Leopold Maass, Henry Rossetty, Siegfried Sonnenschein und Wally Teller. — **82** In der Mehrzahl gaben die exilierten Musikschaffenden in ihrem jeweiligen Fach Privatstunden. Auch die weiterhin in Musikberufen tätigen Antragsteller mussten oft einen beträchtlichen sozialen Abstieg hinnehmen. So arbeiteten etliche, teilweise hochqualifizierte Musikerinnen und Musiker in Bars oder Restaurants oder verdienten ihren Lebensunterhalt als Klaviervertreter, Kopisten oder Musikalienhändler. — **83** S. Horst Weber:

»Einleitung«. In: Horst Weber, Stefan Drees (Hg.): *Quellen zur Geschichte emigrierter Musiker 1933–1950. II New York*. München 2005, S. XI–XXVI, hier S. XI. — **84** Adler war 1895 in Buttenhausen geboren worden, einem schwäbischen Dorf mit hohem Landjudenanteil. Adlers Studium und berufliche Karriere spielten sich bis zu seiner Emigration in die USA 1940 ausschließlich in Stuttgart ab, wo er neben dem Engagement im von ihm selbst gegründeten Neuen Konservatorium in zahllosen Organisationen, Vereinen und kulturellen Zusammenschlüssen mitwirkte. Zu Karl Adlers Biografie s. Fritz Richert: *Karl Adler. Musiker, Verfolger, Helfer, ein Lebensbild*. Stuttgart 1990, über das Adler'sche Neue Konservatorium und dessen Verbindungen zur Volksbildungsbewegung s. Matthias Pasdzierny: »»Zum Beispiel ist mir in Stuttgart, ja eigentlich in Württemberg kein männlicher jüdischer Musikpädagoge mehr bekannt.« Juden und die Hochschule für Musik nach 1900«. In: Kremer, Schmidt (Hg.): *Zwischen bürgerlicher Kultur und Akademie* (s. Anm. 30), S. 131–146. — **85** Vgl. hierzu Weber, Drees (Hg.): *Quellen zur Geschichte emigrierter Musiker 1933–1950. II New York* (s. Anm. 83), S. XII–XV. — **86** Brief der Organization of the jews from Wuerttemberg an Wolf Donndorf. New York 1.12.1953, Brief von Wolf Donndorf an Friedrich Müller. Stuttgart 5.12.1953, HA SWR 49/62. — **87** Zur Geschichte der Organisation s. Walter Strauss (Hg.): *Lebenszeichen: Juden aus Württemberg nach 1933*. Gerlingen 1982, S. 312 f. — **88** Ebd., S. 19 und Richert: *Karl Adler* (s. Anm. 84), S. 71. Strauss hatte den Direktor des New Yorker College of Music hartnäckig und letztlich erfolgreich dazu gedrängt, Adler mit einem Arbeitsangebot in die USA einzuladen, sodass dieser eines der begehrten Non-Quota-Visa erhielt. — **89** Bemerkenswert ist dabei eine Anmerkung Wolf Donndorfs hinsichtlich der Person Karl Adler in einem Brief an Friedrich Müller. Dort heißt es: »Ich möchte noch bemerken, dass ich nicht glaube, dass Herr Dr. Adler nur jüdische Künstler benennen würde.« Es scheint, als seien Spätfolgen der heftigen NS-Propaganda gegen Karl Adler noch im Jahr 1954 in Stuttgart spürbar gewesen. Brief von Wolf Donndorf an Friedrich Müller. Stuttgart 5.12.1953, HA SWR 49/62. — **90** Brief von Friedrich Müller an Karl Adler. Stuttgart 5.6.1957, HA SWR 49/68. »14. Tätigkeitsbericht über die Verteilung von Mitteln aus dem Künstlerfonds«. Stuttgart 3.7.1956, HA SWR 49/65. Die anderen Ehrengabe-Empfänger aus Stuttgarter Zeit waren Fritz Rothschild, ehemaliger Korrepetitor der Stuttgarter Oper und Hauptbegleiter der Stuttgarter Jüdischen Kunstgemeinschaft, Leo Adler, bis 1938 Kantor der Stuttgarter Israelitischen Gemeinde (s. Anm. 78), Hilde Blank, Tochter des Stuttgarter Friedrichsbaukapellmeisters Schlesinger und nach ihrem Berufsverbot Organistin der jüdischen Gemeinde, Hans Jakob Lichtenberger, ehemaliger Student Adlers an dessen Konservatorium, Helene Zippert, Pianistin der Stuttgarter Jüdischen Kunstgemeinschaft sowie der Dirigent Manfred Nussbaum und dessen Frau, die im Orchester der Kunstgemeinschaft als Geigerin mitwirkte. Der Programmzettel eines von Karl Adler geleiteten Musikabends der Stuttgarter Jüdischen Kunstgemeinschaft vom 19.12.1933, an dem von den oben genannten Fritz Rothschild, Helene Zippert und Hilde (Blank) Schlesinger mitwirken, ist abgedruckt in Richert: *Karl Adler* (s. Anm. 84), Bildtafel 14. — **91** Ebd., S. 64–70. In dieser Zeit arbeitete Adler eng mit der Schwester von Rosy Geiger-Kullmann zusammen, die als Sekretärin der »Mittelstelle« arbeitete. »19. Tätigkeitsbericht über die Verteilung von Mitteln aus dem Künstlerfonds«. Stuttgart 9.11.1960, HA SWR 49/66. — **92** Folgende Musikerinnen und Musiker, die zwischen 1933 und 1938 in Konzerten der Stuttgarter Jüdischen Kunstgemeinschaft auftraten, sind hier zu nennen: Die Pianistinnen Heida Hermanns-Holde, Grete Sultan, Hansi Einstein und Suzanne Loeb sowie der Geiger Leo Schwarz. Ein Konzertprogramm unter Beteiligung von Suzanne (Suse) Loeb vom 31.10./1.11.1936 ist abgedruckt in Richert: *Karl Adler* (s. Anm. 84), Bildtafel 22. Zu Adlers Tätigkeit im Kontext der von Martin Buber geprägten jüdischen Erwachsenenbildung in der NS-Zeit s. Akibah Ernst Simon: *Aufbau im Untergang. Jüdische Erwachsenenbildung im nationalsozialistischen Deutschland als geistiger Widerstand*. Tübingen 1959, S. 48 f. Seine Auftritte u. a. bei den jeweiligen Kulturbünden in Ratibor, Danzig, München, Hamburg, Köln und Berlin werden beschrieben in Richert: *Karl Adler* (s. Anm. 84), S. 54–59. — **93** Brief von Karl Adler an Friedrich Müller. New York 14.11.1954, HA SWR 49/62. — **94** Brief von Friedrich Müller an Karl Adler. Stuttgart 8.10.1954, HA SWR 49/62. — **95** Ein Beispiel hierfür ist das Vorgehen im Kontext der Ehrengabe an Hermann

Busch, Bruder von Fritz und Adolf Busch sowie Cellist des Busch-Quartetts. »6. Tätigkeitsbericht über die Verteilung von Mitteln aus dem Künstlerfonds«. Stuttgart 27.7.1954, HA SWR 49/62. — **96** Brief von Rosy Geiger-Kullmann an Friedrich Müller. New York 7.1.1961, HA SWR 49/65. — **97** Brief von Reinhard Loewenberg an Friedrich Müller. Frankfurt 24.1.1958, HA SWR 49/66. — **98** Brief von Ludwig Misch an den SDR. New York 29.8.1954, HA SWR 49/62. — **99** Brief von Rosy Geiger-Kullmann an Friedrich Müller. New York 7.1.1961, HA SWR 49/65. — **100** Vgl. Böick: »Gefühlte Dissonanz« (s. Anm. 27). — **101** Dankesbrief von K.K.(anonymisiert). New York 9.4.1954. Zit. nach Müller: *Memorandum* (s. Anm. 1). — **102** Zit. nach ebd. — **103** Die Mitglieder des Verteilerausschusses der Künstlerhilfe fanden diese Zeilen offenbar derart treffend, dass sie sie als einziges Zitat dieser Art in den entsprechenden Tätigkeitsbericht aufnahmen. »25. Tätigkeitsbericht über die Verteilung von Mitteln aus dem Künstlerfonds«. Stuttgart 29.11.1963, HA SWR 49/67. — **104** Brief von Richard Ziegler an Friedrich Müller. Croydon (England) 13.1.1959, HA SWR 49/65. — **105** Brief von Thomas Mayer an Friedrich Müller. New York 15.1.1955, HA SWR 49/62. Thomas Mayer, im argentinischen Exil Assistent von Fritz Busch, kehrte drei Jahre nach Erhalt der Ehrengabe tatsächlich erstmals wieder zu einem Auftritt nach Deutschland zurück, s. Thomas Gaub: »Thomas Mayer«. In: *LexM* (s. Anm. 59), http://www.lexm.uni-hamburg.de/object/lexm_lexmperson_00001378, 20.2.2008. — **106** So fragte der bereits erwähnte Fritz Rothschild kurz vor einem Deutschlandaufenthalt an, »ob Sie mich unter Umständen beim süddeutschen Rundfunk entweder in der Verwaltungs- oder Programmabteilung (…) für eine Stellung vorschlagen können«, da »die Möglichkeit [besteht], dass ich mich dort, wo ich 30 Jahre lebte, wieder niederlassen möchte«. Brief von Fritz Rothschild an Friedrich Müller. New York 4.2.1956, HA SWR 49/64. Die Sängerin Minny Ruske-Austin bot dem SDR diverse in den USA eingespielte Aufnahmen zur Verwendung in Rundfunkprogrammen an. Brief von Minny Ruske-Austin an Friedrich Müller. New York 12.1.1955, HA SWR 49/62. Beide Anfragen wurden abgelehnt. — **107** So etwa in einem Brief der Pianistin Margot Rauch an Friedrich Müller: »Vielleicht bietet sich mir wieder einmal eine Gelegenheit, für den Deutschen oder Süddeutschen Rundfunk etwas zu tun.« Paris 21.1.1959, HA SWR 49/66. — **108** Leo Rostal, Cellist und Bruder von Max Rostal, unterbreitete dem SDR ein solches Angebot im Frühjahr 1960. In diesem, wie in anderen ähnlichen Fällen, holten die Verantwortlichen der Künstlerhilfe von der Musikabteilung des SDR Expertisen zu den jeweiligen exilierten Künstlern ein. Zu Leo Rostal äußerte sich Hans Müller-Kray, damaliger Chefdirigent des RSO Stuttgart, dieser sei ihm »unbekannt, sodass es mir zu gewagt ist, ihn zu einer Aufnahme nach hier einzuladen«. Hans Müller-Kray an Friedrich Müller. Stuttgart 24.2.1960, HA SWR 49/66. Rostal erhielt daraufhin tatsächlich keine Einladung nach Stuttgart. — **109** Mit Rudolf Nelson wurde offensichtlich im Nachgang zum Erhalt seiner Ehrengabe über Aufnahmen mit dem SDR verhandelt. Brief von Friedrich Müller an die Mitglieder des Verteiler-Ausschusses. Stuttgart 1.8.1955, HA SWR 49/62. — **110** »Protokoll über die 25. Sitzung des Ausschusses zur Verteilung von Mitteln aus dem Künstlerfonds«. Stuttgart 18.7.1963, HA SWR 49/67. — **111** Ebd. — **112** Für die Erforschung des Musikexils lassen sich die späten 1970er Jahre als Startpunkt ausmachen, an eine breitere Öffentlichkeit kommt das Thema allerdings erst etwa 10 Jahre später z. B. durch einen thematischen Schwerpunkt der Berliner Festwochen, vgl.: Habakuk Traber, Elmar Weingarten (Hg.): *Verdrängte Musik. Berliner Komponisten im Exil. Ein Buch der Berliner Festspiele GmbH zum Programmschwerpunkt Musik aus dem Exil der 37. Berliner Festwochen 1987*, Berlin 1987. — **113** S. Anm. 59. — **114** So heißt es etwa im Vorwort zu *LexM* (s. Anm 59): »Ihr Leben [das der verfolgten Musikerinnen und Musiker], das ins Exil führte oder anderen Formen der Repression ausgesetzt war, muss vor dem Vergessen bewahrt, oftmals auch dem Vergessen entrissen und im musikkulturellen Bewusstsein der Öffentlichkeit verankert werden. (…) Davon abgesehen ist es eine selbstverständliche Pflicht, sich der Menschen zu erinnern, die einst hier lebten und unsere Kultur mit ihrer Musik bereicherten.« http://cmslib.rrz.uni-hamburg.de:6292/content/main/projekt/vorwort.xml?wcmsID=0011, 20.2.2008. Für musica reanimata spricht Christine Rosenlöcher diese Programmatik in ihrem Beitrag »Verdrängte Musik und Restitution – eine noch unerfüllte Verpflichtung« in den *mr-Mitteilungen* an. Nr. 18 (Februar 1996), S. 7–12.

Rezensionen

Stiftung Jüdisches Museum Berlin, Stiftung Haus der Geschichte der Bundesrepublik Deutschland (Hg.): *Heimat und Exil. Emigration der deutschen Juden nach 1933.* Frankfurt/M. (Jüdischer Verlag im Suhrkamp Verlag) 2006. 255 S. zahlr. Abb.

»Heimat und Exil« lautete der Titel einer Ausstellung, die seit September 2006 zuerst im Jüdischen Museum in Berlin, später im Haus der Geschichte in Bonn, schließlich im Zeitgeschichtlichen Forum in Leipzig gezeigt wurde. Leitmotiv für Plakat wie Ausstellungskatalog war ein von Roman Vishniac stammendes, am 31. Dezember 1940 aufgenommenes Foto. Es zeigt im Vordergrund seine Frau Lula und ihren Sohn Wolf an Bord jenes Schiffes, dass die Familie nach ihrer Flucht aus Deutschland in die USA brachte. Zwischen beiden Personen scheint im Hintergrund die Freiheitsstatue auf, für sie Symbol der Befreiung von Verfolgung und drohender Ermordung.

Wie die Ausstellung ist der durchgehend schwarzweiß oder farbig illustrierte Begleitband biografisch orientiert. Bundespräsident Horst Köhler schreibt in seinem Grußwort: »Nie werden wir all die individuellen Wege in die Fremde rekonstruieren können, aber in der Ausstellung ›Heimat und Exil. Emigration der deutschen Juden nach 1933‹ treten aus der anonymen Masse einzelne Menschen mit ihrer ganz persönlichen, erschütternden Erfahrung hervor – der Erfahrung von Entrechtung und Todesangst, der Erfahrung des erzwungenen Abschieds und des Verlustes geliebter Angehöriger und Freunde.« Wie in der Ausstellung versucht man im Begleitband, Antworten auf die Fragen zu liefern, wo und unter welchen Bedingungen die Emigranten Zuflucht fanden, wie sie ihr Leben in den jeweiligen Zufluchtsländern gestalteten. Wer weiß, wie sich Erinnerung strukturiert, welche Gegenstände des Alltagslebens – auch retrospektiv – von Bedeutung sind, welche Gegenstände von tatsächlicher wie emotionaler Wichtigkeit waren, wundert sich nicht über die Gestaltung von Ausstellung wie Begleitband. Es ist das Exil der kleinen Leuten, das hier thematisiert wurde.

Weder Ausstellung noch Katalog erheben den Anspruch, eine Gesamtdarstellung zur Emigration der deutschen Juden nach 1933 zu liefern. Und doch bietet das Katalogbuch interessante Beiträge namhafter Autoren wie Avraham Barkai, Dan Diner, Marion Kaplan, Susanne Heim u. a. zur nationalsozialistischen Verfolgungspolitik, dem Krisenjahr 1938, zur entscheidenden Frage der Emigration, ob man gehen oder bleiben sollte, zur Situation jüdischer Flüchtlinge in den Niederlanden, Großbritannien und Palästina, der Rückkehr nach Deutschland nach 1945. Biografische Beiträge wie der von W. Michael Blumenthal, dem Direktor des Jüdischen Museums, über seine Emigration als 13-jähriger nach Shanghai, liefern exemplarisch vertiefende Informationen zum Exil in Lateinamerika, in der Dominikanischen Republik, den USA. Alle Textbeiträge sind durch ein ansprechendes, modernes Layout illustriert.

Am Anfang und Ende stehen zwei Gedichte, Mascha Kalékos »Emigranten-Monolog« und Hans Sahls »Charterflug in die Vergangenheit«. Sie stehen in Bezug zur Ausstellung. Im dortigen »Raum der Reflexion« wurden über eine Installation, die an eine Trümmer- und Scherbenlandschaft gemahnte, Fotos projiziert, die durch die chaotische Schichtung der Trümmer zerbrachen. Dieser Inszenierung gegenüber befanden sich Audiostationen, wo per Kopfhörer Gedichte und Lieder deutschjüdischer Emigranten zu hören waren. Eine berührende Inszenierung: der Blick auf ge- und zerbrochene Bilder der Vergangenheit, die einst Heimat darstellten. Wie heißt es bei Mascha Kaléko zum Schluss ihres Gedichtes: »Mir ist zuweilen so, als ob / Das Herz in mir zerbrach. / Ich habe manchmal Heimweh. / Ich weiß nur nicht, wonach ...«

Gewiss, einiges kam bei der Ausstellungspräsentation sensationsheischend daher, wenn z. B. marktschreierisch von einer »interaktiven Weltkarte« gesprochen wurde, die beim Anklicken eines Landes auf einem Lichtstreifen Informationen über die jeweilige Emigration anbot. Auch wenn sensationelle Gespräche mit Passagieren der »St. Louis« angekündigt wurden, meinte der einschlägig Interessierte sich verhört zu haben, brachten doch jenseits der veröffentlichten Literatur Zeitungen von *Aufbau* bis *Mare* immer wieder Artikel über die St. Louis und Interviews mit deren Passagieren. Und natürlich ist es – wie von vielen erinnerungslosen Journalisten leider nachgeplappert – eben nicht die erste umfassende Ausstellung, die sich der jüdischen Emigration aus Deutschland widmet (man denke vor allem an die umfassende, 1985 von der Deutschen Bibliothek in Frankfurt und dem Leo Baeck Institute New York erstellte Präsentation »Die jüdische Emigration aus Deutschland 1933–1941. Die Geschichte einer Austreibung«).

Doch akademisches Naserümpfen verbietet sich. Eine Kritik, wie von Klaus Voigt im Nachrichtenbrief der Gesellschaft für Exilforschung (Nr. 28/Dezember 2006) formuliert, kann leicht als beckmesserisch qualifiziert werden. Eine inszenierte Ausstellung wie »Heimat und Exil« wendet sich eben nicht an ein durch Forschung wie Lehre geprägtes Fachpublikum! Im Gegensatz zum Buch erfordert das Medium Ausstellung – welche Plattitüde – ganz andere didaktische Setzungen und Reduktionen. Eine Kritik an dem Preis des aufwendig wie ansprechend gestalteten, gewiss subventionierten Kataloges ist angesichts ebenso subventionierter, gleichwohl teurer, allerdings oftmals schlecht gebundener und lieblos gestalteter Textwüsten zur Exilliteratur nachgerade lächerlich. Viele Verleger von Readern zur Exilliteratur wären über die Verkaufszahlen dieses Kataloges froh.

Wilfried Weinke

Geneviève Pitot: *Der Mauritius-Schekel. Geschichte der jüdischen Häftlinge auf der Insel Mauritius 1940–1945*. Hg. von Vincent C. Frank-Steiner. Mit einem Geleitwort von W. Michael Blumenthal. Berlin (Hentrich & Hentrich) 2008. 253 S. div. Abb.

Zwar fand die damalige britische Kronkolonie Mauritius Erwähnung im *Philo-Atlas*, dem 1938 erschienenen »Handbuch für die jüdische Auswanderung«, eine Empfehlung als Einwanderungsland erfuhr die im Indischen Ozean gelegene Insel aber nicht. Und doch war sie erzwungenermaßen Exilort für mehr als 1.500 jüdische Flüchtlinge aus der Tschechoslowakei, Polen, Danzig und Österreich. Detaillierte Auskünfte über deren Lebensweg, ihr erzwungenes Exil, verdanken wir der Wissbegierde und Empathie der auf Mauritius geborenen Geneviève Pitot (1930–2002). Von Haus aus Bauingenieurin und Statikerin, führte sie ihr Wissensdurst zu Recherchen in Archiven auf Mauritius, in Jerusalem und im Public Record Office in London sowie zu zahlreichen persönlichen Kontakten mit einst auf Mauritius internierten jüdischen Flüchtlingen in Australien, den USA und in Israel. Vor allem die persönliche Bekanntschaft zu der Künstlerin Anna Frank (1894–1977), die auf Mauritius ihre Zeichenlehrein war, wurde ausschlaggebend für Geneviève Pitots Nachforschungen. So liegt der besondere Wert ihrer durch Fotos und Zeichnungen illustrierten Arbeit in der Verknüpfung von Archivmaterialien und Zeitzeugenüberlieferungen, Zeitungen, Interviews als auch tagebuchartigen Aufzeichnungen.

Detailliert rekonstruiert sie, wie die britische Besatzungsmacht in Palästina jüdische »illegale« Flüchtlinge nach Mauritius deportierte. Hauptkontingent dieser Deportierten waren jüdische Flüchtlinge, die am 24.11.1940 nach einer abenteuerlichen Reise von Wien über die Donau durch das Schwarze Meer nach Haifa gelangt waren. Doch verweigerte die britische Mandatsmacht die Einreise in das Land ihrer Hoffnungen; nach kurzer Internierung in Atlit und Accra wurden sie im Dezember 1940 auf zwei holländischen Schiffen nach Mauritius gebracht. Im dortigen Zentralgefängnis Beau Bassin lebten Männer und Frauen getrennt voneinander, eine Trennung, die erst 1942 gelockert wurde. Bis zum Ende des Zweiten Weltkrieges blieben sie hier interniert, litten unter den klimatischen Bedingungen, Krankheiten ebenso wie unter der unzureichenden Verpflegung. Unterstützung erhielten sie lediglich vom South African Jewish Board of Deputies sowie der Jewish Agency. Erst nach viereinhalb Jahren, im August 1945, bekamen die Internierten die Erlaubnis, Mauritius zu verlassen und nach Palästina auszureisen. 127 Personen starben während der Internierung; ihre Grabsteine finden sich auf einem bis heute gepflegten Friedhof der Insel.

Zu Recht zählt Michael Blumenthal in seinem Vorwort die Internierung der jüdischen Flüchtlinge im Gefängnis auf Mauritius nicht zu den Sternstunden britischer Flüchtlingspolitik. Für ihn liefert Pitots Buch »ein besonders ergreifendes Beispiel für die Ungerechtigkeiten, die manche Flüchtlinge erleiden mussten«, wie abhängig ihr Schicksal von Zufall und Willkür war. Zu der überschaubaren, bislang vor allem englischsprachigen Literatur zu und über Mauritius gesellt sich mit dem nunmehr auch auf deutsch vorliegenden Buch Geneviève Pietots ein akurater, von Humanität bestimmter Bericht zu einem weitestgehend unbekannten Kapitel der Emigrationsgeschichte.

Wilfried Weinke

Mike Schmeitzner (Hg.): *Totalitarismuskritik von links. Deutsche Diskurse im 20. Jahrhundert.* (= *Schriften des Hannah-Arendt-Instituts für Totalitarismusforschung.* Bd. 34). Göttingen (Vandenhoeck & Ruprecht) 2007. 405 S.

Die während des Kalten Krieges lebhaft geführte Totalitarismus-Debatte ist in den Folgejahren nur noch in konjunkturellen Wellen mit Höhepunkten etwa um 1968 und nach 1989/90 fortgesetzt worden. Die Parallelisierung oder gar Gleichsetzung von faschistisch/nationalsozialistischer und bolschewistischer Herrschaft verwies eher in das liberal-konservative Lager (C. J. Friedrich, Z. Brzezinski, H. Arendt u. a.). Daher ist es verdienstvoll, den nicht weniger intensiven totalitätstheoretischen Diskurs auch im linken Lager zu betrachten. Er begann, wie der vorliegende, auf eine Tagung 2004 zurückgehende Sammelband zeigt, schon in den Anfangsjahren der Weimarer Republik mit der Bolschewismuskritik Rosa Luxemburgs und Karl Kautskys und bekam seine komparative Dimension mit dem faschistischen Marsch auf Rom 1922, er verdichtete sich dann nach Beginn der NS-Herrschaft im Lager der Exilanten und profilierte sich auch noch nach 1945 in der Bundesrepublik, wofür etwa Namen wie Kurt Schumacher, Carlo Schmid oder der remigrierte Ernst Reuter stehen.
So verdienstvoll die Absicht des Bandes ist, so wenig überzeugend ist die Konzeption. Referiert werden fast ausschließlich die analytischen Zugriffe einzelner Personen, neben den genannten Alexander Schifrin, Hermann Heller, Rudolf Hilferding, Eduard Heimann, Franz Borkenau, Otto Rühle, Ernst Fraenkel, Richard Löwenthal und zuletzt Herbert Marcuse. Eine Ausnahme machen lediglich die systematischen Zugriffe auf den Kreis der »Religiösen Sozialisten« um die 1930 gegründeten *Neuen Blätter für den Sozialismus* und die Kritische Theorie des Horkheimer-Kreises. Aber auch sie bleiben zum Teil recht amorph. Dass die Untersuchungen der Kritischen Theorie über den »autoritären Charakter« und den Faschismus noch keinen Beitrag zur Totalitarismustheorie darstellen, ist bekannt, auf die reizvolle Herausforderung, die »Dialektik der Aufklärung« (1943/44) einmal unter diesem Aspekt zu sichten, aber wird ebenfalls verzichtet. Im Übrigen bleibt zu fragen, was etwa Arthur Rosenberg oder Marcuse in diesem Sammelband zu suchen haben; die Versuche des einen, sich über einen sozialistischen Zionismus klar zu werden, oder die Analysen des anderen zur »repressiven Toleranz« in der fortgeschrittenen (kapitalistischen) Industriegesellschaft haben mit dem Thema nur indirekt zu tun.
Angesichts des Forschungsstandes wären breitere Systematisierungen durchaus möglich und sinnvoll gewesen. Immerhin erschließt sich dem Leser einzelner Beiträge, dass die anspruchsvolleren linken Totalitarismustheorien – im Unterschied zu den wenigen irrlichternden rätekommunistischen Fundierungen etwa des Renegaten Otto Rühle, die sich aus seiner KPD- und Bolschewismus-Kritik zur Kritik des bürokratischen Staatssozialismus in der Sowjetunion und im Nationalsozialismus entwickelt hatten – schon in den 1920er Jahren auf dem normativen Gegensatz zum Rechtsstaat und der Demokratie beruhten. Das markierte eine Abkehr vom orthodoxen Ökonomismus der sozialistischen Theoriedebatte aus der Vorkriegszeit, der noch die bonapartistischen Interpretationen von Marx zur Erklärung des Faschismus beherrschte. Jener breitere Ansatz, der neben dem Wirtschaftsprozess auch die politischen Strukturen in den Analyserahmen einbezog, konkretisierte sich weiter in den Debatten der Exilanten, besonders in den USA, wo die »Roosevelt-Revolution« des New Deal (Ernst Fraenkel) für viele zum Schlüsselerlebnis

wurde. Diese Erfahrungen, die Jahre vor ihrer politischen Instrumentalisierung während des Kalten Krieges zeigten, welche Rolle die Totalitarismus-Theorie als unmittelbare Erfahrungswissenschaft gespielt hat, hätten eine stärkere Beachtung verdient. Dazu kommen unerklärliche Ausblendungen. Um nur ein Beispiel zu nennen: Einer der vielen an der Debatte prominent beteiligten Sozialwissenschaftler wie Emil Lederer mit seinem Werk *State of the Masses* (1940) sowie seine ähnlich arbeitenden Schüler kommen in dem Band nicht vor. Gleiches gilt für eine andere zentrale Figur der Auseinandersetzung, den einstigen Kommunisten Karl August Wittfogel, der bereits in den 1920er Jahren die Grundlagen für seine später in den USA ausformulierte Theorie der totalitären bolschewistischen Herrschaft gelegt hatte, die nicht aus den westeuropäischen jakobinischen Traditionen oder den gewaltsamen Lenin'schen Deformationen des Marxismus hergeleitet wurden, sondern aus der asiatischen Produktionsweise der »Orientalischen Despotie«.

Claus-Dieter Krohn

Stefanie Harrecker: *Degradierte Doktoren. Die Aberkennung der Doktorwürde an der Ludwig-Maximilians-Universität München während der Zeit des Nationalsozialismus.* München (Utz Verlag) 2007. 409 S.

Die Geschichte der Aberkennung der Doktorwürden ist auch ein Stück Exilgeschichte. Erst 1996 erkannte eine öffentliche Stellungnahme des Rektors und des Senats der LMU alle Aberkennungen von Doktortiteln, die während des Nationalsozialismus »aus politischen oder rassischen Gründen« erfolgt waren, für »rechtswidrig und nicht gültig.« Weitere elf Jahre später ist nun der gesamte Komplex des Doktortitelentzugs an der LMU in einer mustergültigen Recherchearbeit ausgebreitet, die keine Frage unbeantwortet lässt, sofern sie aufgrund der Quellenlage noch beantwortet werden kann. Einer minutiösen Darstellung sämtlicher relevanter Vorgänge zwischen den Institutionen, auch der verwirrenden Praxis von Willkür und Zufall, schließt sich die Dokumentation aller 183 Münchner Aberkennungsfälle an.

München – und das ist der besondere Erkenntniswert dieser Studie – spielt eine ganz spezielle und bislang wenig beachtete Rolle in diesem Kapitel Universitäts-, Wissenschafts- und Emigrationsgeschichte.

Nur ganz vereinzelt taucht vor 1933 das Thema der Aberkennung der Doktorwürde in den Universitätsarchiven auf, in wenigen Fällen haben Fakultäten eine solche Möglichkeit in ihren Promotionsordnungen aufgeführt, die letztlich bei der Strafjustiz, nicht bei der Universität lagen. Unmittelbar nach dem Presseecho auf die 1. Ausbürgerungsliste vom 18. August 1933 schlägt ein Münchner Jurastudent und Asta-Vertreter des nationalsozialistischen Studentenbundes, Karl Gengenbach, dem bayerischen Kultusminister vor, vom »Recht der Entziehung der Doktorwürde bei den der deutschen Staatsangehörigkeit verlustig gegangenen Verrätern grundsätzlich Gebrauch zu machen.« (S. 35 f.; Karl Gengenbach übrigens, auch das erfährt man hier, steuerte 1940 als Leiter des SS-Sicherheitsdienstes in den Niederlanden die Zerstörung des Verlages Querido). Zugrunde liegt Gengenbachs Vorschlag ein Begriff der Ehre, den die nationalsozialistische Ideologie aus Blut- und Rassezugehörigkeit definiert und die den ins Ausland geflüchteten »Landesverrätern« abgesprochen ist. Und er »macht eine erstaunliche Karriere« (S. 40), etwa zweitausend Promovierte in ganz Deutschland und 129 in München sind davon betroffen. Die zweite Gruppe sind die prekären Aberkennungen aufgrund von Gerichtsverfahren, die die Autorin mit äußerster Sorgfalt zu beurteilen sucht. Was diese Quellenarbeit sichtbar macht: die Gleichgültigkeit, ja Tatenlosigkeit, mit der die Hochschulgremien, insbesondere die Fakultäten, ihre Selbstbestimmung aufgegeben und ohne Widerspruch, allerdings auch ohne je selbst initiativ zu werden, die neuen Bestimmungen vollzogen haben. Die Haltung der Universität gegenüber ihren degradierten Emigranten in der Nachkriegszeit zeugt einmal mehr vom Desinteresse und der Unfähigkeit, ihre Geschichte aufzuarbeiten, sie zeitigt peinliche Manöver der Vertuschung oder die Posse um die Erneuerung von Lion Feuchtwangers Doktorwürde, gerade ihm, dem sie – wohl aus Versehen – nie entzogen worden war.

Hiltrud Häntzschel

Christian Fleck: *Transatlantische Bereicherungen. Zur Erfindung der empirischen Sozialforschung* (= suhrkamp taschenbuch wissenschaft 1823). Frankfurt/M. (Suhrkamp) 2007. 578 S.

Der Verfasser hat sich eine breit gefächerte Aufgabe gestellt. Er will die Entstehung der modernen empirischen Sozialforschung und die daran beteiligten Akteure, rund 800 Wissenschaftler, im Zeitraum von den 1920er bis in die 1950er Jahre in einer Kollektivbiografie darstellen, dazu die internationalen Förderungsinitiativen der Rockefeller Foundation (RF) in diesem Feld erhellen und schließlich die Unterschiede zwischen den aus Deutschland und Österreich nach der Machtübergabe an die Nazis vertriebenen Gelehrten und den im Lande gebliebenen kenntlich machen. Eingelöst werden diese hochgestellten Ziele mit einem gewissen »bias«, der die Bedeutung der Untersuchung allerdings nicht schmälert. Denn sie ist nicht in erster Linie als disziplingeschichtliche Studie zu lesen, sondern als Beitrag zum politisch erzwungenen intellektuellen Transfer nach 1933 und 1938 sowie der quantitativ wie qualitativ spärlichen Rückkehr nach 1945.

In den ersten Kapiteln werden die zu Beginn des 20. Jahrhunderts beginnende Verlagerung der international bedeutenden Wissenschaftszentren aus dem mitteleuropäischen Raum in die USA und der Anteil daran, den die RF als einzige große philanthropische Stiftung Amerikas mit globalen Engagements gehabt hat, analysiert. Nach Beginn ihrer Forschungsförderung im Bereich der Gesundheitsfürsorge und der Medizin hatte sie in den 1920er Jahren auch die Sozialforschung zu finanzieren begonnen, worunter das breite Feld der in jenen Jahren disziplinär noch in den Anfängen stehenden Soziologie, Ökonomie, Politologie und auch Psychologie verstanden wurde. Dabei ging es vor allem darum, nach den ökonomischen, sozialen und moralischen Zerstörungen des Ersten Weltkrieges empirische Forschungen zu motivieren, die zur handlungspraktischen Remedur beitragen konnten. Das geschah sowohl durch Zuwendungen an geeignete Forschungsinstitutionen als auch durch Stipendien für jüngere Wissenschaftler, die in mehrjährigen Auslandsaufenthalten aus ihren nationalen Container-Mentalitäten herausgelöst werden sollten; für den deutschsprachigen Raum bot das auch die Chance zur Überwindung des dort vorherrschenden spekulativ-philosophischen Theoretisierens. Die kollektivbiografischen Befunde Flecks hierzu zeigen, dass die von der RF geförderten späteren Emigranten schon in den 1920er Jahren erfolgreicher und innovativer gewesen waren, insbesondere in den modernen Wissenschaftsdisziplinen, und die deshalb nach 1933 mit weiteren Zuwendungen ausgestattet wurden, um ihre Karrieren in den Zufluchtsländern, vor allem in den USA, fortsetzen zu können.

Stellen diese Teile eine Re-Analyse bekannter Forschungsergebnisse zur Wissenschaftsemigration dar, so steigert der Autor in den folgenden Passagen – sie umfassen die zweite Hälfte des Bandes einschließlich eines kurzen Schlusskapitels zur Remigration – seinen flott zugreifenden »narrativen Positivismus« zur spannenden Lektüre, die auch bekannte Sachverhalte in neuem Licht erscheinen lässt. Dabei stehen das bekannte Princeton Radio Research Project des Wiener Emigranten Paul Lazarsfeld, mit dem er sich in den USA als Begründer der empirischen Marktforschung einführte und an dem Theodor W. Adorno mit Erhebungen zu Musikhörern zeitweise beteiligt war, sowie die vom American Jewish Committee (AJC) geförderten Antisemitismus-Studien bzw. deren in den Studies in Prejudice als Derivate in Kooperation mit dem ehemaligen Frankfurter Institut für Sozialforschung (IfS) publizierten Ergebnisse im Mittelpunkt. Im Kern geht es dabei um den Konflikt zwischen empirischer Forschung und dem sozialphilosophischen Ansatz des Instituts, der anhand bisher nicht genutzter Quellen des AJC neu bewertet wird. Mit hartem, phasenweise vernichtendem, aber quellenkritisch abgesichertem Urteil destruiert Fleck dabei zugleich die Selbststilisierungen des IfS zu seiner Wirksamkeit und Bedeutung in den USA sowie dem Neuanfang im frühen Nachkriegsdeutschland als Repräsentanten amerikanischer Forschungspraxis, denen die Monografen (Jay, Wiggershaus etc.) bis hin zu den jüngsten Adorno-Biografien anlässlich seines 100. Geburtstages mehr oder weniger hagiografisch gefolgt sind. Adornos Invektiven gegen das »administrative research« der Lazarsfeld-Richtung gehören dabei noch zu den harmloseren Einlassungen, zumal bei ihm immerhin Bereitschaft zu empirischen Forschungsansätzen erkennbar war. Schwerer wiegen dagegen Flecks Vorbehalte gegen den intransigenten Hermetismus Horkheimers, der das Institut als eine Art »Trickbetrüger« mit den Forschungen anderer zu schmücken und als autoritär-gespreizter »Bürointrigant« Kritiker aus dem eigenen Mitarbeiterstab in der wissenschaftlichen Öffentlichkeit zu diskreditieren suchte.

Claus-Dieter Krohn

Michael Omasta, Brigitte Mayr, Ursula Seeber (Hg.): *wolf suschitzky photos.* (dt./engl.) Wien (Synema) 2006. 208 S. 170 Abb.
Inka Graeve Ingelmann: *Ellen Auerbach. Das dritte Auge. Leben und Werk.* München (Schirmer/Mosel) 2006. 224 S. 95 Duotone Tafeln, 63 teils farbige Abb.
Rainer Rutz: *Signal. Eine deutsche Auslandsillustrierte als Propagandainstrument im Zweiten Weltkrieg.* Essen (Klartext) 2007. 446 S.

Als sich vor fünf Jahren das Jahrbuch Exilforschung dem Film und der Fotografie zuwandte und diesen »neuen« Medien die längst überfällige Beachtung schenkte, druckten die Herausgeber auch ein Gespräch Julia Wincklers mit dem in London lebenden Fotografen und Kameramann Wolf Suschitzky ab. Das Interview kreiste um seinen Lebens- und Berufsweg, seine erzwungene Emigration sowie seine gelungene Integration in die englische Gesellschaft.
Eine 2002 in Edinburgh gezeigte Retrospektive auf sein Werk trug den Titel »Exile's Eye«. Befragt, ob der Status als Ausländer in einem neuen Land zu einer anderen, besonderen Wahrnehmung führe, antwortete Suschitzky: »Einem Ausländer fallen Sachen auf, die für Einheimische ganz alltäglich sind. Sie nehmen Notiz von Dingen, die Einheimische für ganz selbstverständlich halten und die ihnen nicht mehr auffallen. Alles, was ein bisschen anders ist, bekommt ihre Aufmerksamkeit.«
Wer sich von der besonderen Aufmerksamkeit des 1912 in Wien geborenen und nach England emigrierten Fotografen überzeugen will, dem liefert das von Michael Omasta, Brigitte Mayr und Ursula Seeber herausgegebene, zweisprachige Katalogbuch »wolf suschitzky photos« prächtige Eindrücke aus einem sieben Jahrzehnte umfassenden Schaffensprozess. Begleitend zu einer 2006 im Literaturhaus in Wien gezeigten Ausstellung präsentiert der Band 170 in Duotone reproduzierte Abbildungen, die durch ihre Motive, aber auch durch die technische Brillanz bestechen. Alle, ob ausgesuchte Porträts von David Ben-Gurion, Aldous Huxley, Sean O'Casey, Hilde Spiel oder H. G. Wells, die zahlreichen Fotografien von Kindern, die teilweise amüsanten Tierfotos, die Aufnahmen aus der britischen Arbeitswelt, dem walisischen Stahl-, dem schottischen Bergbau, die Milieustudien aus dem London der 1930er Jahre, die diversen Aufnahmen aus aller Herren Länder unterstreichen die handwerkliche Professionalität Wolf Suschitzkys. Und beweisen in unserer ach so bunten Welt die bestechende Qualität der Schwarzweiß-Fotografie!
Ist Wolf Suschitzky eher Fotoenthusiasten bekannt, darf Ellen Auerbach als schillernde Künstlerpersönlichkeit und als vielfach beachtete Fotografin des 20. Jahrhunderts angesehen werden. In ihrem großformatigen Buch »Ellen Auerbach. Das dritte Auge« würdigt die Kunst- und Fotohistorikerin Inka Graeve Ingelmann die 1906 in Karlsruhe geborene, 2004 in New York gestorbene Fotografin. Das Buch, noch in enger Zusammenarbeit mit Ellen Auerbach entstanden, folgt ihrer Odyssee von Berlin nach Palästina und New York, vom bekannten, gemeinsam mit Grete Stern geführten Berliner Werbe- und Porträtstudio *Ringl + pit*, nach Mexiko und Südamerika. Der ausführliche Textteil wird ergänzt durch einen ebenso umfangreichen Bildteil: 95 Duotone-Tafeln, 63 teils farbige Abbildungen dokumentieren das fotografische Werk Ellen Auerbachs, angefangen von den avantgardistischen Arbeiten aus der Zeit ihres Berliner Studios, Bildfolgen von Bernhard Minetti oder Marieluise Fleisser bis hin zu fotografischen Eindrücken aus Palästina, London und schließlich den USA. Neben streng komponierte, äußerst präzise Fotografien treten soziale Themen in den Vordergrund, dank Auerbachs ausgedehnter Reisetätigkeit geradezu poetische Landschaftsaufnahmen und Porträts. Ende der 1950er Jahre, als sie glaubte, ihre Kreativität sei erschöpft, gab Ellen Auerbach die Fotografie auf und arbeitete fortan als Kunsterzieherin für lernbehinderte Kinder. Anläßlich des

100. Geburtstages dieser faszinierenden Frau veröffentlichte Inka Graeve Ingelmann dieses eindrucksvolle Buch.
Beide, Wolf Suschitzky und Ellen Auerbach, haben Deutschland wegen ihrer jüdischen Herkunft verlassen müssen. Dass ihre Studios nur allzu gern und zu günstigen Preisen von ihren »urdeutschen« Kollegen »arisiert« wurden, ihre Negativarchive wie ihr Kundenstamm ebenso übernommen wurden, viele dieser Fotografen sich ebenso bereitwillig in den propagandistischen Dienst des nationalsozialistischen Regimes stellten, darauf haben Fotohistoriker wie Diethart Kerbs, Rolf Sachsse und Timm Starl wiederholt hingewiesen. Der junge Literaturwissenschaftler Rainer Rutz weist nun in seiner detaillierten Untersuchung nicht nur nach, dass Fotografen wie Max Ehlert, Gerhard Gronefeld, Hanns Hubmann, Hilmar Pabel u. v. a. keinerlei Scheu hatten, sich an der Glorifizierung von Reich, Volk und Führer ebenso zu beteiligen wie an antisemitischer und rassistischer Propaganda. Seine Studie belegt ebenso, wie diese Männer es nach 1945 verstanden, per Persilschein, dreister Stilisierung als widerständiger Geist und in männerbündischer Kumpanei ihre Karrieren fortzusetzen – in Zeitungen und Zeitschriften wie »Christ und Welt«, der »Quick«, der »Hör Zu«, bei »Stern« und »SPIEGEL«. Bis in die Bildsprache Kontinuität statt Karrierebruch, ein weiteres typisches wie beschämendes Strukturmerkmal bundesdeutscher Nachkriegsgeschichte.

Wilfried Weinke

Exil in Luxemburg und in Mersch. Begleitbuch zur Ausstellung. Hg. v. Centre National de Littérature. Mersch (Rose de claire, design) 2007. 312 S.
Hugo Heumann: *Erlebtes-Erlittenes. Von Mönchengladbach über Luxemburg nach Theresienstadt. Tagebuch eines deutsch-jüdischen Emigranten.* Hg. v. Germaine Goetzinger, Marc Schoentgen. Centre National de Littérature. Mersch (Rose de claire, design) 2007, 120 S.
Ohne zu zögern. Varian Fry: Berlin – Marseille – New York. Begleitbuch zur Ausstellung. Hg. Aktives Museum. Redaktion Angelika Meyer, Marion Neumann. Berlin (Messedruck Leipzig) 2007. 493 S.

Transit Amsterdam: Deutsche Künstler im Exil 1933–1945. Begleitbuch zur Ausstellung. Hg. v. Veit Johannes Schmidinger und Wilfried F. Schoeller. München (Edition Monacensia Allitera) 2007. 260 S.

Viele Aspekte des politischen und künstlerischen Exils nach 1933 sind immer noch von der Historiografie unbeachtet geblieben. Das zeigen verschiedene Ausstellungen, die im vergangenen Jahr die Themen Flucht, Vertreibung und Akkulturation aufgegriffen haben.
Das *Centre National de Littérature* in Mersch hat parallel zur Ausstellung *Exilland Luxemburg* einen Katalog herausgegeben, dessen Ziel es ist, auf der Grundlage persönlicher Zeugnisse und offizieller Dokumente »die Zeit zwischen 1933 und 1947 unter dem Gesichtspunkt Luxemburg als Exilland näher zu beleuchten« (13) und die vielfältigen Exil- und Lebensbedingungen darzustellen. Der Band gliedert sich in die fünf Bereiche »Schreiben«, »Auftreten«, »Musizieren«, »Agitieren« und »Überleben«. Jede der Sektionen wird in einem einleitenden Aufsatz dargestellt und durch umfangreiche Exponate ergänzt. Durch diese Zusammenstellung von Informationstext und Quellenmaterial können u. a. die Publikations- und Aufführungsmöglichkeiten für exilierte Schriftsteller, Schauspieler und Musiker anschaulich gemacht werden: Auf Abdrucke von Artikeln aus luxemburgischen Zeitungen und Verlagen folgen Programmhefte, Eintrittskarten und Aufführungskritiken der Theater, Opern und Konzerte. Man kann sich aber fragen, ob es wirklich sinnvoll ist, das Phänomen des »Agitierens« von den zuvor erläuterten Kunstformen Literatur, Schauspiel und Musik abzugrenzen und gesondert als einen eigenen Bereich im Ausstellungskatalog zu behandeln: Hat nicht Karl Schnogs Loblied auf das Gastland auch eine politische Dimension? Und wie verhält es sich mit den in Sektion eins abgedruckten literarischen Texten, deren Verfasser Paul Scholl wegen seiner offenen Kritik an Nazideutschland bereits nach wenigen Wochen aus Luxemburg wieder ausgewiesen wurde?
Einen Schwerpunkt des Katalogs bildet zweifelsohne der Aspekt Kulturtransfer. Immer wieder werden die zahlreichen Wechselbeziehungen aufgezeigt, die die Flüchtlinge mit

ihrem Gastland unterhielten und aufgrund derer in den 1930er Jahren das »Kulturangebot in Luxemburg ein noch nie erreichtes Niveau« nach Meinung der Verfasser aufgewiesen hat (35). Von dem innovativen Potenzial der Exilkultur zeugt nicht nur die Schauspielgruppe *Die Komödie*, bei der es sich um das erste Berufsensemble in Luxemburg handelte; auch im Bereich der klassischen Musik führte das Exil jüdischer Musiker in Luxemburg zu einem »Aufschwung der Musikszene«, die bis 1933 »eher bescheiden und konservativ« agiert hatte (144).

Gerade die vielen abgedruckten persönlichen Briefe und Aufzeichnungen sind für den Akkulturationskomplex besonders aufschlussreich: Sie ermöglichen es, »den Blick von außen, aus jüdischer Emigrantenperspektive auf Luxemburg und das oft leidvolle Leben zu werfen« (14); dabei legt vor allem das umfangreiche, als eigener Band gedruckte Tagebuch Hugo Heumanns eindrucksvoll Zeugnis ab von einem Flüchtling, »der einen Platz in der Luxemburger Gesellschaft gefunden hat und dennoch fremd bleibt« (250), wie es treffend heißt.

Die Erfahrung von Fremdheit macht auch Varian Fry, der amerikanische Journalist und Vertreter des Hilfskomitees *Emergency Rescue Committee* (ERC), dem das *Aktive Museum* in Berlin eine Ausstellung gewidmet hat. Die Rückkehr in den US-Alltag bereitet Fry große Schwierigkeiten, nachdem er 1940/41 über 2.000 Menschen vor nationalsozialistischer Verfolgung aus Südfrankreich gerettet hat. »Bestechungsgelder, Urkundenfälschung, Verstecke und heimliche Grenzübertritte waren nötig«, manch ein Flüchtling wie der Maler Marc Chagall »musste in langen Gesprächen erst davon überzeugt werden, dass er gefährdet war« (169).

Den zahlreichen Verfassern, die am Ausstellungskatalog mitgearbeitet haben, gelingt es auf überzeugende Weise, die abenteuerliche Geschichte von Fry und seinen Helfern zu erzählen, bekannte und unbekannte Personen herauszugreifen und zugleich die übergeordneten historischen und politischen Prozesse zu verdeutlichen. Der Katalog gliedert sich in drei Sektionen und spannt den Bogen von Berlin über Marseille bis nach New York. Diese Aufteilung erweist sich einerseits als hilfreich, um die Ereignisse zu strukturieren und die Etappen des Exils zu verdeutlichen. Andererseits erscheinen doch die Exkurse zu Berlin als vergleichsweise allgemein, da die hier beschriebene kulturelle und politische Szene der 1920er und 1930er Jahre nur bedingt Bezug hat zur Person und Tätigkeit Frys. Die weiteren Beiträge über die verschiedenen Hilfskomitees und die Situation in Europa erläutern den historischen Kontext. Dabei wird u. a. deutlich, dass die systematische Beschreibung und Analyse des Exils und Nach-Exils in Spanien nach wie vor ein Desiderat der Forschung darstellt (vgl. den Beitrag von Patrik von zur Mühlen).

Ausgewogen erscheint der Katalog nicht zuletzt durch die biografischen Essays und durch das vielfältige Quellenmaterial, das Briefe, Fotos, Postkarten, Stadtpläne, Affidavits und Visen umfasst. So wird auch die Rolle von Frys Mitarbeitern gewürdigt, und der Leser kann sich ein Bild der Schwierigkeiten machen, die sich aus ständig wechselnden Zuständigkeiten der Behörden in Frankreich für die Arbeit der Hilfskomitees ergaben. Den bürokratischen Ablauf zeigen auch die Empfehlungsschreiben, die notwendig waren, um Visen für die Flüchtlinge zu erhalten und deren Abfassung Hans Sahl in seinem Memoirenband *Das Exil im Exil* als »einen der seltenen glücklichen Augenblicke eines Schriftstellers« bezeichnet, da man »mit seinem Schreiben die Wirklichkeit verändern, in sie eingreifen konnte, anstatt sie nur zu interpretieren« (vgl. ebd., 93). Sahl war einer der vielen Flüchtlinge, die zuerst Hilfe suchend auf das *Emergency Rescue Committee* aufmerksam wurden und dabei schließlich selbst zu Mitarbeitern avancierten.

Im Sommer 1941 wird Fry aus Frankreich mit der Begründung ausgewiesen, er habe »Juden und Nazigegner beschützt« (181), und bald nach seiner Rückkehr in die USA erfährt der zunehmend desillusionierte Fluchthelfer, dass man beim ERC fortan auf seine Hilfe verzichten möchte. Die scharfe Kritik, die Fry an der amerikanischen Immigrationspolitik übte, störte gerade angesichts des Kriegseintritts der USA das politische Bestreben nach nationaler Einheit. »Marseille holte ihn immer wieder ein« (379), wie Angelika Meyer treffend bemerkt, sodass sich die Frage aufdrängt, warum Fry »trotz aller Sehnsucht nach Frankreich« bis kurz vor seinem Tod im Jahr 1967 »keine Chance ergriff, um nach Europa zu gehen« (379).

Der Ausstellungsband wird durch einen allein fast 100 Seiten umfassenden Anhang abgerundet. Dieser enthält ein hilfreiches Namensregister, ferner eine Bibliografie der Titel, die zu Fry, zur Tätigkeit der Hilfsorganisationen und zum Themenfeld Exil erschienen sind, und schließlich Kurzbiografien von Mitarbeitern des ERC und zahlreichen Flüchtlingen. Dort finden sich z. B. detaillierte Angaben zu dem Schriftsteller Walter Victor, der sich 1938/39 als Exilant in Luxemburg aufhielt, bevor er mit Hilfe des ERC nach Lissabon und New York weiterfliehen konnte, wie auch im bereits besprochenen Begleitband zur Ausstellung *Exilland Luxemburg* nachzulesen ist (ebd., 25). Der Fall Victor zeigt damit exemplarisch die Wege und die vielfältigen Zusammenhänge der Emigration.

Diese Zusammenhänge könnten noch besser nachvollzogen werden, wenn auch der luxemburgische Katalog ein Personenregister aufweisen würde – eine Orientierungshilfe, die man leider auch im dritten Katalog zum *Transit Amsterdam. Deutsche Künstler im Exil 1933–1945* vergeblich sucht. Dessen Verfasser Veit J. Schmidinger und Wilfried F. Schoeller unterscheiden konzeptionell die sechs Kernbereiche »Fluchten«, »Ankunft«, »In den Verlagen«, »Literaten und andere Künstler«, »Die Besetzung der Niederlande« und ihre Entwicklung »Vom Fluchtort zur Falle« und zeichnen nach, wie die Niederlande »zu einem bevorzugten Raum deutscher Flüchtlinge« wurden (7). Das intensive kulturelle Leben in Amsterdam ist konzise beschrieben: Bekannte Verleger-, Künstler- und Literatenpersönlichkeiten der Emigration wie Fritz H. Landshoff, Max Beckmann und Joseph Roth oder Irmgard Keun werden ebenso dargestellt wie die holländischen Mentoren Nico Rost und Menno ter Braak. Außerdem wird die bewegende Geschichte der »Untertauchgemeinschaft« aus der Herengracht 401 erzählt, in der sich deutsche und holländische Jugendliche unter der Führung Wolfgang Frommels trafen, sich gegenseitig die Lyrik Stefan Georges vorlasen und der Verfolgung ein »Leben in Dichtung und Freundschaft« gegenüberstellten (231). Claus Victor Bock, damals Mitglied der »Untertauchgemeinschaft« und nach dem Krieg Germanist in London, ist nach Amsterdam zurückgekehrt und jüngst, am 5. Januar 2008, dort in der Herengracht verstorben.

Im abschließenden Kapitel »Erinnerung« werden die Nachkriegsjahre und damit die – gerade für die Akkulturationsthematik – so zentrale Frage »Bleiben oder Fahren?« angesprochen (247). Dabei berichtet der Katalog auch von Elisabeth Augustin, Konrad Merz und Hans Keilson, die in den Niederlanden ein neues Publikum und eine neue Heimat fanden, die Landessprache erlernten und ihre weiteren Texte auf Holländisch verfassten. Erfreulich ist, dass Keilsons Werke seit 2005 in der von Heinrich Detering und Gerhard Kurz herausgegebenen zweibändigen Edition wieder leichter zugänglich gemacht worden sind. Gerade mit Blick auf diese akkulturierten Emigranten und mittels der erklärten Beschränkung auf »symptomatische Beispiele« des Exils gelingt es, auch die Probleme der heutigen Migration durchscheinen zu lassen. Die Aktualität des Themas Exil illustrieren alle drei besprochenen Begleitbände. Auf vielfältige Weise werden die Geschichten von Flucht und Vertreibung nach 1933 neu aufgearbeitet und einem breiten Publikum zugänglich gemacht.

Robert Krause

Willy Brandt: *Verbrecher und andere Deutsche. Ein Bericht aus Deutschland 1946. Willy Brandt-Dokumente I*. Eingeleitet u. kommentiert von Einhart Lorenz. Bonn (Verlag J. H. W. Dietz) 2007. 399 S.

In den Denunziationskampagnen gegen Willy Brandt während der 1950er Jahre und dann seit seiner Kanzlerkandidatur 1961 hat die norwegische Originalausgabe des Buches *Verbrecher und andere Deutsche* eine wichtige Rolle gespielt. Raunend wurde die nur wenig informierte Öffentlichkeit in der Bundesrepublik auf das Buch, nicht selten sogar mit der verfälschenden Titelübersetzung *Deutsche und andere Verbrecher*, als Zeugnis für den Deutschenhass des Emigranten und angeblichen Vansittartisten Willy Brandt hingewiesen; die letzten Attacken erfolgten sogar noch 1989. Einige Passagen des Werks waren zwar 1966 in einer Auswahl von Brandts Schriften aus den Exiljahren erschienen, die vollständige deutsche Übersetzung erscheint jedoch erst jetzt als Ergänzung zur Berliner Werkausgabe der Brandt-Schriften.

Der in der Originalausgabe fehlende Untertitel *Ein Bericht aus Deutschland 1946* ist verdienstvollerweise vom Herausgeber eingefügt worden, um dem Leser von vornherein den Tenor des bereits im Frühsommer 1946 erschienenen Buches klar zu machen. Entstanden war es in den ersten Monaten von Willy Brandts Aufenthalt als Berichterstatter der Nürnberger Prozesse für die norwegische Arbeiterpresse. Dementsprechend ist der Text zweigeteilt. Zum einen schildert er unter dem Einfluss der in Nürnberg vorgelegten, offenbar auch den Journalisten zur Verfügung stehenden und später in zahlreichen Bänden publizierten Dokumente die Verbrechen der Deutschen und diskutiert dabei die Verantwortung seiner früheren Landsleute. Auffallend ist die Präzision seiner Analysen und Beobachtungen, die auch im anderen Teil des Textes, den Beobachtungen der deutschen Wirklichkeit unmittelbar nach dem Krieg zu erkennen ist. Aus heutiger Sicht und nach jahrzehntelanger Forschung ist das alles zwar bekannt, gleichwohl beeindruckt der Scharfsinn der Schlüsse und Systematisierungen aus der unmittelbar zeitgenössischen Anschauung, die von den späteren historiografischen Befunden bestätigt oder ergänzt, nicht aber falsifiziert werden. Das gilt für Brandts Darstellung der völkerrechtlichen Aspekte des Prozesses und der von ihm ausgehenden Kodifizierung eines neuen internationalen Rechts vor dem Hintergrund der deutschen Verbrechen, seine Einordnung des deutschen Widerstands und dessen Schwäche und dann vor allem für die politische Unterscheidung von kollektiver Schuld der Deutschen – die Brandt entgegen seiner späteren Denunzianten unmissverständlich ablehnt – und ihrer Kollektivverantwortung, wozu auch dem Buchtitel entsprechend die Unterscheidung von tatsächlichen Verbrechern unter den Deutschen und dem »anderen Deutschland« gehört.

Eindringlich werden ebenso die Zustände jener frühen Nachkriegsphase dargestellt: die damalige soziale Lage; die ersten Initiativen des wirtschaftlichen Aufbaus; demografische Strukturen; Jugend- und Frauenfragen (»Schokoladen-Prostitution«); die borniert, auch von anderen Emigranten immer wieder schockiert zur Kenntnis genommene Weigerung der Deutschen, sich der Vergangenheit zu stellen; sowie die unterschiedlichen Strategien der Besatzungsmächte bei der Entnazifizierung, der Reeducation oder beim Wiederaufbau des politischen Lebens in den Parteien und Gewerkschaften. Der Bericht zeigt einen sensiblen, genau hinschauenden Beobachter, dessen kritische Sicht, besonders auch gegenüber seinem alten Herkunftsmilieu in der SPD, den Band zu einer außerordentlichen, gewinnbringenden Lektüre macht. Dazu trägt auch die vorzügliche editorische Aufbereitung etwa durch ein Register und die Kurzbiografien der damaligen Akteure bei. Brandts Bemerkungen, dass Deutschland als Großmacht, dass der deutsche Nationalsozialismus nach den deutschen Verbrechen ein für alle Mal erledigt sei und dass es künftig darauf ankomme, Deutschland zu europäisieren, konturieren Visionen, die sich in seiner künftigen Politik als Außenminister und Bundeskanzler der Bundesrepublik wiederfinden sollten.

Max Stein

Karl Holl: *Ludwig Quidde (1858–1941). Eine Biografie.* Düsseldorf (Droste) 2007. 648 S.

Lebensgeschichte als Gesellschaftsgeschichte darzustellen ist das Ziel der von Karl Holl vorgelegten Biografie des deutschen Pazifisten, Demokraten und Liberalen Ludwig Quidde, dessen Leben vor der deutschen Reichsgründung begann, vom zweiten deutschen Kaiserreich und dem Ersten Weltkrieg bis zur Weimarer Republik reichte und schließlich im Schweizer Exil endete. Als Vertreter eines in der Tradition von 1848 stehenden demokratischen Liberalismus wurde Quidde zur zentralen Figur der deutschen und internationalen Friedensbewegung, für die er als Redner und Publizist, als Vordenker und Organisator, als politisch einflussreicher Ratgeber und diplomatischer Vermittler wirkte. Gegen eine akademische Karriere des promovierten Historikers, der es bis zum Leiter des Preußischen Historischen Instituts in Rom (1890-1892) und zum Mitglied der Bayerischen Akademie der Wissenschaften brachte, sprachen das Bedürfnis nach geistiger und sozialer Ungebundenheit und der Wunsch, für seine Ideen und Ziele öffentlich zu wirken. Der Beginn seines pazifistischen Engagements reicht in die 1890er Jahre zurück. Quiddes Einfluss als Redner und Organisator der Deutschen Friedensgesellschaft erstreckte sich von seinem Wohnsitz München bald auf die gesamte Organisation, deren Präsident er 1914 wurde und an deren Spitze er bis 1929 blieb. Als deutscher Vertreter des Internationalen Friedensbüros setzte er sich für militärische Abrüstung, für die deutsch-französische Verständigung und die Einrichtung internationaler Schiedsgerichte zur friedlichen Lösung von zwischenstaatlichen Konflikten ein. Friedenspolitik bedeutete für Quidde die »Anwendung demokratischer Grundsätze auf das Zusammenleben der Völker« (117). Dieser Grundsatz galt auch für die innerstaatliche Ordnung: So erklärt sich Quiddes Engagement in der Münchner Kommunalpolitik, im Bayrischen Landtag, wo er sich für die Demokratisierung der Verwaltung, soziale Reformen und eine Zivilisierung des öffentlichen Lebens einsetzte (bereits 1894 hatte er in seiner anonym veröffentlichten Satire *Caligula* die Militarisierung der Gesellschaft und den autoritären Führungsstil der politischen Führungsschicht scharf kritisiert). Es war deshalb konsequent, dass er sich 1918 als Mitglied des verfassungsgebenden Bayerischen Nationalrats und 1919 als Vertreter der DDP in der Weimarer Nationalversammlung für demokratische und soziale Reformen einsetzte.

Seine politische Karriere war damit aber zu Ende und so konzentrierten sich seine Aktivitäten in den 1920er Jahren ausschließlich auf die Friedensbewegung: als Vorsitzender des Deutschen Friedenskartells, dem Zusammenschluss einer Vielzahl pazifistischer Organisationen, bemühte er sich um die Wiederbelebung der internationalen Kontakte, setzte sich für die deutsch-französische Aussöhnung ein und kritisierte vehement die geheime Aufrüstung der Reichswehr, was ihm eine Anklage wegen Landesverrats und eine kurze Inhaftierung einbrachte. Für sein auch international anerkanntes Engagement wurde Quidde 1927 der Friedensnobelpreis verliehen. Zu diesem Zeitpunkt war seine Stellung in der deutschen Friedensbewegung aber nicht mehr unumstritten: dem von ihm vertretenen »bürgerlichen Traditionspazifismus« (361), der auf die Parteien der Weimarer Koalition setzte und der Wirksamkeit politischer Beratung und diplomatischen Handelns vertraute, trat ein auf Massenwirksamkeit und Massenorganisationen orientierter »radikaler« Pazifismus einer jüngeren, durch die Erfahrungen des Ersten Weltkriegs geprägten Generation gegenüber. An diesem Konflikt, der durch die politischen Spannungen im Gefolge der Weltwirtschaftskrise und den Zerfall der bürgerlichen Parteien außer Kontrolle geriet, zerbrach die im Deutschen Friedenskartell organisierte deutsche Friedensbewegung. Schon vor 1933, so Karl Holl, befand sich der deutsche Pazifismus in einer Situation »völliger Isolierung« (475).

Die 1933 einsetzende Repression zerstörte nicht nur die Reste des organisierten Pazifismus, sondern vertrieb seine prominenten Vertreter wie Hellmut von Gerlach, Helene Stöcker, Otto Lehmann-Russbüldt, Friedrich Wilhelm Foerster, Harry Graf Kessler, Kurt Hiller und Ludwig Quidde ins Exil oder sperrte sie in die nationalsozialistischen Lager und Gefängnisse wie Friedrich Küster, Carl von Ossietzky, Erich Mühsam oder Gerhart Seger. Quidde verbrachte seine letzten Lebensjahre damit, emigrierten oder bedrohten Pazifisten zu helfen und sie materiell zu unterstützen. Diesen Aktivitäten und seinen Bemühungen, im Rahmen des Internationalen Friedensbüros und auf internationalen Friedenskongressen weiter für Abrüstung und Frieden zu wirken, hat Karl Holl mehrere informative, auf ihm erschlossenem Quellenmaterial beruhende Kapitel im Schlussteil seiner Biografie gewidmet.

Karl Holl zeichnet mit spürbarer Empathie die Lebenslinien Ludwig Quiddes nach und verortet kenntnisreich und detailliert die einzelnen Stationen seines pazifistischen Wirkens in den jeweiligen politischen Kontexten. Überzeugend und spannend wird seine Darstellung durch Verweise auf die Widersprüche der Person und ihres Handelns. Einfühlsam und diskret beschreibt er die komplizierte und konfliktreiche, letztlich gescheiterte Beziehung Quiddes zu seiner Frau Margarethe Jacobson, über deren künstlerische und pazifistische Aktivitäten man gern mehr erfahren hätte. Ausführlich erwähnt wird das von gesellschaftlichen Tabus und peinlichen Lebenslügen überschattete Zusammenleben Quiddes mit seiner späteren Lebensgefährtin

Charlotte Kleinschmidt und der gemeinsamen Tochter und Nachlassverwalterin gleichen Namens. Neben die pathologischen Züge bürgerlicher Moral in der privaten vita treten die durch die Tradition des bürgerlichen Liberalismus vorgezeichneten Widersprüche der politischen vita: trotz aller gelungenen Anstrengungen, seinen »demokratischen Patriotismus« von einem militanten Nationalismus abzugrenzen, setzen nationales Denken und nationaler Habitus gerade auch den pazifistischen Aktivitäten Quiddes Schranken – so in der unentschiedenen Haltung gegenüber deutschen Annexionen im Ersten Weltkrieg, der Ablehnung des Versailler Vertrags oder der Hoffnung auf friedliche Grenzrevisionen im Osten. Sein demokratischer Gemeinschaftsgedanke beruhte auf der Idee der Verhandelbarkeit unterschiedlicher politischer und sozialer Interessen, auf dem Vertrauen in die Überzeugungskraft der Rede, was ihn anfangs blind gegenüber dem gewaltförmigen und intransigenten Charakter des deutschen Faschismus machte. Die über eine liberale Sozialpolitik hinausweisenden Sozialisierungspläne der politischen Linken, aber auch massenwirksame Formen politischen Protests in der pazifistischen Bewegung lehnte er kategorisch ab, hielt aber entschieden an seiner Kritik jeder Form autoritärer Herrschaft und Warnung vor dem Wiederaufleben des Militarismus fest. Ludwig Quidde, so zeigt Karl Holl eindrucksvoll, war Opfer der »Leidensgeschichte der Demokratie in Deutschland« (590), und diese Leidensgeschichte ging mitten durch seine Person hindurch.

So ist als Summe einer mehr als 40-jährigen Forschungstätigkeit eine voluminöse und faktenreiche, eine gelehrte und erzählende wissenschaftliche Biografie entstanden. Sie richtet den Blick auf eine zentrale, im öffentlichen Bewusstsein der Gegenwart wenig bekannte Persönlichkeit des deutschen Liberalismus und Pazifismus, deren persönliches und politisches Schicksal für die in ihrer Zeit gescheiterte Möglichkeit einer anderen, demokratischen deutschen Geschichte steht.

Lutz Winckler

Knut Bergbauer, Sabine Fröhlich, Stefanie Schüler-Springorum: *Denkmalsfigur. Biographische Annäherung an Hans Litten 1903–1938.* Göttingen (Wallstein) 2008. 359 S.

Neben Carl von Ossietzky ist der in der Nacht des Reichstagsbrandes verhaftete und ohne Anklage bis zu seinem Selbstmord 1938 in diversen Konzentrationslagern inhaftierte Jurist Hans Litten eine der wichtigsten Märtyrer-Figuren des »anderen Deutschland« gewesen, auf dessen Schicksal in diversen Broschüren und Artikeln der Exilpresse immer wieder aufmerksam gemacht wurde. Später hatte seine nach dem Tod des Sohnes aus Deutschland geflohene Mutter Irmgard 1940 in Paris mit ihrer bekannten Veröffentlichung *Die Hölle sieht dich an. Der Fall Litten,* die in Übersetzung und mehreren Auflagen auch in Großbritannien und den USA erschien, die Anklagen gegen die an ihm exekutierte Barbarei der Nazis fortgesetzt. Nach 1945 wurde Hans Litten in der DDR zur Leitfigur ihrer antifaschistischen Staatsdoktrin, nach der Straßen und Gebäude benannt wurden, seit Ende der 1980er Jahre wird auch in der Bundesrepublik von der »Vereinigung demokratischer Juristinnen und Juristen« ein Hans-Litten-Preis verliehen, und der Neubau der Rechtsanwaltskammer nach der Wiedervereinigung in Berlin trägt seinen Namen.

Genauere Informationen zu Littens Leben mussten bisher hingegen mühsam zusammengesucht werden. Die jetzt vorliegende »biographische Annäherung« schafft Klarheit; sie ist aber nicht nur deshalb zu begrüßen, sondern auch weil sie trotz aller Tragik seines Schicksals nach 1933 kritisch ein Lebensbild zeichnet, in dem sich die zivilgesellschaftliche Unfähigkeit des deutschen Bürgertums und das darauf mitberuhende Scheitern der Weimarer Republik wie unter einem Brennglas erkennen lassen.

Wie vielen seiner Generation war dem 1903 geborenen Litten der Erste Weltkrieg zum Schlüsselerlebnis geworden. In der Jugendbewegung hatte er ein Forum im Kampf gegen die bürgerliche Welt und die des Vaters im Besonderen gefunden, einem stramm deutschnationalen Professor in Königsberg jüdischer Herkunft, dem der Sohn nicht nur seine »Karrieretaufe« vorwarf. Littens eigene Annäherung an das Judentum nicht im zionistischen Sinn, sondern als geistiges Prinzip im

»Schwarzen Haufen«, seinem jüdischen Jugendbund, blieb nur eine kurze Phase auf dem Weg seiner Identitätsfindung, die sich alsbald zu einem kruden Weltbild formte, das die metaphysische Orientierung auf die »unio mystica« der Kunst mit der selektiven Annäherung an den Marxismus ohne dessen materialistische Grundlage zu verbinden suchte. Dabei entwickelte er Eigenschaften messianischer Unbedingtheit, die die Welt polarisierend nur in Getreue oder Verräter teilte. Diese Attitüde prägte später auch seine Rolle als Verteidiger vor allem in politischen Prozessen im Auftrag der kommunistischen »Roten Hilfe«, obwohl er kein Parteimitglied war.

Der Band, der mangels eines Nachlasses neben Zeugnissen von Zeitgenossen und Bekannten Littens vor allem seine Aufsätze in den Publikationen der Jugendbewegung sowie die Schriftsätze vor Gericht heranzieht, rekonstruiert hier mit großer narrativer Detailfreude. Sie erhellt zugleich, warum der erste Versuch der deutschen Demokratie nicht funktionieren konnte. In den gewalttätigen politischen Auseinandersetzungen seit Beginn der Weltwirtschaftskrise und dem Durchbruch der NSDAP zur Massenpartei 1930 agierte Litten nicht weniger dogmatisch und verbohrt als der auf dem rechten Auge blinde Justizapparat. Seine Absicht, diesen als Klassenjustiz zu entlarven, war zwar berechtigt, die von ihm praktizierten Methoden waren jedoch nicht anders, wie die demonstrativen Vorladungsversuche möglichst prominenter Politiker, insbesondere aus dem sozialdemokratischen Lager der »Sozialfaschisten« oder diverse Dienstaufsichtsbeschwerden gegen Richter und Staatsanwälte dokumentieren. Dabei tauchen Zweifel auf, ob er bei der Verteidigung seiner Klientel die seit dem Blutmai 1929 zu erkennende Eskalationsstrategie der KPD durchschaut hat.

Littens künftiges Schicksal wurde im sogenannten Edenpalast-Prozess im Mai 1931 besiegelt, in dem er zur Klärung von Gewalttaten der SA gegen Kommunisten Hitler vorladen ließ und dessen Legalitätsbeteuerungen anhand der NS-Selbstzeugnisse falsifizierte. Dieser Affront ist Ursache seiner späteren KZ-Haft gewesen. Die Mutter, die aufgrund ihrer Verbindungen zu konservativen Kreisen in Königsberg schnell Zugang auch zur Führungsriege des neuen Staates nach 1933 fand, musste alsbald erfahren, dass alle ihre Interventionen zugunsten des Sohnes an Hitler scheiterten.

Die bündischen Freunde hatten bei Litten bereits in den frühen Jahre den Zwangscharakter mit neurotischen Zügen ausgemacht, der sich mit fast allen überwarf, die ihm nicht blindlings folgten. Je länger je mehr hatte das augenscheinlich selbstzerstörerische Folgen. Gepaart mit seinem nicht weniger auffallenden naiven Idealismus mochte das für seine Stilisierung zum Märtyrer der NS-Barbarei reichen. Als Ikone des anderen, demokratischen Deutschland, das macht die Biografie deutlich, ist er allerdings nicht geeignet.

Max Stein

Anke Dörner: *La vita spezzata. Leonardo Olschki: ein jüdischer Romanist zwischen Integration und Emigration*. (= *Romanica et Comparatistica*. Bd. 38). Tübingen (Stauffenburg) 2005. XII, 346 S.

Die biografische und fachgeschichtliche Studie zum deutsch-italienischen Romanisten Leonardo Olschki steht unter der titelgebenden Metapher des Bruchs. Anke Dörner entnimmt sie einem Brief des 66-jährigen Emigranten, der am 12.1.1951 aus dem kalifornischen Exil an seinen Bruder schreibt: »La mia vita è spezzata due volte« (192) – *mein Leben ist zweimal zerbrochen*. Olschki wurde 1885 als Sohn des aus Ostpreußen stammenden jüdischen Buchhändlers und späteren Verlegers Lev/Leo Olschki in Verona geboren. 1906 kommt Leonardo an die politisch als liberal geltende Universität Heidelberg, wo er zwei Jahre später promoviert wird. Der idealistischen Neuphilologie nahestehend, genießt er die Förderung des seinerzeit einflussreichsten Romanisten Karl Vossler, so dass er 1918 – nachdem er 1913 mit einer Studie über altfranzösische Epen habilitiert wurde – zum Extraordinarius berufen wird. Alles in allem verläuft die Karriere des jüdischen Gelehrten, für den seine Religion von nachrangiger Bedeutung ist, bis hierher in den üblichen Bahnen.

Dörner verfolgt das Leben Olschkis aus dreifacher Perspektive: einer ausführlichen Darstellung der institutionellen und zeithistorischen Zusammenhänge folgt jeweils eine präzise Situierung des Wissenschaftlers. Hierfür konnte sie bislang ungenutzte Archivmaterialien auswerten. Zusätzlich diskutiert sie Olschkis wissenschaftliches Œuvre, wobei ihr daran gelegen ist, speziell seine innovativen, der Stilistik zuzurechnenden Ansätze zu erhellen. Vor allem die dreibändige *Geschichte der neusprachlichen wissenschaftlichen Literatur* (1919, 1922, 1927) harrt einer Wiederentdeckung, gelangte Olschki doch dank eines erweiterten Literaturbegriffs zu einer kulturhistorischen Analyse der Naturwissenschaften. Obwohl von der zeitgenössischen Kritik kaum gewürdigt, wird er 1930 zum Ordinarius berufen.

1933 folgt der erste Bruch: Olschki wird »aus rassischen Gründen beurlaubt« (89) und flieht nach Italien. Während er sich vornehmlich mit den Emigranten aus dem assimilierten deutschen Judentum identifiziert, bleibt seine Publikationstätigkeit aufgrund seiner Zweisprachigkeit rege. Im April 1939 muss er Italien verlassen und geht in die USA. Dieser zweite Bruch ist umso schmerzhafter, als Olschki mit dem Englischen nicht vertraut ist. 1944 erhält er die amerikanische Staatsbürgerschaft, doch es gelingt ihm nicht mehr – anders als beispielsweise den Kollegen Leo Spitzer und Erich Auerbach – in den USA einen Lehrstuhl zu erhalten. Angesichts der sonstigen Erfolgsgeschichten emigrierter Romanisten kann sein Schicksal also »nicht als typisch gelten« (166). Schließlich findet er eine untergeordnete Positionen in Berkeley, wo ihm der Historiker Paul Kantorowicz – auch er ein ehemaliger Heidelberger – zum wichtigsten Freund wird; gemeinsam verweigern sie während der McCarthy-Ära den von ihnen geforderten antikommunistischen Treueeid. Damit endet Olschkis akademische Karriere, dem es noch gelungen war, mit seinen Studien zu Marco Polo in der amerikanischen Orientalistik anerkannt zu werden. Am 7. Dezember 1961 stirbt er in Berkeley.

Dörner sieht ihre souverän verfasste Dissertation als »eine Hommage an einen innovativen Wissenschaftler und jüdischen Emigranten, der sich selber als Weltbürger verstand« (2). Bezüglich ihrer Einschreibung in die Fachgeschichte der Romanistik orientiert sie sich an den Parametern, die Frank-Rutger Hausmann, der Betreuer der Arbeit, entwickelt hat, was nicht nur in dem kurzen Kapitel zur deutschen Romanistik nach 1933 deutlich wird.

Ihre Leistung besteht darin, anhand einer genauen Rekonstruktion seines Lebens und der Lektüre seines wissenschaftlichen Œuvres die Bedeutung Olschkis als einem der großen Außenseiter seines Fachs herauszustellen.

Dirk Naguschewski

Antje Neuner-Warthorst: *Walter Trier. Politik. Kunst. Reklame.* Zürich (Atrium) 2006. 236 S.

Woran erinnern sich Erich-Kästner-Fans vermutlich zuerst? An *Emil und die Detekive*! Und natürlich an den Umschlag, an dessen leuchtendes Gelb, die Litfasssäule, deren Schlagschatten sowie den des Diebes Grundeis, der von zwei Jungen bei seinem Gang durch die Großstadt beobachtet wird. Doch wer von den ausgewiesenen Fans kennt schon Walter Trier, den Gestalter dieses berühmten Buchumschlages, weiß von seinem Leben vor und nach 1933? Die Kunsthistorikerin Antje Neuner-Warthorst widmet sich in ihrem großformatigen, zeitgleich zu einer im Wilhelm-Busch-Museum Hannover präsentierten Ausstellung erschienenem Katalogbuch dem Maler, Karikaturisten und Illustrator Walter Trier (1890–1951). Trier, das streicht die Autorin deutlich heraus, war aber nicht nur Kästners Buchgestalter, es gab nicht nur den *Emil*, *Pünktchen und Anton*, *Das fliegende Klassenzimmer* und viel später, 1948, *Die Konferenz der Tiere*. Trier war das, was man heute mit dem Allerweltsattribut »umtriebig« bezeichnet: Er arbeitete für den *Simplicissimus* und die *Jugend*, zeichnete für die *Berliner Illustrierte*, die erfolgreichen Zeitschriften wie *Die Dame* und den *Uhu*. Den kongenialen Illustrator von Kinderbüchern als auch den sensiblen wie kritischen Beobachter seiner Zeit führt Neuner-Warthorst auf höchst ansehnliche Weise vor Augen.

Als Jude war Trier nach der Machtübertragung an die Nationalsozialisten persona non grata; 1936 floh er mit seiner Familie nach London. Hier entwarf er Titelseiten für die Zeitschrift *Lilliput*, schuf antifaschistische Karikaturen für *Die Zeitung*, *The Daily Herald* und *Picture Post*. Neben seinen bissigen, zeichnerischen Kommentaren dürfte Triers Zusammenarbeit mit dem British Ministry of Information, für das er Broschüren wie Flugblätter entwarf, für Exilforscherinnen und -forscher von besonderem Interesse sein: so das Flugblatt »Die Berliner Räuberbande« (1941) oder die Zeichnung »The Crazy Gang« (1943), die das nationalsozialistische Führungspersonal karikierten. »For the Young« (1944) war ein Ausschneidebogen benannt, der den nackten Göring inmitten von Fantasieuniformen und Ordenslametta zeigte, die man dem Pappkameraden anlegen konnte. Die wohl bekannteste und bis heute gern genutzte Illustration erschien 1946 auf dem Titel der Anthologie *The Pen is mightier. The Story of the War in Cartoons.* Sie zeigt einen vergnügt blickenden Zeichner, einen riesigen Füller geschultert, an dem an Schnüren Kriegstreiber wie Hitler und Mussolini aufgeknüpft sind.

Walter Trier, der 1947 nach Kanada übersiedelte, kehrte trotz der erneuten Zusammenarbeit mit Kästner nicht wieder nach Deutschland zurück. Antje Neuner-Warthorst präsentiert alle Facetten des bekannten unbekannten Künstlers Walter Trier in Wort wie Bild in vorbildlicher Weise. Für Freunde des Buches und der Buchgestaltung bietet jede Seite Augenschmaus. Niemals aufdringlich oder besserwisserisch liefern Fußnoten wie Bilderläuterungen zusätzliche Informationen, zeugen von der Liebe zum Gegenstand und animieren zur erneuten, vertiefenden Bildbetrachtung. Ein Buch, in dem Inhalt und Form nicht nebeneinanderstehen, sondern sich ergänzen. Ein Buch, das man dankbar zur Hand nimmt, liefert es doch auch einen gewichtigen Beitrag zur Emigrationsgeschichte deutschsprachiger Buchgestalter und -illustratoren.

Wilfried Weinke

Peter Maslowski: *Klerikalismus und Proletariat. Zur Religionsfrage und andere frühe Schriften.* Hg. Christoph Kopke. Aschaffenburg (Alibri) 2003. 175 S.

Auf der ersten Ausbürgerungsliste vom 25.8.1933 findet sich neben Rudolf Breitscheid, Wilhelm Pieck oder Willi Münzenberg auch der Name des heute nahezu unbekannten Peter Maslowski. Seinem Gedächtnis ist der vorliegende Band gewidmet. Der Herausgeber Christoph Kopke zeichnet in der Einleitung die Stationen seines politischen Lebens nach. Nach dem Philosophie- und Literaturstudium in Berlin, nach Kriegseinsatz und Verwundung stieß Maslowski, angeregt durch die Lektüre der Spartakusbriefe, zur sozialistischen Antikriegsbewegung. Daraus entwickelte sich sein Engagement in der 1919 gegründeten KPD, zunächst als Journalist und politischer Agitator während der bürgerkriegsähnlichen Streiks in der unmittelbaren Nachkriegszeit, später als Abgeordneter im Reichstag. 1933 gingen er und seine Familie über Polen, die CSR und die Schweiz nach Paris ins französische Exil, wo er Mitarbeiter Willi Münzenbergs war und wie dieser sich 1938 von der Partei trennte. Die deutsche Besetzung überlebten er und seine Familie unter fremdem Namen lebend in Südfrankreich. 1945 ging er nach Deutschland zurück und war von 1946 bis 1967 Chefredakteur und Herausgeber der Coburger Neuen Presse.

Maslowski war während der Weimarer Republik einer der führenden marxistischen Kirchen- und Religionskritiker. Der vorliegende Band veröffentlicht einige seiner einschlägigen Broschüren und Artikel. Sie dienten der Begründung und Verbreitung der von der Partei gestützten und in der »Gesellschaft proletarischer Freidenker« organisierten Idee eines »proletarischen Atheismus als Waffe« im Klassenkampf (*Wir Gotteslästerer*, 1932). Die wieder abgedruckten Texte vermitteln einen Eindruck von der Schärfe und Intensität kultureller Konflikte während der Weimarer Republik: in der Auseinandersetzung mit der Zentrumspartei und den von ihr vertretenen katholischen Arbeitern, im Rechtsstreit um die Neufassung des Gotteslästerungsparagrafen im Strafgesetzbuch, dem Streit um den Einfluss kirchlicher Erziehung und kirchlicher Organisation anlässlich der Konkordate in Bayern und Preußen. Über die tagespolitische Polemik hinaus führt Maslowski in seinen öffentlichen Interventionen eine »gelehrte« Abrechnung mit dem religiösen Sozialismus, mit der geschichtsphilosophischen Mythenerneuerung Oswald Spenglers oder der Religionskritik der Freud'schen Psychoanalyse, besonders aber ihrer Triebtheorie, deren Übertragung auf die Analyse sozialen Verhaltens er als »reaktionäres Gewäsch« abtut (*Zur Religionsfrage*, 1926). Bildungswissen verbindet sich hier mit politischer Polemik, aufgeklärte Atheismuskritik mit parteipolitischem Dogmatismus – auch ein Beleg für die Radikalisierung der KPD, die der Partei vor 1933 zwar Stimmen einbrachte, sie aber politisch und geistig isolierte. Das Exil, die Wendung zur Volksfrontpolitik und die Zusammenarbeit mit Willi Münzenberg führten offenbar auch bei Maslowski zu einem Prozess geistiger und politischer Öffnung, der wie bei Münzenberg bis zur Dissidenz weiterging. Darüber aber könnte nur die vom Herausgeber angemahnte Veröffentlichung der Schriften aus dem Exil Auskunft geben. Vorerst müssen sich Leser und Rezensent mit der Lektüre seines 1978, als Bilanz einer lebenslangen Auseinandersetzung mit Religion, Christentum und Kirche erschienenen Werks *Das theologische Untier. Der sogenannte Teufel und seine Geschichte im Christentum* begnügen.

Lutz Winckler

Edda Ziegler: *Die verbrannten Dichterinnen. Schriftstellerinnen gegen den Nationalsozialismus*. Düsseldorf (Artemis & Winkler) 2007. 279 S.

Der Titel scheint mit einer unangemessenen Analogiebildung ein Buch über verbrannte Bücher zu versprechen, aber bei der Bücherverbrennung 1933 sind – nach der irrigen Annahme der Autorin (S. 8) – gar keine Bücher von Schriftstellerinnen verbrannt worden. Ein Blick in die einschlägigen Dokumentationen zeigt das Gegenteil. Oder geht es vielleicht um die Autorinnen, die durch den Nationalsozialismus ums Leben gebracht, also symbolisch oder realiter »verbrannt« wurden? Nein, da sieht man zwar Gertrud Kolmars Porträt auf dem Umschlag, aber Leben und Werk dieser Autorinnen werden ausdrücklich ausgeklammert (S. 8). Also muss man sich an den Untertitel halten: Schriftstellerinnen gegen den Nationalsozialismus. Sind es Autorinnen, die im Widerstand gearbeitet haben? Nein, darum geht es nur nebenbei. Das sind alles nur Aufreißer, die den florierenden Holocaust-Markt bedienen. Es geht um Schriftstellerinnen im Exil.

In der Einleitung liest man: »Die Geschichte der Frauen (und der Frauenliteratur) im Exil ist noch zu schreiben. [...] Die Feststellung der Exilforscherin Eva Maria Siegel von 1993 gilt nach wie vor.« (S. 9) Aber wenige Seiten später und Porträt für Porträt kommt einem doch alles ziemlich bekannt vor: Erika Mann (Irmela von der Lühe), Elsa Lasker-Schüler (Sigrid Bauschinger), Frauen in Gurs (Gabriele Mittag), Schriftstellerinnen in der Sowjetunion (Sonja Hilzinger) und überall klingt es nach Heike Klapdor und Claudia Schoppmann, und sie sind nicht einmal alle im Literaturverzeichnis genannt. Was schon in einer Seminararbeit verpönt ist: ohne eigene Worte und erst recht ohne eigene Gedanken die Sekundärliteratur zu paraphrasieren, das geschieht hier auf 260 Seiten.

Was die Autorin nicht ab-, aus- und umgeschrieben hat, sondern was auf ihre eigene Kappe geht, das sind die zahlreichen Sachfehler, Entstellungen, Verkürzungen und Plattheiten, z.B.: »Schriftstellerinnen, die ihrem Leben im Exil selbst ein Ende setzten, dagegen sind nicht bekannt« (S. 79) – da hat man noch nie vom verzweifelten Sturz Alice Rühle-Gerstels aus dem Fenster 1943 in Mexiko gehört; oder: »Im KZ starben – so weit dies bekannt ist – 12 Schriftstellerinnen« (S. 76) – und Carry Brachvogel, die große alte Dame der Münchner Literaturszene, ist sie nicht 1942 in Theresienstadt kläglich umgekommen, und wissen wir nicht von einer großen Zahl von Frauen, die zwar schrieben, aber keine Möglichkeiten mehr zum Publizieren hatten, und was ist mit all den namenlosen »Anne Franks«, was ist mit den deportierten Schriftstellerinnen der okkupierten Länder, z.B. Irène Némirovsky?

Es ist ärgerlich, wenn seit vielen Jahren zum Thema »Frauen im Exil« gearbeitet worden ist, im Klappentext jedoch geschrieben wird, dass hier zum ersten Mal »die Namenlosen dem Vergessen entrissen« werden. Dabei ist nicht eine einzige dieser Exilbiografien von der Autorin selbst recherchiert worden, sondern alles aus der Forschungsliteratur abgeschrieben, die es angeblich gar nicht gibt.

Man könnte sich die Rezension sparen, wäre die Publikation nicht so ärgerlich. Vielleicht eine tröstliche Botschaft: Zwei Monate nach Erscheinen musste der Verlag im Dezember 2007 in einer außergerichtlichen Entscheidung das Buch vom Markt nehmen, da es zahlreiche Plagiate aus den Publikationen von Hiltrud Häntzschel aus dem Rowohlt Verlag, der Wissenschaftlichen Buchgesellschaft, dem Insel Verlag und der edition text + kritik enthält und damit ihre Urheberrechte verletzt.

Inge Hansen-Schaberg

Gunnar Schnabel, Monika Tatzkow: *Nazi Looted Art. Handbuch Kunstrestitution weltweit.* Berlin (proprietas-verlag) 2007. 528 S.

2006 beschäftigten sich die bundesrepublikanische Presse und das Berliner Abgeordnetenhaus mit Ernst Ludwig Kirchners Bild »Berliner Straßenszene«. Die in England lebende Erbin des früheren Eigentümers Alfred Hess forderte die Rückgabe des Bildes aus den Beständen des Brückemuseums in Berlin. Die Familie des 1931 gestorbenen Erfurter Fabrikanten und Sammlers wurde von den Nationalsozialisten verfolgt, die Firma arisiert, der Sohn emigrierte nach London, die Witwe lebte bis zu ihrer Emigration 1939 in Bayern. Große Teile der Kunstsammlung, darunter auch das Kirchner-Bild, waren nach Ausstellungen in der Schweiz zunächst im Kunsthaus Zürich deponiert, gelangten aber 1936, offenbar auf Druck der Gestapo, zur Aufbewahrung an den Kölner Kunstverein. Bilder aus dieser Sammlung gingen durch Kriegseinwirkung verloren oder wurden illegal durch einen Mitarbeiter des Kunstvereins verkauft. Die »Straßenszene« wurde 1936 vom Kunstsammler Carl Hagemann zum markgerechten Preis von 3.000 RM erworben, ob mit Einverständnis der Familie Hess konnte wegen fehlender Unterlagen nicht geklärt werden. Das Bild gelangte später als Schenkung in den Besitz Ernst Holzingers, Direktor des Frankfurter Städel-Museums, und wurde von dessen Erben 1980 für 1,9 Mio DM an das Brücke-Museum verkauft. Im September machte die in England lebende Hess-Erbin Rückgabeanspruch geltend, 2006 erfolgte die Rückgabe des Bildes .
Insgesamt 112 Fälle dokumentiert das Handbuch, die wie der Fall des Kirchner-Bildes auf politische Versäumnisse und juristische Blockaden, aber auch auf museumsgeschichtliche und kunstwissenschaftliche Defizite im Umgang mit verfolgungsbedingten Verlusten von Kunstwerken zwischen 1933 und 1945 und der unmittelbaren Nachkriegszeit verweisen. Die rechtliche Lage und die Erforschung der Geschichte dieser Kunstwerke wird erschwert durch die vielfältigen Ursachen des Verlusts: staatliche Enteignung durch Arisierung und Beschlagnahme, verfolgungsbedingte Verkäufe, Veruntreuung und Unterschlagung durch Händler und Vermögenstreuhänder, bis hin zu Plünderungen von Kunstdepots durch Angehörige der alliierten Armeen. Kompliziert wird die Lage durch die Beteiligung staatlicher Stellen, Museen und Sammlungen, von Händlern und Privatpersonen und die internationale Zirkulation des Kunsthandels.
Das vorliegende Handbuch verspricht hier Abhilfe zu schaffen. Es enthält neben der Darstellung und juristischen Kommentierung der 112 Einzelfälle (S. 235–500) eine historische Darstellung der gesetzlichen Maßnahmen und Verordnungen zur Vermögens- und Kunstrestitution in der Bundesrepublik Deutschland und Österreich, den am Zweiten Weltkrieg beteiligten und z. T. von Deutschland besetzten Ländern, aber auch neutraler Staaten wie der Schweiz, die in den 1930er und 1940er Jahren zur Drehscheibe des Kunsthandels wurde. Dabei verfahren die Verfasser so, dass in länderspezifischen Kapiteln zunächst die zivilrechtlichen Grundlagen und Ansprüche (S. 30–100), sodann die öffentlich-rechtlichen Regelungen und Verfahren (S. 101–186) und abschließend die internationalen Konventionen und Vereinbarungen (S. 187–212) für die Rückerstattung verfolgungsbedingter Vermögensverluste und »geraubter Kunst« dargestellt werden. Ein Register juristischer Fachbegriffe und gesetzlicher Maßnahmen, ein Künstlerverzeichnis, ein Namensregister und ein Literaturverzeichnis zur kunstwissenschaftlichen Provenienzforschung erleichtern die Benutzung.
Die Defizite der deutschen Rückgabepraxis haben verschiedene rechtliche Ursachen. So galten für die in der Zeit des Nationalsozialismus getätigten privaten Eigentumsübertragungen die formaljuristisch eng ausgelegten Grundsätze des bürgerlichen Zivilrechts ohne Rücksicht auf die verfolgungsbedingten Umstände der zustandegekommenen Rechtsgeschäfte – anders als in Frankreich und den Niederlanden, in Österreich und der Schweiz, die unmittelbar nach dem Krieg eine mit

begrenzten Antragsfristen versehene Nichtigkeitsregelung für verfolgungsbedingte Eigentumsübertragungen erließen. In den westlichen Besatzungszonen wurden durch die Alliierten Rückerstattungsregelungen und daran anschließend in den 1950er Jahren durch die Bundesregierung Entschädigungs- und Rückerstattungsgesetze erlassen, in deren Folge Entschädigungen in Höhe von ca. 4 Milliarden DM, darunter auch für Verluste an Kunstgegenständen, gezahlt wurden (S. 107). Begrenzte Antragsfristen, der Tod und die Ermordung der Alteigentümer, der verfolgungsbedingte Verlust von Unterlagen und eine »oftmals den Raubkunsterwerber, nicht den verfolgten Alteigentümer schützende Rückgabepraxis« (S. 18) führten aber dazu, dass eine große Zahl von Kunstwerken (z. T. unentdeckt) im staatlichen Besitz, in Museen und Sammlungen oder im Besitz von Privatleuten und Händlern blieben – übrigens nicht nur in der Bundesrepublik, sondern aus ähnlichen Gründen auch in Österreich, der Schweiz, in Frankreich und den USA.

Eine neue Situation entstand erst mit dem Ende des Kalten Kriegs. Das 1990 verabschiedete Vermögensgesetz regelte zunächst die Rückgabe des zwischen 1933 und 1945 auf dem Territorium der späteren DDR verlorenen und enteigneten jüdischen Eigentums, darunter auch Kunstwerke. Im Zusammenhang mit den internationalen Initiativen zur Entschädigung von Zwangsarbeitern in deutschen Unternehmungen, der Rückerstattung von Vermögenswerten von Holocaustopfern durch Schweizer Banken und einzelner spektakulärer Rückforderungen von Kunstwerken in Museen, öffentlichen Sammlungen und Kunstausstellungen kam es auf öffentlichen Druck hin zu einer internationalen Vereinbarung über den Umgang mit während der NS-Zeit enteigneter bzw. verlorener Kunst. In der »Washingtoner Erklärung« vom Dezember 1998 verpflichteten sich die 44 Unterzeichnerstaaten, darunter die Bundesrepublik Deutschland, die öffentlichen Bestände auf unrechtmäßig – durch staatliche Beschlagnahme und Enteignung, durch Zwangsverkauf, Versteigerung oder Schenkung – erworbene Kunstwerke zu durchforschen, die Ergebnisse dieser Durchforschung laufend zu veröffentlichen, zu einer »gerechten und fairen Lösung« mit den Alteigentümern beizutragen und die Kunstwerke gegebenenfalls zurückzuerstatten (S. 192–199). Die von der Bundesregierung im Anschluss getroffenen gesetzlichen Regelungen und Maßnahmen wie die Koordinierung der Arbeit von Bund und Ländern, die Einrichtung einer allgemein zugänglichen Datenbank bei der Koordinierungsstelle für Kulturverluste in Magdeburg (www.lostart.de) sind wichtige Initiativen, die u. a. auch die Rückgabe der »Straßenszene« an die Alteigentümer ermöglicht haben. Insgesamt sind die Ergebnisse jedoch wegen mangelnder finanzieller und personeller Ausstattung der staatlichen Museen und Sammlungen für die notwendigen Recherchen bislang »bescheiden« und »unzureichend« (S. 207). Anders Österreich, das nach jahrzehntelangen Versäumnissen mit dem 1998 im Zusammenhang der »Washingtoner Erklärung« erlassenen »Kunstrückgabegesetz« zugleich auch die materiellen Voraussetzungen für eine umfassende Provenienzforschung der staatlichen Kunstbestände geschaffen hat und bis 2006 ca. 4.500 Kunstwerke an die Alteigentümer bzw. deren Erben zurückgegeben hat (S. 131 ff.), darunter fünf Klimt-Gemälde aus dem Wiener Kunstmuseum an die Erben von Adele Bloch-Bauer (vgl. Fall 24 S. 312 ff.). Wie die gegenwärtige Entwicklung in anderen Ländern verläuft, welche Konsequenzen die »Washingtoner Erklärung« insbesondere auch für den privaten Kunsthandel hat, ist bei den Autoren im Einzelnen nachzulesen.

Ein wichtiges Handbuch, das juristische Fachkenntnis mit kunsthistorischen Informationen verbindet, mit spürbarem Engagement geschrieben ist, und dem weitere, um neue Entwicklungen und Tatbestände aktualisierte Auflagen zu wünschen sind.

Lutz Winckler

Kurzbiografien der Autorinnen und Autoren

Helmut G. Asper hat Theaterwissenschaft und Kunstgeschichte an der Universität zu Köln studiert und lehrt über Theater, Film und Fernsehen an der Fakultät für Linguistik und Literaturwissenschaft der Universität Bielefeld. Zahlreiche Aufsätze und Bücher über das deutsch-jüdische Theater- und Filmexil, u. a. *Max Ophüls. Eine Biographie* (1998); *»Etwas Besseres als den Tod ...« Filmexil in Hollywood. Porträts, Filme, Dokumente* (2001); *Nachrichten aus Hollywood, New York und anderswo. Der Briefwechsel Eugen und Marlise Schüfftans mit Siegfried und Lili Kracauer* (2003) und *Filmexilanten im Universal Studio 1933–1960* (2005).

Christa Brüstle, Musikwissenschaftlerin, Promotion 1996 über die Rezeptionsgeschichte Anton Bruckners; 1999–2005 und seit 2008 Wissenschaftliche Mitarbeiterin des Sonderforschungsbereichs »Kulturen des Performativen« an der Freien Universität Berlin; 2007 Habilitation über: *Konzert-Szenen: Bewegung – Performance – Medien. Musik zwischen performativer Expansion und medialer Integration 1950–2000*.

Sophie Fetthauer studierte Historische und Systematische Musikwissenschaft sowie Neuere Deutsche Literatur an der Universität Hamburg, 1998 Magister Artium; Forschungsarbeiten im Rahmen der Arbeitsgruppe »Exilmusik«; 1998 Forschungsauftrag der Deutschen Grammophon Hamburg (*Deutsche Grammophon. Geschichte eines Schallplattenunternehmens im »Dritten Reich«*, 2000); 2000–2002 Promotionsstipendium der Friedrich Ebert Stiftung, 2002 Abschluss der Dissertation (*Musikverlage im »Dritten Reich« und im Exil*, 2004); 2003–2005 wissenschaftliche Mitarbeiterin des Projekts *Musik und Gender im Internet* an der Hochschule für Musik und Theater Hamburg; seit 2005 wissenschaftliche Mitarbeiterin des Projekts *Lexikon verfolgter Musiker und Musikerinnen der NS-Zeit* am Musikwissenschaftlichen Institut der Universität Hamburg.

Nils Grosch studierte Musikwissenschaft, Geschichte und Germanistik in Bochum und Freiburg, Promotion über *Die Musik der Neuen Sachlichkeit*. Seine Arbeitsschwerpunkte sind Musik und Medien, Liedforschung, Musik des 20. Jahrhunderts und der frühen Neuzeit, Populäre Musik, Populäres Musiktheater. Mitherausgeber von *Lied und populäre Kultur/Song and Popular Culture* und *Veröffentlichungen der Kurt Weill-Gesellschaft Dessau*. Lehrtätigkeit an Universitäten und Musikhochschulen in Freiburg, Basel und Detmold. Er ist wissenschaftlicher Mitarbeiter am Deutschen Volksliedarchiv, Freiburg.

Kurzbiografien der Autorinnen und Autoren

Werner Grünzweig, Musikwissenschaftler, studierte in Graz und Berlin. Seit 1994 ist er Leiter der Musikarchive der Akademie der Künste in Berlin.

Anna Langenbruch studierte 1999 bis 2005 Musik und Mathematik an der Hochschule für Musik Köln und der Universität zu Köln. Seit 2005 promoviert sie bei Prof. Dr. Susanne Rode-Breymann zum Thema *Paris als Exilstadt. Exilierte Musiker und das Pariser Kulturleben zwischen 1933 und 1940* an der Hochschule für Musik und Theater Hannover und seit November 2007 zusätzlich in Form einer Cotutelle an der Ecole des Hautes Etudes en Sciences Sociales bei Dr. Michael Werner. Zu Beginn ihrer Promotion profitierte sie von einer halbjährigen Anschubfinanzierung der Mariann Steegmann Foundation. Von Oktober 2006 bis Mai 2007 war sie als Stipendiatin des DAAD und des Deutschen Historischen Instituts Paris zu Forschungszwecken in Paris und ist seit Juni 2007 Promotionsstipendiatin des Evangelischen Studienwerks Villigst e.V.

Therese Muxeneder studierte Konzertfach Violine, Musikwissenschaft und Germanistik in Salzburg. Sie war zwischen 1993 und 1997 Bibliothekarin und Redakteurin an der dortigen Internationalen Stiftung Mozarteum, Mitherausgabe der *Mozart-Bibliographie*. Veröffentlichungen zur österreichischen Musikgeschichte, zum Editions- und Archivwesen sowie zu Arnold Schönberg. Seit 1997 ist sie leitende Archivarin des Arnold Schönberg Center in Wien. Mitherausgeberin des *Catalogue raisonné* zum bildnerischen Werk Schönbergs und der Kritischen Gesamtausgabe der Schriften Arnold Schönbergs. Lehrbeauftragte der Universität Wien und der Universität für Musik und darstellende Kunst in Wien.

Matthias Pasdzierny studierte Schulmusik (künstl. Hauptfach Kontrabass), Musikwissenschaft und Germanistik in Stuttgart, Hildesheim und Krakau. Zurzeit Promotion (*Remigration von Musikschaffenden in die westdeutschen Besatzungszonen nach 1945*) an der UdK Berlin zunächst mit einem Stipendium des Evangelischen Studienwerks Villigst e.V. Seit WS 2007/08 Wissenschaftlicher Mitarbeiter im Fach Musikwissenschaft an der Universität der Künste Berlin.

Dietmar Schenk, Archivar und Historiker. Studium der Geschichte, Philosophie und Mathematik in Hamburg und Münster, Promotion 1988; Wiss. Mitarbeiter an der Universität Gießen, 1987–89; Archivreferendar am Hauptstaatsarchiv Düsseldorf und Besuch der Archivschule Marburg, 1989–1991; seitdem Leiter des Archivs der Universität der Künste Berlin. Veröffentlichungen u. a. zur Geschichte der Universität der Künste, zur Kultur-, Kunst- und Musikgeschichte Berlins sowie zur Archivtheorie und -geschichte.

Dörte Schmidt studierte Schulmusik, Musikwissenschaft, Germanistik und Philosophie in Hannover, Berlin und Freiburg, 1992 Promotion in Freiburg, 1997 Habilitation an der Ruhr-Universität Bochum; 2000–2006 Professorin für Musikwissenschaft an der Musikhochschule Stuttgart, seit 2006 Professorin für Musikwissenschaft an der Universität der Künste Berlin. Ihre Forschungsschwerpunkte sind Musiktheater, Musik im 20. und 21. Jahrhundert, Exil und Nachkriegskultur und Kulturgeschichte der Musik. Hg. u. a.: gemeinsam mit Maren Köster: *Man kehrt nie zurück, man geht immer nur fort. Remigration und Musikkultur*, München 2005.

Horst Weber studierte 1962–68 Theaterwissenschaft und Musikwissenschaft in Wien, 1972–1974 Stipendiat der DFG, 1975–1978 Assistent an der Universität Bonn, seit 1978 Professor für Musikwissenschaft an der Folkwang Hochschule Essen. Forschungsschwerpunkte: Musik der Mozartzeit, Geschichte der Variation, Musik des Fin de siècle, Exilforschung.

Exilforschung. Ein internationales Jahrbuch
Herausgegeben von Claus-Dieter Krohn, Erwin Rotermund,
Lutz Winckler und Wulf Koepke

Band 1/1983
Stalin und die Intellektuellen und andere Themen
391 Seiten

»... der erste Band gibt in der Tat mehr als nur eine Ahnung davon, was eine so interdisziplinär wie breit angelegte Exilforschung sein könnte.«
Neue Politische Literatur

Band 2/1984
Erinnerungen ans Exil – kritische Lektüre der Autobiographien nach 1933
415 Seiten

»Band 2 vermag mühelos das Niveau des ersten Bandes zu halten, in manchen Studien wird geradezu außergewöhnlicher Rang erreicht ...«
Wissenschaftlicher Literaturanzeiger

Band 3/1985
Gedanken an Deutschland im Exil und andere Themen
400 Seiten

»Die Beiträge beschäftigen sich nicht nur mit Exilliteratur, sondern auch mit den Lebensbedingungen der Exilierten. Sie untersuchen Möglichkeiten und Grenzen der Mediennutzung, erläutern die Probleme der Verlagsarbeit und verfolgen ›Lebensläufe im Exil‹.«
Neue Zürcher Zeitung

Band 4/1986
Das jüdische Exil und andere Themen
310 Seiten

Hannah Arendt, Bruno Frei, Nelly Sachs, Armin T. Wegner, Paul Tillich, Hans Henny Jahnn und Sergej Tschachotin sind Beiträge dieses Bandes gewidmet. Ernst Loewy schreibt über den Widerspruch, als Jude, Israeli, Deutscher zu leben.

Band 5/1987
Fluchtpunkte des Exils und andere Themen
260 Seiten

Das Thema »Akkulturation und soziale Erfahrungen im Exil« stellt neben der individuellen Exilerfahrung die Integration verschiedener Berufsgruppen in den Aufnahmeländern in den Mittelpunkt. Bisher wenig bekannte Flüchtlingszentren in Lateinamerika und Ostasien kommen ins Blickfeld.

Band 6/1988
Vertreibung der Wissenschaften und andere Themen
243 Seiten

Der Blick wird auf einen Bereich gelenkt, der von der Exilforschung bis dahin kaum wahrgenommen wurde. Das gilt sowohl für den Transfer denkgeschichtlicher und theoretischer Traditionen und die Wirkung der vertriebenen Gelehrten auf die Wissenschaftsentwicklung in den Zufluchtsländern wie auch für die Frage nach dem »Emigrationsverlust«, den die Wissenschaftsemigration für die Forschung im NS-Staat bedeutete.

Band 7/1989
Publizistik im Exil und andere Themen
249 Seiten

Der Band stellt neben der Berufsgeschichte emigrierter Journalisten in den USA exemplarisch Persönlichkeiten und Periodika des Exils vor, vermittelt an deren Beispiel Einblick in politische und literarische Debatten, aber auch in die Alltagswirklichkeit der Exilierten.

Band 8/1990
Politische Aspekte des Exils
243 Seiten

Der Band wirft Schlaglichter auf ein umfassendes Thema, beschreibt Handlungsspielräume in verschiedenen Ländern, stellt Einzelschicksale vor. Der Akzent auf dem kommunistischen Exil, dem Spannungsverhältnis zwischen antifaschistischem Widerstand und politischem Dogmatismus, verleiht ihm angesichts der politischen Umwälzungen seit 1989 Aktualität.

Band 9/1991
Exil und Remigration
263 Seiten

Der Band lenkt den Blick auf die deutsche Nachkriegsgeschichte, untersucht, wie mit rückkehrwilligen Vertriebenen aus dem Nazi-Staat in diesem Land nach 1945 umgegangen wurde.

Band 10/1992
Künste im Exil
212 Seiten. Zahlreiche Abbildungen

Beiträge zur bildenden Kunst und Musik, zu Architektur und Film im Exil stehen im Mittelpunkt dieses Jahrbuchs. Fragen der kunst- und musikhistorischen Entwicklung werden diskutiert, die verschiedenen Wege der ästhetischen Auseinandersetzung mit dem Faschismus dargestellt, Lebens- und Arbeitsbedingungen der Künstler beschrieben.

Band 11/1993
Frauen und Exil
Zwischen Anpassung und Selbstbestimmung
283 Seiten

Der Band trägt zur Erforschung der Bedingungen und künstlerischen wie biographischen Auswirkungen des Exils von Frauen bei. Literaturwissenschaftliche und biographische Auseinandersetzungen mit Lebensläufen und Texten ergänzen feministische Fragestellungen nach spezifisch »weiblichen Überlebensstrategien« im Exil.

Band 12/1994
Aspekte der künstlerischen Inneren Emigration 1933 bis 1945
236 Seiten

Der Band will eine abgebrochene Diskussion über einen kontroversen Gegenstandsbereich fortsetzen: Zur Diskussion stehen Literatur und Künste in der Inneren Emigration zwischen 1933 und 1945, Möglichkeiten und Grenzen einer innerdeutschen politischen und künstlerischen Opposition.

Band 13/1995
Kulturtransfer im Exil
276 Seiten

Das Jahrbuch 1995 macht auf Zusammenhänge des Kulturtransfers aufmerksam. Die Beiträge zeigen unter anderem, in welchem Ausmaß die aus Deutschland vertriebenen Emigranten das Bewusstsein der Nachkriegsgeneration der sechziger Jahre – in Deutschland wie in den Exilländern – prägten, welche Themen und welche Erwartungen die Exilforschung seit jener Zeit begleitet haben.

Band 14/1996
Rückblick und Perspektiven
231 Seiten

Methoden und Ziele wie auch Mythen der Exilforschung werden kritisch untersucht; der Band zielt damit auf eine problem- wie themenorientierte Erneuerung der Exilforschung. Im Zusammenhang mit der Kritik traditioneller Epochendiskurse stehen Rückblicke auf die Erträge der Forschung unter anderem in den USA, der DDR und in den skandinavischen Ländern. Zugleich werden Ausblicke auf neue Ansätze, etwa in der Frauenforschung und der Literaturwissenschaft, gegeben.

Band 15/1997
Exil und Widerstand
282 Seiten

Der Widerstand gegen das nationalsozialistische Herrschaftssystem aus dem Exil heraus steht im Mittelpunkt dieses Jahrbuchs. Neben einer Problematisierung des Widerstandsbegriffs beleuchten die Beiträge typische Schicksale namhafter politischer Emigranten und untersuchen verschiedene Formen und Phasen des politischen Widerstands: z. B. bei der Braunbuch-Kampagne zum Reichstagsbrand, in der französischen Résistance, in der Zusammenarbeit mit britischen und amerikanischen Geheimdiensten sowie bei den Planungen der Exil-KPD für ein Nachkriegsdeutschland.

Band 16/1998
Exil und Avantgarden
275 Seiten

Der Band diskutiert und revidiert die Ergebnisse einer mehr als zwanzigjährigen Debatte um Bestand, Entwicklung oder Transformation der historischen Avantgarden unter den Bedingungen von Exil und Akkulturation; die Beiträge verlieren dabei den gegenwärtigen Umgang mit dem Thema Avantgarde nicht aus dem Blick.

Band 17/1999
Sprache – Identität – Kultur
Frauen im Exil
268 Seiten

Die Untersuchungen dieses Bandes fragen nach der spezifischen Konstruktion weiblicher Identität unter den Bedingungen des Exils. Welche Brüche verursacht die – erzwungene oder freiwillige – Exilerfahrung in der individuellen Sozialisation? Und welche Chancen ergeben sich möglicherweise daraus für die Entwicklung neuer, modifizierter oder alternativer Identitätskonzepte? Die Beiträge bieten unter heterogenen Forschungsansätzen literatur- und kunstwissenschaftliche, zeithistorische und autobiografische Analysen.

Band 18/2000
Exile im 20. Jahrhundert
280 Seiten

Ohne Übertreibung kann man das 20. Jahrhundert als das der Flüchtlinge bezeichnen. Erzwungene Migrationen, Fluchtbewegungen und Asylsuchende hat es zwar immer gegeben, erst im 20. Jahrhundert jedoch begannen Massenvertreibungen in einem bis dahin unbekannten Ausmaß. Die Beiträge des Bandes behandeln unterschiedliche Formen von Vertreibung, vom Exil aus dem zaristischen Russland bis hin zur Flucht chinesischer Dissidenten in der jüngsten Zeit. Das Jahrbuch will damit auf Unbekanntes aufmerksam machen und zu einer Erweiterung des Blicks in vergleichender Perspektive anregen.

Band 19/2001
Jüdische Emigration
Zwischen Assimilation und Verfolgung, Akkulturation und jüdischer Identität
294 Seiten

Das Thema der jüdischen Emigration während des »Dritten Reichs« und Probleme jüdischer Identität und Akkulturation in verschiedenen europäischen und außereuropäischen Ländern bilden den Schwerpunkt dieses Jahrbuchs. Die Beiträge befassen sich unter anderem mit der Vertreibungspolitik der Nationalsozialisten, richten die Aufmerksamkeit auf die Sicht der Betroffenen und thematisieren Defizite und Perspektiven der Wirkungsgeschichte jüdischer Emigration.

Band 20/2002
Metropolen des Exils
310 Seiten

Ausländische Metropolen wie Prag, Paris, Los Angeles, Buenos Aires oder Shanghai stellten eine urbane Fremde dar, in der die Emigrantinnen und Emigranten widersprüchlichen Erfahrungen ausgesetzt waren: Teilweise gelang ihnen der Anschluss an die großstädtische Kultur, teilweise fanden sie sich aber auch in der für sie ungewohnten Rolle einer Randgruppe wieder. Der daraus entstehende Widerspruch zwischen Integration, Marginalisierung und Exklusion wird anhand topografischer und mentalitätsgeschichtlicher Untersuchungen der Metropolenemigration, vor allem aber am Schicksal der großstädtischen politischen und kulturellen Avantgarden und ihrer Fähigkeit, sich in den neuen Metropolen zu reorganisieren, analysiert. Ein spezielles Kapitel ist dem Imaginären der Metropolen, seiner Rekonstruktion und Repräsentation in Literatur und Fotografie gewidmet.

Band 21/2003
Film und Fotografie
296 Seiten

Als »neue« Medien verbinden Film und Fotografie stärker als die traditionellen Künste Dokumentation und Fiktion, Amateurismus und Professionalität, künstlerische, technische und kommerzielle Produktionsweisen. Der Band geht den Produktions- und Rezeptionsbedingungen von Film und Fotografie im Exil nach, erforscht anhand von Länderstudien und Einzelschicksalen Akkulturations- und Integrationsmöglichkeiten und thematisiert den Umgang mit Exil und Widerstand im Nachkriegsfilm.

Band 22/2004
Bücher, Verlage, Medien
292 Seiten

Die Beiträge des Bandes fokussieren die medialen Voraussetzungen für die Entstehung einer nach Umfang und Rang weltgeschichtlich singulären Exilliteratur. Dabei geht es um das Symbol Buch ebenso wie um die politische Funktion von Zeitschriften, aber auch um die praktischen Arbeitsbedingungen von Verlagen, Buchhandlungen etc. unter den Bedingungen des Exils.

Band 23/2005
Autobiografie und wissenschaftliche Biografik
263 Seiten

Neben Autobiografien als Zeugnis und Dokument sind Erinnerung und Gedächtnis in den Vordergrund des Erkenntnisinteresses der Exilforschung gerückt. Die »narrative Identität« (Paul Ricœur) ist auf Kommunikation verwiesen, sie ist unabgeschlossen, offen für Grenzüberschreitungen und interkulturelle Erfahrungen; sie artikuliert sich in der Sprache, in den Bildern, aber auch über Orte und Dinge des Alltags. Vor diesem Hintergrund stellt der Band autobiografische Texte, wissenschaftliche Biografien und Darstellungen zur Biografik des Exils vor und diskutiert Formen und Funktionen ästhetischen, historischen, fiktionalen und wissenschaftlichen Erzählens.

Band 24/2006
Kindheit und Jugend im Exil – Ein Generationenthema
284 Seiten

Das als Kind erfahrene Unrecht ist vielfach einer der Beweggründe, im späteren Lebensalter Zeugnis abzulegen und oft mit Genugtuung auf ein erfolgreiches Leben trotz aller Hindernisse und Widrigkeiten zurückzublicken. Kindheit unter den Bedingungen von Verfolgung und Exil muss also einerseits als komplexes, tief gehendes und lang anhaltendes Geschehen mit oftmals traumatischen Wirkungen über mehrere Generationen gesehen werden, andererseits können produktive, kreative Lebensentwürfe nach der Katastrophe zu der nachträglichen Bewertung des Exils als Bereicherung geführt haben. Diesen Tatsachen wird in diesem Band konzeptionell und inhaltlich anhand neu erschlossener Quellen nachgegangen.

Band 25/2007
Übersetzung als transkultureller Prozess
293 Seiten

Übersetzen ist stets ein Akt des Dialogs zwischen dem Selbst und dem Anderen, zwischen kulturell Eigenem und Fremdem. Übersetzen bedeutet insofern auch deutende Vermittlung kultureller Verschiedenheit im Sinne einer »Äquivalenz des Nicht-Identischen« (P. Ricœur). Ein kulturtheoretisch fundierter Übersetzungsbegriff ist daher geeignet, die traditionelle Exilliteratur aus den Engpässen von muttersprachlicher Fixierung und der Fortschreibung von Nationalliteraturen herauszuführen. Er regt dazu an, das Übersetzen als Alternative zu den Risiken von Dekulturation bzw. Akkulturation aufzufassen und nach Formen der Lokalisierung neuer Identitäten zu suchen, welche in der Extraterritorialität der Sprache und in der Entstehung einer interkulturellen »Literatur des Exils« ihren Ausdruck finden.

Der Band präsentiert Überlegungen und Analysen zu Übersetzern und Übersetzungen von bzw. durch Exilautorinnen und -autoren (u. a. Hermann Broch, Heinrich Mann, Hans Sahl, Anna Seghers). Er enthält Studien zu Sprachwechsel und Mehrsprachigkeit sowie Beispiele eines Schreibens »zwischen« den Sprachen (Walter Abish, Wladimir Nabokov, Peter Weiss), die eine geografische und zeitliche Entgrenzung der »Exilliteratur« nahelegen.

Ein Register aller Beiträge der Bände 1 bis 25 des Jahrbuchs rundet den Band ab und gibt einen Überblick über den Stand der Exilforschung.

Ausführliche Informationen über alle Bücher des Verlags im Internet unter:
www.etk-muenchen.de

Literatur in der edition text+kritik

Herausgeber:
Barbara Breysach,
Caspar Battegay
etwa 300 Seiten,
ca. € 28,–
ISBN 978-3-88377-941-6

Mit dem Band begründet die Gesellschaft für europäisch-jüdische Literaturstudien in Zusammenarbeit mit der edition text + kritik eine neue Schriftenreihe. Damit soll jüdisches Schreiben in Europa von seinen Anfängen bis zur Gegenwart vermittelt werden und ein Forum für interdisziplinäre Forschung im Bereich von Literaturwissenschaft und Jüdischen Studien geschaffen werden.
Der erste Band versammelt die Beiträge der ersten internationalen Konferenz der Gesellschaft für europäisch-jüdische Literaturstudien, die im Herbst 2007 an der deutsch-polnischen Grenze in Frankfurt an der Oder stattfand.

et+k
edition text+kritik   Levelingstraße 6a   info@etk-muenchen.de
                       81673 München   www.etk-muenchen.de

www.ingramcontent.com/pod-product-compliance
Lightning Source LLC
Chambersburg PA
CBHW051214300426
44116CB00006B/564